Albrecht von Brandenstein-Zeppelin

Johannes Paul II.: Philosoph – Papst – Prophet

Albrecht von Brandenstein-Zeppelin (Hrsg.)

Johannes Paul II.
Philosoph – Papst – Prophet

Ein Leben für Christus

fe

Die Band enthält Vorträge des Theologischen Sommerkurses „Johannes Paul II.“
Vom 17.-22. August 2020 an der Gustav Siewerth Akademie

1. Auflage 2021
Fe-Medienverlags GmbH
Hauptstraße 22, 88353 Kißlegg
www.fe-medien.de

Layout/Satz: JHB & Co
Druck: mcp-druk
Printed in EU

ISBN 978-3-86357-317-1

Inhalt

Karol Wojtyła: Der Philosoph auf der Cathedra Petri

Prof. Dr. Christoph Böhr

Unter den Päpsten der römischen Kirche gibt es etliche, die herausragende Gelehrte ihrer Zeit waren, wie beispielweise Silvester II.. Gerbert von Aurillac (um 950-1003), der ein bedeutender Mathematiker war, oder Nikolaus V., Tommaso Parantucelli (1397-1455), Humanist und Gründer der Vatikanischen Bibliothek. Aber kaum einer verstand sich ausdrücklich und nach eigenem Bekunden als Philosoph. Vielleicht kann man das über Leo den Großen (400-461) sagen, der die großen theologischen Streitfragen seiner Zeit mit einem bemerkenswerten philosophischen Gespür anging; Pius II. – Enea Silvio Piccolomini (1405-1464), der Freund von Nicolaus Cusanus, – brillierte mehr als Poet und Historiker, denn als Philosoph; zumindest wegen seiner Schrift *De miseria conditionis humanae* kann man auch an Innozenz III. – Lotario de Segni (1161-1216) – denken, obwohl er vor allem als Jurist bedeutend war; auch an Hadrian VI., Adriaan Floriszoon Boeyens (1459-1523), Theologe, Universitätsrektor, geachteter Philosoph und bekannter Hochschullehrer seiner Zeit, bei dem auch Erasmus von Rotterdam Vorlesungen in Philosophie *hörte, und letzter deutscher Papst vor* Benedikt XVI., der philosophische Traktate von außerordentlicher Bedeutung verfasste, sich aber wohl selbst sicherlich mehr als Theologen denn als Philosophen bezeichnen würde und seit vielen Jahrzehnten durch seine einzigartige Kraft zur Synthese von Spiritualität und Intellektualität besticht. Aber ohne jeden Zweifel war Johannes Paul II., Karol Wojtyła, der von 1920-2005 lebte und dessen Pontifikat 1978 begann, der herausragendste unter den Philosophen, die je die Cathedra Petri bestiegen.

Die außergewöhnliche Vielseitigkeit der Begabungen dieses Mannes war seit je einer der maßgeblichen Gründe seiner Bewunderung. Da ist zunächst zu denken an die bedeutende Rolle, die ihm im Blick auf die Überwindung der europäischen Spaltung zukommt. Ohne die Revolution in Polen gäbe es noch heute den Eisernen Vorhang. In Polen nahm der europäische Umbruch seinen Anfang. Und die Revolution in Polen – vor allem auch ihr Erfolg, der auf den ganzen Kontinent ausstrahlte – ist ohne den Einfluss Karol Wojtyłas schwer vorstellbar, ja undenkbar. Seine Ermutigung, seine Anteilnahme, seine Verbundenheit und seine unerschütterliche Zuversicht – getragen von seinem tiefverankerten Glauben an die Freiheit des Menschen – haben die Solidarność innerhalb kurzer Zeit zu einer machtvollen gesellschaftlichen Bewegung werden lassen und schließlich den Eisernen Vorhang zum Einsturz gebracht. Die ungarische Grenzöffnung wäre ohne den vorangegangenen tiefgreifenden Umbruch im Mitteleuropa unmöglich gewesen.

Sicher, viele haben am Ende zum Erfolg der Revolution beigetragen, bekannte und unbekannte Namen. Die Seele dieser Bewegung aber war ein Denken, besser gesagt: ein Menschenbild, wie es vor allem von Karol Wojtyła und nicht minder von Józef Tischner in den 1960er- und 1970er-Jahren – immer auch in Auseinandersetzung mit dem Totalitarismus der kommunistischen Ideologie – entwickelt wurde.

Auf Grundlage dieser Anthropologie wurde der Totalitarismus schließlich überwunden, friedlich überwunden, ohne Blutvergießen – in Theorie und Praxis, im Denken der Intellektuellen und im Handeln der Politiker. Dabei lässt sich das eine vom anderen nicht trennen. Wojtyła entwickelte eine spirituelle Alternative zur totalitären Deformation, die schließlich zu deren Überwindung führte. Auch andere haben über Alternativen zum Totalitarismus nachgedacht. Aber handlungsleitend und wirkmächtig war – nicht nur in Polen und nicht nur im Katholizismus – Wojtyłas Philosophie: sein Denken über den Menschen und dessen Proprium, seine Sehnsucht nach Freiheit. Wojtyłas Beispiel zeigt übrigens auch, dass Politik auf Dauer ohne spirituelle Inspiration zu großen Dingen kaum fähig ist. Umso mehr ist zu bedauern, dass sein Denken – seine Philosophie – bis heute in Deutschland nicht angekommen ist.

Das überrascht umso mehr, als Wojtyła ein Philosoph von europäischem Rang war. In seinem Wirken verbindet sich ein schlüssiges Denken mit einem folgerichtigen Handeln. Es ist diese Kohärenz, die ihm eine unvergleichliche Kraft der Überzeugung verliehen hat. Der Mystiker, Philosoph, Lyriker und Poet war zugleich der unbeirrbare und unnachgiebige Politiker – der Papst, der sich seiner Sache sicher war und den Mächtigen – suaviter in modo, fortiter in re – die Stirn bot. Deshalb konnte er auch Dinge tun, die Anstoß erregt hätten, wenn sie von anderen vollbracht worden wären: Man denke an das Friedensgebet in Assisi, aber auch seine vertraulichen Vier-Augen-Gespräche mit Diktatoren. Weil Johannes Paul II. so felsenfest verankert, spirituell und mystisch so tief verwurzelt war, konnte er den Dialog beginnen, ohne sich dem Verdacht der Preisgabe eigener Überzeugungen auszusetzen. Er war der Fels, unerschütterlich in seinem Glauben – und doch immer zugleich offen für das Denken der Anderen. Eben diese Verbindung entspricht ganz jenem Stil – übrigens auch in der Pastoral – , zu dem in den 1960er-Jahren die polnischen – genauer gesagt: die Krakauer – Phänomenologen, allen voran Wojtyła und Tischner – beide Philosophen, beide Priester – in der Nachfolge Roman Ingardens gefunden hatten. Tischner war der Kaplan der Solidarność, ihr geistlicher Seelenführer.[1]

Philosophisch geprägt wurde Wojtyła durch herausragende Gestalten, deren Namen heute noch nachklingen: Am Angelicum – der heutigen Päpstlichen Universität „Heiliger Thomas von Aquin" – in Rom studierte und promovierte er mit einer auch heute noch lesenswerten Arbeit über den Glauben bei Johannes vom Kreuz, dem spanischen Mystiker, bei Réginald Garrigou-Lagrange, einem französischen Dominikaner und wohl strengsten Thomisten seiner Zeit. Ob diese Beziehung völlig reibungslos war, wissen wir nicht. Wojtyła erhielt bei Garrigou-Lagrange jedenfalls die bestmögliche Einführung in die Philosophie des Aquinaten – und dem Doktorvater hat die Arbeit seines Schülers jedenfalls sehr gefallen; sie widmet sich der Verteidigung der These, dass zwischen der Lehre des Doctor Angelicus – Thomas – und der des Doctor Mysticus – Johannes vom Kreuz – eine „kompromißlose Übereinstimmung" besteht.[2] Im letzten Satz seiner Promotion wird diese These nach vorangegangener gründlicher Prüfung noch einmal bekräftigt: Gott überschreitet alles, was im Verstehen erfasst wird; aber: Unsere endliche Vernunft, so zerbrechlich sie auch ist, verdient dennoch keine Verachtung: Denn sie bereitet uns auf die künftige Anschauung dessen, was wir im irdischen Leben nur hoffen und glauben können, vor. Wojtyła fügt dem obengenannten Zitat an: „Im Kommentar über das III. Buch der Sentenzen, dist. 34, qu. 1, art. 4, corp., lehrt der hl. Thomas von Aquin dasselbe."[3] Es geht also schon in der Dissertation um den Zusammenhang – ja, das Zusammenspiel – von Glaube und Vernunft.

Die Beschäftigung mit Johannes vom Kreuz hat Wojtyła eine erste Begegnung mit einer anderen Methode als der scholastischen beschert. Der Mystiker folgt einer introspektiven Phänomenologie, vergleichbar vielleicht mit jener, die sich auch im *Hohelied* Salomons – dem Canticum canticorum – findet. Dass der barocke Mystiker Johannes vom Kreuz einer anderen philosophischen Methode folgt als vergleichsweise der scholasti-

---

1 Vgl. neuerlich dazu Gerald J. Beyer, *Józef Tischner. Chaplain of Solidarność and Philosopher of Hope*, in: *Ethos* 32 (2019) H. 4 (128), S. 253-272.

2 Karol Wojtyła, *Der Glaube bei Johannes vom Kreuz. Doctrina de fide apud S. Joannem a Cruce. Dissertation an der Theologischen Fakultät der Päpstlichen Universität Angelicum in Rom*, Wien 1998, S. 9.

3 *Ebd.*, S. 188.

sche Mystiker Thomas von Aquin, reflektiert Wojtyła in seiner Dissertation noch nicht. Der Unterschied wird ihm allerdings bald sehr bewusst.

Von Rom zurück in Krakau, hatte Wojtyła den Thomismus an der Quelle kennengelernt. Er ist ihm nie untreu geworden, auch wenn sich ihm jetzt eine ganz neue philosophische Perspektive eröffnete: im privaten Unterricht bei Roman Ingarden; ihm hatten die Kommunisten damals, Ende der 1940er-Jahre, längst ein Lehrverbot erteilt. Ingarden war seinerzeit gemeinsam mit Edith Stein am Lehrstuhl von Edmund Husserl zunächst in Göttingen und dann in Freiburg tätig. Beide, Stein und Ingarden, wurden von Husserl promoviert. Beide waren Phänomenologen der zweiten Generation. Ingarden nun führt Wojtyła und Tischner, die miteinander eine Freundschaft geschlossen hatten, die lebenslang hielt und bis zum frühen Tod Tischners im Jahr 2000 andauerte, in das phänomenologische Denken ein. Nur am Rande sei bemerkt, dass Tischner, der Kaplan der Solidarność, in Wahrheit aber ihr spiritus rector, in dieser Rolle sicher als „alter ego" Wojtyłas tätig wurde.

Der Phänomenologie jedenfalls war Wojtyła, seitdem er sie bei Ingarden kennengelernt hatte, verfallen. Seine Habilitation über Max Scheler zeugt davon.[4] Aber er schlug am Ende, so sehr er auch Scheler im Denken verbunden blieb,[5] eine andere Richtung als Scheler oder Husserl ein. Denn das thomistische Fundament seines Denkens geriet bei ihm nicht in Vergessenheit. Und wie Stein, von der Phänomenologie herkommend, sich der Philosophie von Thomas zuwandte, den sie zu übersetzen und zu kommentieren begann, so ging Wojtyła den umgekehrten Weg: Er kam aus dem Thomismus, der von der Frage nach dem Sein des Seienden geprägt ist, und entdeckte die Phänomenologie, die der Frage nachgeht, wie sich unser Erkennen im Bewusstsein vollzieht und wie sich ein „Sein" in interiore hominis wahrnehmen lässt.

Schüler aus seiner Lubliner Lehrtätigkeit haben eindrucksvoll berichtet, wie ganz und gar phänomenologisch Wojtyłas Lehre geprägt war: Durch Fragen und Nachfragen, nicht durch vorschnelle Antworten, versuchte er seine Studenten auf das unvoreingenommene, selbstständige Denken

---

4 Karol Wojtyła, „Über die Möglichkeit, eine christliche Ethik in Anlehnung an Max Scheler zu schaffen", in: Ders., *Primat des Geistes. Philosophische Schriften*, hrsg. v. Juliusz Stroynowski, Stuttgart, Degerloch 1990, S. 35-113.

5 Über drei Jahrzehnte hat sich Wojtyła auf Schritt und Tritt mit Scheler beschäftigt und in einer bemerkenswerten Weise mit ihm auseinandergesetzt. Seit seiner – oben erwähnten – Habilitation hat sich Wojtyła in seinem philosophischen Werk immer wieder auf Scheler bezogen. Ja, es gibt eigentlich bis in die späten 1970er-Jahre nicht eine philosophische Schrift Wojtyłas, die sich nicht ausführlich auch Scheler zuwendet.

vorzubereiten. Dieser Stil der Untersuchung findet sich dann im philosophischen Hauptwerk *Person und Tat* von 1969, geschrieben in den Jahren, als er schon – nämlich seit dem 13. Januar 1964 – Erzbischof von Krakau war; in diesem Buch lädt er den Leser ein, das, was man gemeinhin mit dem Begriff menschlicher „Erfahrung“ bezeichnet, als Frage zu begreifen, um sich als Mensch besser verstehen zu lernen. Man kann sagen, dass Wojtyła in diesem Buch den Menschen auffordert, sich selbst zur Frage zu machen, weil nur dann ein Begreifen seines Menschseins möglich wird. Denn – so heißt es gleich im ersten Absatz von *Person und Tat*: „Die Erfahrung jedes Dings, das sich außerhalb des Menschen befindet, verbindet sich immer mit irgendeiner Erfahrung des Menschen von sich selbst.“[6] Diese Aussage ist ganz Thomas von Aquin geschuldet, der sinngleich schon in seiner Frühschrift *De veritate* schreibt: Keine Erkenntnis kann vom extern Seienden gewonnen werden, ohne ein Mindestmaß an interner Selbstwahrnehmung.[7] Hier liegt die Quelle der Synthese von Subjektphilosophie und Objektphilosophie im Sinne einer stets vorhandenen Verschränkung von Exteriorität und Interiorität in jedwedem Akt einer Erkenntnis.[8] Gegenständliche Erkenntnis und Erkenntnis des Selbst lassen sich nicht voneinander trennen.

In *Person und Tat* gelingt Wojtyła der Aufriss einer Philosophie, von der man sagen kann, dass sie einer Art von Spagat entspringt: Er vermittelt Seins- und Bewusstseinsphilosophie, Objekt- und Subjektphilosophie – zwei Strömungen, die gemeinhin in einem Verhältnis wie Feuer und Wasser gesehen werden.

Wojtyła widerspricht heftig dieser behaupteten Unvereinbarkeit und stellt zunächst fest: „Ich möchte hier wagen zu behaupten, daß die Erfahrung des Menschen mit der für sie – und nur für sie – bezeichnenden Spaltung in einen äußeren und inneren Aspekt an der Wurzel jener mächtigen Spaltung in Hauptströmungen der Philosophie zu liegen scheint, der Spaltung in eine objektive und eine subjektive Strömung, in eine

---

6 Karol Wojtyła, *Person und Tat*, endgültige Textfassung in Zusammenarbeit mit dem Autor v. Anna-Teresa Typieniecka, mit e. Nachw. v. Andrzej Półtawski, Freiburg, Basel, Wien 1981, S. 9.

7 Thomas von Aquin, *De veritate*, I, 9: „actus cognitionis est medius inter cognoscentem et cognitum“: Der Akt der Erkenntnis ist ein Mittler zwischen dem Erkennenden und dem Erkannten.

8 Zu dieser – auch philosophiehistorisch – entscheidenden Frage vgl. zuletzt Richard Schenk, „Reditio incompleta in seipsum. Verwandlungen eines platonischen Axioms als Leitfaden einer künftigen Metaphysik“, in: *Metaphysik. Von einem unabweislichen Bedürfnis der menschlichen Vernunft. Rémi Brague zu Ehren*, hrsg. v. Christoph Böhr, Wiesbaden 2020, S. 327-341, bes. S. 334.

Philosophie des Seins und eine Philosophie des Bewußtseins."[9] Dann folgt der entscheidende Satz: Wojtyła fährt nämlich fort: Jede „Verabsolutierung eines der beiden Aspekte" muss zurücktreten „angesichts der notwendigen Bezogenheit der beiden Aspekte aufeinander ... Wir verstehen den Menschen dank der wechselseitigen Bezogenheit der beiden Aspekte der – sc. seiner – Erfahrung."[10]

Im Brückenschlag zwischen der Philosophie des Seins – dem Thomismus folgend – und der Philosophie des Bewusstseins – der Phänomenologie folgend – findet er zu einer eigenständigen Synthese, einer Reflexionsphilosophie, die bis heute kaum gewürdigt wurde, obwohl sie eine herausragende Leistung darstellt. Der Würdigung steht eine bis zur Stunde herrschende, auf beiden Seiten der philosophischen Strömungen vorhandene Voreingenommenheit im Wege: die Behauptung, Seins- und Bewusstseinsphilosophie seien zwei feindliche Brüder, die sich auf Gedeih und Verderb zu bekämpfen haben. Dass diese Erbfeindschaft von der Sache her notwendig oder gar zwingend ist, bestreitet – und widerlegt – Wojtyła. Damit bietet er einen Anknüpfungspunkt für künftige Forschungen. Wojtyła war kein Grabenkämpfer, kein verbissener Doktrinär, sondern als Philosoph längst schon ein Brückenbauer, bevor er später zum Pontifex maximus gewählt wurde.

Er hatte die Fähigkeit, theologische Fragen sinnvoll in einen philosophischen Zusammenhang zu stellen. Seine Methode war die des unvoreingenommenen Fragens und Beobachtens: Was meinen wir, wenn von Liebe die Rede ist, von Verantwortung, Gesellschaft, Mensch? Er stellt diese Fragen Anderen – und sich selbst – und er sucht nach Antworten nicht in den leblosen Wüsten der Sekundärliteratur zu allen diesen Fragen, sondern er sucht Antworten, die sich im Menschen selbst finden lassen. Das war sein Stil im Unterricht als Professor in Lublin – und es ist der Stil, den man in *Person und Tat* findet.

Seine Kernfrage war dabei immer die nach dem Menschen:[11] Wer ist er, was macht ihn aus, was können wir über seine Bestimmung sagen? In

---

9 Wojtyła, *Person und Tat,* S. 27; vgl. auch Karol Wojtyła, *Auf, lasst uns gehen! Erinnerungen und Gedanken*, Augsburg 2004, S. 98: „Mein persönlicher philosophischer Standort bewegt sich sozusagen zwischen zwei Polen: zwischen dem aristotelischen Thomismus und der Phänomenologie."

10 Wojtyła, *Person und Tat,* a.a.O., S. 28.

11 Vgl. dazu Karol Wojtyła, *Betrachtungen über das Wesen des Menschen*, hrsg. v. Hanns-Gregor Nissing, München 2017; Karol Wojtyła, *Wer ist der Mensch? Skizzen zur Anthropologie*, hrsg. v. Hanns-Gregor Nissing, München 2011; *Staunend vor dem Menschen. Das Denken Papst Johannes Pauls II.*, hrsg. v. Hanns-Gregor Nissing u. Stefan Zekorn, Kevelaer 2011.

diesen Fragen fand er sein ihn lebenslang umtreibendes Generalthema.[12] Die literarische Produktivität dieses Mannes ist – gerade angesichts seiner zahlreichen zeitaufwändigen Hauptämter – stupend. Dabei ist der Tenor seiner umfangreichen Schriften allerorts klar zu erkennen: Wojtyła bemüht keine lehramtlichen Argumente zur Letztbegründung seiner Aussagen, sondern fragt immer zunächst danach, was der Mensch, wenn er zu sich selbst heimkehrt und eine „reditio in seipsum" vollzieht, von sich aus erkennen und erfahren kann. Er will Türen zum Nachdenken öffnen, nicht Türen durch abschließende Antworten schließen. Er wusste aus eigenem Erleben, wie Atheisten und Kommunisten sich verschanzen, wenn man sie mit dem – gar herablassenden – Hinweis auf Gott überrumpeln zu können meint. Also hat er sie bei ihren eigenen Erfahrungen gepackt, sie aufmerksam gemacht auf das, was sich auch in ihrem Denken und Fühlen unüberhörbar zu Wort meldet: Die Frage nämlich: Wer bin ich – als Mensch, wozu bin ich berufen, was macht meinen Wert und meine Würde aus: allesamt Erfahrungen, die ein Mensch macht, wenn er sich selbst in seiner Innerlichkeit begegnet. Diese Begegnung „in seipsum" ist immer eine Begegnung mit der Wahrheit. Wojtyła hat diese Begegnung in den Mittelpunkt seiner inneren Biografie gerückt, die ihrerseits Prägeform seiner äußeren Biografie war: Wer mich verstehen will, muss mich von innen heraus begreifen, sagte er einmal zu seinem Biografen George Weigel. Und tatsächlich: Wer diesen Mann verstehen lernen will, muss ihn von innen heraus – von seinem Denken her – erfassen.

Heute nun sind es nicht mehr vorrangig die Kommunisten, die als Bestreiter der Wahrheit über den Menschen auftreten. Heute hat der Atheismus andere Namen: Er kommt im Gewand des Naturalismus, des Positivismus, des Biologismus, des Sozialdarwinismus, des Relativismus. Gegen alle diese Spielarten der Leugnung menschlicher Freiheit steht Wojtyłas Philosophie der Erfahrung menschlicher Freiheit – sein unerschütterliches Bekenntnis zum Menschen, der in der Begegnung mit sich selbst zu Einsichten findet, die ihm eine spirituelle Dimension seiner Existenz eröffnen. Wenn ein Mensch diese Dimension, die er in sich selbst entdeckt, verschüttet, verkürzt er sich und sein Selbstverständnis: Er macht sich viel kleiner, als er tatsächlich ist – indem er sich den Weg zur Selbsterkenntnis verbaut, verbaut er sich den Weg zur Wahrheit. Es ist – über Wojtyła hinaus gedacht – ungeheuer wichtig, diesen Zusammenhang

[12] Vgl. Christoph Böhr, „‚Ich kann nur von innen verstanden werden.' Karol Wojtyła und die Grundzüge seines Denkens über den Menschen", in: *Europa und die Anthropologie seiner Politik. Der Mensch als Weg der Geschichte – Zur Philosophie Karol Wojtyłas*, hrsg. v. Christoph Böhr u. Christian Schmitz, Berlin 2016, S. 75-103.

nicht aus den Augen zu verlieren: Der Weg zur Wahrheit beginnt mit jener Aufforderung, die auf dem Türsturz des Eingangs zum Delphischen Orakel zu lesen war: Sie lautete: Erkenne Dich selbst. Nur ganz nebenbei sei bemerkt: Dass wir vielfach vergessen haben, wie sehr das „sokratische Nichtwissen" in die Anthropologie der Evangelien Eingang gefunden hat, verbessert unsere Fähigkeit, in der Gegenwart unserer Tage Rede und Antwort zu stehen, nicht.

In der Moderne und bis heute wird das Bekenntnis zur Wahrheit – selbst in der Philosophie – gerne als Behinderung des Gespräches mit Andersdenken missverstanden. Wojtyła hat eine Philosophie entwickelt, die zeigt, dass genau das Gegenteil richtig ist. Es bedarf des Bekenntnisses zur Wahrheit des Menschen, weil das Bekenntnis zu dieser Wahrheit überhaupt erst dazu befähigt, mit jenen ins Gespräch zu kommen, die diese Wahrheit leugnen – und auf der Suche nach ihrer eigenen Wahrheit sind. Wer nicht in der Wahrheit vor Anker geht, für den verflüchtigt sich alles in uferloser Unverbindlichkeit.

Die Wahrheit über den Menschen, wie Wojtyła sie entwickelt, nimmt ihren Ausgang in der Selbstbeobachtung des Menschen – und jenen Erfahrungen, die er bei Gelegenheit der Erforschung seiner selbst – in der eigenen Innerlichkeit – macht. Zu diesen Erfahrungen gehört die Sehnsucht nach dem, was größer und besser ist als jede Erfüllung, die ich mir selbst geben kann. So ist Wojtyłas Philosophie – im Kern – eine große Widerlegung eines Denkens, das die Selbsterlösung des Menschen für möglich hält – und die Wahrheit über den Menschen ist zunächst einmal als die Wahrheit des Menschen unverzichtbare Voraussetzung alles Nachfolgenden: keine starre Lehre, sondern lebendige Selbsterfahrung.

Wojtyłas Jahrhundert, das zwanzigste, ist – philosophiehistorisch gesehen – in besonderer Weise geprägt durch ein Ringen um diese entscheidende Frage: Was macht das Sein des Menschen aus? Ist es so, wie die totalitären Doktrinen uns weismachen wollten und wollen, dass der Mensch nichts anderes ist als eine abgeleitete Funktion und Resultat seiner Lebensumstände – seiner Rasse, seiner Klasse, seiner Evolution, seiner Gene, also festgelegt durch biologische oder soziale Determinanten, die ihn in den Käfig seiner Lebensbedingungen einsperren – wie Rainer Maria Rilkes *Panther* in der Menagerie des „Jardin des Plantes" in Paris – und ihn so unentrinnbar gefangennehmen? Im Blick auf diese alles entscheidende Frage entwickelt Wojtyła eine Anthropologie, die den Menschen als Subjekt und als Person neu – nämlich aus seinem Inneren heraus, in den eigenen Erfahrungen gründend – entdeckt. Seine Methode ist dabei eine philosophische, genauer: die phänomenologische Methode, die dann in den folgenden Jahrzehnten den wohl bis heute nachhaltigsten und wichtigsten Beitrag zu einer zeitgenössischen philosophischen Anthropologie geleistet hat.

Wichtig, ja grundlegend für das ganze Pontifikat Johannes Pauls II. – ein Pontifikat, das eingebettet war in eine Zeit, die geistesgeschichtlich durch kaum etwas so sehr geprägt war wie durch den „Streit um den Menschen“[13] – war seine anthropologische Grundierung. Wie selten war dieses Pontifikat bemüht um Antworten auf die Fragen der Zeit: nämlich die nach dem Menschen. Für Wojtyła steht die Anthropologie am Anfang allen Forschens – als Selbstvergewisserung des Menschen. Wenn ein Mensch sich seiner selbst vergewissert, entdeckt er seine Transzendenz zunächst in sich selbst. Die muss man ihn nicht lehren, weil er sie – als unüberhörbare Erfahrung – in sich trägt. Transzendenz ist im Menschen angelegt und in dieser Hinsicht eine Evidenz. Man kann diese Erfahrung vielleicht unterdrücken oder leugnen, aber auslöschen kann sie der Mensch nicht. Wojtyła – als Anthropologe – sagt also nichts anderes, als dass der Mensch sich selbst entdecken, sich seiner grundlegenden Erfahrungen in der Begegnung mit sich selbst vergewissern soll, kurz: offen sein soll für die Begegnung mit sich selbst. Das ist sehr weit entfernt von dogmatischer Theologie – die freilich ihren guten Sinn behält – und philosophischer Doktrin! Wojtyła beginnt mit seinem Denken bei jenen grundlegenden Erfahrungen, die jeder Mensch macht, wenn er sich ernsthaft öffnet für die Begegnung mit sich selbst.

Die Angst mancher Philosophen und Theologen auch heute noch, diese Selbstvergewisserung führe zu einer Verengung auf das eigene Ich und damit schnurstracks zur Selbstbezüglichkeit – also Gottvergessenheit – des Denkens, ist verständlich, kann aber auch ein Beleg von Kleinmut sein. Denn: Der Mensch kommt, wenn er sich selbst begegnet, an der Erfahrung seiner Transzendenz nicht vorbei. Und wenn er sich selbst auch, weil er zum Beispiel Atheist ist, gar nicht als Imago Dei zu verstehen bereit ist, so macht er doch – in der Begegnung mit sich – die Erfahrung, teilzuhaben an einer Transzendenz, die jeder Spielart des kruden Materialismus den Boden entzieht. Diese Transzendenz ist zwar noch nicht jene Selbstüberschreitung, von der Robert Spaemann spricht, aber sie öffnet die Tür für ein Denken, das Selbstüberschreitung für möglich hält. Der Mensch kann *Schritte über sich hinaus* tun.[14]

---

[13] Vgl. Karol Wojtyła, Andrzej Szostek, Tadeusz Styczeń, *Der Streit um den Menschen. Personaler Anspruch des Sittlichen*, Kevelaer 1979.

[14] Robert Spaemann, *Schritte über uns hinaus. Gesammelte Reden und Aufsätze*, 2 Bde., Stuttgart 2010 u. 2011.

Im westlichen Europa beschäftigt sich mit dieser Philosophie Wojtyłas kaum jemand. Ganz anders ist das nicht nur in Mitteleuropa, sondern auch in den Vereinigten Staaten. Hier ist Wojtyła seit langer Zeit in der philosophischen Debatte gegenwärtig. Es wird höchste Zeit, dass wir ihn jetzt auch in Europa – außerhalb Polens – entdecken: eben als einen Philosophen von europäischem Rang.

Sein ganzes langes Leben war ein einziger Kampf um Freiheit und Würde des Menschen. Er hat sie philosophisch neu begründet – und sie zum letzten Maßstab allen Handelns gemacht. Das gilt nicht nur für die Jahrzehnte, die er selbst unter nationalsozialistischer und – später – kommunistischer Herrschaft lebte. Seine Sozialenzykliken rücken diesen Maßstab ganz in den Mittelpunkt: Man denke an *Laborem exercens* – eine Enzyklika aus seiner eigenen Feder: Weil der Mensch sich in seiner Arbeit als Mensch vollbringt, hat seine Arbeit eine Würde. Das ist mehr als ihr Marktpreis. Und deshalb muss eine gesellschaftliche Ordnung, die dem Gedanken der Würde des Menschen folgt, Arbeit anders „würdigen", als das unter Umständen der Markt tut. Von der Einlösung dieser so wichtigen Vorstellung sind wir übrigens heute auf der ganzen Welt – und auch hierzulande – noch meilenweit entfernt. Hier liegt ein Vermächtnis Johannes Pauls II., das bis heute eher missachtet als berücksichtigt wird.

Sein Charisma, die ungewöhnliche, ungeheure, fast schon beängstigende Vielfalt seiner Begabungen sind außergewöhnlich. Man muss sich das einmal vor Augen führen: Dichter und Denker, Lyriker, Dramatiker und Philosoph, Priester, Bischof und Papst, Seelsorger und Hochschullehrer, Zwangsarbeiter im Steinbruch und in der Chemiefabrik, Schauspieler, Professor, Dramaturg und Poet – das sind ja nur einige Facetten seiner Begabungen und Arbeitsfelder. Er war ein Meister in der Nutzung moderner Medien, ein Menschenfänger, ein hochbegabter Geistesarbeiter und zugleich ein Mann mit einem kindlichen Glauben. Seine Intellektualität beeindruckt ebenso wie seine Pastoral. Und – vielleicht noch wichtiger als alles bisher Erwähnte: Er war ein Mann, der seine Krankheit mit einer bewundernswerten Würde getragen hat. Er hat uns nicht nur gelehrt, sondern mit seinem Leben selbst gezeigt, was es heißt, dass der Mensch eine unantastbare Würde hat, gerade auch dann, wenn er körperlich verfällt. Der späte Wojtyła bringt in seinem eigenen Leben, wie in einem Brennglas, alles das, was er Jahrzehnte zuvor über den Menschen gelehrt und gedacht hat, zu öffentlicher Sichtbarkeit. Seine Krankheit war der Prüfstein für die Kraft und die Festigkeit seiner Lehre über den Menschen. Die Lehre hat die Prüfung durch das Leben bestanden. Denn Größe hat ein Mensch vielleicht besonders dann, wenn eine Krankheit ihn scheinbar demütigt, die Art und Weise hingegen, wie er sie trägt und erträgt, ihn erhöht.

Johannes Paul II. sprach von der Königswürde, die ausnahmslos jeder Mensch – der Geborene wie der Ungeborene, der Kranke, Schwache und Bedrohte ebenso wie der Gesunde und Starke – besitzt.[15] Heute kommt es darauf an, dass die säkulare Demokratie in dieser anthropologischen Überzeugung ihren Gründungsakt erkennt. Denn das ist der Sinn, zu deren Verfolgung eine Demokratie als Mittel dient: Institutionen zu entwickeln, die dem Schutz der menschlichen Würde – der einzigen Legitimation einer Ordnung des Zusammenlebens – uneingeschränkt Rechnung tragen.

[15] Karol Wojtyła, *Von der Königswürde des Menschen*, hrsg. v. Juliusz Stroynowski, Stuttgart 1980.

Hundert Jahre Papst Johannes Paul II.
Der Papst der deutschen Wiedervereinigung

Albrecht Graf von Brandenstein-Zeppelin

Die deutsche Teilung nach dem Zweiten Weltkrieg war geprägt von einem unterschiedlichen Menschenbild in den drei Westsektoren und im Ostsektor. Die westlichen Alliierten gingen von einem christlich geprägten Menschenbild aus, das die Würde jedes einzelnen Menschen von Gott als dem Schöpfer des Menschen, der den Menschen als sein Abbild geschaffen hat und liebt, ableitet. Daraus ergeben sich unveräußerliche Menschenrechte, die jedem Menschen naturrechtlich zukommen und die der Staat schützen und zu respektieren hat und über die der Staat sich nicht ohne weiteres hinwegsetzen kann. Daraus ergeben sich Folgerungen wie die rechtsstaatliche Verfassung mit der Gewaltenteilung von gesetzgebender Gewalt, Exekutive und unabhängiger Justiz. Daraus ergeben sich auch das Recht auf Eigentum und eine soziale Marktwirtschaft, eine demokratische Staatsverfassung mit freien, geheimen Wahlen, einem Mehrparteiensystem und vielem anderen mehr.

Ganz anders im Osten Deutschlands. Dort wurde die Würde des Menschen nicht von Gott, dem Schöpfer, abgeleitet, sondern der Mensch als Individuum hatte der kommunistischen Ideologie zu dienen, die den Sieg des Proletariats zum obersten Staatsziel erhob und dieses Ziel rücksichtslos durch Enteignung des Privateigentums und die Gleichschaltung von Legislative, Exekutive und Judikative verfolgte. Das ganze Staatswesen sollte der Idee des Sieges des Proletariats dienen, einer Staatsidee, die das staatlich organisierte Paradies auf Erden versprach und dafür den einzelnen Menschen entrechtete und unterjochte.

Papst Johannes Paul II. war in Polen aufgewachsen und hatte dort nicht nur die Gewaltherrschaft der Ideologie des Nationalsozialismus erlebt, sondern auch die Unterjochung des Menschen durch die kommunistische Ideologie selbst erfahren. Er wusste, wie menschenfeindlich eine idealistische Ideologie werden kann, welche die Würde des einzelnen Menschen, die er von Gott her hat, negiert und so den Menschen für eine falsche Staatsidee unterjocht.

Es sei mir erlaubt, an dieser Stelle das große Verdienst von Frau Prof. Dr. Alma von Stockhausen zu erwähnen, die das Gottesbild analysiert hat, das diesen beiden verheerenden Ideologien zugrunde liegt, das von deutschen Denkern entworfen wurde. Ihre Großmutter, eine geborene Freiin von Wangenheim aus einem alten protestantischen Geschlecht, konvertierte zum katholischen Glauben, als sie die Originalschriften Luthers gelesen hatte. Ihr Großvater, ein Graf Bernstorff, ebenfalls altes protestantisches Geschlecht, war entsetzt. Es kam zu heftigen Auseinandersetzungen, die die Enkeltochter Alma veranlasste, die Theologie Martin Luthers systematisch zu analysieren. Dabei half ihr Prälat Beer, der viele Jahre seines Lebens als katholischer Priester in Leipzig wirkte und sich dort den Originalschriften Luthers intensiv widmete. Hilfreich war auch die Biografie, die ein ursprünglich protestantisches Ehepaar, Herr und Frau Dietrich Emme, anhand der Originaldokumente Luthers fertigten. Sie haben aufgezeigt, dass Luther nicht durch einen Blitzschlag motiviert ins Kloster der Augustiner-Chorherren in Erfurt eintrat, sondern aufgrund eines unerlaubten Duells, bei dem er seinen Gegner offenbar getötet hatte. Darauf stand die Todesstrafe. Er flüchtete zu seinem Freund, dem Abt, ins Kloster, weil das Kloster exemt war und er dort vor der weltlichen Justiz in Sicherheit war. Für die Richtigkeit dieser These zeugen nicht nur schriftliche Äußerungen Luthers, wie z.B. „sie wollen mir ans Krägeli", sondern auch die Tatsache, dass er im Kloster als erstes Traktat einen Aufsatz über das Asylrecht der Klöster schrieb, sozusagen eine Verteidigungsschrift, die sein Leben retten sollte vor der weltlichen Justiz. Der Lebemann Luther, der Jura studiert hatte und Wirtschaftsjurist werden wollte, haderte mit seinem Schicksal im Kloster, wie er selber schreibt, „ein gezwungen und gedrungen Mönchlein zu sein". Er stellte sich in seinem Ringen zwischen Gott und dem Teufel zwei Fragen:

Die erste Frage lautete: Hat Gott mein Schicksal vorhergesehen?

Er bejahte diese Frage und wir würden sie auch bejahen. Gott sieht alles vorher. Gott weiß, was in tausend Jahren geschieht. Er ist ewig, allmächtig und unendlich. Ihm ist nichts verborgen.

Luther stellte aber eine zweite Frage und die lautete: Hat Gott mein Schicksal vorherbestimmt?

Luther bejaht auch diese Frage und kommt so zu dem allwirksamen Gott, der das Schicksal der Menschen prädestiniert, mit der Folge, dass der Mensch keinen freien Willen hat. Wenn der Mensch keinen freien Willen hat, dann ist er schuldunfähig und es stellt sich die Frage, wer schuldig ist, wenn der Mensch etwas Böses tut. Luther sieht sich gezwungen, das Böse in Gott hinein zu denken und kommt zu der verheerenden Aussage, dass Gott der alleinige Sünder sei. Gott entwickle das Weltgeschehen durch das Böse, das er tue zu dem guten Ziel, das er im Auge habe. Gott sei ein widersprüchlicher Gott. Er sei die Einheit von Gut und Böse, ein dialektischer Gott. Weil Gott die Welt dialektisch entwickle durch das

Böse und das Gute, das er tue, sei er auch selbst ein Werdens-Prinzip, ein Prinzip, das sich selbst entwickelt. Luther bringt das so auf den Punkt und behauptet: „Gott muss zuerst zum Teufel werden, bevor er Gott werden kann." Auch die Pharisäer haben Jesus vorgeworfen, dass er mit Hilfe des Beelzebub den Beelzebub austreibe. Drei Evangelisten berichten von diesem Erlebnis. Niemals geht Jesus mit den Pharisäern schärfer ins Gericht als bei der Behauptung, dass er als Gottessohn mit dem Bösen kooperiere. Wer das behaupte, der sündige gegen den Heiligen Geist und diese Sünde werde ihm nicht vergeben, sagt Jesus zu diesem Vorwurf (vgl. Mk 3,22ff). Schärfer äußert sich Jesus bei keinem anderen Vorgang.

Luther muss aber behaupten, dass das Böse in Gott sei, wenn Gott das Schicksal des Menschen prädestiniert und der Mensch keinen freien Willen hat, also schuldunfähig ist. Wenn der Mensch schuldunfähig ist, kann er gar nicht sündigen, sondern, so behauptet Luther, Gott sündige durch den schuldunfähigen Menschen. Wenn der Mensch nach der Meinung Luthers schuldunfähig ist, braucht er noch das Sakrament der Beichte? Braucht er noch die Eucharistie? Braucht er noch die Fürsprache der Mutter Gottes oder der Heiligen? Braucht er noch einen Ablass oder das Fegefeuer? Braucht er noch die Kirche überhaupt? Nein, sagt Luther. Gott macht alles neu. Gott verdammt und erwählt, Gott ist ein Willkürgott. Gott ist unberechenbar. Die guten Werke des Menschen sind wirkungslos, alles ist Gnade des allwirksamen Gottes, meint Luther.

Das klassische katholische Menschenbild sieht anders aus. Erasmus von Rotterdam widerspricht Luther und erklärt ihm, dass Gott den Menschen liebesfähig machen wollte und ihm dazu den freien Willen geschenkt hat, um ihn zu befähigen, zwischen Gut und Böse zu unterscheiden.

Wenn der Mensch sich für das Böse entscheidet, prädestiniert er sich selbst und schädigt sich selbst. Wenn er sich für das Gute entscheidet, verschafft er sich Heil und Gnade von Gott, die in der Generationenfolge ebenso wirkmächtig ist wie das Unheil der bösen Tat.

Der große deutsche Philosoph und Lutheraner Georg Friedrich Hegel übernimmt dieses Gottesbild Luthers und definiert Gott vierpersonal und behauptet, die vierte Person Gottes sei der Diabolo, weil Gottvater zwei Söhne habe, den Sohn des Lichts, Christus, und den Sohn der Finsternis, den Diabolo. Der Teufel müsse eine Person Gottes sein, wenn die Theologen zu der Verzweiflung kämen, dass das Böse in Gott sei, meint Hegel. Wenn Gott für alles verantwortlich sei, sei Gott ein pantheistischer Gott. Gott entwickle die Weltgeschichte durch das Böse, das er tue. Wohin? Zu sich selbst, meint Hegel.

Die verschiedenen Vertreter der idealistischen Philosophie in Deutschland übernehmen dieses verheerende Gottesbild Hegels in unterschiedlicher Ausprägung. Es ist bestimmt von den Parametern, dass der Mensch keinen freien Willen habe, Gott das Schicksal der Welt und des Menschen prädestiniere und dass Gott die Einheit von Gut und Böse sei und die Welt durch das Böse und das Gute, das er tue, zu sich selbst entwickle.

Dieses Gottesbild hat Karl Marx in Deutschland inspiriert. Wenn Gott die Welt durch das Böse, das er tue, zum Guten hin entwickle, dann dürfe auch er, Karl Marx, das Böse tun, um das Gute zu erreichen. Er schöpft die Legitimation, das Böse zu tun, um das Gute zu erreichen, aus dem Gottesbild Hegels und übersetzt das in eine politische Idee und behauptet, auch er dürfe das Böse tun, um das Gute zu erreichen, nämlich die Bourgeoisie, die besitzende Klasse, liquidieren, um den Sieg des Proletariats zu erreichen. Weil es ihm um die Besitzverteilung geht, nennt er seine Ideologie „dialektischen Materialismus". Im Namen dieser Ideologie sollten in der Folgezeit Hunderte von Millionen Menschen ihr Eigentum verlieren, liquidiert werden, vertrieben werden, Leid ohne Ende erleben mit einem Martyrium für die Kirche weltweit.

Maria fasst das in Fatima in die Worte: „die Irrtümer, die Russland über die Welt verbreitet". Maria warnt aber nicht nur vor der Verbreitung der Irrtümer Russlands über die ganze Welt, sondern sie warnt auch vor einem zweiten, noch schrecklicheren Krieg. Auch dieser Krieg ist inspiriert von dem Gottesbild Luthers und Hegels. Nicht nur die Vernichtung der Juden hatte Luther verlangt, weil er enttäuscht war, dass die Juden sein Gottesbild nicht übernommen haben. In allen Einzelheiten beschreibt Luther, wie die Juden vernichtet werden sollten. Die Vernichtungslager, in denen der Holocaust vollzogen wurde, hat Hitler aus diesen Anregungen entnommen. Nicht nur das, auch dass Gott ein Werdens-Prinzip ist, hat Darwin zur Evolutionstheorie motiviert. Wenn Gott selbst ein Entwicklungsprinzip sei, dann sei alles durch Entwicklung geprägt. Durch Selbstorganisation der Materie entwickle sich alles vom Primitiven zum immer Höheren. Wie? Durch Aggression, Selektion, Tötung und Mutation. Diese Evolutionstheorie hat Hitler nicht nur zur Grundlage seines Gesundheitswesens erhoben, sondern sie hat ihn auch zu seinem Rassenwahn inspiriert. „Am deutschen Wesen soll die Welt genesen", ließ er ebenso verkünden wie, dass es lebensunwertes Leben gäbe, was ausgemerzt werden müsse. Diese Ideologie des Rassenwahns ist die katastrophale Folge eines Gottesbildes, in dem Gott selbst zum Werdens-Prinzip gemacht wird. Dass diese verheerenden Ideologien, die hochgradig diabolisch aufgeladen sind, unser Denken bis heute prägen, dies aufzuzeigen, ist das Verdienst der Gustav-Siewerth-Akademie und aller Forscher, die hier Alma von Stockhausen in ihrem Bemühen unterstützt haben. Alma von Stockhausen brachte es einmal zusammenfassend so auf den Punkt:

„Das Gottesbild Martin Luthers hat unser Denken in der Philosophie, in der Politik, in der Naturwissenschaft und mittlerweile auch in der katholischen Theologie hochgradig diabolisch geprägt."

Vor diesem Hintergrund weiß ich nicht, ob Johannes Paul II. sich bewusst war, welch bedeutendes Werkzeug er für die Realisierung der Pläne Gottes sein sollte.

Gott ließ es jedenfalls zu, dass Johannes Paul II. relativ unsanft auf die Pläne Gottes hingewiesen wurde, die er durch Maria in Fatima verkünden ließ. Die politisch interessanteste Botschaft neben anderen, die Maria den Kindern übermittelte, war wohl die, dass sie die Menschheit durch die Kinder aufforderte, jeden Tag den Rosenkranz zu beten, und den Heiligen Vater und alle Bischöfe aufforderte, Russland ihrem Unbefleckten Herzen zu weihen, damit nicht ein noch schrecklicherer Krieg ausbricht und Russland seine Irrtümer über die ganze Welt verbreitet.

Wir wissen, dass die Päpste sich zunächst schwer damit taten, diese Bitte der Mutter Gottes zu erfüllen. Vor ihrer letzten Erscheinung in Fatima am 13. Oktober 1917 lud Maria die Seherkinder ein mit dem Hinweis, dass jeder Teilnehmer ein Wunder erleben wird, der an dieser Erscheinung teilnehmen wird. 70.000 Menschen versammelten sich am 13. Oktober 1917 in dem unzugänglichen Gelände von Fatima, darunter zahlreiche Journalisten, die begierig waren, das Wunder zu erleben. An diesem Tag regnete es in Ftima in Strömen. Plötzlich hörte der Regen auf und alle Menschen waren urplötzlich trocken, der Himmel öffnete sich und es erschienen die Heilige Familie am Himmel sowie sonderbare Zeichen wie Hammer und Sichel und das Hakenkreuz und es gab ein großes Sonnenwunder.

Beeindruckt von diesen Vorgängen haben die anwesenden Journalisten in der Presse über diese Vorgänge berichtet und einen öffentlichen Druck auf die Bischöfe ausgelöst, Fatima ernst zu nehmen und den Wunsch der Mutter Gottes zu erfüllen.

Einige Jahre später haben deshalb die portugiesischen Bischöfe gemeinsam Portugal dem Unbefleckten Herzen geweiht.

Gegen Ende der 1920er-Jahre hatte die überlebende Seherin Luzia im Kloster wiederum Erscheinungen der Gottesmutter Maria. Als Luzia die Mutter Gottes fragte, ob sie die Weihe Portugals an ihr Unbeflecktes Herz angenommen habe, soll Maria dies bejaht und darauf hingewiesen haben, dass man es daran erkennen könne, dass Portugal von dem zweiten noch schrecklicheren Krieg ausgenommen bleibe.

Tatsächlich blieb Portugal während des ganzen Zweiten Weltkrieges und auch während des Bürgerkrieges in Spanien zwischen Faschisten und Kommunisten neutral. Während in Spanien sich die Vertreter der beiden oben skizzierten Ideologien einen brutalen Bürgerkrieg lieferten, bildete die Grenze zwischen Spanien und Portugal einen unsichtbaren Wall zwischen Krieg und Frieden. So wirkmächtig war das Gebet der Portugiesen und die Weihe der portugiesischen Bischöfe an das Unbefleckte Herz Mariens.

Als Luzia nachfragte, ob es für die Weihe Russlands an ihr Unbeflecktes Herz zu spät sei, soll Maria dies bejaht und darauf hingewiesen haben „wie damals in Frankreich".

Als die Theologen dem Hinweis „wie damals in Frankreich" nachgegangen sind, haben sie herausgefunden, dass Jesus der Schwester Margareta-Maria Alacoque am 17. Juni 1689 in Paray-Le-Monial erschienen ist und verheißen hat, Frankreich zu retten, falls der König sein Land dem Herzen Jesu weihen und dadurch das Königtum Christi ausbreiten würde.

Der französische König Ludwig XIV., der von 1661 bis 1715 lebte, folgte diesem Aufruf des Himmels leider nicht. Die Folge dieser Weigerung war für Frankreich katastrophal. Nach 100 Jahren, ebenfalls am 17. Juni, diesmal 1789, begann die Französische Revolution, die im Namen von Gleichheit, Freiheit und Brüderlichkeit Tod, Vernichtung und Zerstörung, insbesondere der christlichen Kultur, in ganz Europa zur Folge hatte.

Dieses Mal hatte Maria im Auftrag des Herrn nicht nur vor dem zweiten noch schrecklicheren Krieg gewarnt und aufgezeigt, wie man ihn hätte vermeiden können, sondern sie hat auch gewarnt vor den Irrtümern Russlands, die Russland über die ganze Welt verbreiten würde, wenn die Weihe Russlands an ihr Unbeflecktes Herz und der tägliche Rosenkranz der Menschen als Mittel dagegen nicht praktiziert würden.

Papst Pius XII. soll dreimal in den vatikanischen Gärten selber die Vision des Sonnenwunders von Fatima vom 13. Oktober 1917 erlebt haben, auch mit den Symbolen von Hakenkreuz und Hammer und Sichel. Er soll darüber hinaus erfahren haben, dass Christus in einer Botschaft an Schwester Luzia verheißen habe, dass er durch die Weihe den Gräuel des Zweiten Weltkrieges abkürzen könne. Daraufhin weihte er am 31. Oktober 1942 vor der uralten Ikone Salus populi Romani aus der Basilika Santa Maria Maggiore die ganze Welt dem Unbefleckten Herzen Mariens. Die Reaktion des Himmels ließ nicht lange auf sich warten, denn schon am 2. November 1942 ging für die Nationalsozialisten die Schlacht in Nordafrika von El-Alamein verloren. Papst Pius wiederholte diese Weltweihe an das Unbefleckte Herz Mariens am 8. Dezember 1942, woraufhin in Russland die Schlacht um Stalingrad für die Nationalsozialisten verloren ging. Josef Stalin veränderte sich in dieser Zeit. Plötzlich endete der blutige Kampf gegen die Religion und der legendäre sowjetische Kommandant Marschall Schukow nahm an einer orthodoxen Liturgie teil und sorgte dafür, dass bis 1945 zwei große Kirchen im zerstörten Stalingrad gebaut wurden. Am 7. Oktober 1943 ließ der sowjetische Ministerrat die Gründung eines Rates der russisch-orthodoxen Kirche zu, womit die Kirche endlich wieder einen Platz in der sowjetischen Gesellschaft bekam.

Russland wurde jedoch nicht daran gehindert, seine kommunistischen Irrtümer über die ganze Welt zu verbreiten. Die Oktoberrevolution von 1918 stürzte nicht nur den Zaren, sondern verbreitete die kommunistische Ideologie zunächst in Russland, aber dann über die kommunistische Internationale in Moskau in weiteren Ländern wie China, Indien, in vielen Ländern Afrikas, in Kuba, in Chile und im gesamten Ostblock. Der Eiserne Vorhang trennte Europa und der Kalte Krieg zwischen den Weltmächten Russland und USA spaltete die Welt. Fortan war die gesamte Menschheit durch einen die Welt zerstörenden Atomkrieg zwischen den Atomsupermächten Russland und USA bedroht.

Millionen und Abermillionen von Menschen haben auf der ganzen Welt gelitten durch die Ausbreitung der Irrtümer Russlands über die ganze Welt hinaus. Denken wir nur an Regime wie das von Pol Pot in Kambodscha, wo Millionen Menschen verhaftet und hingerichtet wurden, sozusagen die gesamte bürgerliche Intelligenz des Landes. Denken wir an die Kriege in Vietnam, die von Amerika verloren wurden, oder in Korea, die zur Teilung des Landes führten und wo im kommunistischen Nordteil des Landes die Kim-Dynastie regiert, die ihr Land brutal unterdrückt und die Welt in Angst und Schrecken versetzt durch die Atomraketenversuche.

Angesichts dieses unsagbaren Leidens auf der ganzen Welt bekommen die Pläne Gottes, die er durch seinen Diener Johannes Paul II. verwirklichte, eine ungeheure politische Bedeutung.

Es wird darüber spekuliert, ob der bulgarische Geheimdienst im Auftrag der Parteiführung der KPdSU den türkischen Attentäter beauftragt hat, Johannes Paul II. kurz nach seiner Thronbesteigung zu ermorden. Jedenfalls war es ein ausgeklügeltes Manöver des Teufels, diesen Mann Gottes aus der Welt zu schaffen. Maria bezeichnet Johannes Paul II. in ihren Einsprechungen an den Priester Don Gobbi als einen Mann, geformt nach ihrem mütterlichen Herzen. Die Kugel, die am 13. Mai 1981 Johannes Paul II. niederstreckte, hätte eigentlich tödlich sein müssen. Die

Ärzte sprachen von einem großen Wunder, denn die Kugel wurde so gelenkt, dass sie keine wichtigen Organe im Körper dieses heiligen Papstes verletzt hat, sodass er gerettet werden konnte. Hätte die Kugel den Lauf genommen, den die Pistole des Attentäters ihr gab, wäre Johannes Paul II. unrettbar verloren gewesen. So aber konnte er gerettet werden und fuhr am 13. Mai 1982 nach Fatima, um sich bei der Mutter Gottes für seine Rettung zu bedanken. Er setzte die Pistolenkugel, die aus seinem Leib entfernt werden konnte, in die Krone der Statue der Königin des Friedens von Fatima ein.

Johannes Paul II. wurde durch diese schwere Attacke, die ihm fast das Leben kostete, aufmerksam auf die Botschaft Mariens in Fatima. Er ließ sich die Unterlagen kommen, sprach persönlich mit der Seherin Luzia, die ihn aufforderte, die Weihe Russlands an das Unbefleckte Herz mit allen Bischöfen vorzunehmen. Es ist das große Verdienst von Papst Johannes Paul II., dass er diese Aufforderung ernst nahm und umsetzte. Im Jahr 1983 schrieb Johannes Paul II. an alle katholischen Bischöfe und an die Bischöfe der Orthodoxie einen Brief, die Weihe der Völker des Ostens mit ihm gemeinsam zu vollziehen. Er selber vollzog diese Weihe am 25. März 1984. Was danach geschah, kann nur als gewaltiges Wunder bezeichnet werden.

Schauen wir kurz zurück: Am 13. Mai 1981 geschah das Attentat auf Papst Johannes Paul II. Im Jahr darauf starb der Parteivorsitzende und Staatspräsident Leonid Breschnew in Moskau. Seine beiden Nachfolger Juri Andropow und Konstantin Tschernenko regierten zusammen nur drei Jahre.

Am 25. März 1984, am Fest der Verkündigung des Herrn, das auch Fest Empfängnis Christi genannt wird, an dem der Erzengel Gabriel zu Maria nach Nazareth kommt, um ihr die Geburt ihres Sohnes Jesus durch die Kraft des Heiligen Geistes zu verkünden, weihte vor einer Fatima-Statue der heilige Papst Johannes Paul II. feierlich die Völker des Ostens dem Unbefleckten Herzen Mariens, wie es von der Jungfrau Maria in Fatima gewünscht worden war. Viele Bischöfe auf der ganzen Welt vollzogen diese Weihe mit dem Heiligen Vater. Die Reaktion des Himmels ließ nicht lange auf sich warten.

1985, nur ein Jahr nach der Weihe der Völker des Ostens durch Papst Johannes Paul II., wurde der junge Geheimdienstchef Michail Gorbatschow in Moskau zum Generalsekretär der KPdSU gewählt. Alle dachten, dass die Unterjochung weitergehen würde, weil Gorbatschow als Chef des Geheimdienstes in die Strukturen des Systems besser eingeweiht war, als viele andere. Aber aufgrund der katastrophalen wirtschaftlichen

Verhältnisse in Russland sah sich Gorbatschow genötigt, Glasnost, was soviel heißt wie Offenheit, und Perestroika, womit Umgestaltung gemeint war, zu verkünden. Gorbatschow vereinbarte im Jahr 1985 einen Atomabrüstungsvertrag mit den USA und ihrem Präsidenten Ronald Reagan. Der Papst legte nochmals nach. Im Jahr 1987/1988 verkündete er ein marianisches Jahr. Das führte im Jahr 1988, in dem sich die Taufe der Kiewer Rus zum tausendsten Male jährte, zur Religionsfreiheit in der Sowjetunion. 4.000 Kirchen durften plötzlich wieder öffnen. 1989 demonstrierten unsere ostdeutschen Mitbürger in der DDR mit Kerzen in der Hand und bezeichneten ihre Veranstaltungen als Friedensgebete. Gorbatschow verweigerte den Machthabern der DDR die militärische Unterstützung, sodass das kommunistische Regime ohne einen Schuss von der sanften Hand Mariens weggewischt wurde.

Die friedliche Wiedervereinigung Deutschlands, ohne einen Schuss und mit einem Vertrag zwischen Deutschland und Russland besiegelt, haben Menschen mit Glauben als das Werk Mariens analysiert. Ein Geschenk des Himmels, erwirkt durch zahllose Rosenkranzgebete. Ein Geschenk, das ein Papst, geformt nach dem Herzen Mariens, durch seine Weihe an das Unbefleckte Herz Mariens erwirken durfte.

Bezeichnenderweise am 8. Dezember 1991, am Fest der Unbefleckten Empfängnis Mariens, an dem 1942 Papst Pius XII. die Welt dem Unbefleckten Herzen Mariens geweiht hatte, unterzeichnete Gorbatschow mit 15 Sowjetrepubliken den berühmten Vertrag von Minsk, in dem den Sowjetrepubliken ihre Eigenständigkeit zugestanden wurde. Vorher wurde allen osteuropäischen Staaten die Unabhängigkeit vertraglich zugestanden. Kein Mensch hielt diese friedliche Beendigung des ideologischen kommunistischen Regimes der KPdSU für möglich. Nicht einmal die Akteure selbst. Es war wirklich ein großes Wunder, das Gott durch die Hände Mariens gewirkt hat, weil sein Diener Johannes Paul II. die Hinweise Mariens an die Seherkinder von Fatima ernst genommen und befolgt hat.

Dieses Ernstnehmen der Mystik ist eines der vielen großen Verdienste von Johannes Paul II. Er hat durch sein Hinhören auf die Worte Mariens in Fatima und ihre Befolgung den Niedergang der KPdSU und die Freiheit der von den kommunistischen Ideologen unterdrückten Völker erreicht.

Die deutsche Wiedervereinigung ist ohne Johannes Paul II. undenkbar. Es wird Zeit, dass für diesen großen Papst ein Denkmal in unserer Bundeshauptstadt Berlin errichtet wird.

Gott will nicht, dass sein auserwähltes Volk in die Irre geht. Er gibt zahlreiche Hinweise und Zeichen, um sein Volk zu führen. Wenn sein Volk hinhört und den Bitten des Himmels folgt, erfährt es Heil und Gnade ohne Ende. Wenn es jedoch nicht hinhört und den Bitten des Himmels nicht folgt, schädigt es sich selbst und schafft sich Unheil, Krieg und Tod.

Johannes Paul II. war enorm bemüht, das prophetische Wirken Gottes in unserer Zeit ernst zu nehmen und es in das kirchliche Leben zu integrieren. Die Barmherzigkeitsspiritualität ist ein weiteres Beispiel. Der Papst aus Polen hat selbst erlebt, wie Warschau dem Boden gleichgemacht wurde, weil der dortige Bischof das Bild vom Barmherzigen Jesus in seinen Kirchen nicht aufstellen ließ. Krakau hingegen, wo das Bild in der Kirche feierlich verehrt wurde, blieb im Zweiten Weltkrieg völlig verschont. So hat er die Schwester Faustina heiliggesprochen und die Barmherzigkeitsspiritualität mit dem Barmherzigkeitssonntag und dem Barmherzigkeitsrosenkranz feierlich in das Leben der Kirche integriert.

Johannes Paul II. war auch bemüht, das Wirken Gottes in den Heiligen für die Kirche zu erschließen. So hat er Mutter Teresa aus Kalkutta ebenso heiliggesprochen wie Pater Pio in Italien. Die eine karitativ wirkmächtig bei den Ärmsten der Armen in Kalkutta, der andere ein großer Mystiker, der die Menschen im Beichtstuhl aufgrund seiner Seelenschau zur Reinheit vor Gott führte. Viele Heilige hat er zu Kirchenlehrern und zu Patronen Europas ernannt. Der Papst wollte das übernatürliche Wirken Gottes in diesen Personen für die Welt sichtbar machen.

Die verheerenden Auswirkungen der Theologie Martin Luthers und des Gottesbildes von Hegel, Heidegger und vielen anderen namhaften Philosophen und Vertretern der idealistischen Philosophie sind durch Theologen wie Karl Rahner und Teilhard de Chardin, beide Jesuiten, zur Grundlage der Priesterausbildung in den allermeisten theologischen Fakultäten der Welt eingeführt worden und haben zu verheerenden Folgen geführt. Der Apostel Paulus beschreibt im Römerbrief 1,18ff, was passiert, wenn der Mensch mit seiner Vernunft nicht mehr Gott als den Schöpfer des Kosmos der Welt mit all ihren Arten erkennt. Es ist eine Zustandsbeschreibung von Kirche und Welt, die dort zu lesen ist, wie sie präziser für die derzeitigen Zustände nicht sein könnte. Ich zitiere: Gottes Zorn über die Ungerechtigkeit der Menschen (Röm 1,18-32):

„Der Zorn Gottes wird vom Himmel herab offenbart wider alle Gottlosigkeit und Ungerechtigkeit der Menschen, die die Wahrheit durch Ungerechtigkeit niederhalten. Denn was man von Gott erkennen kann, ist ihnen offenbar; Gott hat es ihnen offenbart. Seit Erschaffung der Welt wird seine unsichtbare Wirklichkeit an den Werken der Schöpfung mit der Vernunft wahrgenommen, seine ewige Macht und Gottheit. Daher sind sie unentschuldbar. Denn sie haben Gott erkannt, ihn aber nicht als Gott geehrt und ihm nicht gedankt. Sie verfielen in ihrem Denken der Nichtigkeit, und ihr unverständiges Herz wurde verfinstert. Sie behaupteten, weise zu sein, und wurden zu Toren. Sie vertauschten die Herrlichkeit des unvergänglichen Gottes mit Bildern, die einen vergänglichen Menschen und fliegende, vierfüßige und kriechende Tiere darstellen. Darum lieferte Gott sie durch die Begierden ihres Herzens der Unreinheit aus, sodass sie ihren Leib durch ihr eigenes Tun entehrten. Sie vertauschten die Wahrheit Gottes mit der Lüge, sie beteten das Geschöpf an und verehrten es anstelle des Schöpfers – gepriesen ist er in Ewigkeit. Amen. Darum lieferte Gott sie entehrenden Leidenschaften aus: Ihre Frauen vertauschten den natürlichen Verkehr mit dem widernatürlichen; ebenso gaben die Männer den natürlichen Verkehr mit der Frau auf und entbrannten in Begierde zueinander; Männer trieben mit Männern Unzucht und erhielten den ihnen gebührenden Lohn für ihre Verirrung. Und da sie sich weigerten, Gott anzuerkennen, lieferte Gott sie einem verworfenen Denken aus, sodass sie tun, was sich nicht gehört: Sie sind voll Ungerechtigkeit, Schlechtigkeit, Habgier und Bosheit, voll Neid, Mord, Streit, List und Tücke, sie verleumden und treiben üble Nachrede, sie hassen Gott, sind überheblich, hochmütig und prahlerisch, erfinderisch im Bösen und ungehorsam gegen die Eltern, sie sind unverständig und haltlos, ohne Liebe und Erbarmen. Sie erkennen, dass Gottes Rechtsordnung bestimmt: Wer so handelt, verdient den Tod. Trotzdem tun sie es nicht nur selber, sondern stimmen bereitwillig auch denen zu, die so handeln."

Papst Benedikt XVI., der begnadete Nachfolger des Heiligen Vaters Johannes Paul II., hat hier der Welt die Richtung gewiesen durch die Verkündigung der Notwendigkeit von „fides et ratio". Glaube und Vernunft war seine Vision. Als Kardinal besuchte er einmal die Gustav-Siewerth-Akademie und ließ sich von Naturwissenschaftlern das Problem der Evolutionstheorie erklären. Nachts um vier Uhr soll er nach einer heftigen Debatte im Kaminzimmer der Gustav-Siewerth-Akademie vom Sofa aufgestanden sein mit der Bemerkung: „Ich habe es verstanden. Die Evolution hat nie stattgefunden. Ich werde der Menschheit ihr Lieblingsdogma nehmen!"

Als Papst Benedikt XVI. hat er in seiner ersten Predigt sein Programm angekündigt. Die erste Predigt als neugewählter Papst, die von vielen Fernsehsendern in der ganzen Welt verbreitet wurde, enthielt die Worte, dass der Mensch nicht das Produkt des Zufalls sei, sondern geliebt und gebraucht würde. Das war ein klausulierter Angriff gegen die Evolutionstheorie. Mit seinem Schülerkreis eröffnete er eine Diskussion zu diesem Thema, bei dem sich Kardinal Schönborn weit aus dem Fenster lehnte. Er wurde, wie mir em. Papst Benedikt XVI. in einer Privataudienz im Frühjahr 2018 erläuterte, daraufhin schwer bedroht. Wie klar Papst Benedikt XVI. die Bedrohung des Glaubens in den Herzen der Menschen durch die Evolutionstheorie erkennt, geht aus einer Korrespondenz hervor, die er im Nachzug zu der Privataudienz im Frühjahr 2018 mit mir führte. Dort schreibt er von der Krise der universitären Theologie und fordert uns auf, mutig und furchtlos die Forschungsergebnisse der Gustav-Siewerth-Akademie unter den Menschen bekannt zu machen.

Für mich als Rektor der Gustav-Siewerth-Akademie bedeutet dieses Beispiel von Johannes Paul II. und die Vision von Benedikt XVI. in „fides et ratio" eine Motivation, Fortbildungsveranstaltungen gerade in den Fächern anzubieten, die heute bei der priesterlichen Ausbildung weltweit vernachlässigt werden.

Wo wird heute das Fach Naturphilosophie gelehrt, in dem mit naturwissenschaftlichen Argumenten die Evolutionstheorie widerlegt wird? Wo wird heute noch Mystik gelehrt? Wo wird Priesteramtskandidaten ein Zugang zu den Charismen gelehrt, die Gott seinen Priestern schenken will? Wo wird die Unterscheidung der Geister gelehrt? Wo wird eine gute Mariologie gelehrt? Wo werden Dämonologie und die Befreiung von diabolischen Belastungen gelehrt? Wo wird der Heilungsauftrag Jesu an seine Apostel ernst genommen? Wo wird seelische, geistige, körperliche und spirituelle Krankheit geheilt? Wo wird das Leben nach dem Tod gelehrt? Wo wird gelehrt, was wir für die Armen Seelen tun können? Wo wird die wirkmächtige Vergebungsbitte der Nachfahren stellvertretend für die längst verstorbenen Vorfahren gelehrt?

Nehmen wir uns diese großen Päpste Johannes Paul II. und Benedikt XVI. zum Vorbild und packen wirs an. Für Ihre Unterstützung der staatlich anerkannten, privaten wissenschaftlichen Hochschule der Gustav-Siewerth-Akademie bin ich Ihnen zutiefst dankbar. Allein schaffe ich es nicht. Aber gemeinsam können wir mit diesem Pflänzchen, das schon Großartiges hervorgebracht hat, zum Aufbau des Reiches Gottes unter den Menschen und zur Unterstützung der Päpste Wesentliches beitragen.

Katholische Soziallehre bei Johannes Paul II.

Thomas Dörflinger

Wenn sich ein Tagungsband dem Leben und Wirken des heiligen Papstes Johannes Paul II. widmet, ist dafür nicht nur die Begeisterung katholischer Christen für einen ganz besonderen Vertreter auf dem Stuhle Petri ursächlich. Der Blick auf die Beiträge lässt erkennen, dass dieser polnische Papst längst nicht nur eine theologische, eine religiöse, eine philosophische oder eine politische Dimension besitzt, sondern sein Pontifikat historische Bedeutung hat. Als mich der Journalist Heinrich Wullhorst vor zwei Jahren in seinem Buch „Soziallehre 4.0"[1] zu jenen Bundestagsabgeordneten zählte, die er als in der Katholischen Soziallehre fest verankert glaubte, hat er mit dieser Einschätzung vermutlich ein wenig übertrieben; ich will trotzdem bestätigen, dass mich die Soziallehre nicht nur wegen meines Engagements beim Kolpingwerk Deutschland stets in besonderer Weise beschäftigt hat und ich daher sehr dankbar bin für die Gelegenheit, heute aus meiner Sicht etwas zur Bedeutung Johannes Pauls II. für die katholische Soziallehre vortragen zu dürfen.

Ich will dies in zwei Abschnitten tun. Im ersten Teil werde ich versuchen, das Wirken Johannes Pauls II. aus sozialethischer Sicht insoweit einzuordnen, als ich seine Sichtweise der katholischen Soziallehre in Bezug zu seinen Vorgängern und seinen Nachfolgern setze und die große Linie in der Entwicklung der Soziallehre nachzeichne. Die Genese der Soziallehre ordnet sich in meiner Einschätzung, die sich an der Denkweise von Lothar Roos ausrichtet[2], in drei wesentliche Phasen: die Entstehungsgeschichte, die sich im Wesentlichen mit Papst Leo XIII. verbindet; die Weiterentwicklung, die sich in den Pontifikaten Pius XI., Johannes XXIII. und Pauls VI. darstellt. Aus heutiger Sicht, da wir um die Herausforderungen von Globalisierung und Digitalisierung wissen, zeigt sich bei Johannes Paul II. die dritte Phase; ihm kommt das Verdienst zu, sozusagen für die Vervollständigung und Systematisierung Sorge zu tragen, wenn ich es einmal verkürzt formuliere.

---

[1] Heinrich Wullhorst, *Soziallehre 4.0*, Paderborn 2018, S. 125.

[2] Lothar Roos, „Markt und Moral in den Sozialenzykliken" – Vortrag anlässlich der deutsch-polnischen Tagung zum 30. Jubiläum der Gründung der Fakultät für Sozialwissenschaften der Katholischen Universität Lublin und der deutsch-polnischen Zusammenarbeit am 15.-16. Nov. 2010 in Lublin.

In Teil II soll die Konkretisierung anhand der Enzykliken des Papstes Karol Wojtyła im Zentrum der Betrachtung stehen. Als einziger Pontifex schlägt Johannes Paul II. mit insgesamt drei Sozialenzykliken zu Buche: „Laborem exercens“ (1981), „Solicitudo rei socialis“ (1987) und „Centesimus annus“ (1991). Es liegt auf der Hand, dass sich die Anzahl seiner Enzykliken und Lehrschreiben, die die Soziallehre thematisieren, nicht allein durch die mit fast 26,5 Jahren ungewöhnlich lange Dauer seines Pontifikates erklären lassen; Karol Wojtyła ist als Jugendlicher und junger Mann im Ostblock und damit in einem diktatorischen System sozialisiert worden, er kennt die weltkirchliche Bedeutung des Ost-West-Konfliktes auch jenseits des Eisernen Vorhangs, und er ist durch seine unmittelbare Nähe zur polnischen Gewerkschaftsbewegung „Solidarność“ später in personam ein Teil der weltgeschichtlichen Entwicklung.

Phase I – ein schwieriger Beginn

Werfen wir zum besseren Verständnis einen Blick auf die Entstehungsgeschichte der Soziallehre. Als Karl Marx und Friedrich Engels zur Jahreswende 1847/1948 das „Kommunistische Manifest“[3] publizieren, hat das Lehramt der Kirche darauf zunächst keine Antwort. Dafür sind zwei maßgebliche Gründe ursächlich, ein inhaltlicher und ein strukturell-theologischer.

Der strukturell-theologische Grund ist dabei der schwerwiegendere, weil sich im 19. Jahrhundert so auch Unterschiede in der Herangehensweise zwischen der katholischen und der protestantischen Theologie festmachen lassen. Joseph Höffner[4] bringt das in der Formulierung auf den Punkt, es stehe radikale Weltabgewandtheit gegen radikale Weltzugewandtheit. So findet sich z.B. auch beim (evangelischen) Soziologen Max Weber[5] in Anlehnung an Ernst Troeltsch[6] die These, die unverfälschte Lehre Jesu, wie sie am reinsten in der Bergpredigt in Erscheinung trete, erhebe *keinen* Anspruch auf die Gestaltung der gesellschaftlichen Verhältnisse. Während im Protestantismus etwa Laien wie Johann Hinrich Wichern, der als Begründer der Diakonie gilt, anders argumentieren, sind es in

---

[3] *Manifest der Kommunistischen Partei*: Gedruckt in der Office der Bildungs-Gesellschaft für Arbeiter von J. E. Burghard. 46 Liverpool Street, Bishopsgate („Bu23“; grüner Umschlag), London 1848.

[4] Joseph Höffner, *Die christliche Heilsbotschaft – Richtmaß des Sozialen*, Köln 1959, S. 5.

[5] Max Weber, *Wirtschaft und Gesellschaft,* Grundriss der Sozialökonomik, Bd. III/2. Tübingen 1922, S. 280.

[6] Ernst Troeltsch, *Die Soziallehren der christlichen Kirchen und Gruppen,* 1912, 2. Auflage. Tübingen 1919, S. 96.

der katholischen Kirche Theologen wie Wilhelm Emanuel von Ketteler oder Adolph Kolping, die die Verpflichtung der Kirche sehen, durch eine Positionsbestimmung, die man später die Soziallehre nennen wird, in die gesellschaftliche und damit in die politische Debatte einzugreifen. Es wird fast vier Jahrzehnte dauern, bis das kirchliche Lehramt in Person von Papst Leo XIII. mit der Enzyklika „Rerum novarum“ 1891 den ersten Entwurf von Grundzügen der katholischen Soziallehre vorlegt.

Die strukturell-theologische Frage ist damit beantwortet, die inhaltliche jedoch noch nicht, wenigstens nicht endgültig. Leo XIII. lädt in der Vorbereitung seiner Enzyklika alle Protagonisten ein, ihm ihre Vorstellungen zu präsentieren. So wird mit Spannung erwartet, wie der Heilige Stuhl sich zu den beiden großen Gegensätzen verhält: Liberalismus auf der einen Seite, Sozialismus auf der anderen. „Rerum novarum“ formuliert gegenüber beiden Ideologien Vorbehalte. Leo XIII. entwickelt alternative Vorstellungen. Er bekennt sich klar zum Recht auf Privateigentum, das er analog zu Thomas von Aquin begründet aus dem Naturrecht ableitet.[7] Er hält fest, dass allein aus dem Verhältnis von Angebot und Nachfrage noch kein gerechter Lohn resultiert.[8] Auch wenn er weiterhin an anderer Stelle mit der Forderung nach betrieblichen Arbeiterausschüssen[9] die Funktion späterer Betriebsräte vorwegnimmt, kann von einer durchgängig als solcher erkennbaren Soziallehre zu diesem Zeitpunkt noch nicht gesprochen werden.

Phase II – Weiterentwicklung

Die weltwirtschaftlich ausgesprochen angespannte und teils sehr kritische Lage bildet den historischen Kontext für die Enzyklika „Quadragesimo anno“, die Papst Pius XI. 1931 zum 40. Jahrestag von „Rerum novarum“ vorlegt. Spiritus rector des Lehrschreibens ist der damals noch vergleichsweise unbekannte deutsche Theologe Oswald von Nell-Breuning SJ, den Pius XI. gut drei Jahre nach dessen Promotion zu seinem maßgeblichen Berater macht. Nell-Breuning gilt heute als der bedeutendste Vertreter, quasi der Nestor, der katholischen Soziallehre im 20. Jahrhundert.

Anders als noch in „Rerum novarum“ beschränkt sich „Quadragesimo anno“ nicht nur auf die kritische Analyse der aktuellen wirtschaftlichen und sozialen Situation, sondern es werden erstmals und deutlich Grundzüge einer Alternative zu Sozialismus und Kapitalismus skizziert,

[7] Leo XIII., *Rerum novarum*, Rom 1891, RN 4.

[8] *a.a.O.*, RN 34

[9] Leo XIII., *Rerum novarum*, Rom 1891, RN 36ff.

auch wenn dieser dritte Weg noch nicht expressis verbis benannt ist. Pius XI. diskutiert den Wettbewerb im Wirtschaftssystem als grundsätzlich positiv, wenn „höhere und edlere Kräfte die wirtschaftliche Macht in die Zucht nehmen“. Diese Kräfte werden in der Enzyklika als „soziale Gerechtigkeit und soziale Liebe“[10] definiert. Diese Grundidee nimmt damit bereits 1931 das vorweg, was später als Grundpfeiler der „Sozialen Marktwirtschaft“ durch Walter Eucken, Alfred Müller-Armack und andere konstitutiv für Politik und Wirtschaftssystem der jungen Bundesrepublik Deutschland wird. Unter dem Einfluss von Nell-Breuning taucht zudem erstmals der Begriff „Subsidiarität“ in der Soziallehre auf.[11] Auf eine vereinfachte Formel gebracht: Die kleine Einheit hat grundsätzlich Vorrang vor der nächsthöheren, woraus folgt: Hilfe zur Selbsthilfe ist nachhaltiger als Fürsorge. Eingehend widmet sich Pius XI. dem Thema Vermögensbildung in Arbeitnehmerhand[12]; wir dürfen freilich feststellen, dass die politische Realität der päpstlichen Forderung auch nach knapp 90 Jahren hinterherhinkt.

Den Päpsten Johannes XXIII. und Paul VI. kommt das Verdienst zu, die Soziallehre noch deutlicher als ihre Vorgänger internationalisiert zu haben. In der Enzyklika „Pacem in terris“ (1963) macht Johannes XXIII. deutlich, die Beziehungen zwischen den einzelnen Menschen und den Völkern sollten nicht von Furcht, sondern von Liebe geprägt sein; denn der Liebe sei es vor allem eigen, die Menschen zu einer aufrichtigen und vielfachen Zusammenarbeit zu führen.[13] An anderer Stelle analysiert er das Fehlen einer „universalen politischen Gewalt“ zunächst zur Definition und hernach zur Durchsetzung des konkreten Inhalts des Gemeinwohls.[14] Diese zu Beginn der 1960er-Jahre getroffene Feststellung wird sich fast fünf Jahrzehnte später sowohl bei der Staatsschulden- und Finanzkrise 2008ff als auch in der Frage der Migrationspolitik in den Jahren 2015ff noch als richtig erweisen.

Als Papst Paul VI. 1967 seine Enzyklika „Populorum progressio“ vorlegt, stößt er auch innerkirchlich nicht nur auf Wohlwollen. Mancher Kritiker bezichtigt Paul VI. sogar marxistischer Umtriebe. „Populorum progressio“ versteht sich als Fortsetzung von „Pacem in terris“, allerdings wendet der Heilige Stuhl die Perspektive um 180 Grad und diskutiert die soziale Frage nicht primär aus der Sicht der damaligen westlichen Welt,

10 Pius XI., *Quadragesimo anno*, Rom 1931, QA 88.
11 *a.a.O.*, QA 79,80.
12 *a.a.O.*, QA 61.
13 Johannes XXIII., *Pacem in terris*, Rom 1963, Teile III und IV.
14 *a.a.O.*, PT 71.

sondern aus der Warte der Entwicklungsländer. Paul VI. fordert mit Blick auf die ungleiche Verteilung der Güter „tiefgreifende Reformen“[15] und kritisiert die Reduktion des Begriffs „Entwicklung“ auf den Aspekt des wirtschaftlichen Wachstums.[16] Der visionäre Charakter dieser Enzyklika wird auch an anderer Stelle deutlich, wenn es heißt: „Erben unserer Väter und Beschenkte unserer Mitbürger, sind wir allen verpflichtet, und jene können uns nicht gleichgültig sein, die nach uns den Kreis der Menschheitsfamilie weiten.“[17] Der Begriff der Generationengerechtigkeit ist damals noch kein Bestandteil des politischen Diskurses.

Phase III – Kompendium

Wir sehen, wie sich die katholische Soziallehre von der Mitte des 19. Jahrhunderts unter Leo XIII. über die weltwirtschaftlich schwierigen 1930er-Jahre bei Pius XI. bis hin zu den entwicklungs- und friedenspolitischen Akzenten unter Johannes XIII. und Paul VI. entwickelt. Die Soziallehre verbessert über mehr als 80 Jahre ihre Struktur, sie wird inhaltsreicher und gewinnt – oft im Vorgriff auf politische Diskussionen der Zukunft – an Visionen. Die einzelnen Sozialenzykliken Papst Johannes Pauls II., von denen eingangs bereits die Rede war, werden im zweiten Teil einer genaueren Analyse unterzogen, weswegen wir uns an dieser Stelle auf einen weiteren Meilenstein im Pontifikat des polnischen Papstes konzentrieren können.

Wer bislang über die Soziallehre arbeitet, muss sich entweder synoptisch mit den diversen Sozialenzykliken der Päpste auseinandersetzen, auf die Quellen z.B. von Wissenschaftlern zurückgreifen, die dem Heiligen Stuhl zuarbeiten, oder aber sich mit Sekundärliteratur behelfen. Diesem Umstand sucht Johannes Paul II. im Januar 1999 mit dem Vorschlag zu begegnen, ein Kompendium der katholischen Soziallehre zu erstellen.[18] Dieses soll einerseits eine Zusammenfassung der Soziallehre liefern, andererseits – das wird bereits durch den Arbeitstitel „Kompendium“ deutlich – aber auch unterstreichen, dass sich die Soziallehre als lernendes System versteht. Nach insgesamt fünf Jahren Arbeitszeit erscheint das Werk unter dem Titel „Kompendium der Soziallehre der Kirche“ und wird vom

[15] Paul VI., *Populorum progressio*, Rom 1967, PP 81.
[16] *a.a.O.*, PP 14.
[17] *a.a.O.*, PP 17.
[18] Johannes Paul II., Apostolisches Schreiben *Ecclesia in america*, Rom 1999.

Päpstlichen Rat „Justitia et Pax“ herausgegeben[19]; zwei Jahre später liegt es auch in deutscher Sprache vor.[20]

Zur Präsentation der deutschen Ausgabe stellt Karl Kardinal Lehmann, Vorsitzender der Deutschen Bischofskonferenz, das Werk wie folgt vor: „Neben der Einleitung, die das Ziel und die Bedeutung des Werkes beschreibt, geht der erste Teil auf die Frage nach dem theologischen Ort der Soziallehre und ihrer Zuordnung zum Sendungsauftrag der Kirche ein (I). Dann folgen die Kapitel über die Grundlagen und Prinzipien der Katholischen Soziallehre (II). Eindrucksvoll werden das christliche Menschenbild als das personale Fundament der Soziallehre herausgearbeitet und die beiden Erkenntniswege: der Glaube und die Vernunft, die Offenbarung und das Naturrecht bekräftigt (III.). Auffallend ist, dass bei den Prinzipien (IV.) an erster Stelle das Gemeinwohl steht und an zweiter Stelle der Grundsatz von der Gemeinbestimmung der irdischen Güter. Danach geht es um die Grundsätze der Subsidiarität, der Solidarität und die Grundwerte des sozialen Lebens.“[21]

„Im zweiten Teil“, so Kardinal Lehmann weiter, „werden wichtige Einzelthemen behandelt: Ehe und besonders Familie (V.), Arbeit (VI.), Wirtschaft (VII.), Politik (VIII.), Internationale Gemeinschaft (IX.), Umwelt (X.) und Frieden (XI.). Dieser Teil zeichnet sich dadurch aus, dass der jeweilige Sachverhalt immer unter den entsprechenden Wertperspektiven gesehen wird. Nirgends gewinnt man den Eindruck, es handele sich um eine soziologische, ökonomische oder politologische Abhandlung, der noch ein christliches Etikett aufgesetzt wurde. Es ist wirklich Katholische Soziallehre, was das Kompendium bietet. Der dritte Teil (XII.) befasst sich mit der Frage, wie die Orientierungen das Handeln der Gläubigen inspirieren können und sollen, besonders im Blick auf die Laien. Der Schluss erörtert kurz, was eine Gesellschaft der Liebe bestimmt.“[22]

Das Kompendium darf also mit Fug und Recht als Meilenstein in der Geschichte der katholischen Soziallehre bezeichnet werden. Einmal, weil es erstmals eine umfassende Darstellung der Soziallehre an und für sich vornimmt; zum anderen aber auch, weil Johannes Paul II. in diesem

---

19 Päpstlicher Rat für Gerechtigkeit und Frieden, *Kompendium der Soziallehre der Kirche*, Rom 2004.

20 Päpstlicher Rat für Gerechtigkeit und Frieden (Hg.), *Kompendium der Soziallehre der Kirche*, Freiburg, Basel, Wien 2006.

21 Karl Kardinal Lehmann, *Statement bei der Pressekonferenz in Mainz zur Vorstellung des neuen Kompendiums in Deutsch* am 1. Februar 2006.

22 *ebd.*

Vorgang seine hohe Popularität, die weit über die katholische Kirche hinausreicht, einsetzt, um die katholische Soziallehre dauerhaft im theologischen, politischen und gesellschaftlichen Diskurs zu etablieren.

Johannes Paul II. in seinen Enzykliken

„Laborem exercens“ (1981) ist die erste von drei Sozialenzykliken des polnischen Papstes. In Anlehnung an Lothar Roos[23] seien die Kernpunkte dargestellt, mit denen Johannes Paul II. neue und/oder zusätzliche Akzente in der katholischen Soziallehre formuliert:

- Der Wert der Arbeit wird in einen „objektiven“ Marktwert und einen „subjektiven“ Personenwert der Arbeit ausdifferenziert.[24] In die Praxis übersetzt: Der Mensch muss nach dem persönlichen Wert seiner Arbeit, nicht nach deren ökonomischer Dimension beurteilt werden.
- Die Definition von „Arbeit“ darf nicht auf den Teilbegriff der Erwerbsarbeit reduziert werden.[25] In die Praxis übersetzt: Sowohl die Erwerbsarbeit als auch die Arbeiten in einer Familie sind für die Gesellschaft konstitutiv.
- Der Begriff des „indirekten Arbeitgebers“ wird neu in die sozial-ethische Diskussion eingeführt.[26] In die Praxis übersetzt: Unter „indirekten Arbeitgebern“ sind alle Kräfte zu verstehen, die indirekt an den Arbeitsbedingungen mitwirken, also z.B. Banken oder Sozialpartner und Politik.

Interessant ist hier insbesondere der dritte der letztgenannten Punkte. Bislang geht die sozialethische Diskussion stets von einem Dualismus aus; dem Konflikt zwischen Kapital und Arbeit, zwischen Staat und Wirtschaft, zwischen Markt und Regulierung. Johannes Paul II. bricht diesen Dualismus auf, indem er die zivilgesellschaftlichen Akteure durch die Begrifflichkeit des „indirekten Arbeitgebers“ in eine neue Trias einbindet. Diese Einbindung meint gleichermaßen das Recht zur Mitwirkung als auch die Pflicht zur Verantwortung.

Betrachtet man diese neue Begrifflichkeit im Kontext der Pastoralkonstitution „Gaudium et spes“[27] von 1965, beschreibt dies selbstredend auch die Verantwortung und die Rolle der Laien. Der evangelische Theologe Herbert Braun hat dies wie folgt auf den Punkt gebracht:

---

[23] Lothar Roos, *a.a.O.*

[24] Johannes Paul II., *Laborem exercens*, Rom 1981, LE 6

[25] Johannes Paul II., *Laborem exercens*, Rom 1981, LE 19

[26] *a.a.O.*, LE 17

[27] http://www.vatican.va/archive/hist_councils/ii_vatican_council/documents/vat-ii_const_19651207_gaudium-et-spes_ge.html (abgerufen 06.05.2020)

„Mithin ist sowohl ein spiritualistisches Ghetto-Christentum als auch der Sozial-Utopismus abzulehnen. Die Hoffnung auf das Kommende bewahrt den Christen davor, weltflüchtig oder weltsüchtig zu werden. Sie macht ihn innerlich frei, sodass er aus der Kraft des Glaubens an der Gestaltung der irdischen Wirklichkeiten mitzuwirken vermag, ohne dabei der Verweltlichung zu verfallen."[28]

„Laborem exercens" findet z.B. in Deutschland nicht nur positiven Widerhall. So kritisiert der Journalist Franz Alt, als seinerzeitiger Chef des SWF-Magazins „Report" ein durchaus prominenter Katholik, etwa die aus seiner Sicht „unzeitgemäße Botschaft"[29], weil die Analyse des Papstes zu sehr vom Anti-Kommunismus und von mangelnder ökologischer Sensibilität gekennzeichnet sei. Allerdings: Der Kontext aller Enzykliken Johannes Pauls II. wird zeigen, dass diese Auffassung mindestens voreilig, im Endergebnis aber zweifellos falsch ist.

Die Enzyklika „Solicitudo rei socialis" (1987) wird von Johannes Paul II. zur 20-jährigen Wiederkehr von „Populorum progressio" verfasst. Der Papst würdigt die Arbeit seines Vor-Vorgängers und fasst die Quintessenz, die für die Soziallehre daraus hervorgeht, nochmals in den Satz zusammen, dass Entwicklung der neue Name für Friede sei.[30] Die tatsächliche Bilanz für eine bessere Güterverteilung auf der Erde fällt für Johannes Paul trotz der von ihm erkannten „lobenswerten erheblichen Anstrengungen" sehr ernüchternd aus; die Lage hat sich nicht gebessert, sondern deutlich verschlimmert.[31] Als Ursachen werden im Wesentlichen folgende Gründe genannt:

- Der Ost-West-Konflikt, der sich einerseits in konkurrierenden Strategien in den Zielländern abbildet und nicht selten auch gewalttätige Auseinandersetzungen provoziert[32].
- Andererseits liegt im Denken Johannes Pauls II. die Ursache der Fehlentwicklung nicht allein etwa in Zollbestimmungen oder Handelspolitik der Industrieländer, sondern in der fehlenden Reformfähigkeit der Entwicklungsländer.[33]

---

28 Herbert Braun, „Die Problematik einer Theologie des Neuen Testaments", in: *Zeitschrift für Theologie und Kirche* 58, 1961, Beiheft 2, S. 17.

29 Franz Alt, „Eine unzeitgemäße Botschaft", erschienen in: *Der Spiegel* 39/1981.

30 Johannes Paul II., *Solicitudo rei socialis*, Rom 1987, SRS 10 / Paul VI., *Populorum progressio*, Rom 1967, PP 87.

31 Johannes Paul II., *Solicitudo rei socialis*, Rom 1987, SRS 16.

32 *a.a.O.*, SRS 20.

33 *a.a.O.*, SRS 44,5.

- Die unternehmerische Initiative und damit der private Sektor werden in den Entwicklungsländern unterdrückt, was „die Kreativität des Bürgers als eines aktiven Subjektes lähmt oder sogar zerstört."[34]

Anknüpfend an Pius XI. in „Quadragesimo anno" unterzieht Johannes Paul II. verschiedene Begrifflichkeiten einer kritischen Analyse. So erinnert er etwa an eine Vereinbarung des Konzils zu „Haben" und „Sein": „Das Haben von Dingen und Gütern vervollkommnet von sich aus nicht die menschliche Person, wenn es nicht zur Reifung und zur Bereicherung ihres Seins, das heißt, zur Verwirklichung der menschlichen Berufung als solcher, beiträgt."[35] Entwicklung muss im Duktus von „Solicitudo rei socialis" immer auch die „vorrangige Liebe für die Armen"[36] beinhalten. Er nimmt damit etwas vorweg, was Benedikt XVI. mehr als 20 Jahre später noch deutlicher formulieren wird, wenn er in seiner Enzyklika „Caritas in veritate" (2009) die Kultur des Schenkens als unverzichtbaren Bestandteil eines wirtschaftlichen Systems einführt und definiert: „Ebenso sind jedoch gerechte Gesetze, von der Politik geleitete Mechanismen zur Umverteilung, und darüber hinaus Werke, die vom Geist des Schenkens geprägt sind, nötig."[37]

100 Jahre nach „Rerum novarum" legt Johannes Paul II. 1991 seine Enzyklika „Centesimus annus" vor. Ausführlich würdigt der Papst die wegweisende Arbeit seines Vorgängers Leos XIII., dem er bescheinigt, der Kirche „gleichsam das ‚Statut des Bürgerrechtes' in der wechselvollen Wirklichkeit des öffentlichen Lebens der Menschen und der Staaten" verliehen zu haben.[38] Interessant ist an dieser Formulierung, dass Johannes Paul II. ganz offensichtlich die von mir eingangs zitierte Fragestellung Joseph Höffners[39] von 1959, die dieser als noch offen bezeichnet hatte, mehr als vier Jahrzehnte später als durch Leo XIII. bereits beantwortet begreift. Wenn sich ein Papst aus Polen zwei Jahre nach dem faktischen Ende des Ost-West-Konfliktes zur Sozialethik äußert, überrascht es nicht, wenn all jene Entwicklungen, die im Volksmund unter dem Begriff „Wende" zusammengefasst wurden, besonders breiten Raum einnehmen.

Der Grundirrtum des Sozialismus, so analysiert Johannes Paul II., ist anthropologischer Natur: „Er betrachtet den einzelnen Menschen lediglich

[34] *a.a.O.*, SRS 15,2.

[35] II. Vatikanisches Konzil, *Pastoralkonstitution über die Kirche in der Welt von heute / Gaudium et spes*, Rom 1965 3.5.

[36] Johannes Paul II., *Solicitudo rei socialis*, Rom 1987, SRS 42,2.

[37] Benedikt XVI., *Caritas in veritate*, Rom 2009, CiV 37.

[38] Johannes Paul II., *Centesimus annus*, Rom 1991, CA 5,5.

[39] vgl. Anm. 3.

als ein Instrument und Molekül des gesellschaftlichen Organismus, sodass das Wohl des Einzelnen dem Ablauf des wirtschaftlich-gesellschaftlichen Mechanismus‘ völlig untergeordnet wird.“[40] Im Rückgriff auf „Rerum novarum“ entwickelt „Centesimus annus“ die Alternative der katholischen Soziallehre: Die gesellschaftliche Natur des Menschen erschöpft sich nicht im Staat, sondern sie verwirklicht sich in verschiedenen Zwischengruppen, angefangen von der Familie bis hin zu den wirtschaftlichen, sozialen, politischen und kulturellen Gruppen.“[41]

Allerdings widerspricht der Papst ausdrücklich der These, wonach der Zusammenbruch des Ostblocks einfach nur als Sieg des überlegenen Wirtschaftssystems zu deuten sei. Gleichsam wie eine Antwort auf die oben beschriebene Kritik an „Laborem exercens“ findet sich für die Zeit des Post-Kommunismus die deutliche Ansage: „Es besteht die Gefahr, dass sich eine radikale kapitalistische Ideologie breitmacht.“[42] In Anlehnung an die Formulierung Johannes‘ XXIII., es bedürfe einer „universalen öffentlichen Gewalt“[43], mahnt Johannes Paul II. die Schaffung internationaler Strukturen an, die im Fall von Konflikten durch einen internationalen Schiedsspruch den Ausbruch von Gewalt verhindern.[44] Ebenso widmet er dem Aspekt der Nachhaltigkeit breiten Raum, wenn er fordert, es müsse erstens mehr „für die Wahrung der moralischen Bedingungen einer glaubwürdigen Humanökologie getan werden“[45] und es bestehe zweitens gleichfalls die Verpflichtung zu einer „Sozialökologie der Arbeit“.[46] Dass Johannes Paul mit dem Begriff der Humanökologie nicht zuletzt auch den Schutz der Familie und des ungeborenen Lebens meint[47], versteht sich von selbst.

Das Verdienst Johannes Pauls II. kann zusammenfassend so bilanziert werden, dass er mit den genannten drei Sozialenzykliken, der Gründung der Stiftung „Centesimus annus – Pro Pontifice“[48], die sich der Verbreitung der katholischen Soziallehre widmet, und der Schaffung des oben beschriebenen Kompendiums die entscheidenden Voraussetzungen dafür geschaffen hat, dass die katholische Soziallehre an der Schwelle zum

40 Johannes Paul II., *Centesimus annus*, Rom 1991, CA 13.
41 *a.a.O.*, CA 13,2.
42 *a.a.O.*, CA 42.
43 vgl. Anm. 13.
44 Johannes Paul II., *Centesimus annus*, Rom 1991, CA 27,2.
45 *a.a.O.*, CA 38.
46 *ebd.*
47 *a.a.O.*, CA 39.
48 vgl. http://www.centesimusannus.org/site/index.php?pag=19&lingua=1 (abgerufen: 13.05.2020).

21. Jahrhundert weiterentwickelt werden konnte, was seine Nachfolger Benedikt XVI. und Franziskus auch getan haben bzw. noch tun. Heute, da die Enzykliken „Caritas in veritate" und „Laudato si" selbst Bestandteil der Soziallehre sind, ist die entscheidende Frage für die Zukunftsfähigkeit der Soziallehre, ob und wenn ja, in welcher Form, es gelingt, auf der Basis der Erkenntnisse der letzten 120 Jahre eine Antwort auf die Digitalisierung und den Übergang ins Informationszeitalter zu geben, welche die Menschheit vor ähnliche Herausforderungen stellen werden, wie dies für die soziale Frage in der Mitte des 19. Jahrhunderts gegolten hat.

Meine persönlichen Erinnerungen an Johannes Paul II.

Weihbischof Dr. Marian Eleganti OSB

Als Johannes Paul II. Papst wurde, wohnte ich in Castelgandolfo und studierte am Lateran. Ich war 23 Jahre alt. Meine früheste Erinnerung geht also auf die Tage unmittelbar nach seiner Wahl zurück, als er in den Hof des Sommerpalastes in Castelgandolfo hinunterstieg und es sich fügte, dass er ausgerechnet mir seine Hand reichte. Wir waren alle begeistert: ein für päpstliche Verhältnisse junger, attraktiver und sportlicher Papst trat uns mit viel Ausstrahlung und Charisma entgegen und eroberte unsere Herzen im Nu. Bis dato war uns Karol Wojtyła unbekannt, und auch die Italiener mussten sich zuerst daran gewöhnen, einen Nicht-Italiener auf dem Stuhl Petri zu sehen. Es wehte eine neuer Wind durch den Raum der Kirche, jener Wind, der beim Begräbnis von Johannes Paul II. die liturgischen Gewänder der Konzelebranten aufblähte und die Seite des Evangeliars auf seinem schlichten Holzsarg umblätterte.

Johannes Paul II. war ein Prophet und ein starker Fels. Seine Biografie ist beeindruckend wie auch seine natürlichen (künstlerisch-poetischen wie intellektuell-philosophischen) und übernatürlichen, geistlichen Gaben (sein Gebetsleben, seine mystische Erfahrung und seine Leidenskraft, sein Weitblick). Von Anfang an entfaltete Johannes Paul II. eine große missionarische Dynamik. Seine vielen Reisen waren ein neues Phänomen und gaben vielen Kleingeistern, die an deren Kosten erinnerten, Anlass zur Kritik. Johannes Paul II. war kein Mann, der sich im Vatikan festhalten ließ. Er hatte die ganze Welt im Sinn und wie Paulus drängte es ihn, ständig hinauszugehen. Im Hinblick auf die Leitung der Kurie brachte das auch Nachteile. Johannes Paul II. war ein großer Verkünder des Evangeliums: Auch er ging bis an die Ränder der Erde und trug alle Völker mit Ehrfurcht im eigenen Herzen. Seine symbolischen Gesten (das Küssen des Bodens des besuchten Landes) waren anfangs etwas gewöhnungsbedürftig. Inzwischen sind uns päpstliche Symbolhandlungen vertraut und beeindrucken nicht mehr auf die gleiche Weise wie damals, als sie uns noch ganz neu vorkamen (nur den Koran hätte er vielleicht besser nicht geküsst wegen der Missverständlichkeit der Geste; für mich, der ihm sonst sehr positiv gegenüberstand, ging das zu weit).

Ich empfinde unsere Zeit als eine eschatologische. Wir kannten im letzten Jahrhundert Kriege und Verbrechen unglaublichen Ausmaßes. Seit den 1960er-Jahren mehren sich gesellschaftliche Zerfallserscheinungen. Eine Ideologie löst die andere ab und reißt viele mit sich. Auch die Kirche blieb nicht verschont. Vieles hat sich nach der Euphorie der Konzilszeit überhaupt nicht zum Besseren gewandelt. Ja, ich habe mich in den letzten fünfzig Jahren manchmal gefragt, wo Christus in seiner Kirche – von so vielen Flügelkämpfen zerrissen – sichtbar bleibt? Jeder beruft sich ja mit seinen eigenen Reformvorstellungen auf Christus. Die Meinungen darüber sind aber nicht mehr kompatibel. Johannes Paul II., wie später auch Benedikt XVI., waren da für mich wirkliche Lichtgestalten, ein sicherer Halt und ein klarer Bezugspunkt. Johannes Paul II. gab mir das Gefühl, dass das Schiff Petri in festen und guten Händen ist. Er war inspiriert: Die Neuevangelisation war sein Reformansatz, zusammen mit missionarischem Eifer! Mit dem ersten Weltjugendtag hat er dort angesetzt, wo die Zukunft der Kirche liegt: bei der Jugend. Was aus diesem ersten, wahrhaft prophetischen Funken als Brand entstanden ist, ist gewaltig und macht mich heute noch sprachlos: Wie ein Papst bis ins hohe Alter und in extremer Gebrechlichkeit eine solche Anziehungskraft und Wachstumsdynamik des Glaubens unter den jungen Menschen in aller Welt auslösen konnte, ist sein Geheimnis! Johannes Paul II. hat manches anders und neu gemacht. Er schrieb auch Poesie. Er war viel nahbarer als alle Päpste vor ihm. Er war eine Geistesgröße, an die viele seiner Gegner nicht im Geringsten heranreichten. Das Attentat führte allen vor Augen, dass gegen ihn gewaltige Kräfte aufstanden und ihn am liebsten beseitigt hätten. Es ist ihnen nicht gelungen.

Seine schwere Parkinson-Erkrankung war aus meiner Sicht für ihn eine wirkliche Kenose. Er musste seine Vitalität und Kraft dahingeben, zusehends mehr und mehr gebeugt. Wenn ich sein Bild am Anfang und am Ende seines Pontifikates in meinen Erinnerungen wachrufe, bin ich erschüttert. Es wurde einem auch vor Augen geführt, dass dieser Mann nach Heiligkeit strebte und darin bis zuletzt nicht nachließ. Seine fröhliches Sterben ist so beeindruckend wie sein langes Pontifikat. Er hat seine Sendung durchgetragen, den guten Kampf gekämpft und ist als Sieger gestorben. Alle Welt pilgerte nach Rom, um ihm die letzte Ehre zu erweisen. Während seines ganzen Pontifikates wurde er hart kritisiert. Er hatte viele Gegner. Aber beim Begräbnis und in den Wochen darauf war irgendwie alles anders: Niemand wagte es, undifferenziert und respektlos über ihn zu reden oder zu berichten. Für mich war das eine ganz frappante Erfahrung, wie der Heilige Geist die Stimmung in Kirche und Welt so verändern kann, dass niemand mehr es wagt, Seinem Wehen zu widerstehen.

Johannes Paul II. war in vielen Dingen prophetisch. Von Anfang an hat er auf die Erneuerung von Ehe und Familie gesetzt, eine einzigartig dastehende Theologie des Leibes und der ehelichen Liebe entwickelt und institutionell verankert. Er hat Ideologien demaskiert und politische Systeme zum Einsturz gebracht. Er propagierte unermüdlich eine Kultur des Lebens gegen eine sprichwörtlich gewordene Kultur des Todes. Zusammen mit seinem kongenialen Kardinal Ratzinger gab sein Lehramt sichere Orientierung in gesellschaftlichen und moralischen Fragen, wurde aber an den theologischen Fakultäten weitgehend nicht befolgt. Das rächt sich. Seine Enzykliken sind von höchstem Niveau und bleibender Gültigkeit. Genauso nachhaltig wirken seine Katechesen, vor allem über Ehe und Familie. Johannes Paul II. hatte seine Fühler am Puls der Zeit und wusste, was sie braucht. Er war selbst eine Antwort Gottes auf ihre Herausforderungen. Seine Strahlkraft bleibt ungebrochen.

Die multirelgiösen Weltgebetstreffen für den Frieden in Assisi

Am 25. Januar 1986 kündigte Papst Johannes Paul II. das erste multireligiöse Weltgebetstreffen für den Frieden an, das im gleichen Jahr dann am 27. Oktober stattgefunden hat. Es nahmen 150 Vertreter verschiedener religiöser Gruppierungen daran teil, darunter der Dalai Lama Tenzin Gyatso, Vertreter des tibetischen Buddhismus, Hinduismus und Sikhismus, Inamullah Khan vom islamischen Weltkongress und der römische Großrabbiner Elio Toaff, um nur einige zu nennen.

Weitere Treffen folgten mit unterschiedlichen Akzenten: 1993, 2002, 2011 und 2016.

Zur Zeit des ersten Treffens waren 20 Jahre seit Nostra Aetate, der Erklärung des Konzils über das Verhältnis der Kirche zu den nichtchristlichen Religionen, vergangen. In einer Ansprache an die Leiter des Amerikanischen Jüdischen Komitees vom 15. Februar 1985, das angereist war, um 20 Jahre Nostra Aetate zu feiern, nannte Johannes Paul II. diese Erklärung einen „Ausdruck des Glaubens“, eine „Eingebung des Heiligen Geistes“ und ein „Wort der göttlichen Weisheit“.[1] Zeitgleich mit dem Friedenstreffen fand 1985 der erste Weltjugendtag in Rom statt. George

[1] George Weigel, *Zeuge der Hoffnung Johannes Paul II. Eine Biographie*, übers. von Christiana Goldmann, Wilfried Hof, Karl Nicolai, Ingrid Pross-Gill, Paderborn, München, Wien, Zürich 2002. Zit. Weigel, *Zeuge*, 513.

Weigel nennt dieses Treffen „eine der innovativsten Initiativen seines Pontifikates".[2]

Was die interreligiösen Treffen in Assisi betrifft, gab es Bedenken von Kurienbeamten und Bischöfen von Anfang an. Sie fragten sich, ob dieses Treffen nichtkatholischer und nichtchristlicher Religionsführer „der Häresie des Synkretismus" nicht gefährlich nahe käme.[3] Vor allem: Stellten diese Treffen nicht ipso facto alle religiösen Traditionen auf die gleiche Stufe? „Wie konnte der Papst mit Männern und Frauen beten, die einen anderen Gott oder viele Götter verehrten?"[4] In der Tat war dieses Treffen die Idee von Johannes Paul II. Wie Kardinal Etchegaray erklärte, war der Papst davon überzeugt, dass die religiösen Traditionen der Welt ein Friedenspotential für den Umgang mit internationalen Konflikten besaßen.[5] Schon an diesem Punkt erhebt sich gleich die Frage, ob nicht auch das Gegenteil der Fall ist. Denken wir heute an das Ausmaß der Christenverfolgung vor allem in muslimischen Ländern, aber auch von Seiten eines nationalistischen Hinduismus, um nur auf zwei Beispiele hinzuweisen. Man war bemüht, dass jeder Vertreter seiner Religion auf seine eigene Weise und an einem eigenen Ort beten sollte, um erst danach zusammenzukommen, denn „Johannes Paul war klar, dass das kein universales gemeinsames Gebet bedeuten konnte, denn das wäre wirklich Synkretismus gewesen und war daher unmöglich – nicht nur für ihn selbst, sondern auch für andere".[6] Dabei sollte auch gefastet werden und Papst Johannes Paul wählte als Ort Assisi, um sich dorthin in der Weise eines Pilgers begeben zu können:

> „Die endgültige Planung sah dann folgendermaßen aus: Johannes Paul würde die anderen Religionsführer in der Portiuncula empfangen, der kleinen Kapelle in der Ebene unterhalb von Assisi, die die Lieblingskirche des hl. Franziskus war. Jeder von ihnen würde sich an einen anderen Ort in der Stadt begeben und dort 90 Minuten lang mit seinen Begleitern beten. Dann würde sich alle auf dem großen Platz vor der Basilika treffen, wo ein Podium errichtet werden sollte. Dort würde jeder der Religionsführer ein Gebet nach seiner Tradition darbringen. Der Papst würde eine Schlussansprache halten, und danach würden die Religionsführer ihr Fasten gemeinsam beenden."[7]

---

[2] Vgl. Weigel, *Zeuge*, 534.
[3] Weigel, *Zeuge*, 534.
[4] Weigel, *Zeuge*, 534.
[5] Vgl. Weigel, *Zeuge*, 534.
[6] Weigel, *Zeuge*, 534.
[7] Weigel, *Zeuge*, 534f.

Die Gemeinschaft Sant'Edigio und die Fokolar-Bewegung übernahmen die Verantwortung für die Organisation des Treffens in Assisi, zusammen mit der päpstlichen Kommission Justitia et Pax (Kardinal Etchegaray; Bischof Jorge Mejía). In einem Artikel im Osservatore Romano erklärte der Stellvertreter des Kardinals, Bischof Mejía, die Tatsache, dass in einer Welt, in welcher wenig gebetet werde, Gläubige unterschiedlicher Religionen zusammenkämen, um zu beten, bekäme den Wert eines außerordentlichen und fruchtbaren Zeugnisses.[8] Mit anderen Worten: Dass so unterschiedliche religiöse Menschen sich in Bewegung setzten, um einander zu begegnen, nachdem sie – jeder nach seiner Weise – gebetet hätten, erschien ihm als inspiriertes und wagemutiges Projekt des Papstes, während das Murren in der Kurie darüber nicht verstummen wollte. Ihre Vertreter nahmen an dem Treffen schließlich teil, mussten sich aber mit Plätzen in den hinteren Reihen begnügen.[9] Das Treffen verlief reibungslos, außer dem Zwischenfall, dass der Vertreter des afrikanischen Animismus wegen seiner spärlichen Bekleidung im herbstlich kühlen Assisi in Ohnmacht gefallen war.[10]

Im Hinblick auf das 4. Assisi-Treffen der Weltreligionen nahm Papst Benedikt in einem Brief vom 4. März 2011 an den lutheranischen Pastor Peter Beyerhaus Stellung zu den seit dem ersten Treffen offenbar nicht verschwundenen Bedenken des religiösen Synkretismus:

> „Ihre Sorge angesichts meiner Teilnahme an dem Assisi-Jubiläum verstehe ich sehr gut. Aber dieses Gedenken musste auf jeden Fall gefeiert werden, und nach allem Überlegen erschien es mir als das Beste, wenn ich selbst dort hingehe und damit versuchen kann, die Richtung des Ganzen zu bestimmen. Jedenfalls werde ich alles tun, damit eine synkretistische oder relativistische Auslegung des Vorgangs unmöglich wird und klar bleibt, dass ich weiterhin das glaube und bekenne, was ich als Schreiben ‚Dominus Jesus' der Kirche in Erinnerung gerufen hatte."[11]

Das dürften exakt die Befürchtungen des damaligen Präfekten der Glaubenskongregation gewesen sein, die er schon beim ersten Treffen hegte und die sich offenbar im Lauf der Jahre nicht verflüchtigt haben. Dabei durfte auch die Macht der Bilder nicht unterschätzt werden, welche weniger differenziert daherkamen als die theologischen Klarstellungen

8 Vgl. Weigel, *Zeuge*, 536.
9 Vgl. Weigel, *Zeuge*, 537.
10 Vgl. Weigel, *Zeuge*, 537.
11 Zit. von Sandro Magister in: http://chiesa.espresso.repubblica.it/articolo/1349995bdc4.html?eng=y

Ratzingers. Der damalige Präfekt der apostolischen Signatur, Kardinal Raymond Leo Burke, schrieb 2011 zur Macht der Bilder:

> „There are a number of dangers that such an encounter could bring in terms of the mass media communication of the event, of which – as it is clear – the pontiff is well aware. The means of mass media communication will say, even with the images alone, that all religions have come together to ask God for peace. A poorly formed Christian could draw from this the gravely mistaken conclusion that one religion is as good as another, and that Jesus Christ is one of the many mediators of salvation.“[12]

Wie beim Vatikanum II mutatis mutandis bot der sogenannte „Geist von Assisi“ (vgl. Enzo Bianchi, Andrea Riccardi, Kardinal Etchegaray, der Patriarch von Konstantinopel) eine viel beschworene, aber äußerst schwammige und undifferenzierte mögliche Legitimation relativistischer Tendenzen in der Kirche, denen schließlich *Dominus Jesus* endgültig entgegenzutreten versuchte. Nicht dass diese Tendenzen vom Erfinder der Treffen beabsichtigt gewesen wären, aber sie lagen in der Luft und die diesbezügliche Gefahr und Instrumentalisierung konnte Johannes Paul II. nur unschwer bannen. Kardinal Ratzinger, später Benedikt XVI., hatte sie von Anfang an im Blick und war entsprechend diesem Treffen gegenüber zurückhaltender und kritischer als Johannes Paul II., dem medienwirksame Aktionen wie der Kuss des Korans[13] und innovative Wege nicht unsympathisch waren. Kardinal Ratzinger nahm jedenfalls am ersten Treffen nicht teil und seine Vorbehalte haben sich im Lauf der Jahre eher verstärkt als abgeschwächt. Für ihn sind Religionen nicht austauschbare Symbole des einen unsichtbaren Gottes hinter allem, den wir im Grunde alle meinen, und wir sind nicht alle Kinder Gottes, nur deshalb, weil wir von Natur zum Menschengeschlecht gehören. Diesbezüglich ist Franziskus inzwischen sehr viel weiter gegangen als seine Vorgänger.

---

[12] http://chiesa.espresso.repubblica.it/articolo/1349995bdc4.html?eng=y)

[13] Am 14. Mai 1999 besiegelt; als der chaldäische Patriarch Raphael Bidawid I. in Begleitung von mehreren wichtigen Persönlichkeiten der säkularen und religiösen Kreise des Irak im Vatikan weilte, überreichten am Ende der Audienz mit dem Papst die muslimischen Mitglieder der Delegation diesem als Geschenk ein Exemplar des Korans, worauf Johannes Paul II. diesen küsste, wohl als Zeichen der Wertschätzung seiner Gäste und dessen, was ihnen heilig war. Trotzdem bleibt die Geste ambivalent und wurde von vielen kritisiert.

Die Notwendigkeit der Mission. Einige Klarstellungen aus meiner Sicht

Der Auftrag des Herrn, allen Völkern das Evangelium zu verkünden und sie zu seinen Jüngern zu machen (Mt 28,18f; Mk 16,15f; Lk 24,46f; Joh 20,21; Apg 1,8) bleibt vielerorts ausgeblendet. Viele Menschen anerkennen die Berechtigung von Entwicklungshilfe, nicht aber die Notwendigkeit christlicher Mission, die sie dezidiert ablehnen. Religiöser Individualismus und multikultureller Pluralismus, die ipso facto relativistisch sind, haben eine gesellschaftliche Atmosphäre geschaffen, die sich durch eine große Allergie und Animosität gegenüber Wahrheitsansprüchen auszeichnet. Die Überzeugung, dass alle Religionen nur verschiedene Wege zum gleichen Ziel sind, ist weit verbreitet. Es soll keine Religion mehr geben, die von sich behauptet, im Besitz der (angeblich „gepachteten“) Wahrheit zu sein. Der religiöse Pluralismus widersetzt sich jeder „Ideologie“, die als die „allein gültige“ oder „allein seligmachende“ allen Menschen – wieder eine Unterstellung – „aufgezwungen“ werden soll. Akzeptiert wird eine Haltung, die den Menschen helfen, aber sie nicht „bekehren“ will. „Mission“ erscheint hier als eine Form der Anmaßung und des Stolzes. Sie gilt gegenüber fremden Kulturen als destruktiv und imperialistisch.

> „Der einzelne Gläubige darf seine eigene Religion zwar lieben und sein subjektives Überzeugtsein ausdrücken, nicht aber behaupten, er habe die absolute Wahrheit, der sich jeder Mensch beugen müsse. Letzteres wäre eine Form der Vereinnahmung, die im Namen von Freiheit und Menschenwürde zurückzuweisen ist. ‚Die zentrale Überzeugung der pluralistischen Hypothese besteht also darin, religiöse Rede über die absolute Wirklichkeit als Rede über unsere Erfahrung mit dieser Wirklichkeit zu verstehen und sie darauf zu beschränken.‘“[14]

Eine der führenden Vordenkerinnen feministischer Theologie, Rosemary R. Ruether, stufte die universalistische Konzeption des Christentums, die „Mission“ erfordere, um die „frohe Botschaft“ zu verbreiten, als reinen „Imperialismus“ ein. Auch christliche Theologen stellen heute Christus mit anderen Heilsmittlern wieder in eine Reihe (vgl. die „Christologie“ des amerikanischen Presbyters J. Hick). Der Absolutheitsanspruch Jesu ist für ihre Theologie „ein zentrales Problem“[15] und bedarf nach ihrer Ansicht im Kontext der anderen Visionen göttlicher Wirklichkeit, sogenannter

---

[14] Christiana Reemts, „Wahrheit und Wahrscheinlichkeit. Die Auseinandersetzung zwischen Celsus und Origenes im Horizont der Postmoderne“, in: *EuA* 75 (1999), 6 [zit. Reemts, Wahrheit und Wahrscheinlichkeit].

[15] R. Berhardt, *Horizontüberschreitung. Die pluralistische Theologie der Religionen,* Gütersloh 1991, 231.

Gottesahnungen, einer neuen Bewertung. Ein Vertreter dieser Konzeption ist auch Perry Schmidt-Leukel[16], vor Jahren noch in aller Munde. Der dem Sendungsbefehl bzw. Missionsgedanken zugrundeliegende Absolutheitsanspruch Jesu wird wieder zum großen Ärgernis: „Wir dagegen verkündigen Christus als den Gekreuzigten: für Juden ein empörendes Ärgernis, für Heiden eine Torheit, für die Berufenen aber, Juden wie Griechen, Christus, Gottes Kraft und Gottes Weisheit" (1 Kor 1,23). Deshalb sollte in den letzten Jahrzehnten der Missionsbegriff durch die mit weniger „Negativ-Frachten" beladene Idee der Partnerschaft und des Dialogs (der Religionen) bzw. durch „intercultural learning" ersetzt werden. „Dialog" aber als Inbegriff eines relativistischen Credos, das von vornherein und prinzipiell keinem Mitredenden die Möglichkeit einer tieferen Einsicht in die Wahrheit zugesteht als dem anderen, macht genau diesen Dialog überflüssig und sinnlos. Er bedeutet das Ende der gemeinsamen Suche nach der Wahrheit, auch der religiösen! Sokrates meint im Phaidon (91, a-c): „Es ist nur schön, von etwas überzeugt zu sein, wenn es auch wahr ist!"[17] Ja, es stellt sich die Frage: Kann man überhaupt einer Religion anhangen, von deren Wahrheit (ja Vor-züglichkeit), man nicht wirklich überzeugt ist (denn sonst müsste man sie ja ehrlicherweise aufgeben oder wechseln)? Dialog und Verkündigung sind selbstverständlich aufeinander bezogen und in diesem Sinne gar keine echten Alternativen (vgl. Dokument des päpstlichen Rates für den interreligiösen Dialog vom 19. Mai 1991). Der Dialog schließt das Glaubenszeugnis ein, die Verkündigung setzt den Dialog voraus. Das Werk der Überzeugung aber wirkt Gott allein. Von ihm stammt der Erweis von Geist und Kraft, der unserer Überredungskünste und Manipulationen nicht bedarf. „Meine Botschaft und Verkündigung war nicht Überredung durch gewandte und kluge Worte, sondern war mit dem Erweis von Geist und Kraft verbunden, damit sich euer Glaube nicht auf Menschenweisheit stützte, sondern auf die Kraft Gottes"(1 Kor 2,4).

Für den amerikanischen Theologen J. Neusner ist die Konfrontation (und Respektierung) der miteinander ins Gespräch zu bringenden Wahrheitsansprüche geradezu *die* Form der Liebe im interreligiösen Dialog. Die Bedeutung füreinander und das gegenseitige Sich-Ernst-Nehmen zeigt sich nach ihm vor allem in der Bereitschaft, aufeinander

---

16 Perry Schmidt-Leukel, „Was will die pluralistische Religionstheologie?", in: *MThZ* 49 (1998) 307-334; Ders., „Das Pluralistische Modell in der Theologie der Religionen. Ein Literaturbericht", in: *Theologische Revue* 89 (1993) 353-364.

17 Vgl. Romano Guardini, *Der Tod des Sokrates. Eine Interpretation der platonischen Schriften Euthyphron, Apologie, Kriton und Phaidon* (5. Auflage; Erstveröffentlichung 1943), Mainz-Paderborn 1987, 220 [zit. Sokrates (1987)].

zu hören und sich gegenseitig ernsthaft zu prüfen, einander aber auch das Resultat dieser Prüfung und Infragestellung (!) aus der je eigenen Sicht nicht vorzuenthalten. Gerade das bringt in Wirklichkeit den gegenseitigen Respekt vor dem Glauben bzw. Wahrheitsgewissen des anderen zum Ausdruck: „Denn um zu streiten, müssen wir uns gegenseitig ernst nehmen. Einen Dialog gibt es nur, wenn wir sowohl uns selbst als auch den anderen achten."[18] Die Auflösung bleibender Widersprüche in postmoderne Beliebigkeit à la „meine Wahrheit – deine Wahrheit" könne deshalb auch als eine Form der *Missachtung und Herabwürdigung* des anderen verstanden werden. Mit anderen Worten: Man nimmt ihn gar nicht wirklich ernst mit seinen Überzeugungen und in seinem Verhältnis zur Wahrheit, die zu suchen jeder in seinem Gewissen verpflichtet ist.

> „Das ist recht und gefällt Gott, unserem Retter; er will, dass alle Menschen gerettet werden und zur Erkenntnis der Wahrheit gelangen. Denn: Einer ist Gott, Einer auch Mittler zwischen Gott und den Menschen: der Mensch Christus Jesus, der sich als Lösegeld hingegeben hat für alle, ein Zeugnis zur vorherbestimmten Zeit, als dessen Verkünder und Apostel ich eingesetzt wurde – ich sage die Wahrheit und lüge nicht –, als Lehrer der Heiden im Glauben und in der Wahrheit" (1Tim 2,3-7).

Von da stellt sich für mich die Frage, was Franziskus unter Proselytismus versteht, den er immer wieder dezidiert ablehnt, eine Polemik, die bei ihm meiner Meinung nach einer Ablehnung von Mission gefährlich nahe kommt. Versteht er unter Mission die Propagierung eines multikulturellen, toleranten und dialogischen Friedensreiches der Koexistenz aller Gegensätze und Widersprüche mit offenen Grenzen und wünschenswerten gerechten sozialen Verhältnissen? Eine Art innerweltliches Reich Gottes ohne störende Wahrheitsfrage und deshalb ohne die explizite Mittlerschaft Jesu Christi? Im Interview mit Vittorio Messori „Zur Lage des Glaubens" meinte damals Kardinal Ratzinger:

> „In einer Welt, in der im Grunde auch viele Gläubige vom Skeptizismus erfasst sind, erscheint die Überzeugung der Kirche als skandalös, dass es eine Wahrheit gibt und dass diese eine Wahrheit als solche erkannt, ausgesprochen und innerhalb gewisser Grenzen auch klar definiert werden kann. Sie wird auch von vielen Katholiken, die das Wesen der Kirche aus dem Blick verloren haben, als anstößig empfunden."[19]

---

[18] Zit. in Reemts, *Wahrheit und Wahrscheinlichkeit*, 7.

[19] *Zur Lage des Glaubens*, zit. in: Joseph Ratzinger, *Gesammelte Schriften*, hrsg. von Gerhard Ludwig Müller, Bd. 13/1: *Im Gespräch mit der Zeit*, Freiburg, Basel, Wien 2016, 44.

Zum Verhältnis der Kirche zur Vielfalt der Religion stellte Kardinal Ratzinger folgende Wegmarken auf, die ich hier in Erinnerung rufen möchte:

1. „Begegnung der Religionen ist nicht durch Verzicht auf Wahrheit, sondern nur durch ein tieferes Eingehen in sie möglich. Die Skepsis verbindet nicht. Und der bloße Pragmatismus verbindet nicht. ... Der Verzicht auf Wahrheit und auf Überzeugung erhöht den Menschen nicht, sondern liefert ihn dem Kalkül des Nutzens aus, beraubt ihn seiner Größe.
2. Zu fördern ist aber die Ehrfurcht vor dem Glauben des Anderen und die Bereitschaft, in dem, was mir als das Fremde begegnet, Wahrheit zu suchen, die mich angeht und die mich korrigieren, mich weiterführen kann. Es ist zu fordern die Bereitschaft, hinter den vielleicht befremdlichen Erscheinungsformen das Tiefere zu sehen, das sich in ihnen verbirgt.
3. Es ist des Weiteren die Bereitschaft zu fordern, die Verengung meines Verstehens von Wahrheit aufbrechen zu lassen, mein Eigenes besser zu erlernen, indem ich den Anderen verstehe und so mich auf den Weg zum größeren Gott bringen lasse – in der Gewissheit, dass ich die Wahrheit über Gott nie ganz in Händen habe und vor ihr immer ein Lernender, auf sie hin immer ein Pilger bin, dessen Weg nie zu Ende ist.“[20]

[20] Joseph Ratzinger, *Gesammelte Schriften*, hrsg. v. Gerhard Ludwig Müller; Bd 8/2: *Kirche – Zeichen unter den Völkern*, Teil F: *Die Kirche und die Vielfalt der Religionen*, Freiburg, Basel, Wien 2010, 1134.

Die Einheit der Religionen und die Unvergleichlichkeit der Offenbarung

Weihbischof Dr. Marian Eleganti OSB

Die Einheit der Religionen kann meines Erachtens nicht erreicht werden durch die Einebnung ihrer Wahrheitsansprüche und damit ihrer Gegensätze und Widersprüche. Damit würde man die Religionen in dem, was sie zu sagen haben, nicht mehr wirklich ernst nehmen. Bleiben wir auch auf der Hut vor der Verkündigung einer Wahrheit, die nichts kostet und niemanden zwingt, ihr auch nur das Geringste (der eigenen Ansichten und des eigenen Lebens) zum Opfer zu bringen! Die Einsicht, dass der *Mensch, der zur Wahrheit und in der Wahrheit zum wahren Selbst finden will, sich hergeben muss,* wurde dem Religionsphilosophen und Theologen Romano Guardini in einer Art innerer Bekehrung in jungen Jahren zur Einsicht schlechthin seines Lebens.[1] Eine Wahrheit, die jedem erlaubt, ohne Umkehr des Denkens und des Herzens alles und jedes nur unter seinem privaten, persönlichen Gesichtswinkel zu betrachten, ohne dass es für ihn „etwas ungemütlicher wird" in dieser Welt, ist keine Wahrheit, jedenfalls nicht die christliche, die man offensichtlich auf jede nur erdenkliche Weise schmähen und beleidigen darf (im Unterschied zur jüdischen oder islamischen, die durch die political correctness geschützt werden). Das hat der greise Simeon in aller Deutlichkeit vorausgesehen: „Dieser ist dazu bestimmt, dass in Israel viele durch ihn zu Fall kommen und viele aufgerichtet werden, und er wird ein Zeichen sein, dem widersprochen wird. Dadurch sollen die Gedanken vieler Menschen offenbar werden. Dir selbst aber wird ein Schwert durch die Seele dringen" (Lk 2,34f). Eine Wahrheit ohne Stachel verkündet der äußerst sympathisch, gebildet und human wirkende Antichrist bei Solowjew.

Das Bedürfnis nach mystischer Erfahrung wird heute meistens nicht in der (eigenen) Kirche gestillt. Das Abdriften der Getauften in neuheidnische Kulte, esoterische oder okkulte Praktiken, die Vermischung christlicher Glaubensinhalte mit fernöstlichen Heilslehren, kurz: der Verlust *des unterscheidend Christlichen,* hat in unseren Ländern eine Situation geschaffen, die eine Neuevangelisierung notwendig und dringlich ma-

[1] Vgl. Romano Guardini, *Berichte über mein Leben. Autobiographische Aufzeichnungen*, aus dem Nachlass hrsg. v. Franz Henrich (5. Auflage; Erstveröffentlichung 1984), in: *Stationen und Rückblicke / Berichte meines Lebens*, Mainz, Paderborn 1995, 69-71.

chen. Es kann weder in dieser Hinsicht noch im Blick auf die globalen Verhältnisse davon die Rede sein, dass Mission als Gebot der Stunde an Aktualität verloren hätte und durch unsere Zeit nicht gefordert wäre. Wie weit aber haben Christen sich dem Denken der „Welt" im johanneischen Sinn bereits angeglichen? Sind wir von der Unvergleichlichkeit (Singularität) der Gestalt Jesu Christi noch überzeugt? Stehen wir hinter der Verheißung Christi: „Ihr seid das Licht der Welt"? Sind Christen heute noch überzeugt, dass das Evangelium (auch im Sinne echter Kulturkritik) jeden Einzelnen und jedes Volk zu sich selbst *befreit*, ihm nichts Fremdes überstülpt und deshalb auch nicht wirklich einer Rechtfertigung durch die die Verkündigung begleitenden Hilfeleistungen im sozial-pädagogischen, medizinischen und ökonomischen Bereich bedarf? Ich sehe hier einmal von der Selbstverständlichkeit ab, dass jeder echte Glaube als solcher sich in guten Werken erweist. Der universale Missionsbefehl ist nicht unsere Erfindung, auch nicht nur eine Angelegenheit der hierfür spezialisierten Kongregationen, sondern gehört zum Wesensverständnis der ganzen Kirche selbst. Sie ist das universale Heilssakrament und damit die Vermittlerin der Erlösung und der Wahrheit in Christus für *alle* Menschen (LG 2.8.1317; AG 29). Die Religionen sieht das Konzil in ihrer Bedeutung als Vorbereitung auf das Evangelium (LG 16).

Wir meinen nicht alle das Gleiche, wenn wir von Gott reden oder ihn zu erfahren glauben! Und ich glaube auch nicht, wie Sie vielleicht bereits gemerkt haben, dass wir dabei alle in die gleiche Richtung gehen. Auch bin ich nicht davon überzeugt, dass die großen Religionen der Welt nur verschiedene Spielarten der Selbstmitteilung Gottes sind. Aus christlicher Sicht stellt sich die Frage: Kann man, nachdem die Menschwerdung Gottes geschehen ist, unterschiedslos den Begriff der Offenbarung auf alle mystischen Phänomene in fremden Kulturen und Religionen übertragen, ohne dabei das qualitativ Unvergleichliche und Unerhörte zu verlieren, das mit der Menschwerdung Gottes in Jesus Christus nach einem langen heilsgeschichtlichen Prozess in die Geschichte eingetreten ist? Gibt es irgendetwas auf der Welt, das mit der heiligen Eucharistie vergleichbar wäre, sobald man von ihr als einer *Tat-Sache* Gottes ausgeht? Und welche Rolle spielt die Kirche in diesem Prozess der Selbstoffenbarung Gottes als die von Christus eingesetzte Hüterin seines Bildes und seiner Gestalt gegenüber selbstgestrickten, subjektiven, persönlichen und kulturellen Vereinnahmungen und Verunstaltungen?

Das eigentlich Christliche ist ja nicht in erster Linie begrifflich zu fassen, sondern muss an der Person Jesu Christi „abgeschaut" bzw. „abgelesen" werden. Es ist untrennbar mit ihr verbunden. „Das Christliche, das ist

Jesus Christus."[2] Wer aber Christus in Wahrheit ist, kann nur die Kirche sagen. Religiöse Phänomene und ihre kulturellen Ausdrucksgestalten sind heterogene Gebilde, deren Niveau-Unterschiede und Widersprüchlichkeit im interreligiösen Dialog meist nobel übergangen werden. Sie haben weder alle die gleiche Quelle noch führen sie ohne Weiteres zu dieser Quelle zurück: den wahren und einzigen Gott. Die Achtung vor den Elementen der Wahrheit, die sich eventuell in nicht-christlichen Religionen finden, darf die Bedeutung und Unverzichtbarkeit des Evangeliums nicht schmälern. Das bedeutet, dass das Evangelium für jede Kultur eine Herausforderung und ein Anruf Gottes bleibt, vielleicht sogar auf den ersten Blick ein, an ihren eigenen Maßstäben gemessen, emotionales Ärgernis.

Die in der pluralistischen Religionstheologie vorangetriebene Relativierung der Person Jesu Christi und die darauf aufbauende Neukonzeption einer Theologie der Religionen gründet im apriorischen Ausschluss der Möglichkeit Gottes, sich auf eine einzigartige, unwiederholbare und bleibende Weise geschichtlich zu inkarnieren und damit sich allgemein verbindlich und verständlich offenbaren zu können. Ob Gott dies tatsächlich getan hat und tun konnte, ist Glaubenssache. Überzeugte Christen haben diese Frage positiv entschieden, und wir haben die Pflicht, davon zu reden. „Offenbarung" im theologischen Sinn darf nicht in universal-religiöse vage „Mystik" aufgelöst werden. Daraus folgt, dass die diesbezüglichen Äußerungen des religiösen Bewusstseins im interreligiösen Kontext nicht unterschieds- und ausnahmslos dem allgegenwärtigen Wirken des Geistes Gottes zugeschrieben werden können. Es kann doch nicht sein, dass in Jesus Christus der gleiche Gott seinen vielgeliebten Sohn bezeugt hat (vgl. Mt 3,17; 17,5; Mk 1,11; 9,7; 12,6; Lk 3,22; 2 Petr 1,17) und ein paar Jahrhunderte später durch Mohammed, angeblich das Siegel der Propheten, verkünden lässt: Gott hat keinen Sohn (!), wie es die antichristliche Polemik des Korans haben will.

Interkulturell gesehen ist das Evangelium *Salz der Erde* und *Licht der Welt*. Es zeigt etwas, das sonst nicht gesehen werden kann, und es würzt etwas, dem sonst die Würze fehlt. Es ist in diesem Sinn Religions- und Kulturkritik, inkulturiert sich aber in die Kontexte der Welt, kultiviert und humanisiert sie.[3] Dabei übernimmt, wie gesagt, die Kirche die Rolle einer Mystagogin, die Objektivität und Verbindlichkeit vermittelt und

---

[2] Romano Guardini, „Christentum und Kultur: Gedanken über das Verhältnis von Christentum und Kultur" [1926], in: *Unterscheidung des Christlichen. Gesammelte Studien 1923-1963*, Bd. 1, Mainz, Paderborn 1994, 177.

[3] Vgl. albanische Blutrache.

über die Auslegung des Evangeliums wacht. Wer sonst?[4] Da das Wort des transzendenten Gottes, die Offenbarung, ein aus der Welt zwar unableitbares, aber doch geschichtlich vermitteltes Wort bleibt, bildet in diesem Vorgang die Autorität der Kirche ein „konstituierendes Element im religiösen Verhalten".[5] Sie ist nach Guardini „einfachhin die Weise, wie die Wahrheit der Offenbarung zu mir kommt; und auf sie antwortet nicht die autonome Einsicht, sondern der Glaube".[6] Gemeint ist der Glaube der Kirche.

Religiöse Überzeugungen und Toleranz

Wie das Gespräch Jesu mit der Samariterin am Jakobsbrunnen zeigt, können Geltungsansprüche ohne Abstriche („Das Heil kommt von den Juden"; „der wahre Tempel steht in Jerusalem", vgl. Joh 4,22f) mit Dialogfähigkeit und Respekt gegenüber dem anderen Denken zusammen bestehen. Dieses Gespräch zeigt, bei aller Behutsamkeit, das Gegenüber zu einer tieferen Einsicht zu bewegen, dass es nicht einerlei ist, mit wem oder mit welchem Glauben man es in der Auseinandersetzung mit einem religiösen Anspruch zu tun hat: „Wenn du wüsstest, worin die Gabe Gottes besteht und wer es ist, der zu dir sagt: Gib mir zu trinken!, dann hättest du ihn gebeten, und er hätte dir lebendiges Wasser gegeben" (Joh 4,10). Im Vergleich mit dieser Erkenntnis hat Paulus dann auch alles dahingegeben: „Ich sehe alles als Verlust an, weil die Erkenntnis Christi Jesu, meines Herrn, alles übertrifft. Seinetwegen habe ich alles aufgegeben und halte es für Unrat, um Christus zu gewinnen" (Phil 3,8). Man denkt unweigerlich an das Gleichnis Jesu: „Mit dem Himmelreich ist es wie mit einem Schatz, der in einem Acker vergraben war. Ein Mann entdeckte ihn, grub ihn aber wieder ein. Und in seiner Freude verkaufte er alles, was er besaß, und kaufte den Acker" (Mt 13,44). Das Johannesevangelium sieht in der Erkenntnis Christi *das* ewige Leben schlechthin: „Das ist das ewige Leben: dich, den einzigen wahren Gott, zu erkennen und Jesus Christus, den du gesandt hast" (Joh 17,3). Wie aber soll man ihn erkennen, wenn ihn niemand verkündet, die rhetorische Frage des Apostels (vgl. Röm 10,14)?

Es gehört zum Wesen einer Religion, dass man von ihr überzeugt ist. Sonst würde man ihr nicht anhangen und nicht – wie das Wort

[4] Vgl. Protestantismus, Islam etc., in denen es keine Instanz gibt, die verbindlich für alle sprechen könnte.

[5] Romano Guardini, *Ethik*. Vorlesungen an der Universität München (1950, 1962); aus dem Nachlass hrsg. v. Hans Mercker (unter Mitarbeit von Martin Marschall), 2 Bde, Mainz, Paderborn 1993 [zit. Ehtik (1); Ethik (2)]; hier: Ethik (1), 325 (2-15).

[6] Guardini, *Ethik* (1), 325 (20-22).

„Überzeugung" nahelegt – ihr Zeuge sein. In diesem Sinne verabsolutiert sich jede Religion, auch die atheistische Weltanschauung! Jeder wählt jene Religion, die ihm – hoffentlich bei der Ehre seines Gewissens – als die „beste", „vernünftigste", „sicherste" oder eben „von Gott geoffenbarte" erscheint. Damit verbunden sind Wahrheitsansprüche, um die keiner herumkommt, die aber unsere Toleranz herausfordern.

Mit welchem Ernst und mit welcher Lauterkeit solche Überzeugungen gewonnen werden und ob sie im Sinne eines echten Wahrheitsethos' überhaupt den Namen „Überzeugung" bzw. „Gewissensentscheidung" verdienen, bleibt zu prüfen. Paulus verbindet mit dem Zuwiderhandeln gegen solche Überzeugungen sogar den Begriff der Sünde (Röm 14,23). Hier beginnt jedenfalls eine Domäne, die dem Gericht Gottes vorbehalten bleibt. Mit dem zitierten Logion[7] bekräftigt Sokrates nicht nur seinen eigenen *Willen zur Wahrheit* (im Gegensatz zu seinen Gegnern); er macht indirekt auch deutlich, dass echte Überzeugungen *Wahrheit* zum Ausdruck bringen *wollen.* Der Erkenntnisprozess kommt so lange nicht zur Ruhe, als die Unsicherheit in diesem Punkt andauert. Echten Liebhabern der Wahrheit ist es recht, um der Liebe zur Wahrheit willen in den eigenen Überzeugungen erschüttert zu werden, um Wahrheit noch tiefer zu erkennen oder Irrtum zu überwinden, koste es, was es wolle. Der echte Wahrheitssucher kennt deshalb keine Schonung gegenüber sich selbst! Sie wird nicht niedrigeren Interessen geopfert. Er bleibt aber tolerant gegenüber anderen Überzeugungen.

Letztendlich aber kann eine Wahrheit, die an das Letzte rührt, nicht bewiesen, sondern nur durch das eigene Leben, d.h. durch den Einsatz der eigenen Person, *bezeugt* werden (vgl. das Martyrium). Auch aus diesem Grund war Sokrates für Guardini eine religiöse Figur. Gott ist nicht Gegenstand eines Beweisverfahrens, sonst wäre er ein Götze. Die Herrschaft über Andersdenkende aber beginnt nicht mit Glaubensüberzeugungen und Absolutheitsansprüchen als solchen, zu denen ich auch die relativistische und die atheistische zähle, die heute missionarisch auftreten, sondern sie beginnt mit dem äußeren Zwang gegen Andersdenkende und der Nichtduldung ihrer Überzeugungen, was vor allem ein politisches und psycho-soziales Problem ist. Dazu gehören auch jene subtilen Formen von Intoleranz, welche die allgemeine Meinung ausübt. *Echte Überzeugungen und Entschiedenheiten bekommen nur ohne Liebe und Demut den Charakter der Überheblichkeit, des Fanatismus, der Intoleranz und der Anmaßung. In*

---

[7] Phaidon (91, a-c): „Es ist nur schön, von etwas überzeugt zu sein, wenn es auch wahr ist!"

Liebe und Demut bedeuten sie Treue gegen das eigene Wahrheitsgewissen und als solche Treue vor Gott. E. Schockenhoff schreibt dazu:

„Es beruht daher auf einem Fehlschluss, wenn Fanatismus und Intoleranz als der Religion immanente Phänomene betrachtet werden, die sich aus der Idee einer Glaubensgemeinschaft und des religiösen Zusammenschlusses unter dem Anspruch der geoffenbarten Wahrheit notwendig ergeben. Vielmehr entspricht aller Fanatismus einer Reaktion der menschlichen Psyche auf elementare Bedrohungs- und Unsicherheitserlebnisse, die sich auf bestimmten Entwicklungsstufen religiöser Systeme mit diesen verbindet und somit als eine historisch kontingente Erscheinungsform der Religion angesehen werden kann."[8]

Barrieren gegen Entgleisungen dieser Art finden sich in der christlichen Offenbarung im Evangelium selbst (vgl. die Seligpreisungen und das Gebot der Feindesliebe) im Unterschied zu rein säkularen Weltauffassungen, deren Absolutheitsansprüche, wie die Ideologien des letzten Jahrhunderts gezeigt haben, ein ungeheures, ja mörderisches Unterdrückungspotential entfesselt haben und für Millionen von Menschen wie auch für die Kultur ganzer Völker vernichtend waren.[9] In einer systematisch-ethischen Analyse des christlichen Wahrheitsverständnisses ergibt sich, dass es alle gewaltsamen Durchsetzungsformen – auch die psychologischen – ausschließt und von sich aus nach moralischer, politischer und religiöser Toleranz ruft. Das Christentum hat diesbezüglich eine große Läuterung durchschritten, die anderen noch bevorsteht, die immer nur von der Inquisition oder den Kreuzzügen reden, nicht aber vom Totalitarismus der atheistischen Ideologien des letzten Jahrhunderts, die unvergleichlich mörderischer waren als die mittelalterlichen Entgleisungen, die hier in keiner Weise gerechtfertigt werden, aber ein weitgehend säkulares Phänomen waren, dem die Kirche nach neuesten Forschungen entgegentrat.

„Überzeugung" bringt zum Ausdruck, dass der Mensch das *Zeugnis* der Wahrheit vernommen und die Evidenz ihres Sinnes erfahren hat (in diesem Sinn „überzeugt" wurde). Überzeugung kann sich nur auf Wahrheit und ihre Gültigkeit beziehen.[10] Sie meint das „innere, personale Ergriffen-

---

[8] Eberhard Schockenhoff, *Zur Lüge verdammt? Politik, Medien, Medizin, Justiz, Wissenschaft und die Ethik der Wahrheit,* Freiburg, Basel, Wien 2000, 187.

[9] Vgl. dazu: Leszek Kolakowski, *Toleranz und Absolutheitsansprüche* (Art.), in: CGG, 26, Freiburg, Basel, Wien 1980, 5-38.

[10] Vgl. Romano Guardini, „Pluralität und Entscheidung", in: *Sorge um den Menschen,* Bd. 1, Mainz, Paderborn 1988. 140. Vortrag zuerst unter dem Titel „Pluralismus und Entscheidung" vor dem Deutschen Volkshochschultag in Frankfurt am Main am 22.11.1961 (wegen Krankheit des Verfassers von Felix Messerschmid vorgetragen).

und Verpflichtetsein durch eine erkannte Wahrheit".[11] Als Edith Stein im Sommer 1921 ihre Freundin Dr. Hedwig Conrad-Martius besuchte, fiel ihr dort die Autobiografie der hl. Teresa von Avila in die Hände. Sie las sie in der Nacht in einem Zuge durch und sagte sich dann beim Schließen des Buches: „Das ist die Wahrheit!"[12] Sie und andere leidenschaftliche Wahrheitssucher fühlten sich von der Wahrheit Gottes auf eine ganz besondere Weise berührt und ergriffen. Ihre subjektiven Gewissheiten haben sie nicht zu Fanatikern und intoleranten „Fundamentalisten" (die Bezeichnung wird heutzutage inflationär gebraucht) gemacht, sondern mit Ehrfurcht und Dankbarkeit erfüllt und zur Hingabe, ja, zum Martyrium befähigt. Auch Pascals Mémorial[13] dokumentiert eine solche „Berührung" durch die Wahrheit. Romano Guardini hat ihr in seinem Pascal-Buch nachgespürt.[14] Erkenntnis gewinnt hier erstaunlicherweise eine Möglichkeit der Gewissheit, die jede bloß logische Sicherheit übersteigt. Hier steht eine Wahrheit sozusagen mit absoluter Evidenz da[15] und wird in einer bestimmten Hinsicht indiskutabel.[16] Mit anderen Worten: Ich *weiß*: Es *ist* so! Guardini nimmt dafür das Hereinspielen eines überna-

---

[11] Guardini, *Ethik* (2), 769/Anm. zu 17.

[12] Vgl. Romano Guardini, *Christliches Bewusstsein. Versuche über Pascal,* 4. Auflage; Erstveröffentlichung 1935, Mainz, Paderborn 1991. 158f; Sokrates, 1987, 143.184.255f: *Religion und Offenbarung,* 2. Auflage; Erstveröffentlichung 1958, Mainz, Paderborn 1990, 80f. Vgl. die von Guardini kommentierte Bekehrung Madeleine Sémers in: *Unterscheidung des Christlichen. Gesammelte Studien 1923-1963*, Bd. 3, Mainz, Paderborn 1995, 141-176; hier: 154f.158.175f. Eine solche Evidenzerfahrung spielt auch eine entscheidende Rolle bei der Konversion Edith Steins. Ich zitiere das Ereignis hier im Wortlaut ihrer ersten Biografin Sr. Teresia Renata Posselt, *Edith Stein. Lebensbild einer Philosophin und Karmelitin*, Nürnberg 1948, 28. U. Dobhan meint dazu, dass dem Bericht wegen des emphatischen Stils der Biografin „fast etwas Legendenhaftes" anhaftet. Vgl. Ulrich Dobhan, „Teresa von Ávila und Edith Stein", in: *IKaZ* 27 (1998), 494 (vgl. ebd. 510/Anm.1). Auf jeden Fall hat die Lektüre dieses Buches nach Edith Steins eigenem Zeugnis ihrem langem Suchen nach dem wahren Glauben ein Ende bereitet (Edith Stein, *Wie ich in den Kölner Karmel kam.* Mit Erläuterungen und Ergänzungen von M. A. Neyer, Würzburg 1994, 20. Zit. in: Dobhan, *Edith Stein*, 494). Zu den einzelnen Phasen dieses Bekehrungsprozesses: vgl. Dobhan, *Edith Stein*, 494-498.

[13] Fischer deutet das Mémorial als Erfahrung des Pneuma, welche vor allem durch das Wort „Feuer" (erste Zeile!) wiedergegeben wird. Vgl. Dorothee Fischer, *Wort und Welt. Die Pneuma-Theologie Guardinis als Beitrag zur Glaubensentdeckung und Glaubensbegleitung* (Praktische Theologie heute 12), Stuttgart, Berlin, Köln 1993, 244f.

[14] Romano Guardini, *Christliches Bewusstsein, Versuche über Pascal,* 4. Auflage; Erstveröffentlichung 1935, Mainz, Paderborn 1991.

[15] Vgl. Romano Guardini, *Religiöse Gestalten in Dostojewskijs Werk. Studien über den Glauben,* 7. Auflage; Erstveröffentlichung 1933, Mainz, Paderborn 1989, 120 (Die Vision Aljoschas nach dem Tod des Starez Sossima).

[16] Vgl. Guardini, *Religion,* 1990, 81.

türlichen Elementes von Gott her in Anspruch und setzt ein solches sogar für jede *echte* Erkenntnis, die den Namen verdient, voraus. Daraus zieht Letztere seiner Meinung nach ihre Gewissheit.

Einige Anmerkungen zur Abu Dhabi-Erklärung

Große Kritik hervorgerufen hat die Stelle in der Erklärung, wo von einer gottgewollten Pluralität der Religionen die Rede ist. Es heißt dort:

> „Der Pluralismus und die Verschiedenheit in Bezug auf Religion, Hautfarbe, Geschlecht, Ethnie und Sprache entsprechen einem weisen göttlichen Willen, mit dem Gott die Menschen erschaffen hat. Diese göttliche Weisheit ist der Ursprung, aus dem sich das Recht auf Bekenntnisfreiheit und auf die Freiheit, anders zu sein, ableitet. Deshalb wird der Umstand *verurteilt*, Menschen zu zwingen, eine bestimmte Religion oder eine gewisse Kultur anzunehmen wie auch einen kulturellen Lebensstil aufzuerlegen, den die anderen nicht akzeptieren."

Heißt das nun, dass alle Religionen gleich wertvoll sind und in gleicher Weise zu Gott führen? Da Gott nicht ein in sich widersprüchliches Wesen ist, kann er auch nicht eine Heterogenität der Vorstellungen über ihn und damit die Pluralität der sich widersprechenden Religionen wollen. Vor allem ist der Islam eine explizit antichristliche Religion, die genau das leugnet, was das Wesen des Christentums ausmacht: die Gottessohnschaft Jesu Christi und die damit verbundene Trinität Gottes. Es handelt sich hier um die absolute Selbstoffenbarung Gottes.

> „Weiters erklären wir – mit Entschiedenheit –, dass die Religionen nie zum Krieg anstiften und weder zu Gefühlen des Hasses, der Feindschaft, des Extremismus noch zur Gewalt oder zum Blutvergießen aufrufen. Diese Katastrophen sind das Ergebnis der Abirrung von den religiösen Lehren, der politischen Benutzung der Religionen ..."

Lehren alle Religionen in gleicher Weise Gewaltlosigkeit wie das Evangelium? Das Dokument unterscheidet immer wieder einen wahren vom falschen Glauben, eine wahre von der falschen Lehre der Religionen, als ob alle Religionen unterschiedslos in ihrer Wurzel nur Richtiges und Wahres lehren würden, Religionskritik nur die (falschen) Auslegungen der jeweiligen Religion betreffen würde.

Die Behauptung, dass *„die Religionen niemals zum Krieg aufwiegeln und keine Gefühle des Hasses, der Feindseligkeit, des Extremismus wecken und auch nicht zur Gewalt oder zum Blutvergießen auffordern"*, ist in Wirklichkeit eine unzulässige Vereinfachung, eine Gleichschaltung heterogener, inkommensurabler Glaubensvorstellungen und Handlungsanweisungen in den unterschiedlichen Religionen und damit eine falsche Behauptung und Geschichtsklitterung. Sie widerspricht insbesondere den Gründungsdokumenten des Islam (Koran und Hadithe), die explizit zu Gewalt auffordern.

Auf jeden Fall ist dem Islam die Vorstellung vollkommen fremd, in jedem Menschen, also auch in Christen, Juden und Ungläubigen (Kuffār) einen Bruder zu sehen. Dass die Abu Dhabi-Erklärung das Selbstverständnis des Islam, welcher die Welt in ein Haus des Friedens (Dār al-Islām), wo der Islam herrscht, und in ein Haus des Krieges (Dār al-Harb), wo dies nicht der Fall ist, einteilt, umdeuten könnte, darf bezweifelt werden. Christen haben im Gegensatz dazu das Gleichnis vom barmherzigen Samariter verinnerlicht, aufgrund dessen sie in jedem Fremden ihren Nächsten sehen. Dies ist für sie absolut normativ und geboten und auch ein Grund, weshalb das Christentum wie keine andere Religion zur Humanisierung der Welt beigetragen hat. Christus selbst hat sich in den Gleichnissen vom barmherzigen Samariter (Lk 10,25-37) und vom Gericht des Menschensohnes über die Völker (Mt 25,31-46) mit jedem Menschen solidarisiert, der prinzipiell und immer zu meinem Nächsten werden kann. Jesus ist für alle Menschen gestorben. Das begründet für Christen eine ganz andere Beziehung zu allen Menschen, unabhängig von deren Glauben und Weltanschauung. Ihre Nächstenliebe geht so weit, auch die Feinde zu umfassen (Inklusion). Eine solche Vorstellung, z.B. auch die sogenannten „Feinde“ bzw. „Gegner“ des Islam zu lieben, erscheint dem Islam als völlig unvernünftig und nicht nachvollziehbar. Was kann daran eine Erklärung ändern von einer Autorität, die gar nicht für alle Muslime und für den Islam insgesamt normativ ist? Warum wird die Lehre Jesu, alle Menschen zu lieben, die implizit als die eigentliche Quelle der Vorstellung universaler Mitmenschlichkeit (Brüderlichkeit) zwischen allen Menschen zu gelten hat, in der Abu Dhabi-Erklärung nicht namentlich genannt? Immerhin gilt Jesus auch im Islam als Prophet, ohne paradoxerweise seine Lehre und sein Selbstverständnis wirklich zu übernehmen.

Nur Muslime sind dem gläubigen Muslim echte (Glaubens-)Brüder. Sie bilden die Umma (Glaubensgemeinschaft). Die Andersgläubigen und die Ungläubigen sind im Islam per se Bürger (Menschen) zweiter Klasse, denn der Mensch wurde in der Vorstellungswelt des Islam schöpfungsmäßig als Muslim geboren (der Islam als Urreligion Adams bzw. Abrahams), und Juden wie Christen haben nach muslimischer Überzeugung den wahren Glauben im Laufe der Geschichte verfälscht. Sonst wären sie Muslime (geblieben). Das begründet eine fundamentale Ungleichheit zwischen ihnen und gläubigen Muslimen, welche das Abu Dhabi-Dokument nicht aus der Welt schaffen wird. Im Hinblick auf den Islam ist es gewiss ein Fortschritt, zur universalen Brüderlichkeit zwischen den Menschen aufzurufen. Dazu müsste sich aber – wie gesagt – das Glaubensbewusstsein der Muslime fundamental verändern. Es gründet in Basisdokumenten, die historisch-kritisch gelesen werden müssten, damit eine solche Veränderung der Glaubenshaltung gegenüber Nicht-Muslimen überhaupt möglich würde.

Aus christlicher Sicht wird die einzigartige und universale Mittlerschaft Jesu Christi in der Erklärung von Abu Dhabi aufgrund der doppelten Unterschrift ausgeblendet. Das erstaunt aus christlicher Sicht. Wie immer geht die neue Brüderlichkeit auf Kosten der universalen Mittlerschaft Jesu Christi: Sein Wahrheitsanspruch und seine Mittlerschaft müssen in den Hintergrund treten. Das bildet die Voraussetzung der Erklärung. Sonst hätte wohl der Groß-Imam die Abu Dhabi-Erklärung nicht unterschrieben. Es wäre vielleicht ehrlicher, von Nächstenliebe zu reden, statt von Brüderlichkeit, die im Christentum durch den Glauben an Christus, die Taufe bzw. Wiedergeburt aus Geist und Wasser, nicht aus dem Willen des Mannes, begründet wird.

Die Abu Dhabi-Erklärung propagiert eine Art säkulare „Reich Gottes"-Vorstellung, die nicht den christlichen Glauben (die Wiedergeburt aus Geist und Wasser) zur Voraussetzung hat, sondern eine – wie oben ausgeführt – dem Islam wesensfremde, aber aus christlichen Wurzeln genährte universale Brüderlichkeit. Vielleicht würde man, wie gesagt, ehrlicher und besser von Nächstenliebe und von den allgemeinen Menschenrechten sprechen, die für Muslime immer noch unter Scharia-Vorbehalt stehen, d.h. auf diese Weise nicht universalisierbar sind. Der Großimam hätte besser vorbehaltlos die universalen Menschenrechte unterschrieben. Die Brüderlichkeit der Abu Dhabi-Erklärung wird vorgestellt als ein naturalistisches, allgemein menschliches und politisches Reich des Friedens. Solche humanitären, im Grunde genommen rein politischen Friedenskonzeptionen wurden im Laufe der Geschichte immer wieder ausgerufen und oft auch revolutionär, d.h. gewalttätig, umgesetzt. Sie werden in Wirklichkeit aus Versatzstücken des christlichen Glaubens bzw. Evangeliums gebildet. Diese Versuche sind bis jetzt alle gescheitert und hielten nicht, was sie versprochen und angestrebt haben. Das beste Beispiel dafür ist der Kommunismus.

Das ist deshalb so, weil sie das Herz des Menschen nicht zur Wahrheit über Gott und den Menschen bzw. zu Jesus Christus bekehrt haben, sondern menschlichen Theorien folgten, die durch ihre eigene, revolutionäre Geschichte falsifiziert wurden um den Preis von Gewalttaten ungekannten Ausmaßes und von Millionen von Toten (vgl. das Schwarzbuch des Kommunismus).

Der einzige, der Gott ist und das Menschenherz wirklich von innen zu erneuern vermag, ist Jesus Christus und sein Evangelium.

Pikanterweise verspricht der allversöhnende Antichrist in Solowjews gleichnamiger Erzählung ein solches egalitäres, relativistisches, ökumenisches Friedensreich, in welchem keiner der Diskursteilnehmer der absoluten Wahrheit das Geringste der eigenen Ansichten zu opfern braucht, vielmehr vom Antichrist genau das zu hören bekommt, was er gerne hört und woran er bereits glaubt.

Ich erinnere an die bedenkenswerten Worte, die Papst Franziskus am 14. März 2013 in der ersten Heiligen Messe ausgesprochen hat. Man sollte auch die Abu Dhabi-Erklärung daran messen:

> „Wir können gehen, wie weit wir wollen, wir können vieles aufbauen, aber wenn wir nicht Jesus Christus bekennen, geht die Sache nicht. Wir werden eine wohltätige NGO, aber nicht die Kirche, die Braut Christi. Wenn man nicht geht, bleibt man da stehen. Wenn man nicht auf Stein aufbaut, was passiert dann? Es geschieht das, was den Kindern am Strand passiert, wenn sie Sandburgen bauen: Alles fällt zusammen, es hat keine Festigkeit. Wenn man Jesus Christus nicht bekennt, da kommt mir das Wort von Léon Bloy in den Sinn: ‚Wer nicht zum Herrn betet, betet zum Teufel.' Wenn man Jesus Christus nicht bekennt, bekennt man die Weltlichkeit des Teufels, die Weltlichkeit des Bösen."

Ich fasse meine Kritik zusammen:

1. Die Abu Dhabi-Erklärung erklärt alle Menschen als Kinder Gottes, weil sie zur Menschheit gehören, während das Johannes-Evangelium die Gotteskindschaft an den Glauben an Christus und an die Taufe knüpft (Wiedergeburt aus Geist und Wasser; nicht durch den Willen des Mannes).[17]
2. Die Abu Dhabi-Erklärung erklärt alle Religionen formal als gottgewollte Vielfalt wie die Vielfalt der Rassen. Der Papst hat zwar diese

[17] Predigt von Papst Franziskus in Santa Marta am 14. Mai 2020: Vielleicht „wird es jemanden geben, der sagen wird: ‚Aber das ist religiöser Relativismus, und das kann man nicht machen.' Aber wie jetzt, das kann man nicht tun, zum Vater aller beten? Jeder betet, wie er es versteht und wie er kann, entsprechend der eigenen Kultur". „Wir beten nicht gegeneinander", unterstrich der Papst, „diese religiöse Tradition gegen diese, nein! Wir sind alle vereint als Menschen, als Geschwister, die zu Gott beten, gemäß unserer eigenen Kultur, gemäß unserer eigenen Tradition, gemäß unserem eigenen Glauben, aber Brüder und Schwestern, die zu Gott beten, das ist das Wichtigste: Brüder und Schwestern, die fasten, die Gott um Vergebung für unsere Sünden bitten, damit der Herr sich unserer erbarmt, damit der Herr uns vergibt, damit der Herr diese Pandemie stoppt. Heute ist ein Tag der Brüderlichkeit mit Blick auf den einen Vater, Geschwister und Vaterschaft. Tag des Gebets." https://www.kath.net/news/71660

Aussage leise und widerwillig, aber nicht wirklich korrigiert und vom zulassenden Willen Gottes gesprochen, den Wortlaut der Erklärung aber nicht in diesem Sinne angepasst.

3. Die Behauptung, dass „die Religionen niemals zum Krieg aufwiegeln und keine Gefühle des Hasses, der Feindseligkeit, des Extremismus wecken und auch nicht zur Gewalt oder zum Blutvergießen auffordern", ist Geschichtsklitterung und widerspricht zum Teil sogar den expliziten Lehren ihrer Basisdokumente.
4. Die Abu Dhabi-Erklärung propagiert eine Art säkulare „Reich Gottes"-Vorstellung, die nicht den christlichen Glauben zur Voraussetzung hat, sondern eine dem Islam wesensfremde, aber aus christlichen Wurzeln genährte universale Nächstenliebe (Brüderlichkeit), die ohne das Bekenntnis zu ihrer eigentlichen Quelle, Jesus Christus, eine Illusion bleibt.
5. Das Dokument unterscheidet immer wieder einen wahren vom falschen Glauben, eine wahre von der falschen Lehre der Religionen, als ob alle Religionen unterschiedslos in ihrer Wurzel nur Richtiges und Wahres lehren würden, Religionskritik nur die (falschen) Auslegungen des Glaubens betreffen würde.

Positiv zu würdigen in der Abu Dhabi Erklärung bleibt: die Ablehnung von Krieg aus religiösen Motiven; die Propagierung von Toleranz und Dialog; Zusammenarbeits- und Verständigungsbemühungen; der Schutz von Gottesdienststätten; die Verdammung des Terrorismus; der Schutz der Schwachen und Armen, der Flüchtlinge und Minderheiten (leider in muslimischen Staaten keine Wirklichkeit); schließlich die Wertschätzung der traditionellen Familie: *„Die Institution der Familie anzugreifen, sie zu verachten oder an der Bedeutung ihrer Rolle zu zweifeln, ist eines der gefährlichsten Übel unserer Zeit."*

Aber all das macht die Schwächen dieser Erklärung nicht wett. Es bleibt ein schwaches Dokument, das nicht die Kraft hat, die Herzen der (andersgläubigen) Menschen zu verändern.

Zum metaphysisch-christlichen Begriff des Rechts in der päpstlichen Lehre des hl. Johannes Paul II.

Prof. Dr. Tadeusz Guz

Einführung

Bei der Bestimmung des Rechtsbegriffs schöpft Johannes Paul II. aus zwei Erkenntnisquellen: der Natur und der Gnade – beide im Verständnis des katholischen Denkerbes. Von daher ist seine Argumentationsweise bei der Erforschung über die Wahrheit des Seins des Rechts auch eine doppelte: eine naturhafte und eine gnadenhafte. Eine solche garantiert nämlich für jeden Menschen das Erlangen nicht nur einer *ordo iuris*, sondern darüber hinaus auch eine *ordo moralis*, die sich gegenseitig als ontisch Verschiedenes einerseits nötig haben und andererseits auch unterstützen. Beide sind eine Hilfeleistung für den Menschen auf seinem rechtlich-moralischen Aufstieg zu der dem personalen, allerhöchsten, dreifaltigen Gott, unseres Schöpfers und Erlösers, würdigen Vollkommenheit.

Zunächst ist für den Philosophen-Papst aus Polen „die Wahrheit als Ziel der Erkenntnis“[1] des Rechts als Recht festzuhalten. Damit knüpft er an die klassische Tradition der griechischen Vernunftmetaphysik an, die sich darüber gewiss war, dass die Wahrheit über das Sein des Rechts für unsere intellektuelle Erkenntnis erfassbar ist. Diese Art der naturhaften Erkenntnis wird dann auf der Ebene der Gnade als einer eingegossenen göttlichen Tugend des Glaubens in dem Sinne erhöht, dass das Recht uns mit dem personalen Gott in der ewigen Transzendenz zu vereinigen vermag. Dieses Recht nennen wir das natürliche Gesetz, dessen Teil z.B. die rechtlichen Normen des Dekalogs sind.

Im Unterschied zum metaphysischen, d.h. ausschließlich intellektuellen Rechtsverständnis der alten Griechen und Römer spielt im christlichen Rechtsverständnis des Papstes der freie menschliche Wille als ein anderes geistiges Vermögen neben dem Verstand und dem Gedächtnis eine wesenhafte Rolle. Dieses geistige Vermögen ermöglicht das *ordo moralis* jedes Menschen als einer Person: „Der Mensch ist frei, weil er das Vermögen be-

[1] Johannes Paul II., 2. Juni 1980, in: *Wort und Weisung im Jahr 1980*, Vatican, Kevelaer 1981, S. 235.

sitzt, sich im Licht des Wahren und des Guten zu entscheiden. Er ist frei, weil er die Fähigkeit der Wahl besitzt, ‚personal, von innen her bewegt und geführt und nicht unter blindem innerem Drang oder unter bloßem äußerem Zwang' (Pastoralkonstitution *Gaudium et spes*, Nr. 17). Frei sein, das heißt: wählen können und wollen; frei sein heißt, nach seinem Gewissen leben."[2]

Johannes Paul II. bedauert sehr, dass der ideologisch fundierte Positivismus in der gegenwärtigen Wissenschafts- und Rechtskultur vorherrschend ist. Das wirkt sich leider negativ aus, nicht nur innerhalb der Rechtswissenschaften, sondern vor allem auch in der breit angelegten Rechts-, Moral- und Glaubensordnung der Menschheit: „Diese positivistische Mentalität kennzeichnet zutiefst die von der Philosophie der Aufklärung hergeleitete moderne Kultur. Was sich dem Glauben ideologisch widersetzt, ist also eine bestimmte Philosophie und nicht die Wissenschaft als solche … Das Gleiche gilt in gewisser Hinsicht für die Humanwissenschaften… Ist es ihnen nicht eigen, viel eher szientistischen Ansprüchen zu erliegen…, wenn ihre Vertreter als Idealbild der Kenntnis eine Auffassung präsentieren, die den Menschen – der Subjekt ist – als Studien-, Forschungs- und Versuchsobjekt betrachtet und jede spirituelle Wirklichkeit im eigentlichen Sinne des Wortes ausschließt?"[3]Wenn der Mensch als Subjekt zum Objekt reduziert wird, verliert er damit *eo ipso* sein rechtliches und moralisches Subjektsein.

An diese kritische Interpretation in Bezug auf den Positivismus hat Papst Benedikt XVI. u.a. in seiner berühmten *Bundestagsrede* angeknüpft: „Der Grund dafür ist das inzwischen fast allgemein angenommene positivistische Verständnis von Natur und Vernunft. … Ein positivistischer Naturbegriff, der die Natur rein funktional versteht, so wie die Naturwissenschaft sie erklärt, kann keine Brücke zu Ethos und Recht herstellen, sondern wiederum nur funktionale Antworten hervorrufen. Das gleiche gilt aber auch für die Vernunft in einem positivistischen, weithin als allein wissenschaftlich angesehenen Verständnis." Darüber hinaus drückte der Papst aus Deutschland seine tiefe Befürchtung um eine weitere Entwicklung der Diskussion um das Recht und vor allem um eine an Gott und den Menschen orientierte Gesetzgebung aus: „Wo die alleinige Herrschaft der positivistischen Vernunft gilt – und das ist in unse-

[2] Johannes Paul II., 22. Dezember 1980, in: *Wort und Weisung im Jahr 1980*, Vatican, Kevelaer 1981, S. 287.

[3] Johannes Paul II., 2. April 1981, in: *Wort und Weisung im Jahr 1981*, Vatican, Kevelaer 1982, S. 386.

rem öffentlichen Bewusstsein weithin der Fall –, da sind die klassischen Erkenntnisquellen für Ethos und Recht außer Kraft gesetzt."[4]

Trotz dieser realen Gefahr seitens des Rechtspositivismus hofft und vertraut der Philosophen-Papst aus Polen auf den Menschen als einem vernunftbegabten und freien Wesen. Johannes Paul II. zitiert angesichts der stürmischen Zeit in Europa im rechtlich-moralischen Sinne den berühmten christlichen Politiker Italiens, Alcide De Gasperi als einen der Väter im vereinigten Europa: „Wir haben kein Recht, am Menschen zu verzweifeln, weder als Individuum noch als Kollektiv; wir haben kein Recht, an der Geschichte zu verzweifeln, denn Gott wirkt nicht allein in den Gewissen der einzelnen Menschen, sondern auch im Leben der Völker."[5]

Die Hauptfrage ist nun: Worin sieht Johannes Paul II. den letzten Grund für die rechtlich-moralische Ordnung in der wissenschaftlich-christlichen Dimension?

I. Der dreieinige Gott: der Vater, der Sohn und der Heilige Geist als das ewige Gesetz und der ewige Gesetzgeber

Es bestehen in der Rechtswissenschaft nach Johannes Paul II. keine Zweifel darüber, dass es den ewigen Gott gibt, der ontologisch gesehen absolut identisch ist und zwar mit seinem göttlichen „ewigen Gesetz"[6], weil Gottes Sein zugleich die perfekteste Ordnung ist. Das besagt inhaltlich das Identischsetzen von Begriffen wie: „Gott" und „das ewige Gesetz".

Wenn es so ist, dann ist jede Art des von diesem christlich verstandenen Gott und seinem ewigen Gesetz gegebenen Rechts als wahr und gut zu betrachten. Als solches ist es dann auch jedem Menschen als Menschen vom Schöpfergott in sein Herz gelegt, damit er es bewusst und frei befolgt: „Auf jeden Fall wird das grundlegende und unverzichtbare Prinzip der Unantastbarkeit des göttlichen Rechts – sei es das natürliche, sei es das positive –, das in den kanonischen Normen über die verschiedenen Materien authentisch formuliert ist, erneut bekräftigt."[7]

---

4 Benedikt XVI., *Bundestagsrede vom 22.9.2011.*

5 A. De Gasperi, in: *Johannes Paul II.*, 2. April 1981, in: *Wort und Weisung im Jahr 1981*, Vatican, Kevelaer 1982, S. 391.

6 Johannes Paul II., 1. Januar 1983, in: *Der Apostolische Stuhl 1983. Ansprachen, Predigten und Botschaften des Papstes. Erklärungen der Kongregationen. Vollständige Dokumentation*, Vatican, Köln 1983, S. 670.

7 Johannes Paul II., 22. Januar 1996, in: *Der Apostolische Stuhl 1996. Ansprachen, Predigten und Botschaften des Papstes. Erklärungen der Kongregationen. Vollständige Dokumentation*, Vatican, Köln 1996, S. 431.

Vermag nun ein von Menschen regierter Staat ein solches göttliches Recht durch seine staatliche Gesetzgebung zu verändern oder gänzlich zu relativieren bzw. es von gewissen zeitlichen oder räumlichen Umständen abhängig zu machen? Nein, ganz im Gegenteil: „Die moralische Ordnung erfordert, dass die vom Schöpfer des Lebens den Lebensprozessen mitgegebene Ordnung immer und überall respektiert werde“[8], pointiert Johannes Paul II. Ansonsten könnte sich kein Mensch in seiner geistig-leibhaften Natur vollkommen verwirklichen, was ja jeder Mensch, wenn er klug, weise, zielstrebig und rechtschaffen ist, leisten will. Das bekräftigt auf eine poetische Weise Friedrich Schiller, der über die „freundliche Schrift des Gesetzes des menschenerhaltenden Gottes“[9] spricht.

Noch stärker betont Kardinal Joseph Ratzinger dieses Zusammenspiel von Natur und Gnade sowohl im Rechtsverständnis als auch in einer christlichen Rechtshaltung des Menschen als eines moralischen Wesens in seiner personalen Beziehung zu Gott: „Was den Beter fähig macht, Gott zu sehen, ist die Gerechtigkeit. In diesem Wort ist die Grundhaltung des alttestamentlichen Frommen zusammengefasst, es ist die alttestamentliche Entsprechung zu dem, was im Neuen Testament und in der Kirche ‚Glaube‘ heißen wird. Gerechtigkeit ist die Lebensform, die Maß nimmt am Wort Gottes, das Angesiedeltsein in diesem Wort und seiner Weisung. Wir könnten sagen: Gerechtigkeit bedeutet das gottgemäße Leben… Gerechtigkeit als gottförmiges Leben weist von selbst über das bloß Materielle und die bloße Zeitlichkeit irdischen Leben hinaus. Insofern gehören das Maßnehmen an Gottes Recht und die eschatologische Orientierung von innen zusammen.“[10] Dafür hat jeder Mensch eine transzendente Rechtsordnung, die unmittelbar vom Schöpfergott herkommt, nötig, die zwar Gott garantiert, die aber durch den Menschen in seiner Vernunft und in seinem freien Willen affirmativ angenommen und noch dazu gelebt werden soll. Erst dann entsteht sein Vollkommensein im Sinne des göttlichen Urhebers unseres Seins.

Hat nun vielleicht Jesus Christus durch das neue Gesetz seines Evangeliums das alte Gesetz Gottes beseitigt? Der am Recht als Recht sehr interessierte und darüber intensiv nachdenkende Philosophen-Papst gibt eine klare Antwort darauf: „Christus … schafft kein anderes Gesetz und

---

8 Johannes Paul II., 30. November 1986, in: *Der Apostolische Stuhl 1986. Ansprachen, Predigten und Botschaften des Papstes. Erklärungen der Kongregationen. Vollständige Dokumentation*, Vatican, Köln 1986, S. 1013.

9 F. Schiller, *Der Spaziergang* (1795), V. 33ff.

10 Joseph Kardinal Ratzinger, *Unterwegs zu Jesus Christus*, Augsburg: Sankt Ulrich Verlag ²2004, S. 19-20.

setzt das alte nicht außer Kraft." Er fügt noch hinzu: „Er (Gott) kann aber – wie Jesus Christus es tut – seine volle Bedeutung aufhellen, seinen rechten Sinn verständlich machen sowie die irrigen Auslegungen und willkürlichen Anwendungen richtig stellen, denen das Volk und ihre Lehrer und Meister selbst es unterworfen haben, indem sie den Schwächen und Begrenzungen der menschlichen Natur nachgaben."[11] Der christliche Gott wäre ein Widerspruch oder zumindest ein unvollkommener Schöpfer des Menschen, wenn ER einerseits das natürliche Gesetz – laut Thomas von Aquin – gewissen Generationen der Menschheit bereits in ihre Vernunftnatur einschreibt und andererseits das gleiche Gesetz für andere Generationen verändern würde. Das kann nach Johannes Paul II. nicht der Fall sein und zwar wegen der Aussage Jesu Christi selbst: „In der Tat sagt er (Christus) vom Gottesgesetz vor allem: ‚Amen, das sage ich euch: Bis Himmel und Erde vergehen, wird auch nicht der kleinste Buchstabe des Gesetzes vergehen, bevor nicht alles geschehen ist' (*Mt* 5, 18). Es ist eine wirksame Erklärung, mit der Jesus sowohl die wesentliche Unwandelbarkeit des mosaischen Gesetzes als auch die messianische Erfüllung bekräftigen will, die es in seinem Wort erhält."[12]

Was ist in diesem Kontext nach Johannes Paul II. noch wichtig anzusprechen? Das ist die Frage nach den heutzutage viel diskutierten Menschenrechten und ihrer Beziehung zum christlichen Gott. Die Stellungnahme des Papstes bezieht sich dabei auf die offizielle Rechtslehre der Kirche: „Nach der Lehre der Kirche sind die Menschenrechte in Gott dem Schöpfer begründet."[13] Diese Schlussfolgerung scheint sehr stichhaltig zu sein, denn wenn Gott uns als Menschen ins reale Sein beruft, dann sind unsere Menschenrechte ausschließlich auf dem Hintergrund des Schöpfergedankens verständlich. Man kann diese Rechte, die den Menschen als Menschen zustehen, nicht vom positiven bzw. staatlichen Gesetz her verstehen. Denn kein Staat gibt den Menschen „das natürliche Gesetz als eine Teilnahme am ewigen Gesetz" Gottes (Thomas von Aquin). Natürlich gibt es eine Reihe von einzelnen rechtlichen Regulierungen in den Staaten, die ganz zweitrangige Dinge betreffen, die aus verständlichen Gründen durch die Staaten als Staaten zu regulieren sind. Dazu gehören

[11] Johannes Paul II., 14. Oktober 1987, in: *Der Apostolische Stuhl 1987. Ansprachen, Predigten und Botschaften des Papstes. Erklärungen der Kongregationen. Vollständige Dokumentation*, Vatican, Köln 1987, S. 226.

[12] *Ibidem.*

[13] Johannes Paul II., 6. Dezember 1988, in: *Der Apostolische Stuhl 1988. Ansprachen, Predigten und Botschaften des Papstes. Erklärungen der Kongregationen. Vollständige Dokumentation*, Vatican, Köln 1988, S. 1417.

aber auf keinen Fall solche Menschenrechte wie: Lebens-, Ehe-, Familien-, bzw. Völkerrecht. Kein „Abtreibungsrecht" kann daher nach Johannes Paul II. in Anspruch nehmen, ein allgemeines „Menschenrecht" zu sein, weil es dem menschlichen Leben grundsätzlich widerspricht. Ähnliches gilt auch für das sogenannte „Recht auf die Homoehe", die ja als eine gleichgeschlechtliche Beziehung niemals mit dem Eherecht auf die gleiche Stufe gestellt werden kann. Ganz im Gegenteil, kein vernünftiger staatlicher bzw. internationaler Gesetzgeber kann das vorschlagen bzw. fördern, weil Gott als der Schöpfer des Menschen als Person und zugleich als der Schöpfer der Ehe als einer sakramentalen und bis zum Tod des einen Ehegatten unauflöslichen Beziehung von einem Mann mit einer Frau das verbietet. Solche zwischenmenschlichen Beziehungen gibt es im ewigen Plan der Schöpfung nicht, d.h. nicht im göttlichen Verstand. Und von daher hat kein staatlicher Gesetzgeber eine Rechtsgrundlage diese und viele andere Rechte zu verändern und sie im Sinne der heute vorherrschenden neomarxistisch geprägten Genderideologie zu bestimmen.

Darüber hinaus bedauert Johannes Paul II., dass man bei der weltweiten Diskussion über die Menschenrechte kaum noch von den bereits genannten und anderen „Gottesrechten" spricht. Und deswegen appelliert der Papst an die rechte Vernunft der Menschen guten Willens in der Welt, damit sie die Menschenrechte immer in einer untrennbaren Beziehung zu den Gottesrechten verstehen mögen: „Von Gottesrechten aber spricht man nicht. Und doch gehören Menschenrechte und Gottesrechte zusammen. Wo Gott und sein Gesetz nicht geehrt werden, erhält auch der Mensch nicht sein Recht … Gottesrechte und Menschenrechte stehen und fallen miteinander."[14] Es ergibt sich daraus die einfache These, dass eine ernsthafte Betrachtung und Behandlung von Menschenrechten im Grunde immer zu Gottesrechten hinführt und umgekehrt. Wenn jemand ernsthaft von Gottesrechten spricht und sie beachtet, dann will er sich immer auch zu allen wahren und gerechten Rechten der menschlichen Person als Individuum und als Gemeinschaft (Ehe von Mann und Frau, Familie von Eltern und Kindern, Volk als eine Gemeinschaft von Familien, Gesellschaft als ein Gebilde von vielen Gemeinschaften und natürlich letztlich die ganze Menschheit als eine Familie der Völker) bekennen und sie respektieren. Das hat Benedikt XVI. in seiner *Bundestagsrede* sehr eindrucksvoll betont und sogar seine tiefe Besorgnis um das Überleben der Menschheit zum Ausdruck gebracht: „Von der Überzeugung eines Schöpfergottes her sind

[14] Johannes Paul II., 3. Mai 1987, in: *Der Apostolische Stuhl 1987. Ansprachen, Predigten und Botschaften des Papstes. Erklärungen der Kongregationen. Vollständige Dokumentation*, Vatican, Köln 1987, S. 668.

die Idee der Menschenrechte ... und das Wissen um die Verantwortung der Menschen für ihr Handeln entwickelt worden. Diese Erkenntnisse der Vernunft bilden unser kulturelles Gedächtnis. Es zu ignorieren oder als bloße Vergangenheit zu betrachten, wäre eine Amputation unserer Kultur insgesamt und würde sie ihrer Ganzheit berauben."[15] Das würde nach Benedikt XVI. zu einer kaum vorstellbaren Zerstörung des Menschen und des gesamten Kosmos führen.

Um das verständlich zu machen, ist eine Reflexion auf die Frage des Naturrechts unentbehrlich: Was ist also dieses Recht, das der christliche Schöpfergott: der Vater, der Sohn und der Heilige Geist in jedes menschliche Herz im Augenblick seiner Empfängnis im Mutterschoß einpflanzt?

II. Das Naturrecht als das unmittelbar vom christlichen Schöpfergott in das Gewissen jedes Menschen eingepflanzte, unveränderliche, universal alle Menschen in Denken und Handeln bindende und objektive Recht

Der Papst geht bei der Erklärung der Herkunft, des Wesens und der Zweckmäßigkeit des Naturrechts zunächst von einer interessanten wissenschaftlichen Erfahrung aus: „Nach dem Vorbild seines Lehrers, des hl. Augustinus, seiner persönlichen Berufung folgend, gelang es Gregor Mendel, in der Beobachtung der Natur und in der Betrachtung ihres Schöpfers in ein und demselben Anlauf die Suche nach der Wahrheit mit der Gewissheit zu verbinden, diese schon im Wort des Schöpfers zu erkennen, in dem jedem Menschen eingegebenen Licht, das im Innersten der Naturgesetze erstrahlt, die der Wissenschaftler geduldig entziffert."[16] Keine Wissenschaft erschafft die Naturgesetze aller Art selbst, sondern entdeckt sie nur, weil sie bereits in der Realität des erschaffenen Seins als *ens creationis* faktisch vorhanden sind. Man soll sich daher nur – auch auf dem Rechtsgebiet – um eine angemessene wahre und objektive Erkenntnis bemühen.

Das Zeugnis von Johannes Paul II., das die tiefsten Grundlagen des Rechts als Recht betrifft, ist ganz klar: „Gerade im Licht des göttlichen

[15] Benedikt XVI., *Bundestagsrede vom 22.9.2011.*

[16] Johannes Paul II., 10. März 1984, in: *Der Apostolische Stuhl 1984. Ansprachen, Predigten und Botschaften des Papstes. Erklärungen der Kongregationen. Vollständige Dokumentation*, Vatican, Köln 1984, S. 1060.

Naturgesetzes … möchte ich … nachdenken.“[17] Damit ist ebenso eine metaphysische Herkunft dieses Rechts ausgesprochen, dass das „Naturrecht“ als „göttliches Recht betrachtet“[18] wird, weil es direkt von dem personalen und dreifaltigen Schöpfergott der Christenheit erschaffen wird.

Mit der Offenbarung Jesu Christi wird eine neue und tiefere Dimension im Naturrecht angesprochen: „Der Erlöser selbst hat das Naturrecht bestätigt und es auf eine höhere Ebene – die der sakramentalen Gemeinschaft - emporgehoben.“[19] Das heißt dann, dass man als Mensch das Naturrecht vollkommen beobachten kann, wenn man – christlich gedacht – im Stand der heiligmachenden Gnade ist, die uns zusätzlich bei der Beobachtung aller natürlichen Gebote unterstützt. Auch in der „christologisch geprägten Ethik“ gilt nach Kardinal Joseph Ratzinger in der Entfaltung einer wahren Rechtskultur, „dass Christus der menschgewordene Logos ist, dass er also gerade unsere Vernunft zu sich selbst erwecken will. Der ursprüngliche Dienst des Dekalogs – uns an das Tiefste unserer Vernunft zu erinnern – ist durch die Begrenzung mit Christus nicht abgetan, sondern erst zu seiner vollen Reife geführt. Eine Ethik, die im Hören auf die Offenbarung doch auch wahrhaft rational sein will, antwortet ebenso auf die Begegnung mit Christus, die uns der Neue Bund schenkt“.[20]

Es lohnt sich, in Anbetracht der heutigen Rechtslage daran zu erinnern, was Kardinal Ratzinger analysiert und wovon er vor allem uns alle als Christen ermahnen will: „In den moraltheologischen Lehrbüchern der Vorkonzilszeit war weiterhin die Orientierung am naturrechtlichen Denken vorherrschend gewesen … Wenn man die Grundlinie des Konzils dennoch als eine Zuwendung zu einer wesentlich biblisch, christozentrisch ausgelegten Moral bezeichnen darf, so hat sich in der Nachkonzilszeit sehr bald ein radikaler Umschlag vollzogen: Die Bibel könne überhaupt keine ‚kategoriale‘ Moral vermitteln; die Inhalte der Moral müssten immer rein rational ermittelt werden. Die Bedeutung der Bibel liege auf der Ebene der Motivation, nicht der Inhalte. So verschwand inhaltlich die Bibel und mit ihr die Christologie noch weit mehr, als es ehedem der Fall gewesen war, aus der Moraltheologie. Der Unterschied zur Vorkonzilszeit bestand darin,

---

17 Johannes Paul II., 3. April 1987, in: *Der Apostolische Stuhl 1987. Ansprachen, Predigten und Botschaften des Papstes. Erklärungen der Kongregationen. Vollständige Dokumentation*, Vatican, Köln 1987, S. 408.

18 Johannes Paul II., Ansprache an die katholischen Juristen, 10. Dezember 1988, in: *Der Apostolische Stuhl 1988. Ansprachen, Predigten und Botschaften des Papstes. Erklärungen der Kongregationen. Vollständige Dokumentation*, Vatican, Köln 1988, S. 1424.

19 *Ibidem.*

20 J. Kard. Ratzinger, *Unterwegs zu Jesus Christus*, Augsburg: Sankt Ulrich Verlag ^{2}2004, S. 167.

dass man nun allerdings auch auf die Idee des Naturrechts und des natürlichen Sittengesetzes verzichtete, die immerhin den Schöpfungsglauben als Basis der Moraltheologie festgehalten hatte. Stattdessen wandte man sich einer kalkulatorischen Moral zu, die letzten Endes nur die vermutbaren Wirkungen des Handelns zum Maßstab nehmen konnte und dabei das Prinzip der Güterabwägung auf die Gesamtheit des sittlichen Handelns ausdehnte. In dieser schwierigen Situation hat die Enzyklika *Veritatis splendor* grundlegende Klärungen über das unverzichtbare Proprium christlicher Moral wie über das rechte Zueinander von Glaube und Vernunft in der Erarbeitung der ethischen Normen gebracht."[21] Die Christen dürfen sich nach Benedikt XVI. keiner Ideologie unterordnen, die entweder die Realität der Natur oder die der Gnade oder auch beide zusammen bestreitet, bzw. sie im Einzelnen oder im Allgemeinen illegitimerweise reduziert, weil „das Naturrecht" im „Widerspruch" zu allen „Ideologien"[22] steht.

Der Zweck des Naturrechts ist auf der einen Seite transzendent und auf der anderen Seite immanent: „Mit Irenäus wird der der Dekalog als Führung zur Freundschaft mit Gott und zur Eintracht mit dem Nächsten ausgelegt."[23] Von daher ist die enge Verbindung zwischen der „theologischen" und „personalen Dimension"[24] des Naturrechtes verständlich.

Das „Subjekt des Naturgesetzes ist der Mensch nämlich nicht nur im natürlichen Aspekt seiner Existenz, sondern auch in der ganzheitlichen Wahrheit seiner persönlichen Subjektivität".[25] Deshalb stellt der Philosophen-Papst eine wichtige rechtsanthropologische These auf: „Jede Rechtsordnung steht im Dienst der Person"[26], sonst ist das Recht kein Recht, sondern ein Unrecht. Mit anderen Worten, wenn der Mensch in seinem Verstand eine ganzheitliche Erfüllung seiner Bestrebungen nach Vollkommenheit verwirklichen will, dann ist das einzig und allein nur real möglich durch eine treue Beachtung des Naturrechts und der anderen

[21] *Ibidem*, S. 166-167.

[22] Johannes Paul II., 1. Januar 1983, in: *Der Apostolische Stuhl 1983. Ansprachen, Predigten und Botschaften des Papstes. Erklärungen der Kongregationen. Vollständige Dokumentation*, Vatican, Köln 1983, S. 670.

[23] J. Kard. Ratzinger, *Unterwegs zu Jesus Christus*, Augsburg: Sankt Ulrich Verlag ²2004, S. 165; vgl. *KKK*, Nr. 2063.

[24] Johannes Paul II., 22. August 1984, in: *Der Apostolische Stuhl 1984. Ansprachen, Predigten und Botschaften des Papstes. Erklärungen der Kongregationen. Vollständige Dokumentation*, Vatican, Köln 1984, S. 166.

[25] *Ibidem.*

[26] Johannes Paul II., Ansprache an die katholischen Juristen, 10. Dezember 1988, in: *Der Apostolische Stuhl 1988. Ansprachen, Predigten und Botschaften des Papstes. Erklärungen der Kongregationen. Vollständige Dokumentation*, Vatican, Köln 1988, S. 1425.

Gebote Gottes. Es ist also für uns nicht überraschend, dass Johannes Paul II. sich so stark für das Naturrecht gemacht hat. Das hat seinen Grund darin, dass das Naturrecht in einem wahren Dienst jedes Menschen als Person besteht: „Jede wahre und gesunde Rechtsordnung muss im Dienst der Person stehen... Die objektive Norm, das positive Recht müssen diesem Menschenbild als Ausdruck des Naturrechtes entsprechen."[27]

„Das Naturrecht, das als grundlegend für eine echte Entfaltung der Personen und der Gesellschaft betrachtet wurde"[28], ist präsent in manchen Verfassungen der heutigen Welt. Als Beispiel dafür möge u.a. die verfassungsmäßige Rechtsordnung Italiens dienen, die auf „drei grundlegenden Richtlinien" der italienischen Verfassung aus dem Jahr 1948 aufbaut: „das Persönlichkeitsprinzip, das pluralistische Prinzip auf der Grundlage des Kriteriums der Subsidiarität, das Prinzip der Präexistenz der Rechte der Person und der Gemeinschaften vor jeder Konzession von Seiten des Staates".[29] Diese Rechtsbestimmung ist aus dem realen Inhalt des Naturrechts geschöpft.

Angesichts der heute vorherrschenden aggressiven Säkularisierungswelle gegen Ehe und Familie bemühte sich Johannes Paul II., die beiden wichtigsten Gemeinschaften für jeden Menschen in der Naturordnung zu stärken und die öffentliche Meinung der Menschheit darauf aufmerksam zu machen: „Während der christliche Glaube in das juridische römische Denken den Wert der Unauflöslichkeit des Ehebandes einbrachte, fand er in dessen Auffassung des Konsenses das Werkzeug für den Ausdruck des Grundprinzips, das der kanonischen Ordnung in diesem Bereich das Fundament bietet. Dieses Prinzip wurde von Papst Paul VI. in seiner Begegnung mit euch am 9. Februar 1976 nachdrücklich betont. Er sagte damals u.a., das Prinzip ‚matrimonium facit partium consensus' [die Ehe entsteht durch die Zustimmung beider Teile] ‚hat in der gesamten juridischen und theologischen Lehre, wie sie von der Tradition übernommen wurde, höchste Bedeutung, und sie wird vom Lehramt der Kirche häufig als einer der Hauptpunkte eingeschärft, auf die sich das Naturrecht über die Ehe und die Vorschrift des Evangeliums stützen'."[30] Der Verzicht auf

[27] *Ibidem.*

[28] Johannes Paul II., 5. Dezember 1998, in: *Der Apostolische Stuhl 1998. Ansprachen, Predigten und Botschaften des Papstes. Erklärungen der Kongregationen. Vollständige Dokumentation*, Vatican/Köln 1998, S. 872.

[29] *Ibidem.*

[30] Johannes Paul II., 28. Januar 1991, in: *Der Apostolische Stuhl 1991. Ansprachen, Predigten und Botschaften des Papstes. Erklärungen der Kongregationen. Vollständige Dokumentation*, Vatican, Köln 1991, S. 898.

Ehe und Familie, wenn er nicht im Dienst der Heilsgeschichte (Zölibat und evangelische Räte) steht, ist ein Verzicht auf die Erfüllung des göttlichen Schöpfungsplanes. Und deswegen ist die Naturrechtslehre über Ehe und Familie als Schöpfungskategorien so wichtig und notwendig für das Überleben der gesamten Menschheitsfamilie.

Die Frage nach der Rationalität des Naturrechts ist von einer großen Relevanz für alle gegenwärtig lebenden Menschen und für alle Institutionen, die eine Betonung auf das Rationale setzen: „Wenn so einerseits der Dekalog ganz im Kontext des Bundes und der Heilsgeschichte als Geschehen von Wort und Antwort gesehen wird, so erscheint er doch zugleich als rationale Ethik, als Erinnerung an das, was eigentlich die Vernunft zu sehen vermag. Wieder wird Irenäus zitiert: „Von Anfang an hatte Gott die natürlichen Gebote in die Herzen der Menschen gepflanzt. Er begnügte sich zunächst damit, an sie zu erinnern. Das war der Dekalog" (haer. 4, 15, 1).[31] Der geoffenbarte christliche Herrgott ist ja die höchste und noch dazu ewige Vernunft und als solche erschafft ER dieses Naturrecht. Von daher ergibt sich das Rationale des Naturrechts eigentlich von selbst, denn alles, was von diesem Gott herkommt, ist nun nicht in einem gewissen, sondern im höchsten Sinne rational. Das spiegelt sich in einer darauf aufgebauten Grundlage in der Moral wieder: „Die vom Dekalog her entwickelte Moral ist rationale Moral, die freilich von der Unterstützung der Vernunft lebt, die Gott uns schenkt, indem er uns mit seinem Wort an das erinnert, was zutiefst in unser aller Seele eingeschrieben ist."[32]

Origenes meint, dass das erste Wort des Dekalogs „die Freiheit"[33] sei. Ähnlich denkt der hl. Irenäus, der schreibt, dass der Schöpfergott trotz des Rechtsbruchs seitens der ersten Menschen „den freien Willen und das Selbstbestimmungsrecht im Menschen gewahrt hat"[34], damit er sich als eine menschliche Person in Vernünftigkeit und Freiheit entfalten und Verantwortung tragen kann. Das Gleiche gilt für die „Vereinigungsfreiheit", die „auf dem Naturrecht beruht; dieses aber kann der Staat nicht zerstören,

[31] J. Kard. Ratzinger, *Unterwegs zu Jesus Christus*, Augsburg: Sankt Ulrich Verlag ²2004, S. 165; vgl. *KKK* Nr. 2070.

[32] J. Kard. Ratzinger, *Unterwegs zu Jesus Christus*, Augsburg: Sankt Ulrich Verlag ²2004, S. 165.

[33] Vgl. J. Kard. Ratzinger, *Unterwegs zu Jesus Christus*, Augsburg: Sankt Ulrich Verlag ²2004, S. 165; vgl. *KKK* Nr. 2061.

[34] Irenäus, *Fünf Bücher gegen die Häresien*, übers. v. Ernst Klebba, in: *Bibliothek der Kirchenväter*, Bd. II, Buch IV, 38, 3, Kempten, München 1912, S. 44.

im Gegenteil, es ist seine Aufgabe, das Naturrecht zu sichern“[35], was leider in den letzten Monaten wegen der Covid-19-Pandemie selten geschieht.

Im Verhältnis zur Politik spielt das Naturrecht eine zentrale Rolle, was Benedikt XVI. mit folgenden Worten artikuliert: „Dem Recht zu dienen und der Herrschaft des Unrechts zu wehren, ist und bleibt die grundlegende Aufgabe des Politikers.“[36] Diese politische Mission ist nicht erfüllbar, wenn ein Politiker oder ein ganzer Staat auf die objektiven Normen des Naturrechts verzichtet oder sich davon überhaupt verabschiedet. Es geht beim Naturrecht um Folgendes: „Ein tiefschürfenderes Studium des Naturrechts, eine aufmerksamere Anwendung dieses göttlichen Rechtes und seine treuere Übertragung ins positive Recht sind Marksteine der Fortschritte“[37], deren Gipfel in der „ewigen Fortdauer“ und damit in der „Unvergänglichkeit“ als „dem Ruhm des Unerschaffenen“, d.h. in „der Anschauung Gottes“ als „unserem Ziel und der Ursache der Unvergänglichkeit“, besteht, die uns „in die Nähe von Gott“[38] hinführt.

Johannes Paul II. lehrt klar und eindeutig, dass „das Naturrecht als allgemeine Grundlage für alle Rechtsgebiete“[39]gelten soll. Das hat den tiefen Sinn „die wahrhafte Grundlage des Rechts wiederzufinden ..., es der Willkür der Politiker und der Logik des Stärkeren zu entziehen“ und „im Naturrecht die solide und echte Grundlage des positiven Rechts“[40] zu sehen, was in der Epoche eines Vorherrschens der positivistischen Ideologie von sehr hoher Relevanz ist.

Zum Schluss muss man in Bezug auf die inhaltlich reiche Lehre des Papstes über das Naturrecht noch darauf hinweisen, dass das Naturrecht nicht nur allen staatlichen Gesetzgebern, sondern auch allen Menschen und Institutionen einen rechtlich-moralischen Nutzen und eine geistige Aufklärung bringt: „Das Naturrecht gibt ... dem Gesetzgeber keine einzelnen Normen; diese bleiben unaufhörlich zu ergänzen. Es erhebt nicht den

---

[35] Leo XIII., *Rerum novarum*, Nr. 38.

[36] Benedikt XVI., *Bundestagsrede vom 22.9.2011.*

[37] Johannes Paul II., Ansprache an die katholischen Juristen, 10. Dezember 1988, in: *Der Apostolische Stuhl 1988. Ansprachen, Predigten und Botschaften des Papstes. Erklärungen der Kongregationen. Vollständige Dokumentation*, Vatican, Köln 1988, S. 1425.

[38] Irenäus, *Fünf Bücher gegen die Häresien*, übers. v. Ernst Klebba, in: *Bibliothek der Kirchenväter*, Bd. II, Buch IV, 38, 3, Kempten, München 1912, S. 141.

[39] Johannes Paul II., Das Naturrecht gibt keine Einzelnormen, 11. Januar 1991, in: *Der Apostolische Stuhl 1991. Ansprachen, Predigten und Botschaften des Papstes. Erklärungen der Kongregationen. Vollständige Dokumentation*, Vatican, Köln 1991, S. 856.

[40] Johannes Paul II., 5. Dezember 1998, in: *Der Apostolische Stuhl 1998. Ansprachen, Predigten und Botschaften des Papstes. Erklärungen der Kongregationen. Vollständige Dokumentation*, Vatican, Köln 1998, S. 872.

Anspruch, in sich selbst und für alle Zeit und losgelöst von der Geschichte einen sozialen Verhaltenskodex zu bilden. Es verlangt aber, dass in den verschiedenen Existenzbereichen die menschliche Würde sichergestellt sei. Das Naturrecht strebt weniger danach, eine Kontrolle über das positive Recht auszuüben, als vielmehr danach, sich konkret in ihm zum Ausdruck zu bringen und es mit Leben zu erfüllen."[41] Das ist ein ganz konkreter Bereich im alltäglichen Umgang mit dem Naturrecht, das faktisch eine enorm kostbare Gabe Gottes für alle in der Welt ist.

III. Das positive Gesetz der Staaten und sein „einziges wahres Maß" im „Gesetz Gottes"[42]

Johannes Paul II. geht vom klassischen Rechtsverständnis der alten metaphysischen Griechen und Römer aus, welches das staatliche Gesetz als einen konkreten Ausdruck des göttlichen Gesetzes erklärt. Deshalb wird in seiner päpstlichen Rechtslehre das von Menschen gebildete Gesetz als „die gesetzgeberische Tätigkeit und die Rechtswissenschaft" verstanden, die „nämlich dazu dienen, die gebotene Fortbildung des Rechts sicherzustellen und angesichts sich wandelnder Verhältnisse und sich entwickelnder Situationen eine einheitliche Antwort zu gestatten"[43], damit alle Menschen in allen Staaten in „Gerechtigkeit" leben können: „Das Gesetz ist nämlich vor allem ein Mittel – ein unerlässliches Mittel –, damit die ‚Gerechtigkeit überfließe'".[44] Weil das aber in den gegenwärtigen Gesetzgebungen nicht der Fall ist, bedauert der Papst dies sehr angesichts einer durch den Rechtspositivismus und andere Ideologien, wie z.B. die Gender-Ideologie, verursachten Rechtskrise: „Der Mensch will nicht mehr Gottes Gesetz als Maß seines Daseins gelten lassen, er nimmt sich nicht mehr aus den Schöpferhänden Gottes entgegen, sondern beschließt, selbst Maß und Ziel zu sein. Die Wahrheit seines Geschaffenseins wird von einer Freiheit geleugnet, die sich vom Gesetz Gottes, dem einzig wahren

[41] Johannes Paul II., Das Naturrecht gibt keine Einzelnormen, 11. Januar 1991, in: *Der Apostolische Stuhl 1991. Ansprachen, Predigten und Botschaften des Papstes. Erklärungen der Kongregationen. Vollständige Dokumentation*, Vatican, Köln 1991, S. 856.

[42] Johannes Paul II., 13. Juli 1983, in: *Der Apostolische Stuhl 1983. Ansprachen, Predigten und Botschaften des Papstes. Erklärungen der Kongregationen. Vollständige Dokumentation*, Vatican, Köln 1983, S. 138.

[43] Johannes Paul II., 29. Januar 1993, in: *Der Apostolische Stuhl 1993. Ansprachen, Predigten und Botschaften des Papstes. Erklärungen der Kongregationen. Vollständige Dokumentation*, Vatican, Köln 1993, S. 735.

[44] Johannes Paul II., 13. August 1980, in: *Wort und Weisung im Jahr 1980*, Vatican, Kevelaer 1981, S. 61.

Maß des Menschen, gelöst hat."[45] Hier wird ganz klar, dass die größte Verantwortung bei Rechtsbildung und Rechtsinterpretation auf den christlichen Gesetzgebern, Politikern sowie auf den christlichen Juristen ruht, weil sie – zumindest theoretisch gedacht – die beste Einsicht in die Wahrheit über den christlichen Gott als den einzigen wahren Urheber des Naturrechts und über das auf ihn aufgebaute Gesetz im Staat besitzen.

Und deshalb stellt Johannes Paul II. seine nächste These auf: Die „Christen … sind dazu berufen, das Gesetz Gottes in den irdischen Staat einzubringen, und sich daher mit diesem Gesetz ständig auseinanderzusetzen".[46] Von daher ist den christlichen Verantwortlichen in der Welt eine besondere Rechtsmission anvertraut, Diener des Gesetzes zu sein, weil das zugleich ein Gerechtigkeits- und Liebesweg zur Begegnung mit Gott, zur Anschauung Gottes bzw. zur Begegnung und Liebe unserer Nächsten ist: „Dem Christen ist eine Wahrheit auferlegt: die wahre Gerechtigkeit ist von der Liebe beseelt; das Recht ist eine Struktur der Gemeinschaft; das positive Recht steht im Dienst des Menschen und seines Aufstiegs zu Gott!"[47] Das Gesetz soll also nicht nur eine Ursache für die Gerechtigkeit sein, sondern darüber hinaus soll jedes Gesetz eine Grundlage für eine personale Liebe zu Gott und zu allen anderen Menschen als unseren im wahrsten Sinne des Wortes „Nächsten" sein: „Aufwertung der Liebe und Achtung für das Gesetz… Es ist nicht Aufgabe des Gesetzes, die Dynamik des Geistes einzudämmen, sondern die Kräfte des Christen in eine bestimmte Richtung zu lenken, indem es seine mit der Taufe verliehene Kreativität ordnet, die sich nicht im persönlichen Bereich erschöpft, sondern danach verlangt, sich auf kirchlicher, also Gemeindeebene, zu entfalten".[48]

Papst Johannes Paul II. sagt, dass „die gesamte Geschichte des Rechtswesens zeigt, dass das Recht seine Stabilität und moralische Autorität verliert …, wenn es aufhört, nach der Wahrheit über den Menschen zu su-

---

[45] Johannes Paul II., 13. Juli 1983, in: *Der Apostolische Stuhl 1983. Ansprachen, Predigten und Botschaften des Papstes. Erklärungen der Kongregationen. Vollständige Dokumentation*, Vatican, Köln 1983, S. 138.

[46] Johannes Paul II., 11. Oktober 1986, in: *Der Apostolische Stuhl 1986. Ansprachen, Predigten und Botschaften des Papstes. Erklärungen der Kongregationen. Vollständige Dokumentation*, Vatican, Köln 1986, S. 1786.

[47] Johannes Paul II., Ansprache an die katholischen Juristen, 10. Dezember 1988, in: *Der Apostolische Stuhl 1988. Ansprachen, Predigten und Botschaften des Papstes. Erklärungen der Kongregationen. Vollständige Dokumentation*, Vatican, Köln 1988, S. 1426.

[48] Johannes Paul II., 21. September 1983, in: *Der Apostolische Stuhl 1983. Ansprachen, Predigten und Botschaften des Papstes. Erklärungen der Kongregationen. Vollständige Dokumentation*, Vatican, Köln 1983, S. 1089.

chen" (24. September 1979).[49] Ohne die Wahrheit als Wahrheit gibt es kein Gesetz als Gesetz, weil das Gesetz ja in der Vernunft seinen letzten natürlichen Grund hat, die ein geistiges Vermögen im Menschen ist, das für die Erkenntnis der Wahrheit über den Menschen zuständig ist. Ein Abschied von der Wahrheit über die *persona humana* wirkt sich grundsätzlich negativ im rechtlichen Bereich aus, wo sich die Gestalt der Gesetzgebung und Gesetzauslegung entscheidet. Mit anderen Worten: Unser Begriff von Recht und Gesetz hängt davon ab, welchen Begriff wir vom Menschen haben. Dieser Begriff bzw. eine Schlussfolgerung im Sinne einer juristischen Sentenz soll die Wahrheit als Wahrheit ausdrücken. Erst dann kann man jeden juristischen Vorgang in der Gestalt der Rechtsbildung und der Rechtsprechung als wahr und damit als jedem Menschen als Menschen dienlich betrachten. Im Gegensatz dazu schaden alle solchen juristischen Urteile, die die Wahrheit verletzen und damit ein falsches Gesetz verabschieden und dann auch falsch über die Menschen und ihre Sachen urteilen. Jedes Gesetz und jedes juristische Urteil soll ausschließlich eine entsprechende Wahrheit über einen zu beurteilenden Sachverhalt zum Ausdruck bringen. Der Philosophen-Papst hat keine Zweifel daran, dass „die Klugheit des Richters das Gesetz und seine Zielsetzung verwirklicht, fern von vorgefassten geistigen Kategorien …, nicht ‚a piori'"[50], d.h. nicht subjektivistisch, sondern objektiv.

Als Beispiel thematisiert Johannes Paul II. die große und aktuelle Frage nach dem Ehe-Sein und dem Eherecht, die nicht subjektivistisch, sondern objektiv zu behandeln sind. Nicht jede Beziehung, wie z.B. eine Homobeziehung, kann und darf als Ehe betrachtet werden, weil gleichgeschlechtliche Partnerschaften nie als einer wahren Ehe zwischen einer Frau und einem Mann, die im heiligen Ehesakrament verbunden sind, vom Gesetz her als gleichwertig angenommen werden können und dürfen. Warum? Darauf gibt der Papst folgende Erklärung: „Vor allem ist unbedingt zu vermeiden, dass das Gottes Gesetz je nach den verschiedenen Situationen, in denen sich die Ehegatten befinden, ‚abgestuft' wird. Das Moralgesetz enthüllt uns Gottes Plan bezüglich der Ehe, das ganze Gut der ehelichen Liebe. Einen solchen Plan verkürzen zu wollen, ist ein Mangel an Ehrfurcht vor der Würde des Menschen. Gottes Gesetz ist Ausdruck der

[49] Johannes Paul II., 9. Mai 1992, in: *Der Apostolische Stuhl 1992. Ansprachen, Predigten und Botschaften des Papstes. Erklärungen der Kongregationen. Vollständige Dokumentation*, Vatican, Köln 1992, S. 784.

[50] Johannes Paul II., 22. Januar 1996, in: *Der Apostolische Stuhl 1996. Ansprachen, Predigten und Botschaften des Papstes. Erklärungen der Kongregationen. Vollständige Dokumentation*, Vatican, Köln 1996, S. 432.

Forderungen der Wahrheit über die menschliche Person: jene Ordnung der göttlichen Weisheit, die uns – wie der hl. Augustinus sagt –, ‚wenn wir in diesem Leben an ihr festhalten, werden wir zu Gott gelangen' (*De Ordine* 1, 9. 27: CSEL 63, 139) … Der Geist … schreibt das Gesetz Gottes in unser Herz"[51], das besagt, dass eine wahre Ehe ausschließlich in der Verbindung eines Mannes und einer Frau besteht.

Nicht selten herrscht heute die falsche Meinung vor, als habe eine demokratische Mehrheit in einem demokratisch bestimmten Staat ein endgültiges Recht zur Verabschiedung aller Gesetze wie z.B. der „Abtreibungs"-, „Euthanasie"- bzw. „Homo-Ehe"-Gesetze. Das ist aber objektiv gesehen, – d.h. seitens der Wahrheit über den ungeborenen, schwerkranken und alten Menschen oder über eine wahre Ehe von Mann und Frau – nicht der Fall, weil eine politische Mehrheit im Staate oder z.B. innerhalb der Europäischen Union nicht das Recht hat, endgültig zu entscheiden, was die Wahrheit ist, einschließlich des juristischen Bereiches. Benedikt XVI. hat zu Recht darauf hingewiesen, dass für die Grundlage des Rechts die Mehrheit als Mehrheit nicht ausreicht, sondern die Wahrheit bestimmend ist: „In einem Großteil der rechtlich zu regelnden Materien kann die Mehrheit ein genügendes Kriterium sein. Aber dass in den Grundfragen des Rechts, in denen es um die Würde des Menschen und der Menschheit geht, das Mehrheitsprinzip nicht ausreicht, ist offenkundig: Jeder Verantwortliche muss sich bei der Rechtsbildung die Kriterien seiner Orientierung suchen. … Für die Entwicklung des Rechts und für die Entwicklung der Humanität war es entscheidend, dass sich die christlichen Theologen gegen das vom Götterglauben geforderte religiöse Recht auf die Seite der Philosophie gestellt, Vernunft und Natur in ihrem Zueinander als die für alle gültige Rechtsquelle anerkannt haben."[52] Diese und andere Grundfragen des menschlichen Geistes entscheidet der christlich verstandene Schöpfergott, weil ER sowohl die Ebene der Natur als auch die der Gnade im Schöpfungsakt bestimmt. Die Aufgabe der für das menschliche bzw. staatliche Gesetz verantwortlichen Menschen ist es daher, diese Denk- und Seinsstrukturen der göttlichen Schöpfung exakt zu erkennen und sie in allen politischen, juristischen Akten zu applizieren, damit man nicht bloß zur Bildung von beliebigen Gesetzen, sondern zu gerechten Gesetzen gelangt. Was heißt das nun eigentlich, zu gerechten Gesetzen zu gelangen?

[51] Johannes Paul II., 17. September 1983, in: *Der Apostolische Stuhl 1983. Ansprachen, Predigten und Botschaften des Papstes. Erklärungen der Kongregationen. Vollständige Dokumentation*, Vatican, Köln 1983, S. 1085.

[52] Benedikt XVI., *Bundestagsrede vom 22.9.2011.*

Die rechtliche Lehre von Johannes Paul II. als Fortsetzung einer über Tausende von Jahren lang dauernden Rechtstradition besagt: „Recht und Gerechtigkeit sind nicht das Gleiche. Sie stehen im Verhältnis von Mittel und Ziel zueinander. Recht ist das Mittel, Gerechtigkeit das Ziel … Doch worin besteht dieses Ziel? Die Gerechtigkeit ist also die Vorbedingung für den Frieden“ bzw. „Übereinstimmung mit der Weltordnung. Das Recht ist dann gerecht, wenn es wirklich dazu dient, in der Gesellschaft Ordnung zu schaffen.“[53] Ein falsches Gesetz dient keiner Gesellschaft und keinem Staat, weil es ihre Ordnungen deformiert, die ja ein wesenhaftes Ziel in jeder vernünftigen Gesellschaft und in jedem zivilisierten Staat sind.

Bei der Rechtslehre ist nach Johannes Paul II. immer zu bedenken, dass „Moral“ und „Gesetz“ als eine Einheit zu betrachten sind. Es gibt „den Zusammenhang zwischen Moral und Gesetz“.[54] Und er erklärt weiter: „Das Moralgesetz ist gleichzeitig Gesetz Gottes und Gesetz des Menschen … Dieser Schöpfungsakt Gottes, den der Mensch erkennt und an dem er teilhat, ist das, was wir Moralgesetz nennen. Das Moralgesetz ist daher Ausdruck der Bedürfnisse des Menschen, der von der schöpferischen Weisheit Gottes erdacht und gewollt ist und in der Gemeinschaft mit Gott seine Bestimmung findet.“[55] Von daher ist es von großer Bedeutung, dass jeder Staat diesen Unterschied beachtet und bei der Verabschiedung aller Gesetze immer das Moralgesetz im Blick behält und daraus auch konkret in jedem juristischen Akt schöpft, denn „dieses Gesetz ist das Gesetz des Menschen (‚das Gesetz meiner Vernunft‘, sagt der Apostel), ein Gesetz, welches dem Menschen eigen ist: Nur der Mensch ist dem Moralgesetz unterworfen und eben darin liegt seine wahre Würde … Wird die Freiheit als vom Moralgesetz getrennte Macht gelebt, offenbart sich die zerstörerische Macht des Menschen: seiner selbst und der anderen … die gegenseitige Zerstörung … Die durch das Moralgesetz ausgedrückte Wahrheit ist die Wahrheit des Seins, so wie dieses nicht von uns geplant und gewollt ist, sondern von Gott, der uns erschaffen hat. Das Moralgesetz ist das Gesetz des Menschen, weil es das Gesetz Gottes ist.“[56] Wer also das Moralgesetz

[53] Francesco Carnelutti, *Come nasce il diritto*, 1954, S. 53; vgl. Johannes Paul II., 29. Januar 1993, in: *Der Apostolische Stuhl 1993. Ansprachen, Predigten und Botschaften des Papstes. Erklärungen der Kongregationen. Vollständige Dokumentation*, Vatican, Köln 1993, S. 735.

[54] Johannes Paul II., 20. August 1980, in: *Wort und Weisung im Jahr 1980*, Vatican, Kevelaer 1981, S. 67.

[55] Johannes Paul II., 27. Juli 1983, in: *Der Apostolische Stuhl 1983. Ansprachen, Predigten und Botschaften des Papstes. Erklärungen der Kongregationen. Vollständige Dokumentation*, Vatican, Köln 1983, S. 149.

[56] *Ibidem*, S. 149-150.

z.B. im Staat bei einer Rechtsaktbildung bzw. Rechtsprechung relativiert, relativiert den Menschen und wenn er den Menschen relativiert, relativiert er den Schöpfergott als Urheber des Seins und zugleich als den obersten Rechtsgeber überhaupt. Das ist freilich ein von Grund auf negativer Weg und als solcher ein Versuch der Vernichtung Gottes, des Menschen und des ganzen Kosmos. Das erfasst jeder am Recht und der Gerechtigkeit orientierte Mensch in seiner praktischen Vernunft, d.h. die Erkenntnis „der Unterscheidung von Gut und Böse, wie sie dem Gewissen des Menschen eingeschrieben ist, kann sich als tiefer und richtiger erweisen als der Inhalt einer gesetzlichen Norm".[57] Johannes Paul II., dieser große Rechtslehrer, inspiriert und warnt zugleich unsere Staaten bezüglich der moralischen Dimension des Rechts, damit man die in den Staaten zum *bonum commune* aller Bürger dienende Rechtsmoral aufrechterhält: „Auch der moderne pluralistische Staat kann auf ethische Normen bei der Gesetzgebung und im öffentlichen Leben nicht verzichten, ohne dass das Wohl des einzelnen und der Gemeinschaft großen Schaden erleidet."[58]

Johannes Paul II. bringt die eigentliche „Aufgabe des Rechts" in Erinnerung, deren Ziel es u.a. ist, „zum Ausdruck zu bringen und dafür einzutreten, dass die einzelnen Völker und Menschen in ihrer Würde gleich sind".[59] Warum? Weil Gott als der Schöpfer jedes Volkes der Menschheit sie in ihrer angeborenen Würde gleich jedem anderen Volk von Ewigkeit her so gedacht und ins reale Dasein gesetzt hat. Auf der Naturebene herrscht – oder besser gesagt – soll die rechtliche Gleichheit zwischen den Völkern herrschen, was leider aus verschiedenen ideologischen Gründen nicht immer der Fall ist. Deswegen appelliert der Papst an die Weltöffentlichkeit, „den Frieden durch gerechte Regelung der Beziehungen zwischen den Menschen und zwischen den Menschen und ihren Institutionen zu sichern". Es geht dabei auch um einen „Schutz der Gruppen und Personen, die wegen ihrer Armut, ihrer Gesundheit, ihrer mangelnden Ausbildung oder ihrer Entwurzelung benachteiligt sind"[60], wofür ein rechtlich und sozial begründetes Prinzip eintritt, das „Solidarität" heißt. Die „Gesetzgebung"

---

57 Johannes Paul II., 13. August 1980, in: *Wort und Weisung im Jahr 1980*, Vatican, Kevelaer 1981, S. 64.

58 Johannes Paul II., 11. September 1983, in: *Der Apostolische Stuhl 1983. Ansprachen, Predigten und Botschaften des Papstes. Erklärungen der Kongregationen. Vollständige Dokumentation*, Vatican, Köln 1983, S. 612.

59 Johannes Paul II., 15. Mai 1985, in: *Der Apostolische Stuhl 1985. Ansprachen, Predigten und Botschaften des Papstes. Erklärungen der Kongregationen. Vollständige Dokumentation*, Vatican, Köln 1985, S. 576.

60 Ibidem, S. 577.

als solche „schützt" ja von ihrer Rechtsnatur her „vor Ausbeutung"[61] des anderen Menschen als Individuum oder als Gemeinschaft, weil es dem Recht als Recht widerspricht.

Johannes Paul II. verweist auf das soziale Gefüge unserer Zeit, um diese Problematik zu illustrieren. Von daher ist es bei der Rechtsfrage sinnvoll, „die Wirtschafts- und Sozialordnung" zu „bedenken: auf der einen Seite ein ungezügelter Kapitalismus, der die Macht, den Profit und den Kult einer oft seelenlosen Effizienz über alle anderen Erwägungen stellt, und auf der anderen Seite die gefährliche Illusion, dass es eine materialistische und wesentlich atheistische ideologische Lösung sozialer Probleme gäbe"[62], und zwar die sozialistisch-kommunistischen bzw. neokommunistischen Ideologien. In diesem Kontext erwähnt der Papst „das feste Fundament der katholischen Soziallehre"[63], die deshalb so fruchtbar ist, weil sie die gesamte soziale Ordnung der Menschen auf das Gesetz Gottes, d.h. auf das Naturrecht und vor allem auf das Gesetz der doppelten Liebe zu Gott und zum anderen Menschen als unserem Nächsten ganz gezielt aufbaut, was sowohl den individualistisch-liberalistisch-kapitalistischen Trends als auch den oben angesprochenen kollektivistischen Trends mit der gegenwärtigen Gender-Ideologie und damit dem Ziel der Errichtung einer neuen Weltordnung im Sinne des New-Age grundsätzlich widerspricht.

Bei seinem Verweis auf die letzten Tiefen des Rechtsseins und seiner Bedeutung für das menschliche Leben stützt sich der Papst auf die Lehre Christi, der ja in seiner göttlichen Person der Sohn Gottes und zugleich der inkarnierte oberste göttliche Gesetzgeber ist, den der heilige Paulus *finis legis* („Ziel des Gesetzes") nennt. Wenn sich der Mensch also am rechten Gesetz orientiert, wird er zum wahren Gott hingeführt. Das ist die tiefste Dimension des Rechts, uns als Menschen mit Gott für ewig zu verbinden. „Darum zeigt" Christus, „wie notwendig es ist, das tiefste Innere des Menschenherzens aufzudecken, damit dieses Herz zu einem Ort der ‚Erfüllung' des Gesetzes werden kann."[64] Das aber ist nur möglich, wenn unser menschliches Herz frei von allen Ideologien und darauf aufgebauten Gesetzen ist. Ein falsches Gesetz bzw. eine falsche rechtlich-moralische

---

61 Johannes Paul II., 7. März 1983, in: *Der Apostolische Stuhl 1983. Ansprachen, Predigten und Botschaften des Papstes. Erklärungen der Kongregationen. Vollständige Dokumentation*, Vatican, Köln 1983, S. 342.

62 Johannes Paul II., 8. April 1995, in: *Der Apostolische Stuhl 1995. Ansprachen, Predigten und Botschaften des Papstes. Erklärungen der Kongregationen. Vollständige Dokumentation*, Vatican, Köln 1995, S. 769.

63 *Ibidem.*

64 Johannes Paul II., 8. Oktober 1980, in: *Wort und Weisung im Jahr 1980*, Vatican, Kevelaer 1981, S. 95.

Haltung des Menschen beinhaltet eine Deformierung im Sein und im Ethos. Darauf hat, wie der Papst schreibt, Christus hingewiesen: „Wenn Christus von Hartherzigkeit spricht, klagt er sozusagen den ganzen ‚inneren Menschen' an, der verantwortlich für die Verfälschung des Gesetzes ist"[65], die weder zum irdischen Wohl noch zum transzendenten Heil hinführt. Deshalb soll unser Herz gesetzestreu sein und bleiben, damit der Mensch seine irdischen und himmlischen Lebensziele erlangen kann.

Johannes Paul II. ruft zur „Vervollkommnung des Rechts"[66] in Europa auf, wenn das Abendland in rechtlicher Hinsicht gerecht sein will. Deshalb ist es nach ihm die Aufgabe der europäischen Gesetzgebung, die „unterschiedlichen Gesetzgebungen einander anzunähern und dafür zu sorgen, dass die ihnen zugrunde liegenden großen Traditionen einander begegnen".[67] Das bedeutet, dass beim Lebensrechtsschutz, Ehegesetz bzw. beim sogenannten „Tierschutzrecht" manchmal eine wesenhafte Korrektur notwendig ist. Darin erblickt der Papst auch eine rechtliche „Niederlage" Europas, z.B. in der positiven Haltung vieler „Menschen", „Ärzte" und „des ‚säkularisierten' Staates" zu Abtreibung und Euthanasie. Diese Gesetze bedeuten eine prinzipielle Absage gegenüber dem objektiven „Moralgesetz"[68] und dem Gesetz überhaupt. Bei solch einem Unrecht wie der Tötung von Ungeborenen und alten Menschen hebt sich ein solches „Gesetz" als Gesetz selbst auf, weil das „Abtreibungsrecht" und das „Euthanasierecht" kein objektives Menschenrecht, sondern ein objektives Unrecht ist. Sie sind ein Verbrechen gegen die Menschheit.

Was noch vom rechtlichen Interesse her gesehen von großer Relevanz ist, ist „der Begriff des ‚Rechtsstaates'", der „damit als eine mit der universalen Erklärung der Menschenrechte verbundene Forderung erscheint, und zugleich der katholischen Lehre entspricht, für die die Aufgabe des Staates darin besteht, den Menschen die Verwirklichung der transzendenten Ziele, für die sie bestimmt sind, zu gestatten und zu erleichtern".[69] Die inhaltliche Optik also vom Staat kann nicht nur das irdische Sein und das damit verbundene irdische Wohl umfassen, sondern darüber hinaus, was

[65] Johannes Paul II., 6. August 1980, in: *Wort und Weisung im Jahr 1980*, Vatican, Kevelaer 1981, S. 57.

[66] Johannes Paul II., 15. Mai 1985, in: *Der Apostolische Stuhl 1985. Ansprachen, Predigten und Botschaften des Papstes. Erklärungen der Kongregationen. Vollständige Dokumentation*, Vatican, Köln 1985, S. 577.

[67] *Ibidem.*

[68] *Ibidem*, S. 1553.

[69] Johannes Paul II., 9. Januar 1989, in: *Der Apostolische Stuhl 1989. Ansprachen, Predigten und Botschaften des Papstes. Erklärungen der Kongregationen. Vollständige Dokumentation*, Vatican, Köln 1989, S. 727.

die alten griechischen und römischen Rechtstheoretiker bereits erkannten, auch das ewige und himmlische Glück, das der transzendente Gott ausschließlich garantiert. Das kann nur dann positiv verwirklicht werden, wenn ein gut begriffener Rechtsstaat inhaltlich nicht nur das Gemeinwohl, sondern auch das Gute des transzendenten Gottes berücksichtigt, was aber heutzutage oft nicht der Fall ist.

„Der Rechtsstaat“ hat auch das Ziel, „dass alle Bürger sich gleicher Würde und gleicher Rechte vor dem Gesetz erfreuen können.“[70] Das ist zugleich „ein fundamentaler Grundsatz für einen Rechtsstaat“: „die gebührende Hochachtung vor der gleichen Würde jeder menschlichen Person“[71] – auch der Ungeborenen und alten Menschen. „Das ist das Prinzip des ‚Rechtsstaates‘, in dem das Gesetz und nicht die Willkür der Menschen herrscht“[72], die den einen Menschen das Lebensrecht zuspricht, den anderen hingegen verwehrt. Statt Willkür wird vom Staat Wahrheit und Gerechtigkeit verlangt. Johannes Paul II. bringt ein ganz wichtiges Dokument der Glaubenskongregation in Erinnerung, als Kardinal Joseph Ratzinger Präfekt der Glaubenskongregation gewesen ist: „Wenn ein positives Gesetz eine Kategorie von Menschen des Schutzes beraubt, den die bürgerliche Gesetzgebung ihnen gewähren muss, dann leugnet der Staat die Gleichheit aller vor dem Gesetz. Wenn der Staat seine Gewalt nicht zum Schutz der Rechte eines jeden Bürgers, vor allem der schwächeren, einsetzt, dann werden die Grundlagen eines Rechtsstaates untergraben“ (Kongregation für die Glaubenslehre, Instruktion *Donum vitae* vom 22.2.1987, Nr. III).[73] Wie hellsichtig, hilfreich und aktuell ist doch für alle Menschen diese offizielle Rechtslehre der Kirche über den Rechtsstaat.

In den Werken des Papstes gibt es noch erhellende Analysen über juristische Berufe wie Richter und Anwälte. Beim Beruf des Richters gibt es die wichtige Frage, ob ein Richter als Richter das Gesetz „bildet“ oder nur „interpretiert“? Johannes Paul II. vertritt die klassische Position, nach

---

[70] Johannes Paul II., 8. Dezember 1988 (gehalten am 1. Januar 1989), in: *Der Apostolische Stuhl 1989. Ansprachen, Predigten und Botschaften des Papstes. Erklärungen der Kongregationen. Vollständige Dokumentation*, Vatican, Köln 1989, S. 701.

[71] Johannes Paul II., 5. September 1990, in: *Der Apostolische Stuhl 1990. Ansprachen, Predigten und Botschaften des Papstes. Erklärungen der Kongregationen. Vollständige Dokumentation*, Vatican, Köln 1990, S. 607.

[72] Johannes Paul II., *Centesimus Annus*, 1. Mai 1991, in: *Der Apostolische Stuhl 1991. Ansprachen, Predigten und Botschaften des Papstes. Erklärungen der Kongregationen. Vollständige Dokumentation*, Vatican, Köln 1991, S. 1099, Nr. 44.

[73] Johannes Paul II., 7. August 1994, in: *Der Apostolische Stuhl 1994. Ansprachen, Predigten und Botschaften des Papstes. Erklärungen der Kongregationen. Vollständige Dokumentation*, Vatican, Köln 1994, S. 135.

der das Richter-Sein als eine Auslegungsinstanz des Gesetzes anzusehen ist: Der „Aspekt der Beziehung des Richters zum Recht“ betrifft „seine Interpretation. Die authentische Interpretation im vollen Wortsinn, die den generellen Sinn des Gesetzes für die ganze Gemeinschaft erklärt, ist dem Gesetzgeber vorbehalten nach dem bekannten Prinzip: ‚Unde ius prodiit, interpretatio quoque procedat‘ (‚Wer das Recht erlässt, soll es auch interpretieren‘ (Innozenz III., X, V, 39, 31)“.[74] Damit ist klar geworden, dass die Richter auf keinen Fall an die Stelle der Gesetzgeber treten dürfen, sondern vielmehr zur treuen Auslegung der Gesetze berufen sind.

Die „Rechtsanwälte“ haben nach Johannes Paul II. ebenfalls eine relevante Mission in der Rechtskultur: Sie haben sowohl ihrem Ethos als auch jedem gerechten Gesetz zu dienen, wovon alle bedürftigen Menschen profitieren können. Dabei haben echte und am Recht orientierte Anwälte dafür Sorge zu tragen, dass eine „Übereinstimmung ihres Klienten mit dem Gemeinwohl“ besteht, d.h. dass sie menschliche „Konflikte“ zu „lösen“ haben, aber auf eine solche Weise, in der es keine Trennung von „Moral und Recht“ gibt. Damit wird einerseits das wahre, gerechte und alle im Staate im Gewissen bindende Gesetz und auf der anderen Seite das Rechtsanwaltsethos ernst genommen und beachtet. Auf diesem Wege verhilft ein wahrer Rechtsanwalt seinen Klienten beim „Übergang aus dem göttlichen Gesetz in die tägliche Wirklichkeit des menschlichen, vom Gewissen erleuchteten Verhaltens“.[75] Das bedeutet, dass ein echter Anwalt in seiner juristischen Praxis samt allen seiner Klienten nicht nur das staatliche, sondern darüber hinaus das göttliche und natürliche Gesetz beobachtet.

Schlussfolgerungen

Johannes Paul II. spricht im Hinblick auf die letzten Gründe des Seins des Rechts und des christlichen Rechtsverständnisses von einer fruchtbaren Beziehung von biblischem Glauben und der darauf gestützten Rechtslehre der katholischen Kirche, der griechischen klassischen Philosophie und dem römischen Recht als der Rechtsgrundlage des Abendlandes, worauf Papst Benedikt XVI. mit eindrucksvollen Worten in seiner *Bundestagsrede* hingewiesen hat: „Die Kultur Europas ist … aus der Begegnung zwischen

---

[74] Johannes Paul II., 26. Januar 1984, in: *Der Apostolische Stuhl 1984. Ansprachen, Predigten und Botschaften des Papstes. Erklärungen der Kongregationen. Vollständige Dokumentation*, Vatican, Köln 1984, S. 917.

[75] Johannes Paul II., 23. März 1991, in: *Der Apostolische Stuhl 1991. Ansprachen, Predigten und Botschaften des Papstes. Erklärungen der Kongregationen. Vollständige Dokumentation*, Vatican, Köln 1991, S. 965.

dem Gottesglauben Israels, der philosophischen Vernunft der Griechen und dem Rechtsdenken Roms entstanden. … Diese Begegnung hat im Bewusstsein der Verantwortung des Menschen vor Gott und in der Anerkenntnis der unantastbaren Würde … jedes Menschen Maßstäbe des Rechts gesetzt, die zu verteidigen uns in unserer historischen Stunde aufgegeben ist."[76]

Als die tiefsten Gründe des Seins des Rechts betrachtet der Philosophen-Papst den geoffenbarten, christlichen Gott, der für ihn als der höchste Gesetzgeber und das ewige Gesetz gilt, der uns sein göttliches Recht sowie das Naturrecht gibt, das durch unser natürliches Gewissen erkannt wird. Perfekt jedoch kann man dieses Naturrecht, dessen Teil der Dekalog ist, nur mit der Hilfe der göttlichen Gnade erfüllen. Diese naturrechtliche Rechtschaffenheit bilden die beiden Liebesgebote zum christlichen Gott und zu allen unseren Nächsten. Dieses natürliche Recht ist unsere menschliche Teilnahme am ewigen Gesetz Gottes (Thomas von Aquin), und zwar bereits im natürlichen Zustand, d.h. ohne die heilige Taufe. Die Sakramente der Kirche helfen uns, das Naturrecht vollkommen zu beobachten. Die Eigenschaften des Naturrechts sind: Objektivität (unabhängig vom uns als Menschen), Universalität (es ist vorhanden in jedem Menschen der Welt) und Absolutheit, weil es alle unsere Gewissen bindet.

Johannes Paul II. unternimmt eine vielschichtige Analyse des menschlichen bzw. staatlichen Gesetzes, das sich in jedem Staat nach dem natürlichen und göttlichen Gesetze gestalten soll. Erst dann wird das positive Gesetz wahr und gerecht, das auch die Gewissen im Staat zu binden vermag. Nach dem Papst sind die sogenannten „Abtreibungs-" und „Euthanasie-Rechte" keine Rechte des Menschen im objektiven Sinne. Eine ähnliche und grundsätzlich negative Beurteilung verdienen nach Johannes Paul II. das „Homo-Ehe-Recht" und „Tierrecht", die der göttlichen Schöpfungsordnung nicht nur nicht entsprechen, sondern vielmehr im Kern widersprechen. Nur eine Rückkehr des modernen „Rechtsstaates" zu den metaphysischen Gründen des staatlichen Rechtsseins beim christlichen Gott und seinem Naturrecht kann eine echte Grundlage für eine wahre Erneuerung der Rechtskultur in der ganzen Menschheit sein.

---

[76] Benedikt XVI., *Bundestagsrede vom 22.9.2011.*

Totus tuus. Marienlehre und Marienfrömmigkeit bei Papst Johannes Paul II.

Prof. Dr. Manfred Hauke

1. Einführung

Der hl. Johannes Paul II. war 27 Jahre Nachfolger des hl. Petrus (1978-2005). Dies ist eine außergewöhnlich lange Zeit, in der viele Themen und Ereignisse zu berücksichtigen sind. Dabei den Überblick zu behalten und die verschiedenen Faktoren in ihrer Bedeutung angemessen darzustellen, ist nicht einfach. Ausgehen könnte man hier von den wichtigsten Lehrschreiben, den Enzykliken[1]. Im Zentrum der Lehre steht zweifellos Jesus Christus, der Mensch gewordene Sohn Gottes, dem die erste Enzyklika gewidmet ist, *Redemptor hominis* (1979). Dort zeigt sich deutlich das Kernprogramm des Pontifikates, dem Menschen die in Christus geschenkte Erlösung zu vermitteln. Die Christologie wiederum ist innig verbunden mit dem Geheimnis des dreieinigen Gottes: Das große Jubiläum der Inkarnation im Jahr 2000 wurde vorbereitet durch drei Jahre, die sich auf Christus, den Heiligen Geist und Gott Vater konzentrierten. Mit dem trinitarischen und christologischen Kerngeheimnis des christlichen Glaubens ist die jungfräuliche Gottesmutter Maria eng verknüpft, der Johannes Paul II. in dem von ihm ausgerufenen Marianischen Jahr 1987-1988 eine eigene Enzyklika gewidmet hat, *Redemptoris mater* (1987). Darin spiegelt sich sein marianisches Erbe am deutlichsten wider. Das Marianische Jahr wurde abgeschlossen durch das Apostolische Schreiben *Mulieris dignitatem* (1988) über die Würde und Berufung der Frau. Im Marianischen Jahr erschien auch die „Sammlung der Marienmessen", mit einem eigenen Messbuch und Lektionar, worin das reichhaltige marianische Erbe aus dem Bereich der Ordensgemeinschaften und Teilkirchen für die liturgische Praxis zur Geltung kommt[2].

---

1 Vgl. P. C. Düren, „Die Enzykliken Papst Johannes Pauls II. im Überblick", in: F. Breid (Hrsg.), *Werk und Vermächtnis Johannes Pauls II.*, Augsburg 2006, 71-157. Hilfreich ist auch ein erster Zugang durch Stichworte: P. C. Düren (Hrsg.), *Johannes Paul II. Worte für das dritte Jahrtausend*, Augsburg 2000.

2 Vgl. dazu etwa F. Courth, „Die Socia Christi im Jahreskreis der Liturgie: zur neuen Sammlung von Marienmessen", in: *Liturgisches Jahrbuch* 41 (1991) 195-209; D.

Die marianische Dimension ist zweifellos organisch eingeordnet in das Ganze des katholischen Glaubens, aber sie hat im Wirken Papst Johannes Pauls II. doch ein besonderes Profil gewonnen. Der päpstliche Wahlspruch *Totus tuus* betont die Ganzhingabe an Maria, deren systematisches Fundament sich in der universalen Gnadenmittlerschaft Mariens in Christus findet. Bei den zahlreichen päpstlichen Reisen findet sich eine besondere Aufmerksamkeit für die Gottesmutter, deren Heiligtümer der Nachfolger Petri stets liebevoll würdigt[3]. Bei dem ausgeprägten marianischen Profil des Papstes nimmt es nicht wunder, dass die Mariologie und die Marienfrömmigkeit Johannes Pauls II. bei den wissenschaftlichen Arbeiten, die sich mit seinem geistigen Erbe befassen, einen Spitzenplatz einnehmen. Der amerikanische Theologe Arthur Burton Calkins, der über die Marienweihe bei Johannes Paul II. eine brillante Doktorarbeit geschrieben hat[4], wagte sogar folgende Aussage: „Ich glaube ohne das geringste Zögern: das größte Erbe, das Papst Johannes Paul II. uns hinterlassen hat, ist sein marianisches Lehramt."[5]

Eine vorzügliche Quelle für die päpstliche Mariologie sind die 70 Marianischen Katechesen, die in den Jahren 1995-1997 eine organische Darstellung der gesamten Marienlehre bieten. In anderen Sprachen (etwa auf Italienisch, Spanisch, Französisch und Englisch) sind diese Katechesen in eigenen Werken gesammelt und veröffentlicht worden[6], während dies

---

Thönnes, *Die Euchologie der Collectio Missarum de beata Maria Virgine: Textkritische Quellenforschung und systematisch-theologische Studien*, Frankfurt a.M. u.a. 1993; N. Zamberlan, „La Collectio Missarum de B. Maria Virgine. Bibliografia ragionata" *(1986-2001)*, in: *Marianum* 65 (2003) 49-99; J. Gregur, „Maria, die auserwählte Tochter Israels" Alttestamentlich-mariologische Motive in der Collectio Missarum de Beata Maria Virgine (1987/1990), in: M. Hauke (Hrsg.), *Maria und das Alte Testament* (Mariologische Studien 24), Regensburg 2015, 156-179; J. Nebel, „Maria und die Einheit – Einblicke in die römische Liturgie", in: M. Hauke (Hrsg.), *Maria, „Mutter der Einheit" (Mater unitatis)* (Mariologische Studien 28), Regensburg 2020, 290-333 (313-324).

3 Vgl. etwa G. Rovira/J. Stöhr (Hrsg.), *Totus tuus. Theologische Kommentare zur Mariologie Johannes Paul II.*, Bamberg 1986; K. Guth, „Die Pastoralreisen Papst Johannes Pauls II. zu Marienheiligtümern der Christenheit. Eine kulturwissenschaftliche und theologische Analyse", in: A. Ziegenaus (Hrsg.), *Totus tuus. Maria in Leben und Lehre Johannes Pauls II.* (Mariologische Studien 18), Regensburg 2004, 73-90.

4 A. B. Calkins, *Totus tuus. John Paul II's Program of Marian Consecration and Entrustment*, New Bedford, MA 1992; aktualisierte Ausgabe: *Totus tuus. Pope Saint John Paul II's Program of Marian Consecration and Entrustment*, New Bedford, MA 2017.

5 A. B. Calkins, *Introduzione*, in: Ders. (Hrsg.), *Giovanni Paolo II, Totus tuus. Il magistero mariano di Giovanni Paolo II*, Siena 2006, 11-37 (11).

6 Vgl. etwa Giovanni Paolo II, *Maria Madre della Chiesa. Catechesi mariane.* A cura e commento del Cardinale Vincenzo Fagiolo, Casale Monferrato 1998; Giovanni Paolo

im Lande Luthers bis jetzt noch nicht geschehen ist. Es würde sich auch heute noch lohnen. In den 70 Katechesen zeigt sich ein starker Einfluss des belgischen Jesuiten und Professors für Christologie und Mariologie an der Päpstlichen Universität Gregoriana, Jean Galot (1919-2008), der bereits bei der Entstehung der Apostolischen Ermahnung Pauls VI. „Marialis cultus" (1974) eine wichtige Rolle spielte[7].

Auf jeden Fall lohnt es sich, das marianische Lehramt Johannes Pauls II. und das gelebte Beispiel seiner Marienfrömmigkeit genauer zu betrachten. Ein kurzer Vortrag kann dabei natürlich nur einige wichtige Gesichtspunkte andeuten. Die päpstliche Verkündigung Johannes Pauls II. ist dokumentiert in 56 Bänden, die insgesamt ungefähr 133.500 Seiten umfassen, wobei die Maria betreffenden Stellen durchaus häufig sind[8]. Auch seine autobiografischen Äußerungen, die nicht zum päpstlichen Lehramt gehören, nehmen auf die Bedeutung der Gottesmutter Bezug[9]. Für eine vollständigere Bilanz können wir verweisen auf die bereits reichlich vorliegende internationale Literatur[10]. Dort finden sich ausführli-

II, *Bellissima tra le donne. La Beata Vergine Maria* (La Catechesi del Papa, 4 A-B), Napoli 2004; Juan Pablo II, *La Virgen María. Catecheses sobre el Credo*, V, Madrid ^{3}2005; John Paul II, *Theotokos: Woman, Mother, Disciple; A Catechesis on Mary, Mother of God*, Boston 2000; M.-V. Meurice (ed.), *Voici ta mere! (Jean 19,27). Itinéraire théologique et spirituel avec Jean-Paul II.* Préface di J.-M. Garrigues, Paris 2011.

7 Vgl. M. Hauke, „Die mütterliche Vermittlung", in: A. Ziegenaus (Hrsg.), *Totus tuus. Maria in Leben und Lehre Johannes Pauls II.* (Mariologische Studien 18), Regensburg 2004, 125-175 (135-137); L. I. Daniel, *La mediazione materna di Maria in Cristo negli insegnamenti di Giovanni Paolo II* (Collana di Mariologia 9), Lugano, Gavirate 2011, 61-105; H. Solofoarimanana, *La médiation de la Vierge Marie en rapport avec l'oeuvre salvifique du Christ selon Jean Galot (1919-2008). Analyse historique et systématique de sa pensée théologique*, Lugano, Siena 2020 (oder 2021), Kap. 14 (Rezeption im kirchlichen Lehramt) (in Vorbereitung). Vgl. auch mit dem Beispiel von *Redemptoris mater* 10: M. Hauke, „Die Unbefleckte Empfängnis Mariens bei den griechischen Vätern. Die Hinweise Johannes Pauls II. im ökumenischen Disput", in: *Sedes Sapientiae. Mariologisches Jahrbuch* 8 (2/2004) 13-54 (20).

8 Vgl. A. Serra, „Fondamenti biblici e acquisizioni esegetiche nei documenti di Giovanni Paolo II", in: E. M. Toniolo (Hrsg.), *Il magistero mariano di Giovanni Paolo II. Percorsi e punti salienti*, Roma 2006, 109-134 (109). Die wichtigsten Maria betreffenden Dokumente werden genannt bei E. M. Toniolo, „Nota sul magistero mariano di Giovanni Paolo II", in: *ibidem*, 7-52. Abgedruckt sind die wichtigsten marianischen Stellen in der römischen Zeitschrift *Marianum* 48 (1978)-75 (2005). Auch andere mariologische Fachzeitschriften bieten umfangreiche Auszüge (*Ephemerides Mariologicae, Miles Immaculatae*).

9 Vgl. Toniolo, *Nota sul magistero mariano di Giovanni Paolo II*, 7.

10 Vgl. dazu, mit vielen weiteren Literaturangaben, u.a. A. Ziegenaus (Hrsg.), *Totus tuus. Maria in Leben und Lehre Johannes Pauls II.* (Mariologische Studien 18), Regensburg 2004; E. M. Toniolo (Hrsg.), *Il magistero mariano di Giovanni Paolo II. Percorsi e punti*

chere Hinweise beispielsweise über die Vorbereitung des marianischen Lehramtes in der polnischen Volksfrömmigkeit und in der Biografie Karol Wojtylas[11], aber auch über die verschiedenen Themen seiner Marienlehre.

2. Die mütterliche Vermittlung

Auf den wichtigsten Punkt der Marienlehre Johannes Pauls II. stoßen wir in der Enzyklika *Redemptoris mater*[12]. Sie gliedert sich in drei Teile: I. „Maria im Geheimnis Christi"; II. „Die Gottesmutter inmitten der pilgernden Kirche"; III. „Mütterliche Vermittlung" (oder, auf Lateinisch: „mediatio materna"). Die beiden ersten Teile nehmen die Überschrift des marianischen Kapitels von *Lumen gentium* wieder auf, also der Dogmatischen Konstitution des Zweiten Vatikanischen Konzils über die Kirche (1964): „Die selige jungfräuliche Gottesmutter Maria im Geheimnis Christi und der Kirche"[13]. Neu ist dagegen der schon in der Gliederung sichtbare Akzent auf der „mütterlichen Mittlerschaft" der Gottesmutter. Allerdings wird hier nicht einfach ein neues (oder „altes") Element neben die konziliare Lehre gestellt, sondern die Mittlerschaft Mariens wird eng mit dem Geheimnis Christi und der Kirche verbunden. Auch dies zeigt sich in der Struktur: Der dritte, der mütterlichen Vermittlung gewidmete Teil von *Redemptoris mater* weist drei Unterpunkte auf; die ersten beiden beziehen

salienti, Roma 2006; T. Siudy (Hrsg.), *La Vergine Maria nel magistero di Giovanni Paolo II*, Città del Vaticano 2007; S. M. Perrella, *Ecco tua madre (Gv 19,27). La Madre di Gesù nel magistero di Giovanni Paolo II e nell'oggi della Chiesa e del mondo*, Cinisello Balsamo 2007; S. de Fiores, „Giovanni Paolo II", in: Ders., *Maria. Nuovissimo dizionario*, III: *Testimoni e maestri*, Bologna 2008, 317-349; Ders., „Giovanni Paolo II", in: S. de Fiores/A. Amato (Hrsg.), *Testi mariani del secondo millennio*, VII: *Autori contemporanei dell'Occidente, secolo XX*, Roma 2012, 914-940; M. Hauke, *Introduzione alla Mariologia* (Collana di Mariologia 2), Varese, Lugano 2008, 98-101; span. *Introducción a la Mariología*, Madrid 2015, 67-69; engl. *Introduction to Mariology*, Washington, D.C. 2020, 101-104; A. Attard, *Maria icona della donna in Giovanni Paolo II*, Città del Vaticano 2009; L. I. Daniel, *La mediazione materna di Maria in Cristo negli insegnamenti di Giovanni Paolo II* (Collana di Mariologia 9), Lugano, Gavirate 2011.

11 Vgl. etwa J. Schmiedl, „Karol Wojtyła und die marianische Tradition Polens", in: A. Ziegenaus (Hrsg.), *Totus tuus. Maria in Leben und Lehre Johannes Pauls II.* (Mariologische Studien 18), Regensburg 2004, 11-30; B. Kochaniewicz, „La via mariana polacca e la mariologia di Giovanni Paolo II", in: T. Siudy (Hrsg.), *La Vergine Maria nel magistero di Giovanni Paolo II*, Città del Vaticano 2007, 1-36; Daniel (2011) 3-8.

12 Vgl. dazu, mit weiteren Belegen, M. Hauke, „Die mütterliche Vermittlung", in: A. Ziegenaus (Hrsg.), *Totus tuus. Maria in Leben und Lehre Johannes Pauls II.* (Mariologische Studien 18), Regensburg 2004, 125-175.

13 Lumen gentium (= LG), Kapitel VIII.

sich auf Jesus Christus[14] und auf die Kirche[15], während der dritte Punkt den Sinn des Marianischen Jahres erklärt[16].

Der dritte Teil der Enzyklika ist also mit den vorausgegangenen Ausführungen über die Beziehung Mariens zu Christus und der Kirche eng verschränkt. Aber auch umgekehrt bieten bereits die Darlegungen in den ersten beiden Teilen wichtige Aussagen über die Mittlerschaft Mariens, die als „roter Faden" des Schreibens erscheint. Kein anderes lehramtliches Dokument behandelt die Mittlerschaft Mariens in Christus so ausführlich[17].

Wie das Zweite Vatikanische Konzil, so betont auch Johannes Paul II. aufs Deutlichste, dass die Mittlerschaft Mariens nur eine Teilhabe ist an der einzigen Mittlerschaft Christi[18]. Ein gewisser neuer Akzent liegt im Reden von einer Mittlerschaft „in Christus", die anscheinend auf den für den katholischen Glauben sehr aufgeschlossenen evangelischen Theologen Hans Asmussen zurückgeht[19]. Systematisch gesehen ist dies ein Ausdruck des Teilhabegedankens, der sich auf klassische Weise bei Thomas von Aquin findet: Jesus Christus als Mensch ist der einzige Mittler zwischen Gott und den Menschen, während andere Personen nur vorbereitend oder dienend mitwirken können. Der Erlöser selbst ist der vorzüglich Handelnde und vollendet, was von anderen vorbereitet oder übermittelt wird[20].

Die Mittlerschaft „in" Christus hat in Maria eine mütterliche Qualität, die sie als Gottesmutter von der dienenden Mittlerschaft aller anderen Geschöpfe unterscheidet[21]. Die starke Betonung der „mütterlichen Mittlerschaft" Mariens bildet die wichtigste „Neuigkeit" gegenüber den Darlegungen des Konzils, das nichtsdestoweniger bereits auf die mütterli-

14 „Maria, Magd des Herrn": *RM* 38-41.

15 „Maria im Leben der Kirche und jedes Christen": *RM* 42-47.

16 *RM* 48-50.

17 Eine hilfreiche Zusammenschau der päpstlichen Weltrundschreiben bietet R. Graber/A. Ziegenaus (Hrsg.), *Die Marianischen Weltrundschreiben der Päpste von Pius IX. bis Johannes Paul II. (1849-1988)*, Regensburg 1997. Vgl. ibidem im Index die Stichworte *„geistliche Mutterschaft"*, *„Gnadenvermittlung"* und *„Miterlösung"* (S. 491f).

18 Vgl. *LG* 60; *RM* 38.

19 Vgl. Hauke, *Die mütterliche Vermittlung*, 146f. Zu Asmussen siehe M. Stickelbroeck, „Protestantische Annäherungen an die katholische Marienlehre. Beobachtungen zur Entwicklung bei Hans Asmussen (1898-1968)", in: M. Hauke (Hrsg.), *Maria, „Mutter der Einheit" (Mater unitatis)* (Mariologische Studien 28), Regensburg 2020, 216-226 (222f).

20 Vgl. Thomas von Aquin, *STh* III q. 26 a. 1.

21 Vgl. *RM* 38c.

che Aufgabe Mariens abhob[22]. Johannes Paul II. stellt die vom Konzil aus ökumenischen Gründen sehr zurückhaltend behandelte Begrifflichkeit um die „Mittlerschaft" Mariens[23] in den Vordergrund der Aufmerksamkeit.

Die Mittlerschaft Mariens hat nach Johannes Paul II. einen „'fürbittenden' Charakter" (RM 40c; vgl. RM 21c; 47d). Vermieden wird damit die Theorie, wonach die Gnadenvermittlung Mariens wie ein Sakrament vor sich geht, das aus sich heraus in der Kraft Christi die Gnade vermittelt in einer sogenannten „physischen Kausalität"[24]. Bei dieser Theorie würde das Priestertum Mariens allzu sehr den Aufgaben des Weihepriestertums angenähert, in dem Christus als Haupt der Kirche handelt. Johannes Paul II. sieht hingegen Mariens Mittlerschaft in einer Linie mit dem gemeinsamen Priestertum aller Gläubigen, wenngleich auf hervorragende Weise als Urbild und Mutter der Kirche. Dies zeigt sich etwa in einer Bemerkung des Apostolischen Schreibens *Ecclesia de eucharistia* (2003): Das Jawort Mariens bei der Verkündigung wird nicht etwa verglichen mit den Konsekrationsworten des geweihten Priesters, sondern mit dem „Amen", „das jeder Gläubige spricht, wenn er den Leib des Herrn empfängt" (EE 55).

Die Fürbitte Mariens ist nicht identisch mit ihrer Mittlerschaft überhaupt. Der Papst wendet den Begriff der „Mittlerschaft" nicht nur auf die fürbittende Vermittlung der Gnaden an, sondern dehnt ihn aus auf die Mitwirkung am gesamten Heilswerk an der Seite Christi. Als „erste und grundlegende Dimension" der Mittlerschaft Mariens wird bereits die Gottesmutterschaft selbst hervorgehoben (RM 39b). Aus der Gottesmutterschaft entspringt die Mutterschaft für die Kinder Gottes in der Ordnung der Gnade (vgl. RM 38d).

Der Hinweis auf die Gottesmutterschaft besagt freilich nicht, dass die gesamte mütterliche Vermittlung einfachhin davon abgeleitet würde. Maria war, wie der Papst mit dem Blick auf das Konzil (LG 61) hervorhebt, „nicht nur ‚Mutter und Ernährerin' des Menschensohnes", „sondern auch die ‚ganz einzigartige hochherzige Gefährtin' des Messias und Erlösers" (RM 39c). Die Gehalte „Mutter" und „Gefährtin" werden zusammengesehen[25].

Die mütterliche Vermittlung Mariens geschieht im Geheimnis Christi und der Kirche. Am ausgiebigsten wird dabei die Verbindung zur einzigen

[22] Vgl. LG 60-62; M. Hauke, „Die marianischen Aussagen des Zweiten Vatikanischen Konzils und ihre Interpretation durch Johannes Paul II.", in: *Sedes Sapientiae. Marianisches Jahrbuch* 16 (1/2012) 58-88 (85f).

[23] Vgl. dazu Hauke, *Die mütterliche Vermittlung*, 127-130.

[24] Vgl. dazu Hauke, *Die mütterliche Vermittlung*, 148f; Ders. (2020) 346f.

[25] Vgl. *RM* 39a; 43c.

Mittlerschaft Christi entfaltet. Ihre Mittlerschaft ist der ihres Sohnes untergeordnet, vollzieht sich „in" ihm und ist vollkommen von ihm abhängig (vgl. RM 38f). Mit dem hl. Bernhard nennt Johannes Paul II. Maria die „Mittlerin zum Mittler hin" (*mediatrix ad mediatorem*) (RM 38, Anm. 96). Gleichzeitig betont er mit den Worten des Konzils, dass die Gottesmutter keineswegs „die unmittelbare Verbundenheit der Gläubigen mit Christus" behindert, sondern sie fördert (RM 38b; vgl. LG 60).

Das „Kreuzestestament" Jesu ist die von Johannes Paul II. am meisten betonte biblische Grundlage für die Marienweihe, aber auch für die universale Mittlerschaft der Gottesmutter: Indem Jesus Christus dem Johannes Maria als Mutter schenkt, zeigt er auch ihre geistige Mutterschaft gegenüber allen Menschen (vgl. RM 23; 44). Die Begründung der universalen Mutterschaft Mariens im „Kreuzestestament" Jesu geht über die vorsichtigeren Aussagen des Konzils hinaus, findet sich aber des Öfteren in den mariologischen Lehraussagen der päpstlichen Vorgänger Johannes Pauls II.[26]

Auf dem Zweiten Vatikanum erklärte die Konzilskommission: „Ausgelassen wurden einige von den Päpsten gebrauchte Ausdrücke und Worte, die zwar in sich vollkommen richtig sind, aber von den getrennten Brüdern (insbesondere von den Protestanten) schwieriger zu verstehen sind. Dazu können wir auch den Ausdruck rechnen ‚Miterlöserin des Menschengeschlechtes' ..."[27] Das marianische Kapitel von „Lumen gentium" lehrt zwar deutlich das, was der Titel „Miterlöserin" meint, nämlich die einzigartige Mitwirkung Mariens an der Erlösung[28], aber die ökumenische Leisetreterei hat dazu geführt, den spezifischen Begriff der „Miterlösung" ins Abseits zu stellen. Johannes Paul II. hingegen scheut sich nicht, in einer Reihe von Anlässen von Maria als „Miterlöserin" und ihrer „miterlösenden Aufgabe" zu sprechen[29]. Die für die systematische Lehre wichtigsten Aussagen zu diesem Thema finden sich in der Marianischen Katechese vom 9. April 1997:

Wie Paulus betont (1 Kor 3,9), darf der Mensch mit Gott im Heilsgeschehen mitwirken. Das gilt besonders für Maria. „Die Mitwirkung der Christen zum Heil ereignet sich nach dem Geschehen von Kalvaria,

[26] Vgl. Hauke, *Die mütterliche Vermittlung*, 154.

[27] *Acta Synodalia Sacrosancti Concilii Oecumenici Vaticani secundi*, Bd. I,4, Civitas vaticana 1971, 99. Vgl. Hauke, *Die mütterliche Vermittlung*, 128.

[28] Vgl. dazu M. Hauke, „Die Lehre von der ‚Miterlöserin' im geschichtlichen Durchblick. Von den biblischen Ursprüngen bis zu Papst Benedikt XVI.", in: *Sedes Sapientiae. Mariologisches Jahrbuch* 11 (1/2007) 17-64 (53-57).

[29] Vgl. Hauke, *Die mütterliche Vermittlung*, 140-146.

dessen Früchte auszuteilen sie sich bemühen durch Gebet und Opfer. Die Mitwirkung Mariens dagegen hat sich während des Geschehens selbst ereignet in ihrer Eigenschaft als Mutter; sie erstreckt sich folglich auf die Ganzheit des Heilswerkes Christi. Nur sie wurde auf diese Weise dem Erlösungsopfer beigesellt, welches das Heil aller Menschen verdient hat. In Einheit mit Christus und ihm untergeordnet, hat sie mitgewirkt, der ganzen Menschheit die Gnade des Heils zu erlangen."[30]

Das hier Ausgesagte entspricht dem, was die Mariologie eine unmittelbare Mitwirkung an der „objektiven Erlösung" nennt, also an Jesu Heilswerk auf Erden von der Inkarnation bis zu seinem Tod am Kreuz. Unsere Aufgabe der Mitwirkung hingegen stellt sich für die sogenannte „subjektive Erlösung", also für die Austeilung der göttlichen Gnaden an die Menschen, die von Christus erlöst sind. Die Sonderstellung Mariens ist begründet in ihrer erbsündenfreien Empfängnis, durch die sie in Abhängigkeit von Christus dazu befähigt wurde, unsere Mutter in der Ordnung der Gnade zu werden[31].

Auch in der „subjektiven Erlösung", bei der Ausspendung der Gnaden, hat Maria eine mütterliche Aufgabe, welche die gesamte Menschheit betrifft. Diesen Gedanken stellt der Papst bei der Vorstellung der Enzyklika in den Vordergrund: „Das Rundschreiben drückt die Wirkung aus, die von der Universalität der von Christus gewirkten Erlösung ausströmt und von der Universalität der Mutterschaft der Jungfrau Maria."[32] In seinen Ansprachen benutzt Johannes Paul II. auch mehrfach den Titel „Mittlerin aller Gnaden"[33]. Sein Schreiben über den Rosenkranz zitiert einen bekannten Ausspruch des mittelalterlichen Dichterfürsten Dante, der hier von der Theologie des hl. Bernhard inspiriert ist: „Du Herrin bist so groß und auch so mächtig, dass, wer die Gnade sucht, doch ohne dich, zum Wunsche fliegen will, doch ohne Flügel"[34].

---

30 Johannes Paul II., *Marianische Katechese* Nr. 48,2, 9. April 1997; vgl. Hauke, *Die mütterliche Vermittlung*, 139.

31 Vgl. u.a. *RM* 39; Hauke, *Die mütterliche Vermittlung*, 152.

32 Johannes Paul II, *Annuncio dell'enciclica mariana*, 26. März 1987, Nr. 5 (Insegnamenti di Giovanni Paolo II, Bd. X,1, 809).

33 Vgl. Hauke, *Die mütterliche Vermittlung*, 169-174.

34 Johannes Paul II., *Rosarium virginis mariae*, 16. Vgl. Dante, *Paradies* 33, 13-15.

3. Die Weihe an die Gottesmutter[35]

Die mütterliche Mittlerschaft Mariens in Christus haben wir etwas ausführlicher betrachtet, weil sie die geistige Mitte der marianischen Lehrverkündigung Johannes Pauls II. darstellt und das logische Fundament bildet für die Ganzhingabe an die Gottesmutter, die Weihe an Maria.

Das deutsche Wort „Weihe" meint im liturgischen und kirchenrechtlichen Bereich einen „Ritus, in dem eine Sache oder Person in besonderer Weise für Gott ausgesondert und in seinen Dienst gestellt wird"[36]. Maria steht selbst mit einer vollkommenen Ganzhingabe im Dienste Gottes. Die jungfräuliche Gottesmutter erscheint darum bereits in der Zeit der Kirchenväter als Urbild der Kirche und als Vorbild für die Hingabe eines jeden Christen an den dreifaltigen Gott.

Aufgrund ihrer einzigartigen Würde als Gottesmutter ist Maria nicht nur Vorbild unserer Weihe an Gott und an Christus, sondern auch ihrerseits das Ziel einer Weihe, in der wir Maria als unsere geistige Mutter und Herrscherin anerkennen. Die Weihe an die Gottesmutter ist die intensivste Form der Marienverehrung, weil sich der Gläubige dabei mit seinem ganzen Leben Maria anvertraut, die ihn auf vollkommene Weise zu Christus führt. Papst Pius XII. nennt die Marienweihe „eine Ganzhingabe seiner selbst (*un dono intero di sé*) für das ganze Leben und die Ewigkeit"[37]. Die erste Formulierung einer Ganzhingabe an Maria findet sich am Ende der griechischen Väterzeit in einer Predigt des hl. Johannes von Damaskus, in der sich gleichzeitig eine bündige Zusammenfassung der altkirchlichen Mariologie findet: „Auch wir kommen heute zu dir, o Herrscherin, Mutter Gottes und Jungfrau. Wir verbinden unsere Seelen mit dir, unserer Hoffnung, wie mit einem festen und unzerbrechlichen Anker, und weihen dir unseren Geist, unsere Seele, unseren Leib, unser ganzes Sein …"[38]

---

[35] Vgl. L. Scheffczyk, „Die ‚Marienweihe' in Leben und Lehre Johannes Pauls II. unter systematischem Aspekt", in: Ziegenaus, *Totus tuus* (2004), 109-124; Calkins (1992; 2017); A. M. Apollonio, „La consacrazione a Maria", in: *Immaculata Mediatrix* 1 (3/2001) 49-101 (86-91); J. Krolikowski, „Consacrazione e affidamento a Maria nell'esperienza e nella teologia di papa Giovanni Paolo II", in: Siudy, *La Vergine Maria nel magistero di Giovanni Paolo II* (2007), 179-201.

[36] L. Scheffczyk, „Weihe", in: *Marienlexikon* 6 (1994) 696-698 (696). Vgl. *Benediktionale*. Studienausgabe für die katholischen Bistümer des deutschen Sprachgebietes, Einsiedeln u.a. 1981, 14 (Pastorale Einführung, Nr. 11); Hauke (2020) 448-461.

[37] Pius XII., Ansprache an Mitglieder der Marianischen Kongregationen, 21. Januar 1945, in: Ders., *Discorsi e radiomessaggi*, VI, Città del Vaticano 1961, 281.

[38] Johannes von Damaskus, Hom. in: *Dormitionem* I,14 (PG 96, 720 C/D). Vgl. Calkins (1992) 47f; (2017) 28; L. Gambero, *Maria nel pensiero die padri della Chiesa*, Cinisello Balsamo 1991, 465.

Die Ganzhingabe an Maria drückt sich in einem vielfältigen Wortschatz aus. Ein Beispiel dafür ist Ludwig Maria Grignion von Montfort: „Weihe" (*consécration*), „Sklavenschaft", Dienst, Selbsthingabe, Sich anvertrauen, Zu eigen nehmen, Aufnehmen usw.[39] Das gebräuchlichste lateinische Wort für die „Weihe" an die Gottesmutter ist das lateinische *consecratio* bzw. (in der Verbalform) *consecrare*. Wir finden es erstmals im 17. Jahrhundert in den von Jesuiten geleiteten Marianischen Kongregationen[40].

Johannes Paul II. spricht mit besonderer Vorliebe von einem „Anvertrauen" bzw. „Empfehlen" an Maria (lateinisch *commendatio*, italienisch *affidamento*), das er aber im Wesentlichen sinngleich mit „Weihe" (*consacrazione*) verwendet[41]. Nichtsdestoweniger findet sich in den beiden häufigsten von ihm benutzten Begriffen eine unterschiedliche Färbung: Das „Anempfehlen" betont das kindliche Vertrauen, während die „Weihe" auf das „Sich-zur-Verfügung-Stellen" abhebt, auf die bleibende Verbindung mit Maria und die Hingabe des eigenen Selbst[42].

Die Weihe an die Gottesmutter zeigt sich mit aller Deutlichkeit im päpstlichen Wappen, das Karol Wojtyła bereits als Erzbischof von Krakau gewählt hatte: der Buchstabe „M" unter dem Kreuz, verbunden mit dem Motto *Totus tuus*, „Ganz dein". Johannes Paul II. erzählt selbst, wie er während des Zweiten Weltkrieges in einer Sodafabrik arbeitete und dabei, als heimlicher Seminarist, auf Grignion de Montforts „Traktat über die wahre Verehrung der seligen Jungfrau Maria" stieß. Dabei entdeckte er die innige Verbindung der Gottesmutter mit dem Geheimnis Christi und der Dreifaltigkeit[43]. Er selbst betont dabei, dass der Ausdruck *Totus tuus* vom hl. Ludwig Maria Grignion von Montfort stammt und eine Abkürzung der vollständigeren Formel des Sich-Anvertrauens an die Gottesmutter darstellt, die da lautet: *Totus Tuus ego sum et omnia mea Tua sunt. Accipio Te in mea omnia. Praebe mihi cor Tuum, Maria*[44].

Der Wahlspruch *Totus tuus* kommt vor an drei Stellen des „Traktates von der wahren Andacht an Maria", der wichtigsten Schrift des hl. Ludwig

---

[39] Vgl. S. de Fiores, „La problematica della consecrazione mariana", in: E. Peretto (Hrsg.), *La Spiritualità Mariana: legittimità, natura, articolazione*, Roma 1994, 339-367 (350).

[40] Vgl. Calkins (1992) 54; (2017) 40.

[41] Vgl. Calkins (1992) 143-152; (2017) 145-154.

[42] Vgl. B. Gherardini, *Sta la Regina alla tua destra. Saggio storico-teologico sulla Regalità di Maria*, Roma 2002, 170-172.

[43] Vgl. A. Frossard, *„Fürchtet euch nicht!" André Frossard im Gespräch mit Johannes Paul II.*, München u.a. 1982, 162f; V. Messori (Hrsg.), *Johannes Paul II., Die Schwelle der Hoffnung überschreiten*, Hamburg 1994, 237-240; Johannes Paul II., *Geschenk und Geheimnis. Zum 50. Jahr meiner Priesterweihe*, Graz u.a. 1997, 36-40.

[44] Johannes Paul II., *Geschenk und Geheimnis*, 38.

Maria Grignion von Montfort (1673-1716), genauerhin aus einem lateinisch verfassten Gebet. Alle drei Male findet sich der Satz: *totus tuus ego sum, et omnia mea tua sunt* („Ganz dein bin ich, und alles, was mein ist, gehört dir")[45]. Die erste Zitation ist entnommen aus einem Kommentar des hl. Bonaventura zum Siegeslied des Mose nach dem Durchzug durch das Rote Meer und der Niederlage des Pharaos[46]. Bei diesem großartigen Danklied wird am Ende auch die Schwester des Mose erwähnt, die Prophetin Mirjam, die den Reigen der Frauen anführt: „Singt dem Herrn ein Lied, denn er ist hoch und erhaben! Rosse und Wagen warf er ins Meer" (Ex 15,22). Im Heilsplan Gottes ist Mirjam ein Vorausbild Marias, deren „Magnifikat" die Großtaten Gottes besingt.

Die dem genannten Zitat folgenden beiden lateinischen Sätze stammen nicht von Bonaventura[47], sondern sind bei Grignion um etliche Zeilen davon getrennt und bilden eine eigene literarische Einheit: Im Satz *Accipio te in mea omnia* klingt das Johannesevangelium an, wonach Jesus Maria dem Lieblingsjünger anvertraut, der daraufhin Maria in sein Leben aufnimmt (Joh 19,27 Vg.: *Deinde dicit discipulo suo: Ecce mater tua. Et ex illa hora accepit eam discipulus in sua*); in der Bitte *Praebe mihi cor tuum, o Maria* wird hingegen eine an den Sohn gerichtete väterliche Mahnung im Buch der Sprichwörter (Spr 23,26 Vg.: *Praebe fili mi cor tuum mihi*) auf Maria angewandt, mit einer Anspielung auf das Herz Mariens.

Vom Herz Mariens spricht Grignion noch ausführlicher in seinem „Brief an die Freunde des Kreuzes": „Seht Maria an der Seite Jesu Christi. Sie war gänzlich frei von der Erbsünde und jeder persönlichen Sünde, und doch hat ein spitzes Schwert ihr liebendes und unschuldiges Herz durchbohrt."[48] Der „Brief an die Freunde der ewigen Weisheit" hebt ab auf die Fülle aller Gnaden, die Maria vom göttlichen Logos, der ewigen Weisheit empfangen hat: „Der überquellende Strom der unendlichen Güte Gottes, eingedämmt seit Erschaffung der Welt durch die Sünden der Menschen, ergießt sich mit ungestümer Fülle in das Herz Mariens. Die Ewige Weisheit ver-

---

45 L.-M. Grignion de Montfort, *Traité de la vrai dévotion à la Vierge Marie*, 216, 3; vgl. *ibidem*, 233; 236, 3: Ders., *Œuvres complètes*, Paris 1982, 633, 644, 666f; vgl. Calkins (2017) 57f.

46 Vgl. Bonaventura, *Psalt. Maius. Canticum ad instar illius Moisis, Exod. 15* (Opera omnia 14, Paris 1868, 221b).

47 Das sich in folgenden Worten fortsetzt: „…, *o Virgo gloriosa, super omnia benedicta*" (*Traité de la vrai dévotion*, 216, 3).

48 L. M. Grignion de Montfort, „Lettre aux amis de la croix", 31 (hier dt. „Brief an die Freunde des Kreuzes", Nr. 29, in: *Das Goldene Buch*, Freiburg, Schweiz [22]1980, S. 318).

leiht ihr alle Gnaden, die Adam und seine Nachkommen erhalten hätten, wenn sie sich in der ursprünglichen Gerechtigkeit bewahrt hätten."[49]

Johannes Paul II. betont selbst die enge Verbindung zwischen der Mariologie Grignions und seinem päpstlichen Lehramt:

„Zunächst schien es mir [in der Zeit seiner theologischen Ausbildung], als müsse ich mich zugunsten der Christozentrik ein wenig von der Marienverehrung meiner Kindheit entfernen. Dank des hl. Ludwig Maria Grignion de Montfort *begriff ich jedoch, dass gerade die wahre Verehrung der Muttergottes christozentrisch ist und tief im Geheimnis der Dreifaltigkeit Gottes* sowie in den Geheimnissen der Fleischwerdung und der Erlösung *verwurzelt ist.* So entdeckte ich mit einem neuen Bewusstsein die Marienfrömmigkeit wieder, und diese reife Form der Muttergottesverehrung ist mir geblieben: Ihre Früchte sind *Redemptoris mater* und *Mulieris dignitatem.*"[50]

In seiner Marienenzyklika *Redemptoris mater* erwähnt Johannes Paul II. für eine Vertiefung der „marianischen Spiritualität" im Sinne des Zweiten Vatikanums insbesondere „die Gestalt des hl. Ludwig Maria Grignion de Montfort, der den Christen die Weihe an Christus durch die Hände Mariens als wirksames Mittel empfahl, um die Taufverpflichtungen treu zu leben" (RM 48).

Auf Grignion nimmt der Papst auch Bezug in seinem Apostolischen Schreiben über den Rosenkranz, der mit der Marienweihe eng verbunden wird. Darin zitiert Johannes Paul II. den Traktat der vollkommenen Hingabe an die Jungfrau Maria: „Da Maria das Geschöpf ist, welches am meisten Christus gleichgestaltet ist, folgt daraus, dass unter den Frömmigkeitsformen jene, die eine Seele besser unserem Herrn gleichgestaltet und ihm weiht, die Marienverehrung ist, die Verehrung seiner heiligen Mutter, und dass umso mehr eine Seele ihr geweiht ist, sie auch mehr Jesus Christus selbst geweiht ist."[51] Johannes Paul II. folgert daraus: „Nirgends sonst erscheinen der Weg von Christus und jener von Maria so tief vereinigt zu sein wie im Rosenkranzgebet. Maria lebt ganz in Christus und in der Funktion Christi!"[52]

---

[49] L. M. Grignion de Montfort, „Amour de la sagesse éternelle", Nr. 106 (dt. z.T. in: „Die Liebe zur ewigen Weisheit", in: *Das Goldene Buch*, S. 14).

[50] V. Messori, *Johannes Paul II., Die Schwelle der Hoffnung überschreiten*, 237f (Hervorhebungen im Text).

[51] Grignion, „Traité de la vrai dévotion à la Vierge Marie", Nr. 120, zit. in: Johannes Paul II., *Rosarium virginis mariae* (2002), Nr. 15.

[52] Johannes Paul II., *Rosarium virginis mariae* (2002), Nr. 15.

4. Das „marianische Profil“ der Kirche

Das Zweite Vatikanische Konzil beschrieb Maria, um einen Begriff des hl. Ambrosius aufzugreifen, als „Urbild der Kirche“[53]. Verbunden damit ist das geistige Erbe der Kirchenväter, welche die Kirche nach dem Vorbild der Heiligen Schrift symbolhaft mit den Zügen der bräutlichen Jungfrau und der Mutter beschreiben. In der Tat kennzeichnen schon die Propheten des Alten Testamentes im Namen Gottes den Bund zwischen Gott und seinem Volk mit dem Bild der Ehe zwischen dem göttlichen Bräutigam und dem Volk Gottes, seiner Braut. Jesus Christus selbst stellt sich in diese Linie hinein, wenn er sich als „Bräutigam“ der Heilsgemeinde bezeichnet[54], während der paulinische Epheserbrief den Bund zwischen Christus und der Kirche mit dem Bund der Ehe vergleicht[55]. In dieser Symbolik zeigen sich die tiefsten Wurzeln in der im ewigen Plan Gottes vorgesehenen Komplementarität der Geschlechter, wonach Mann und Frau die gleiche Würde als Person zukommt, aber auch eine gegenseitige Ergänzung aufgrund des in der Schöpfung gegebenen Mann- oder Frauseins[56].

In seinem Apostolischen Schreiben über die Würde der Frau, *Mulieris dignitatem*, betont der Papst die männliche Bindung des Weihesakramentes, weil das in den Aposteln grundgelegte sakramentale Amt in der Person Christi handelt, des „Bräutigams“ der „bräutlichen“ Kirche[57]. Umgekehrt ist es gerade eine Frau, Maria, die „das ‚Bild‘ der Kirche ist. Sie geht allen auf dem Weg zur Heiligkeit voran; in ihrer Person hat die Kirche bereits ihre Vollkommenheit erreicht, dank derer sie ‚herrlich, ohne Flecken, Falten oder andere Fehler erscheint (vgl. Eph 5,27)‘.

In diesem Sinn, so kann man sagen, ist die Kirche *zugleich* ‚marianisch‘ und ‚apostolisch-petrinisch‘“[58].

An dieser Stelle führt der Papst in der Fußnote ein Zitat Hans Urs von Balthasars aus, das er schon in seiner Weihnachtsansprache vor der Kurie im Jahr zuvor (1987) erwähnt hatte:

„Dieses marianische Profil ist ebenso – wenn nicht noch mehr – grundlegend und charakteristisch für die Kirche wie das apostolische und von Petrus geprägte Profil, mit dem es zutiefst verbunden ist (…) In diesem Sinn geht die marianische Dimension der Kirche der Petrusdimension voraus, wenn sie mit dieser auch eng verbunden ist und sie ergänzt. Maria, die

---

[53] Vgl. *Lumen gentium*, 63.

[54] Vgl. *Mk* 2,19.

[55] *Eph* 5,21-33.

[56] Vgl. *KKK* (Katechismus der Katholischen Kirche), Nr. 372.

[57] Vgl. *Mulieris dignitatem*, 26.

[58] *Mulieris dignitatem*, 27.

Makellose, hat den Vortritt vor jedem anderen, selbstverständlich auch vor Petrus und den Aposteln: nicht nur, weil Petrus und die Apostel der unter der Sünde geborenen Schar des Menschengeschlechtes entstammen und zur Kirche gehören, die ‚aus Sündern geheiligt ist', sondern auch, weil ihr dreifaches Amt auf nichts anderes abzielt als darauf, die Kirche nach jenem Ideal der Heiligkeit zu formen, das in Maria bereits vorgeformt und vorgestaltet ist. Ein zeitgenössischer Theologe hat es gut ausgedrückt, wenn er sagt: ‚Maria ist ‚Königin der Apostel', ohne apostolische Vollmachten für sich in Anspruch zu nehmen. Sie hat anderes und mehr'."[59]

Das Balthasar-Zitat stammt aus einem kurzen Aufsatz zur Frage des „Frauenpriestertums" in dem Bändchen „Neue Klarstellungen"[60]. Dem genannten Aufsatz sind umfangreichere Darlegungen vorausgegangen, vor allem im Werk „Der antirömische Affekt"[61]. Gegen die Kritik, welche die Wirklichkeit der Kirche allein auf die Hierarchie und das Papstamt zuspitzt, betont Balthasar die umfassende Wirklichkeit der Kirche, deren Grundlage das „marianische Prinzip" ist und sich im gemeinsamen Priestertum aller Getauften darstellt. Die vom Papst geleitete Hierarchie, das „petrinische Prinzip", weist auf die Stellvertretung Christi im apostolisch begründeten Weiheamt, das wiederum im Dienste des umfassenderen „marianischen Prinzips" steht, also der ganzen Kirche. Die männliche Bindung des Weihesakramentes bedeutet in keiner Weise eine Abwertung der Frau, sondern eine Heraushebung von deren Würde nach dem Vorbild Mariens. Wer ein Weihepriestertum der Frau einführen wollte, würde damit die in der geoffenbarten Lehre enthaltene Christologie, die Ekklesiologie und die Anthropologie zerstören. Es nimmt darum nicht wunder, dass gerade der marianische Papst Johannes Paul II. in seinem Apostolischen Schreiben *Ordinatio sacerdotalis* (1994) kraft seines petrinischen Amtes betonte, „dass die Kirche keinerlei Vollmacht hat, Frauen die Priesterweihe zu spenden, und dass sich alle Gläubigen der Kirche endgültig an diese Entscheidung zu halten haben"[62]. Im gleichen Schreiben erwähnt der Papst die Bedeutung der Gottesmutter für diese Frage:

---

[59] *Mulieris dignitatem*, 27, Fußnote 55: Johannes Paul II., Ansprache an die Kardinäle und Prälaten der Römischen Kurie, 22.12.1987, in: *L'Osservatore Romano*, 23.12.1987.

[60] H. U. von Balthasar, „Frauenpriestertum?", in: Ders., *Neue Klarstellungen*, Einsiedeln 1979, 109-115 (144).

[61] H. U. von Balthasar, *Der antirömische Affekt*, Freiburg i.Br. 1974, 153-187; vgl. auch Ders., *Theodramatik* II/2, Einsiedeln 1978, 260-330.

[62] Johannes Paul II., *Ordinatio sacerdotalis*, Nr. 4. Vgl. dazu M. Hauke, *Die Problematik um das Frauenpriestertum vor dem Hintergrund der Schöpfungs- und Erlösungsordnung*, Paderborn ^{4}1995; Ders., *Das Weihesakrament für die Frau – eine Forderung der Zeit? Zehn Jahre nach der päpstlichen Erklärung „Ordinatio sacerdotalis"* (Respondeo 17),

„Im Übrigen zeigt die Tatsache, dass Maria, die Mutter Gottes und Mutter der Kirche, nicht den eigentlichen Sendungsauftrag der Apostel und auch nicht das Amtspriestertum erhalten hat, mit aller Klarheit, dass die Nichtzulassung der Frau zur Priesterweihe keine Minderung ihrer Würde und keine Diskriminierung ihr gegenüber bedeuten kann, sondern die treue Beachtung eines Ratschlusses, der der Weisheit des Herrn des Universums zuzuschreiben ist."[63]

5. Die Rezeption der Botschaft von Fatima[64]

Die Erscheinungen der Gottesmutter von Fatima machen sich mit aller Kraft bemerkbar durch das Attentat am 13. Mai 1981. Vorher wusste Johannes Paul II., wie er selbst zugab, „wenig von Fatima"[65], aber die menschlich offenbar nicht erklärbare Rettung motivierte ihn dazu, sich schon im Krankenhaus intensiv mit den Marienerscheinungen in Portugal auseinanderzusetzen. Am 18. Juli 1981 ließ er sich aus dem Archiv des Heiligen Offiziums den Text des „dritten Geheimnisses" bringen[66] und war beeindruckt von dem „in Weiß gekleideten Bischof", der in der Vision Lucias getötet wird[67].

Was die Rezeption der Botschaft von Fatima in der päpstlichen Verkündigung betrifft, so ist zunächst die Weihe an das Unbefleckte Herz Mariens zu erwähnen. Die ausdrückliche Verbindung zwischen dem Unbefleckten Herzen und der Weihe an die Gottesmutter finden wir besonders deutlich im Weihegebet des 13. Mai 1982 in Fatima. In der Predigt vom gleichen Tag betont der Papst: „Sich Maria weihen bedeutet, sich von ihr helfen zu lassen (…) und Zuflucht zu nehmen bei ihrem Mutterherzen, das unter dem Kreuz für die Liebe geöffnet wurde gegenüber jedem Menschen und gegenüber der ganzen Welt – um die Welt, den Menschen, die Menschheit und alle Nationen dem darzubringen, der unendlich heilig ist."[68]

Siegburg 2004; G. L. Müller (Hrsg.), *Von „Inter Insigniores" bis „Ordinatio Sacerdotalis". Dokumente und Studien der Glaubenskongregation*, Würzburg 2006.

[63] *Ibidem*, Nr. 3.

[64] Vgl. dazu ausführlicher M. Hauke, „Der heilige Johannes Paul II. und Fatima", in: Ders. (Hrsg.), *Fatima – 100 Jahre danach. Geschichte, Botschaft, Relevanz* (Mariologische Studien 25), Regensburg 2017, 246-303.

[65] Giovanni Paolo II con Vittorio Messori, *Varcare la soglia della speranza*, Milano 1994, 243 (dt. Johannes Paul II., *Die Schwelle der Hoffnung überschreiten*, hrsg. von Vittorio Messori, Hamburg 1995).

[66] Vgl. Hauke, *Der heilige Johannes Paul II. und Fatima*, 246.

[67] Vgl. Hauke, *Der heilige Johannes Paul II. und Fatima*, 249.

[68] Johannes Paul II., Predigt in Fatima, 13. Mai 1982, Nr. 9.

Zur Botschaft von Fatima gehören nicht nur die Ereignisse zwischen dem 13. Mai und dem 13. Oktober 1917, sondern auch die Erscheinungen in Pontevedra (10. Dezember 1925) und Tuy (13. Juni 1929). Dort finden sich die Verheißungen für die ersten fünf Monatssamstage und die Aufforderung, dass der Papst in Verbindung mit allen Bischöfen der Welt Russland dem Unbefleckten Herzen Mariens weiht. Diese Offenbarungen wurden am 13. Juli 1917 gemäß den Erinnerungen von Sr. Lucia schon angekündigt, wurden aber später unter dem Einfluss des belgischen Jesuiten Édouard Dhanis gerade im römischen Milieu mit Fragezeichen versehen und als „Fatima II" gegen „Fatima I" ausgespielt[69]. Meines Erachtens geschieht dies zu Unrecht, ist aber zum Verständnis des päpstlichen Verhaltens wohl mitzubeachten. In Pontevedra erhielt Sr. Lucia folgende Botschaft Mariens:

„Meine Tochter, sieh mein Herz umgeben von Dornen, mit denen es die undankbaren Menschen durch ihre Lästerungen und Undankbarkeiten ständig durchbohren. Bemühe wenigstens du dich, mich zu trösten und teile mit, dass ich verspreche, all jenen in der Todesstunde mit allen Gnaden, die für das Heil dieser Seelen notwendig sind, beizustehen, die fünf Monate lang jeweils am ersten Samstag beichten, die heilige Kommunion empfangen, einen Rosenkranz beten und mir während 15 Minuten durch Betrachtung der 15 Rosenkranzgeheimnisse Gesellschaft leisten in der Absicht, mir dadurch Sühne zu leisten."[70]

Johannes Paul II. war sich der Bedeutung der ersten Monatssamstage in der Botschaft von Fatima bewusst und nahm darauf Rücksicht. Er veranlasste das Gebet des Rosenkranzes in Rom an allen ersten Samstagen des Monats auf dem Petersplatz. Der Papst starb an einem ersten Monatssamstag, dem 2. April, als eine große Menschenmenge für ihn den Rosenkranz betete. Er hat sich meines Wissens in seinem langen Pontifikat aber nur ein einziges Mal über die Übung der ersten fünf Monatssamstage öffentlich geäußert, und zwar bei der Einweihung des neuen Priesterseminars in Augsburg am 4. Mai 1987: „Haltet das monatliche Triduum: Priesterdonnerstag, Herz-Jesu-Freitag, Herz-Mariä-Samstag!"[71]

Dieser Hinweis ist angeregt worden durch den damaligen Bischof von Augsburg, Dr. Joseph Stimpfle. Johannes Paul II. hat die Vorschläge übernommen, aber anscheinend kein anderes Mal vorgelegt. Hier wäre

---

[69] Vgl. dazu M. Stickelbroeck, „Die Erscheinungen von Fátima bei Edouard Dhanis S.J. Genese und Problematik einer Kritik", in: *Forum Katholische Theologie* 33 (2017) 1-20.

[70] *Schwester Lucia spricht über Fatima*, I, Fatima ^{9}2007, 206.

[71] Johannes Paul II., Ansprache bei der Einweihung des Priesterseminars von Augsburg, 4. Mai 1987, Nr. 2.

für die Weltkirche eine intensivere Rezeption zu wünschen. Die ersten Monatssamstage können das regelmäßige betrachtende Gebet fördern, die persönliche Beichte sowie die Kommunion im Geist der Sühne gegenüber dem Heiligsten Herzen Jesu und dem Unbefleckten Herzens Mariens. Dass auch Maria Sühne geleistet wird, unterstreicht ihre einzigartige Mitwirkung an der Erlösung, die Papst Johannes Paul II. (und Sr. Lucia[72]) mit dem Wort „Miterlöserin" ausgedrückt haben. Aber auch über dieses Wort hinaus zeigt sich ein tiefgründiger Gleichklang zwischen der Botschaft Fatimas über die Miterlösung, die schon im Gebet des Engels aus dem Jahr 1916 auftaucht, und dem päpstlichen Lehramt Johannes Pauls II.[73]

Eine im Vergleich zu den ersten Monatssamstagen deutlichere Rezeption der Botschaft von Fatima zeigt sich in der nachdrücklichen Empfehlung des Rosenkranzgebetes, über das Johannes Paul II. im Jahr 2002 das Apostolische Schreiben *Rosarium virginis mariae* verfasste. Der Rosenkranz verbindet das Bittgebet mit der Betrachtung des Lebens Jesu. Angesichts dieses Ursprungs ist die Einführung der fünf neuen „lichtreichen" Geheimnisse zu begrüßen, die das öffentliche Leben Jesu vor der Leidensgeschichte betreffen. Johannes Paul II. erinnert an das Vorbild der Seherkinder von Fatima, die auf die Empfehlung Mariens hin täglich den Rosenkranz beteten[74].

Bei der Seligsprechung Jacintas und Franciscos am 13. Mai 2000 lobt der Papst das heroische Beispiel Jacintas: Sie „war so sehr getroffen von der Höllenvision bei der Erscheinung im Juli, dass ihr alle Abtötungen und Bußen gering schienen, wenn es darum ging, die Sünder zu retten"[75]. Johannes Paul II. hat nie behauptet, die Hölle sei leer, aber diese These auch nicht ausgeschlossen. Der Wortlaut der Botschaft von Fatima selbst ist hier ein deutlicheres Echo der biblischen Lehre[76].

---

72 Vgl. M. Hauke, „Maria als ‚Gefährtin des Erlösers' nach dem Zweiten Vatikanischen Konzil und der Botschaft von Fatima", in: *Divinitas* 58 (2015) 61-82 (78f); Ders., „Maria als ‚Gefährtin des Erlösers' in der Botschaft von Fatima", in: J. Kreiml/S. Bonk (Hrsg.), *100 Jahre Botschaft von Fatima. Mitverantwortung für das Heil der anderen*, Regensburg 2017, 55-68 (62-64).

73 Vgl. Hauke, *Der heilige Johannes Paul II. und Fatima*, 269-273; Ders., „Maria als ‚Gefährtin des Erlösers' nach dem Zweiten Vatikanischen Konzil und der Botschaft von Fatima" (2015); Ders., „Maria als ‚Gefährtin des Erlösers' in der Botschaft von Fatima" (2017).

74 Vgl. Hauke, *Der heilige Johannes Paul II. und Fatima*, 268.

75 Johannes Paul II., Predigt in Fatima, 13. Mai 2000, Nr. 3.

76 Vgl. Hauke, *Der heilige Johannes Paul II. und Fatima*, 273-277.

Ein weiterer Problempunkt, der hier nur angedeutet werden kann, ist die Frage nach der Weihe Russlands[77]. In der Erscheinung Mariens am 13. Juni 1929 heißt es: „Der Augenblick ist gekommen, an dem Gott bittet, dass der Heilige Vater, in Einheit mit allen Bischöfen der Welt, die Weihe Russlands an mein Unbeflecktes Herz vornimmt. Er verspricht, es dadurch zu retten."[78] In dem Brief an ihren Beichtvater vom 29. Mai 1930 präzisiert die Schwester: „Der liebe Gott verspricht, die Verfolgung in Russland zu beenden, wenn der Heilige Vater sich würdigt, einen feierlichen und öffentlichen Akt der Sühne und der Weihe Russlands an die Heiligsten Herzen Jesu und Mariens vorzunehmen."[79] Johannes Paul II. hat vor allem in der Weihe vom 25. März 1984 in Gemeinschaft mit den Bischöfen der Welt auf die Bedeutung Russlands angespielt. Eine ausdrückliche Weihe Russlands an das Unbefleckte Herz Mariens durch den Papst mit allen Bischöfen der Welt war das freilich noch nicht, was bis heute für lebhafte Diskussionen sorgt.

Zu begrüßen ist zweifellos die Enthüllung des „dritten Geheimnisses" von Fatima im Jahr 2000[80]. In dieser prophetischen Vision zeigen sich die Verfolgungen der Kirche, aber auch die Kräfte der Gnade, in denen das Reich Gottes am Ende triumphiert. Zum besseren Verständnis sind hier auch die Auszüge aus dem umfangreichen Tagebuch von Sr. Lucia wichtig, die im Jahr 2013 bekannt wurden. In einer komplementären Vision, die der mit dem „dritten Geheimnis" verbundenen Schau vom 3. Januar 1944 unmittelbar vorausgeht, ist die Rede von einer „Reinigung der Welt von der Sünde" durch gewaltige Katastrophen und Krieg, aber auch von einer Verheißung des Triumphes der Kirche, der sich schon in der irdischen Pilgerzeit bekunden wird: „In der Zeit ein Glaube, eine Taufe, eine heilige katholische und apostolische Kirche. In der Ewigkeit der Himmel"[81].

Johannes Paul II. hat gewaltige Schritte unternommen, um in der Kirche die prophetische Botschaft von Fatima zu fördern. In den Jahren nach der feierlichen Weihe an das Unbefleckte Herz Mariens am 25. März 1984, vor allem seit 1989, brach das kommunistische Reich der Sowjetunion und ihrer Satelliten zusammen. Aus diesem Grunde dürfen wir dem heiligen Johannes Paul II. überaus dankbar sein für sein Wirken im Blick

---

[77] Vgl. Hauke, *Der heilige Johannes Paul II. und Fatima*, 277-288.

[78] Sr. Lucia, Brief an Papst Pius XII., 2. Dezember 1940: Hauke, *Der heilige Johannes Paul II. und Fatima*, 277f.

[79] A. M. Martins (Hrsg.), *Documentos de Fátima*, Porto 1976, 405.

[80] Vgl. dazu Hauke, *Der heilige Johannes Paul II. und Fatima*, 288-299.

[81] Sr. Lucia, *O meu caminho* I, 158-160: Hauke, *Der heilige Johannes Paul II. und Fatima*, 295.

auf Fatima. Wir dürfen uns freilich nicht auf den Lorbeeren von Papst Wojtyła ausruhen; es bleiben noch manche Aufgaben, um noch inniger die Ansprüche der Gottesmutter in unser Leben aufzunehmen.

6. Der bleibende Einfluss Johannes Pauls II. auf die Mariologie und Marienfrömmigkeit

Papst Johannes Paul II. hat eine wichtige Spur hinterlassen, die ihm einen bleibenden Einfluss auf die Mariologie und die Marienfrömmigkeit sichert. Für die Mariologie, die nach dem Konzil zunächst einmal eine Art „Eiszeit" erlebte[82], stellte sein Wirken vor allem die mütterliche Mittlerschaft Mariens ins Zentrum, die lange Jahre aus pseudo-ökumenischen Gründen ins „Abseits" gestellt worden war. Langfristig gesehen, könnte sein marianisches Lehramt die künftige Definition eines Dogmas fördern, das den Einfluss Mariens für das Heil der Menschen auf den Punkt bringt, beispielsweise unter der Titel der geistlichen Mutterschaft oder der mütterlichen Mittlerschaft. Johannes Paul II. hat Dimensionen wieder bewusst gemacht, die aus sogenannten pastoralen oder ökumenischen Gründen unterbelichtet worden sind. Dies ist ein wichtiger Beitrag für die Rezeption des Zweiten Vatikanischen Konzils, die stets die Gesamtperspektive des Glaubens auch für die Gestalt Mariens im Blick haben muss und sich nicht auf die pastorale Perspektive des „mainstreams" der 1960er-Jahre verengen darf[83]. Diese Gesamtperspektive wird auch deutlich im „Katechismus der Katholischen Kirche", der auf Initiative des Papstes im Jahr 1992 veröffentlicht wurde[84]. Eine päpstliche Gesamtdarstellung der Marienlehre findet sich noch ausführlicher in den 70 Marianischen Katechesen aus den Jahren 1995-1997. Dergleichen hat es in der Geschichte noch nicht gegeben, dass ein Papst praktisch die gesamte Mariologie in einer organischen Einheit katechetisch darstellt.

Unter den zahlreichen Einzelpunkten der Marienlehre, die hier genannt werden könnten, sei eine umfangreiche Ansprache über die Jungfräulichkeit Mariens eigens genannt, die Johannes Paul II. 1992 in Capua hielt zum 1500-jährigen Jubiläum eines dort stattgefundenen

[82] Vgl. etwa S. de Fiores, *Maria nella teologia contemporanea*, Roma ^{3}1991, 123-136.

[83] Über die Konzilsrezeption im Bereich der Mariologie äußert sich Johannes Paul II. ausdrücklich in seiner Marianischen Katechese (Nr. 9) vom 13. Dezember 1995: *Insegnamenti di Giovanni Paolo II*, XVIII/2, 1368f. Siehe dazu auch Calkins (2006) 12-22; Hauke, *Die marianischen Aussagen des Zweiten Vatikanischen Konzils und ihre Interpretation durch Johannes Paul II.* (2012).

[84] Vgl. Perrella (2007) 189-197.

Konzils (392)[85]. Erwähnt sei auch der im Anschluss an Jean Galot betonte marianische Titel „Braut des Heiligen Geistes“: Das Konzil hatte ihn vermieden und Maria einfachhin als „Heiligtum des Heiligen Geistes“ bezeichnet; das ist zweifellos nicht falsch, aber angesichts der einzigartigen Beziehung Mariens zu einer jeden der drei göttlichen Personen auch nicht hinreichend, denn aufgrund der Taufe ist schon jeder von uns ein Heiligtum des Heiligen Geistes. Der Hinweis auf die „Braut“ stellt deutlicher die Beziehung Mariens zum Heiligen Geist heraus, die für eine Neubelebung der Pfingstgnaden wichtig wäre[86].

Nachwirken wird allein schon durch die Kraft der Bilder der Wahlspruch des „Totus tuus“, die Bedeutung der Marienweihe im Anschluss an die gehaltvolle Theologie des hl. Ludwig Maria Grignion von Montfort. Johannes Paul II. hätte seine Ernennung zum Kirchenlehrer gerne gesehen, die für die Zukunft eine noch offene Frage bleibt[87]. In Erinnerung bleiben werden auch die zahlreichen Besuche des Papstes an den marianischen Wallfahrtsorten, die für das Volk Gottes in seiner irdischen Wanderschaft willkommene Oasen sind in der Wüste der Gegenwart. Einen reichhalti-

85 Vgl. Johannes Paul II., Ansprache an die Teilnehmer der Internationalen Studientagung anlässlich des 1600-Jahr-Feier des Konzils von Capua, 24. Mai 1992: *AAS* 85 (1993) 662-670; *Insegnamenti di Giovanni Paolo II*, XV/1, 1588-1597; Calkins (2006) 95-100 (Text); Perrella (2007) 197-230; M. Hauke, „Die ‚virginitas in partu‘. Akzentsetzungen in der Dogmengeschichte“, in: A. Ziegenaus (Hrsg.), *„Geboren aus der Jungfrau Maria“. Klarstellungen* (Mariologische Studien 19), Regensburg 2007, 88-131 (124-128).

86 Vgl. Johannes Paul II., Redemptoris mater 26; Marianische Katechese 11, 1, 10. Januar 1996; Hauke, *Die mütterliche Vermittlung*, 156f; L. Bonarrigo, *Maria Sposa dello Spirito Santo nella teologia contemporanea* (Collana di Mariologia, 15), Lugano, Siena 2018, 406-420

87 Das am 9. Februar 2000 von der Kongregation für die Heilig- und Seligsprechungen sowie der Glaubenskongregation eröffnete Verfahren bestimmte als Postulator den Montfortanerpater Battista Cortinovis: vgl. Ders., *San Luigi Maria Grignion de Montfort: la via, gli scritti, la venerazione*, Camerata Picena 2006; Ders. (Hrsg.), *Totus tuus: san Luigi Maria di Montfort, san Giovanni Paolo II*, Bergamo 2014. Siehe auch die Tagung, mit einem Vorwort Johannes Pauls II. (S. 5-7) und der Bitte des französischen Erzbischofs von Cambrai, François Garnier, am Beginn (S. 9), zur marianischen Spiritualität des von Pius XII. kanonisierten Heiligen: B. Cortinovis/S. de Fiores/E. Vidau (Hrsg.), *Spiritualità trinitaria in comunione con Maria secondo Montfort. Atti dell'8o Colloquio internazionale di mariologia Roma, 11-13 ottobre 2000*, Roma 2002. Zur Frage des Doktorates für Grignion äußert sich besonders, angeregt durch die Ernennung der hl. Theresia von Lisieux im Jahr 1997, F.-M. Léthel, „Maria nel cristocentrismo trinitario di San Luigi Maria Grignion di Montfort“, in: *ibidem*, 185-215 (185-189). Durchzusehen ist bei dem Verfahren auch eine Quelle, die noch nicht ediert und darum fast unbekannt ist (*Cahier de Notes*); vgl. E. Assolari, B. Cortinovis u.a., „Introduzione generale“, in: S. Luigi Maria Grignion di Montfort, *Scritti spirituali* (Opere, I), Milano [3]2019, 15-29 (28).

gen Schatz für die Frömmigkeit bildet nach wie vor die „Sammlung der Marienmessen“, eine Frucht des Marianischen Jahres, in dem auch zwei der wichtigsten marianischen Dokumente entstanden sind: die Enzyklika *Redemptoris mater* und das Apostolische Schreiben *Mulieris dignitatem.* Die Offenheit für das prophetische Charisma der Gottesmutter zeigt sich in seiner Beziehung zu den authentischen Marienbotschaften, die mit Fatima verbunden sind. Sein Todestag am ersten Samstag des Monats April 2005 ist dabei gleichzeitig ein Vermächtnis für uns, das von ihm ins Licht gestellte marianische Erbe aufzunehmen und die Keimkräfte weiter zu fördern, die der heilige Johannes Paul II. aussäen durfte.

Johannes Paul der Große
Wie ein Papst die Welt veränderte

Dr. h.c. Michael Hesemann

Er war einer der Giganten der Weltgeschichte. Sein Leben und Werk hat uns alle verändert, durch ihn wurde das Wirken Gottes offenbar. Er führte die Kirche in das dritte Jahrtausend, er holte die Jugend in ihre Reihen zurück, er besiegte Diktaturen, befreite fast eine halbe Milliarde Menschen und vereinte einen Kontinent, ohne dass ein Schuss dabei fiel. Die Kirche, ja die Welt kann dankbar sein für ihn, den man schon bald Johannes Paul den Großen nennen wird.

Johannes Paul II., der Marathonmann Gottes, hat in jeder Hinsicht Rekorde gebrochen und Maßstäbe gesetzt. Mit 26 Jahren, 5 Monaten und 17 Tagen war sein Pontifikat das zweitlängste der Geschichte; nur Pius IX. (1846-1878) war länger Papst. Selbst der heilige Petrus (42-67 n. Chr.) war nach offizieller Lesart „nur" 25 Jahre, 1 Monat und 8 Tage Bischof von Rom. In diesem guten Vierteljahrhundert unternahm Johannes Paul II. 104 Auslandsreisen, besuchte 129 Länder und legte fast 1,2 Millionen Kilometer zurück. 250 Millionen Menschen jubelten ihm in aller Welt und auf 1.161 Generalaudienzen zu. Die größte Massenversammlung der Geschichte fand 1995 in Manila auf den Philippinen statt; rund 4 Millionen Menschen feierten damals mit dem Papst die Heilige Messe. In seiner Heimat Polen, in Krakau, waren es im August 2002 „nur" 2,5 Millionen. Auch die Zahl der neuen Heiligen (482) und Seligen (1.338), die er der Weltkirche schenkte, ist einmalig; es sind mehr „Diener Gottes", als vor ihm alle 263 Päpste zusammen heilig- und seliggesprochen haben. Zudem schrieb er auf fast 80.000 Seiten seine Auffassungen zum Glauben nieder – in 14 Enzykliken, 49 apostolischen Schreiben, Hunderten Diskursen und vier Büchern. Unter ihm wurde das Papsttum zur globalen moralischen Institution. Wenn er die Führer der Weltreligionen zum Friedensgebet oder zur Verurteilung des Terrorismus nach Assisi einlud, war er mehr als nur Gastgeber, war er primus inter pares: der „spirituelle Führer der Welt", wie ihn der Auschwitz-Überlebende Elie Wiesel einmal nannte.

„Fürchtet Euch nicht!“

Der 16. Oktober 1978 veränderte nicht nur das Leben einer Generation, sondern auch die Welt. Zehntausende waren auf den Petersplatz geströmt, als am dritten Tag des Konklaves exakt um 18.17 Uhr weißer Rauch aus dem Schornstein der Sixtina aufstieg. Gut eine Stunde später wurde mit dem „Habemus Papam“ der neu gewählte Papst den Gläubigen vorgestellt. Nach dem überraschenden Tod des Luciani-Papstes nach 33 Tagen war alles möglich. Zuerst als Kardinaldiakon Pericle Felice den Namen des Neugewählten als „Eminentissimum ac reverendissimum Dominum Carolum“ aussprach, dachte man, es sei der 85-jährige Carlo Confalinieri gewählt worden. „Ja sind die denn verrückt geworden?“, rief einer aus der Menge. Dann, nach einer kleinen Pause, hob Cardinal Felice wieder an: „Sanctae Romanae Ecclesiae Cardinalem Woi-ti-wua!“ Das klang so exotisch, dass alle dachten, der erste Schwarzafrikaner sei zum Papst gewählt worden. Doch stattdessen war es ein Mann aus einer anderen Welt, der die „Tradition“ seines Vorgängers übernahm und sich Johannes Paul II. nannte.

„Nun haben die hochwürdigsten Herren Kardinäle einen neuen Bischof von Rom bestimmt“, hob der Gewählte mit wohlklingender Stimme und einem leicht holprigen Italienisch mit unverkennbar slawischen Akzent an, um mit feinem Humor fortzufahren: „Sie haben ihn aus einem fernen Land berufen.“

Zum ersten Mal seit 450 Jahren hatten die Kardinäle einen Nicht-Italiener zum Papst gewählt und zum ersten Mal sprach er die Menschen „in eurer – nein, in unserer italienischen Sprache“ an und nicht, wie seine Vorgänger, auf Latein. Schon damit hatte er im Nu die Herzen der Menschen erobert, noch bevor er sechs Tage später, am 22. Oktober, bei seiner Amtseinführung, die schönste Botschaft seiner Zeit verkündete: „Fürchtet euch nicht! Öffnet, nein, reißt die Tore auf für Christus! Öffnet die Grenzen der Staaten, die wirtschaftlichen wie die politischen Systeme, das weite Feld der Kultur, der Gesellschaft, der Entwicklung seiner erlösenden Gewalt.“

Der Mann aus Polen

Das Land, aus dem der neue Papst stammte, ist zwar geographisch keineswegs so fern, wie er schmunzelnd behauptet hatte – die Distanz zwischen Rom und seinem ehemaligen Bischofssitz Krakau beträgt knapp 1.250 Kilometer Luftlinie –, doch im Jahr 1978 erschien es wie eine andere Welt. Jedenfalls betrachteten die kommunistischen Machthaber in Polen seine Wahl mit äußerstem Unbehagen. Das Land war, wie kein anderes in Europa, zum Opfer der antichristlichen Mächte des 20. Jahrhunderts geworden – zunächst Nazi-Deutschlands, dann der Sowjetunion. Die Auseinandersetzung mit den Ideologien dieser beiden Mächte bestimmte auch das Leben des Karol Wojtyła.

Immer wieder war Polen in seiner tausendjährigen Geschichte zum Frontstaat zwischen West und Ost geworden. In der Abwehr der Vereinnahmungsversuche durch Deutsche und Russen hatten die Polen sich schon früh durch ihre Religion definiert. War Polen mit der Taufe König Mieszkos I. im Jahr 966 christlich geworden, wurde es bereits 990 dem Schutz des Heiligen Stuhls unterstellt. Bald darauf verbündete sich das Königreich mit dem Heiligen Römischen Reich der deutschen Kaiser. Im 14. Jahrhundert kam es zum Kurswechsel, entstand eine Union zwischen Polen und Litauen, die sich zunächst gegen Deutschland und Russland behauptete, dann das weitere Vordringen der Türken in Europa verhinderte. So wurde das Land zur Bastion des Katholizismus, umgeben von Protestantismus, Orthodoxie und dem Islam. Als der polnische König Jan III. Sobieski in der legendären Schlacht von Wien 1683 im Kampf gegen die Türken das grüne Banner des Propheten Mohammed eroberte, übersandte er es dem Papst mit den Worten: „Ich kam, ich sah, Gott siegte." Gemeinsam mit dem Papst, dem Kaiser und Venedig gründete er die Heilige Liga, der es gelang, die Türken zurückzudrängen. Das 18. Jahrhundert dagegen führte zu großen Gebietsverlusten und mehreren Teilungen des Landes, bis es schließlich ganz unter Preußen, Österreich-Ungarn und Russland aufgeteilt wurde – eine Zeit, die religiös als „babylonische Gefangenschaft" oder „Zeit am Kreuz" gedeutet wurde. Doch je mehr sein Volk litt, desto intensiver suchte es Zuflucht in der Religion, wurde der Katholizismus zur Kraftquelle und zum Kennzeichen der nationalen Identität Polens. Als polnische Nationalisten unter Marschall Josef Piłsudski nach Ausbruch des Ersten Weltkriegs, am 5. November 1916, die Gründung eines neuen, unabhängigen polnischen Staates proklamierten, erschien dies vielen ihrer Landsleute geradezu als Wunder, als Erhörung ihrer Gebete. Sie konnten nicht ahnen, dass es eines weiteren Wunders bedurfte, um den jungen Staat nur vier Jahre später vor dem sicheren Untergang zu retten.

Das Jahr des Karol Wojtyła

Das Jahr, in dem Karol Wojtyła geboren wurde, 1920, war das eigentliche Schicksalsjahr des polnischen Volkes. Damals ereignete sich, was später als „das Wunder an der Weichsel" bezeichnet wurde. In dem Versuch, das gerade seit vier Jahren selbstständige Land jetzt der Sowjetunion einzuverleiben, hatte der Revolutionsführer Vladimir Iljitsch Lenin seine Truppen in Polen einfallen lassen. Doch er rechnete nicht mit dem heftigen Widerstand, den ihm das Heer Marschall Piłsudskis leistete. Der erfahrene Kommandant hatte eine Lücke zwischen den beiden Korps der Roten Armee, die gegen Warschau marschierten, ausgemacht und ließ seine besten Divisionen eben dort vorstoßen. Mit einem Überraschungsangriff am Morgen des 15. August 1920 gelang es ihnen, die zahlenmäßig weit überlegene Rote Armee vernichtend zu schlagen. Die Russen flohen überstürzt, selbst ein geordneter Rückzug war nicht mehr möglich, während auf polnischer Seite nicht einmal 200 Todesopfer zu beklagen waren. Piłsudskis Armee hatte den Vormarsch der kommunistischen Weltrevolution erst einmal gestoppt und damit vielleicht das ganze vom Weltkrieg geschwächte Europa gerettet.

Die Königin Polens

Für die Polen stand fest, dass sie dieses Wunder nur einer himmlischen Intervention zu verdanken hatten. Nicht zufällig, so glaubten sie, ereignete es sich am 15. August, dem Kirchenfest Mariä Himmelfahrt. Von alters her und bis auf den heutigen Tag pilgern sie an diesem Tag zu Hunderttausenden, oft auf Knien, zu ihrem Heiligtum, dem Hellen Berg („Jasna Gora") von Tschenstochau. Auf dem Hügel, der sich inmitten einer fruchtbaren Ebene erhebt, hatten sich schon im 14. Jahrhundert Mönche angesiedelt. Ihnen stiftete Prinz Władysław von Opole nicht nur eine Kirche, sondern auch ein kostbares Marienbild, das fortan ihr größter Schatz werden sollte. Der Legende nach hatte der Evangelist Lukas selbst das Porträt der Gottesmutter auf den Tisch des Hauses der Heiligen Familie in Nazareth gemalt. Kaiser Konstantin der Große, so heißt es weiter, soll es nach Konstantinopel gebracht haben. Sechs Jahrhunderte später erhielt es der russische Prinz Lev zum Dank für seine militärischen Verdienste vom byzantinischen Kaiser als Geschenk. Als Prinz Władysław daraufhin gegen die Russen kämpfte, fiel es in seine Hände. Überzeugt davon, dass das Gnadenbild Wunder wirken konnte, betete er vor ihm, als er gegen die Tartaren zog; für den Fall des Sieges gelobte er, eine Kirche zu bauen. Er siegte und hielt sein Versprechen.

Immer wieder ereigneten sich Wunder, die den Ruf der Gottesmutter von Tschenstochau als Helferin in der Not begründeten. Umso größer war das Entsetzen über die Schändung der Ikone. Am Ostertag des Jahres 1430 war eine Bande von Anhängern des tschechischen Reformators Jan Hus in die Marienkapelle eingedrungen, hatte dem Gnadenbild ein paar kräftige Säbelhiebe versetzt und es zu Boden geworfen, so dass es in drei

Stücke zersprang. Sofort ließ es der polnische König Władisław Jagiello nach Krakau bringen, wo es aufwändig restauriert wurde. Die Säbelhiebe auf der rechten Wange erhielt man zum Andenken an das Martyrium der Madonna. So wurde die misshandelte Ikone zum Symbol für eine leidgeprüfte Nation. Wann immer Polen Gefahr drohte, wann immer fremde Truppen das Land bedrohten, suchte das gläubige Volk Zuflucht bei seiner Patronin. Jasna Gora aber wurde zur Festung ausgebaut, erhielt mächtige Mauern. Als die protestantischen Schweden 1655 ganz Polen besetzten, hielten nur 170 Soldaten, 20 Adlige und 70 Mönche in Tschenstochau die Stellung. Selbst als 3.000 Soldaten aufmarschierten, um den „Hühnerstall", wie der schwedische General Müller den Gottesberg verächtlich nannte, einzunehmen, verweigerten sie die Kapitulation. Es kam zur Schlacht, und, wahrhaft ein Wunder, das polnische Heer Mariens siegte. Jetzt erst regte sich im ganzen übrigen Land der Widerstand, bis man schließlich die Eindringlinge vertrieb. Fortan wurde Jasna Gora für das polnische Volk zum Symbol seiner religiösen und politischen Freiheit. Am 1. April 1656 stellte Polens König Jan Kasimierz in einem feierlichen Akt das ganze Land unter die Schutzherrschaft Mariens, die er zur „Königin Polens" erklärte. Am 8. September 1717 fand mit Einwilligung von Papst Clemens XI. ihre offizielle Krönung statt. Am 27. Juli 1920, als die bolschewistische Rote Armee Polen bedrohte, wurde diese Marienkrönung feierlich wiederholt.

Die Eltern – bald Heilige?

Am 18. Mai desselben Jahres, nur drei Monate vor der Schicksalsschlacht an der Weichsel, wurde Karol Józef Wojtyła in Wadowice geboren, einer kleinen Stadt am Fuße der Beskiden, auf halber Strecke zwischen Krakau und Tschenstochau. Er stammte aus kleinbürgerlichen Verhältnissen. Sein Vater, der auch Karol hieß, war gelernter Schneider, bevor er Berufssoldat wurde, zunächst für die österreichisch-ungarische, dann für die polnische Armee. Obwohl polnischer Patriot, war er auch mit der K.u.K.-Monarchie eng verbunden, sodass er seinen Sohn nicht nur später Deutsch lehrte, sondern ihn auch nach seinem einstigen Dienstherren, dem letzten österreichischen Kaiser Karl (1916-1918) benannte, den Johannes Paul II. noch am 3. Oktober 2004 seligsprach – die letzte Seligsprechung seines Pontifikats, interessanterweise zeitgleich mit der prophetischen, stigmatisierten Nonne Anna Katharine Emmerick. Der zweite Vorname des Neugeborenen erinnerte an den letzten Dienstherrn des Vaters, Marschall Józef Piłsudski.

Karols Mutter, Emilia Kaczorowska, stammte aus Galizien, der heutigen Westukraine, die damals zu Polen und davor zu Österreich-Ungarn gehörte. Sie hatte galizische und deutsche Vorfahren, ihre Mutter war eine geb. Maria Scholz. Die fromme Frau, die die Wohnung der Familie mit zahlreichen Marienbildern und Kruzifixen schmückte, verdiente nebenbei noch etwas Geld als Näherin.

Karol war das dritte und jüngste Kind seiner Eltern. Sein Bruder Edmond wurde 1906 geboren, studierte Medizin und promovierte 1930; zwei Jahre später verstarb er. Seine Schwester Olga verstarb nur wenige Wochen nach ihrer Geburt 1914.

Als Karol Wojtyła sen. 1919 in die neue polnische Armee eintrat, zog er um in eine neue Wohnung, die dem Juden Chaim Blamuth gehörte. In Wadowice lebten damals 2.000 Juden und 8.000 Katholiken, es herrschte religiöse Toleranz. So wuchs der kleine „Lolek" mit Juden auf, die zu seinen besten Freunden gehörten – was ihn ein Leben lang prägte.

1929, kurz vor seiner Erstkommunion, verstarb seine Mutter mit nur 45 Jahren an Nierenversagen und einem angeborenen Herzfehler. Von nun an war die Gottesmutter seine Mutter.

Im März 2020 wurde der Seligsprechungsprozess seiner Eltern eröffnet. Krakaus emeritierter Erzbischof Stanisław Kardinal Dziwisz, der langjährige Sekretär Johannes Pauls II., erklärte dazu: „Es gibt nicht den geringsten Zweifel daran, dass sich die geistige Haltung des künftigen Papstes und Heiligen in seiner Familie gebildet hat, dank des Glaubens seiner Eltern." Allerdings wird es ein schwieriger Prozess, weil es nur wenige Dokumente und gar keine Zeitzeugen mehr gibt.

Die Jugend: Entscheidung für Christus und seine Mutter

Jetzt lag die Erziehung des Jungen allein in den Händen des Vaters, der diese Aufgabe sehr ernst nahm. Der Offizier war eine Respektsperson, die mehr durch sein Beispiel und seine eigene Disziplin als durch Strenge auf ihn einwirkte. Zeitzeugen beschrieben ihn als ruhigen, sehr höflichen Mann von ausgeprägtem Gerechtigkeitssinn. Vor allem aber lehrte er ihn zu beten. Johannes Paul II. beschrieb seinen Vater noch Jahrzehnte später als „tiefreligiösen Mann, dessen Leben zu einem ständigen Gebet wurde, nachdem er Witwer geworden war" und dessen gelebter Glaube das Heim in ein „erstes (Priester-)Seminar, eine Art häusliches Seminar" verwandelte. „Die Gewalt der Schicksalsschläge, die ihn getroffen haben, hatte in ihm ungeheure spirituelle Tiefen offengelegt. Sein Schmerz wurde zum Gebet", erklärte der Papst, „es kam vor, dass ich nachts aufwachte und meinen Vater betend am Boden knieend vorfand". Ein Jahr nach dem Tod der Mutter nahm der Vater seinen Sohn mit auf eine Pilgerfahrt. Er führte ihn nach Kalwaria Zebrzydowska, zu dem – nach Tschenstochau – vielleicht zweitwichtigsten Wallfahrtsort Polens, nur etwa 20 Kilometer von Wadowice entfernt. Hier hatte ein frommer Adliger die Stationen des Kreuzweges Jesu nachbauen lassen, hier wurden Passionsspiele veranstaltet, die die Gläubigen direkt in das Geschehen miteinbezogen. An zehn Stationen kreuzten sich der Weg unseres Herrn und der Weg unserer lieben Frau, was deutlich werden ließ, wie eng Maria in das Heilsgeschehen verwoben war. Hier begriff der kleine Lolek, wie er es später formulierte, die „christologische Dimension" der Marienfrömmigkeit: Durch Maria findet „der Mensch seinen Platz neben Christus wieder". Immer wieder an entscheidenden Stationen seines Lebens, bis hin zu seinem letzten Besuch in Polen 2002, sollte Johannes Paul II. hierher zurückkehren.

Lolek war ein hochbegabter Schüler und ein begeisterter Sportler, der mit seinen Freunden ganzjährig Fußball spielte, im Sommer die Bergregionen durchwanderte oder Flüsse auf dem Paddelboot durchfuhr und im Winter Ski lief und Eishockey spielte. Diese Sportlichkeit hat er sich ein Leben lang bewahrt, auch noch als Papst pflegte er lange Wanderungen zu unternehmen, Ski zu fahren und zu schwimmen. Mit 14 Jahren entdeckte er seine Vorliebe für das Theater. Als 1938 der Erzbischof von Krakau, Adam Stefan Sapieha, das Gymnasium von Wadowice besuchte, fiel Lolek als Klassenprimus die Aufgabe zu, eine Begrüßungsansprache zu halten. Er erledigte diese Aufgabe mit so viel Bravour, dass der Bischof nachfragte, ob der Junge nicht Priester werden wollte. Sein Lehrer erwiderte, das sei unwahrscheinlich; der junge Wojtyła habe vor, Literatur und Theaterwissenschaften zu studieren. „Wie schade", meinte der Erzbischof. Er ahnte nicht, dass Lolek seinen Weg noch einmal kreuzen, dann aber bleiben sollte.

Und er liebte das Lesen. Zwei Autoren, die ihn besonders prägten, waren Adam Michiewicz, Verfasser der „Bücher des polnischen Volkes und der polnischen Pilgerschaft" und der polnische Nationaldichter Julius Słowacki. Michiewicz sah im Leiden des polnischen Volkes nur die Vorbereitung auf eine künftige Herrlichkeit. Das geteilte Vaterland, so glaubte er, sei ein Messias unter den Völkern, ein leidender Knecht, dessen Zeit auf Golgota die Welt erlösen und dem westlichen Materialismus den Weg zu einer neuen, geistigeren Form der Freiheit weisen würde. Słowacki entwickelte 1848 die Vision vom „slawischen Papst", der ein „Bruder der ganzen Menschheit" sein würde: „Heilung bringt er und entflammt die Liebe, erlöst die Welt."

1938 bestand Lolek das Abitur als Klassenbester. Mit seinem Vater zog er nach Krakau, um an der berühmten Jagiellonen-Universität das

Philologie-Studium zu beginnen. Wieder bewies er sein Talent für die Bühne. Doch dann, mit dem Einmarsch der Deutschen am 1. September 1939, kam alles ganz anders.

Karol und der Krieg

Hautnah und im Zentrum des Geschehens erlebte Karol die diabolische Vernichtungspolitik des NS-Regimes gegen das katholische Polen und die Juden. Ihr erster Schritt galt der polnischen Intelligenz: 184 seiner Professoren wurden verhaftet und in das KZ Sachsenhausen verschleppt. Die Polen hatten nur noch Arbeitssklaven der Deutschen zu sein. Und er erlebte den Holocaust, das Leid der Juden im Krakauer Ghetto, er wurde Zeuge, wie seine jüdischen Freunde abgeholt und in die Vernichtungslager deportiert wurden. Er selbst musste, wie jeder männliche Pole, der keiner geregelten Tätigkeit nachging, Zwangsarbeit verrichten, um Lebensmittelkarten zu erhalten. Er arbeitete in einem Steinbruch, der zur Chemiefabrik Solvay gehörte. Und er hatte zwei Begegnungen, die sein Leben veränderten.

Im Februar 1940 begegnete er dem Schneider Jan Tyranowski, der einen Kreis junger Männer gegründet hatte, den er den „Lebendigen Rosenkranz" nannte. Sie trafen sich in Wohnungen, beteten gemeinsam, und diskutierten über Theologie und Philosophie. Durch Tyranowski wurde Karol mit den Schriften der Mystiker Teresa von Ávila und Johannes vom Kreuz vertraut gemacht – und öffnete selbst sein Herz und seinen Geist für die Mystik.

Auf dem Weg zur Arbeit passierte er das Kloster der Barmherzigen Schwestern in Lagiewniki, wo eine der größten Mystikerinnen des 20. Jahrhunderts gelebt hatte, die hl. Faustyna Kowalska (1905-1938). Nur wenigen verriet die junge Nonne, was sie täglich ihrem Tagebuch anvertraute: ihre Visionen und Erscheinungen, ihre mystischen Gaben. Jesus selbst, so schrieb sie, habe ihr den Auftrag erteilt, die in der Heiligen Schrift geoffenbarte Wahrheit von der barmherzigen Liebe Gottes den Menschen näher zu bringen. Dies sollte durch ein Gnadenbild geschehen, entstanden nach ihrer Vision und mit den Worten „Jesus, ich vertraue auf dich" unterschrieben. Das Bild, das den segnenden Christus zeigt, aus dessen Herz rotes und weißes Licht strömt, ging um die Welt.

Weiter empfahl sie den Rosenkranz zur Barmherzigkeit Gottes, ein tägliches Gebet in der Todesstunde Jesu (15 Uhr), der Stunde der Barmherzigkeit, und ein jährliches Fest der Göttlichen Barmherzigkeit am Weißen Sonntag, um das der erschienene Christus selbst gebeten hatte. In ihrer Einfachheit und Tiefe faszinierte ihre Botschaft auch den jungen Karol Wojtyła, der bald jeden Morgen auf dem Weg zur Arbeit die Klosterkapelle aufsuchte, um vor dem Gnadenbild zu beten. Er ahnte noch nicht, dass er eines Tages zum Apostel der Göttlichen Barmherzigkeit werden und dass er Sr. Faustyna selig- und heiligsprechen sollte.

Als 1941 sein geliebter Vater verstarb, gab er sich ganz dem Weg des himmlischen Vaters anheim, reifte in ihm der Entschluss, Priester zu werden. Im Herbst 1942 trat er in das Untergrund-Seminar von Erzbischof Sapieha ein – was für ihn Lebensgefahr bedeutete. Aber er war sich seiner Berufung so sicher, dass er bereit war, alles zu riskieren.

Karol und der Kommunismus

Als am 18. Januar 1945 die Rote Armee in Krakau einrückte, sollte er zunächst mit anderen Seminaristen nach Russland deportiert werden; doch seine Sprachkenntnisse überzeugten einen russischen Offizier, dass er in Krakau bleiben und als Dolmetscher aushelfen konnte. Sein Wunsch war jetzt, Karmelitermönch zu werden, doch Kardinal Sapieha überzeugte ihn, Priester zu werden, und weihte ihn am 1. November 1946 in seiner Privatkapelle. Im selben Jahr weihten die polnischen Bischöfe im Heiligtum von Jasna Gora ihr Land dem Unbefleckten Herzen Mariens. „Der Sieg wird, wenn er kommt, der Sieg der heiligen Maria sein", erklärte der Primas Polens, Kardinal Hlond, 1948 auf dem Sterbebett. Exakt 40 Jahre später sollte diese Prophezeiung wahr werden.

Von 1946-1948 hatte Kardinal Sapieha seinen besten Mann zum Studium nach Rom geschickt. Das Thema seiner Dissertation war entsprechend anspruchsvoll, entsprach aber auch ganz seinen mystischen Neigungen: Sie behandelte „Die Glaubenslehre nach dem heiligen Johannes vom Kreuz". Seine Kernthese bestimmte sein ganzes Leben. Die Achse, um die sich alles dreht, ist die persönliche Begegnung, ja die Vereinigung des Menschen mit Gott. Dadurch lebt Gott im Menschen und der Mensch in Gott. Weil Gott in jedem Menschen lebt, ist die Menschenwürde absolut und unantastbar. Darum muss auch jedes Menschenleben, auch das schwache, behinderte oder ungeborene, bedingungslos akzeptiert werden. So wurde sein metaphysischer Humanismus das Gegenmodell zur mörderischen Herrenmenschen-Ideologie der Nazis und zum dialektischen Materialismus der Kommunisten.

Später wurde Wojtyła habilitiert, wurde Studentenpfarrer und lehrte zunächst an der Universität Krakau, dann, als die Kommunisten deren theologische Fakultät schlossen, Ethik in Lublin, der einzigen unabhängigen Universität des gesamten Ostblocks. In seiner Habilitation setzte sich Wojtyła mit dem deutschen Philosophen Max Scheler auseinander,

der den Menschen als „Geistwesen“ und daher „sich selber als Lebewesen und der Welt überlegenes Wesen“ definierte. Vielleicht fand er in dieser Philosophie den Schlüssel zu seiner eigenen Biografie. Es gelang ihm, sich als aktives geistiges Wesen, nicht als passives Opfer widriger Umstände zu sehen. Die „dunkle Nacht der Seele“, von der Johannes vom Kreuz schrieb, kann der Mensch überwinden, wenn er sich aus ihr „emporschwingt“, sich mit dem Zentrum „jenseits der raumzeitlichen Welt“ verbindet, das Scheler als „obersten Seinsgrund“ und Wojtyła schlicht als „Gott“ bezeichnete. Zur einmaligen Würde des Menschen gehöre die Freiheit, erklärte er, aber diese Freiheit dürfe nicht mit Bindungslosigkeit verwechselt werden; sie realisiere sich erst in der Bindung an Gott. Mit dieser personalistischen Philosophie begründete Wojtyła seinen Widerstand gegen den Marxismus, aber auch seine Absage an den Konsum-Materialismus des Westens.

Sein Vorbild wurde der neue polnische Primas, Kardinal Wyszinski, der 1953 eine gemeinsame Erklärung der polnischen Bischöfe gegen die Unterdrückung der Kirche im kommunistischen Polen initiierte – und selbst verhaftet wurde.

Bischof Wojtyła

Den Juli 1958 verbrachte der „ewig Jugendliche“ wie jedes Jahr mit Freunden und Paddelbooten auf den Masurischen Seen, als ihn eine Vorladung durch den mittlerweile aus der Haft entlassenen Kardinal Wyszinski erreichte. Mit dem Zug fuhr er, ziemlich verschüchtert, nach Warschau – wo er mit offenen Armen und einem „Habemus Papam“ begrüßt wurde und erfuhr, dass er zum neuen Weihbischof der Diözese Krakau bestimmt worden sei. Am 28. September fand seine Bischofsweihe in der Wawel-Kathedrale von Krakau statt. Als Motto hatte er „Totus tuus“ gewählt, „ganz dein“, die Weiheformel des hl. Ludwig-Maria Grignion von Montfort, die der spätere Papst als „die vollkommenste Form der Hingabe an die Muttergottes“ bezeichnete: Totus Tuus ego sum et omnia mea Tua sunt. Accipio Te in mea omnia. Praebe mihi cor Tuum, Maria. („Ich bin ganz dein, und alles was mein ist, ist dein. Ich habe dich erwählt zu meinem Besten. Schenke mir dein Herz, Maria.“) Sein Wappen zeigte das „M“ Mariens unter dem Kreuz, ganz wie sein späteres Papstwappen. Seine erste Heilige Messe als Bischof feierte er dann auch nicht in Krakau, sondern auf dem Jasna Gora, im Marienheiligtum von Tschenstochau.

Nach dem Tod Erzbischof Baziaks am 15. Juni 1962 wurde Bischof Wojtyła zum vorläufigen Verwalter der Erzdiözese eingesetzt. Kurz darauf musste er schon wieder die Koffer packen; diesmal, um nach Rom zu fahren zum Zweiten Vatikanischen Konzil.

Als Papst Johannes XXIII. am 11. Oktober 1962 das Konzil eröffnete, war Wojtyła einer von 2.000 Bischöfen aus allen Teilen der Welt, die hier zusammengekommen waren, um die Zukunft der Kirche zu gestalten. In den folgenden zwei Jahren erlebte er viele heftige Debatten zwischen Reformern und Traditionalisten, aber er traf auch die führenden Vertreter einer nachwachsenden Theologengeneration, etwa den Deutschen Joseph Ratzinger. Sein wichtigster Freund und Förderer wurde bald der Wiener Erzbischof Franz Kardinal König. Zusammen mit anderen Theologen arbeitete er an dem Grundsatzdokument „Gaudium et Spes" („Freude und Hoffnung – Über die Kirche in der Welt von heute"). War er als junger, unerfahrener Bischof zum Konzil gekommen, verließ er die Ewige Stadt diesmal als integrierter Bestandteil der Weltkirche mit internationalen Kontakten. Der neue Papst Paul VI. schätzte den „Tausendsassa von der Hohen Tatra", diese Mischung aus Sportlichkeit und Glaubensstärke, und ernannte ihn am 30. Dezember 1963 zum neuen Erzbischof von Krakau. Nicht einmal die Kommunisten meldeten Widerspruch an; sie hielten Wojtyła, im Gegenteil zu Wyszynski, für unpolitisch. Als Erzbischof von Krakau war er jetzt Nachfolger des Märtyrerbischofs Stanisłaus.

Eine Aufgabe, die ihn nach der Rückkehr in seine Heimat erwartete, war die Vorbereitung der Tausendjahrfeier der Bekehrung Polens im Jahr 1966. Zusammen mit den anderen Bischöfen des Landes verschickte er Einladungen an katholische Kirchenmänner in der ganzen Welt, darunter auch an die deutschen Bischöfe. Der Brief, der an sie ging, enthielt eine breite Rückschau auf die schwierige Geschichte der Beziehung zwischen den Ländern. Er erwähnte das unermessliche Leid, das die Deutschen den Polen im Zweiten Weltkrieg zugefügt hatten, verschwieg aber auch nicht, was Polen den Deutschen antaten. „Wir vergeben und bitten um Vergebung", schloss der Brief im Zeichen von Versöhnung und Neuanfang. Die kommunistische Regierung hatte damit endlich einen Vorwand, um gegen die Kirche zu hetzen. „Wir vergessen und vergeben nicht", überschrieben sie ihre Kampagne. Erst langsam setzte ein Versöhnungsprozess ein, als im Mai 1964 eine größere Gruppe von Pax Christi nach Auschwitz kam, um zu beten und für die deutschen Verbrechen um Vergebung zu bitten.

Kardinal Wojtyła

1967 nahm Papst Paul VI. den mittlerweile 47-jährigen Krakauer Erzbischof als jüngstes Mitglied in das Kardinalskollegium auf. Während sein Lebensstil einfach blieb – nach Aussagen eines Freundes „besaß er nichts, nur drei schwarze, zerschlissene Talare, vier rote, die Ski, die Paddel für das Boot; alles, was er bekam, verschenkte er wieder. Er aß nur wenig, rauchte nicht und trank nur ganz wenig Wein" –, begann er jetzt viel zu reisen. In den Jahren seit dem Konzil reiste er 50 Mal aus Polen aus, besuchte 30 Mal Rom und Italien, außerdem Belgien, Luxemburg, Frankreich, Deutschland, die DDR, die Tschechoslowakei, aber auch das Heilige Land, Kanada, die USA, Australien, Papua-Neuguinea, Neuseeland und die Philippinen. „Wojtyła lebte ständig mit gepackten Koffern", heißt es nicht ganz unzutreffend in einer Akte der Staatssicherheit der DDR, die anlässlich seiner Papstwahl angefertigt wurde. Um sich überall heimisch zu fühlen, hatte er mittlerweile ein gutes Dutzend Sprachen gelernt.

Sein ganz persönliches Tauziehen mit den Kommunisten aber fand in unmittelbarer Nähe von Krakau statt. Dort entstand seit den 1950er-Jahren die Arbeitersiedlung Nowa Huta als „sozialistische Modell-Stadt", von den Machthabern bewusst ohne Gotteshaus geplant. Für Wojtyła war das eine direkte Kampfansage an Gott und er beschloss schon früh, sich dafür einzusetzen, dass die Siedlung doch noch ihre Kirche bekommt. Seit 1959 feierte er jedes Jahr in Nowa Huta die Weihnachtsmesse, zunächst unter freiem Himmel unter einem riesigen Holzkreuz, das die Arbeiter auf eigene Initiative dort aufgestellt hatten. Dabei trotzten er und die Gläubigen der oft beißenden Kälte – und setzten damit ein Zeichen. Christus war in die Welt gekommen, „aber die Seinen nahmen ihn nicht auf"! Als die Kommunisten im Herbst 1960 im Schutz der Dämmerung versuchten, das Kreuz abzubauen, kam es zum Aufstand. Barrikaden wurden errichtet, das Rathaus gestürmt, Polizisten mussten das Feuer eröffnen. Es gab Tote und Verletzte, aber das Kreuz blieb. Sein Projekt, eine Kirche in Nowa Huta zu bauen, wurde international unterstützt und zum Zeichen für die Standhaftigkeit der Kirche gegenüber den kommunistischen Machthabern. Schließlich schaffte er es sogar, dass in Krakau wieder eine Fronleichnamsprozession erlaubt wurde.

Das machte ihn auch zum Helden der politischen Opposition. Es kam zu geheimen Treffen zwischen Wojtyła und den Dissidenten des Arbeiter-Verteidigungskomitees, bei denen eine Zusammenarbeit mit der Kirche beschlossen wurde; aus dieser Allianz entstand schließlich 1980 die Gewerkschaft Solidarność.

Auch in Rom profilierte sich der polnische Kardinal immer mehr. 1976 lud ihn Papst Paul VI. ein, die Fastenexerzitien für die römische Kurie, die Leitung und Verwaltung der Weltkirche, zu halten. Das galt als Vertrauensbeweis und große Ehre. Tatsächlich beeindruckte der Pole die Monsignores, Bischöfe und Kardinäle durch die für ihn so charakteristische Mischung aus unbeugsamer Kraft und tiefer Mystik. Die leidgeprüfte Widerstandskirche des Ostens könnte der verunsicherten Kirche im Westen als Vorbild und Kraftquell dienen, mochte sich der eine oder andere gedacht haben. Als Papst kam er noch nicht infrage, es musste ja immer ein Italiener sein. Erst nach dem plötzlichen Tod Johannes Pauls I. begriffen die Kardinäle, dass endgültig die Stunde der Weltkirche gekommen war.

Als erster der 110 Kardinäle, die ihm, einer nach dem anderen, zwei Tage später gratulierten, ging sein einstiger Primas, Kardinal Wyszynski, auf ihn zu und umarmte ihn herzlich. Dann schenkte er ihm einen Ring und sprach eine Aufforderung aus, die wie eine Prophezeiung klang: „Du wirst die Kirche in das neue Jahrtausend führen!“ Sie sollte fortan zu Karol Wojtyłas Lebensauftrag werden.

Der Pilgerpapst

Der Name, den sich der Papst aus Polen gewählt hatte, war mehr als nur eine demütige Verneigung vor seinem so früh verstorbenen Vorgänger oder den Päpsten des Konzils. Er war in erster Linie Programm. Vom Apostel Johannes übernahm er die besondere Verehrung der Gottesmutter. Mit den Worten „Siehe, deine Mutter!“ hatte der Gekreuzigte Maria seinem Lieblingsjünger anvertraut, „und von jener Stunde an nahm sie der Jünger zu sich“ (Joh 19,27). Vom hl. Paulus aber, dem Apostel der Völker, übernahm er die Sendung, das Evangelium in die Welt zu tragen. Er machte sich auf zu einer „Pilgerreise zu den Heiligtümern des Volkes Gottes“, wie er schon 1976 seine Pfarrbesuche als Erzbischof von Krakau genannt hatte. An erster Stelle waren es jene Heiligtümer, an denen die Gläubigen durch Maria zu Christus geführt wurden. Gleich am 29. Oktober 1978 stattete er seinen allerersten Pastoralbesuch dem Marienheiligtum von Montarella ab, dem Ort, an dem er bereits vor dem Konklave gebetet hatte. Am 8. Dezember 1978, dem Fest Mariä Empfängnis, besuchte er die römische Patriarchalbasilika Santa Maria Maggiore, das Weltzentrum der Marienverehrung. Dort stellte er in einem Weiheakt die Kirche unter den Schutz Mariens. Sechs Wochen später brach er zu seiner Pilgerreise um die Welt auf, einer Reise, die 25 Jahre lang dauern, ihn in 129 Länder, an über 600 verschiedene Orte und zu 250 Millionen Menschen führen sollte; ein Pilgerpfad von 1.160.113 Kilometern Länge, was dem 29-fachen Erdumfang oder einer dreimaligen Reise zwischen Erde und Mond entspricht. Seine erste Station war Mexiko, wo sich in Guadalupe bei Mexico City das älteste Marienheiligtum der Neuen Welt befand.

Seine Geschichte geht zurück auf das Jahr 1531. Damals, unmittelbar nach der spanischen Eroberung, stand das Land vor dem Aufruhr.

Die neuen Herren hatten sich als grausame Tyrannen und Unterdrücker erwiesen, die neue Religion war den Indios fremd; nur eine Minderheit hatte sich taufen lassen. Einer von ihnen, der Azteke Juan Diego aus dem Dorf Cuautitlan, passierte am 9. Dezember 1531 auf dem Weg zur Kirche ein verfallenes Heiligtum der alten Erdgöttin Tonantzin auf dem Tepeyac-Hügel, als ihm die leuchtende Gestalt einer „Frau von atemberaubender Schönheit" schien, die sich als „erbarmungsreiche Mutter, die Mutter aller Menschen" zu erkennen gab. Sie bat ihn, zum Bischof von Mexiko zu gehen und ihm zu sagen, dass sie den Wunsch habe, dass ihr an der Stelle ihrer Erscheinung eine Kirche geweiht würde. Juan Diego tat, wie ihm befohlen hatte, doch der Bischof lehnte ab. Auch ein zweiter Versuch, bei ihm vorzusprechen, scheiterte. Der Bischof verlangte einen Beweis; nur auf das Wort eines schmutzigen Indios hin konnte er doch kein Gotteshaus bauen lassen. Wieder erschien dem Azteken die Madonna und forderte ihn auf, am nächsten Morgen wiederzukommen; dann würde er das Zeichen erhalten, um das der Bischof gebeten hatte. Als er an die Stelle zurückkehrte, wuchsen auf dem Tepeyac-Hügel, dort, wo sonst nur Disteln, Dornen und Kakteen zu finden waren, die herrlichsten Blumen. Juan Diego pflückte einen ganzen Strauß, wickelte ihn in seine Tilma, seinen Umhang, und brachte ihn zum Bischof. Doch als er die Tilma zu Füßen des Bischofs ausrollte, lösten sich die Blumen in Luft auf. An ihrer Stelle erschien das Bild der Gottesmutter, so, wie sie sich auf dem Tepeyac-Hügel gezeigt hatte. Wie vom Donner gerührt fiel der Bischof auf die Knie, gelobte, der Himmelskönigin eine Kirche zu bauen und ihr den Titel zu geben, den sie verlangt hatte. „Coatlaxopeuh", hatte sie sich Juan Diego gegenüber in der Eingeborenensprache Nahuatl genannt, „welche die Schlange zertritt". Das bezog sich auf das 12. Kapitel der Offenbarung des Johannes, die Vision von der Frau, mit der Sonne bekleidet, die den Drachen besiegt, aber auch auf die alte indianische Religion, deren heiliges Tier die Schlange war. Der Bischof aber verstand nur Guadalupe, den Namen des bekannten spanischen Wallfahrtsortes. So erhielt das Gnadenbild den Namen Unsere Liebe Frau von Guadalupe. Als „die Mutter des Gottes des weißen Mannes" am nächsten Tag in der Kathedrale von Mexico City ausgestellt wurde, kamen Hunderttausende, um das Wunderbild zu bestaunen. Es verfehlte seine Wirkung nicht, führte vielmehr dazu, dass sich innerhalb kürzester Zeit über neun Millionen Indios freiwillig zum christlichen Glauben bekehrten. Maria hatte sich als die erfolgreichste Missionarin der neuen Welt erwiesen.

Schon beim Abschied auf dem römischen Flughafen Fiumicino erklärte Johannes Paul II., diese Reise sei eine „Pilgerfahrt des Glaubens" zu Maria, mit der er „sein Papstamt unter ihre mütterliche Hilfe und ihren Schutz stellen" wolle. Über zehn Millionen Menschen säumten in den folgenden Tagen die Straßen, um ihm zuzujubeln. Die laizistische Regierung, die alles versucht hatte, um den Besuch zu verhindern oder zumindest kleinzuhalten, hatte den Kampf um die Herzen verloren; als Johannes Paul II. 2002 das Land ein letztes Mal besuchte, um Juan Diego heiligzusprechen, küsste ihm der neue mexikanische Staatspräsident Vincente Fox am Flughafen ehrfurchtsvoll den Ring. Die alte Regierungspartei, die Partei der Institutionalisierten Revolution, war zuvor bei einer Wahl abgelöst worden.

Nach seinem Triumphzug durch Mexico City kniete der Papst vor dem Gnadenbild der Gottesmutter von Guadalupe nieder, um minutenlang zu beten. Erst am 20. Jahrestag dieses Besuches, als Johannes Paul II. im Januar 1999 ein weiteres Mal nach Guadalupe pilgerte, enthüllte der Sprecher der mexikanischen Bischofskonferenz, was damals wirklich geschah: „Als er zu ihren Füßen stand, erfuhr er eine besondere Inspiration. Hier in Mexiko wusste er, dass er ein Pilgerpapst sein müsse, der die Botschaft Christi in jeden Winkel der Welt trägt. Es war hier, dass er seine Mission entdeckte."

Wie Johannes Paul II. den Kommunismus besiegte

Die Bilder aus Mexiko, die im Januar 1979 weltweit über die Bildschirme flimmerten, beunruhigten niemanden mehr als die polnische Regierung. Ganz offen hatte der Papst seinen Wunsch geäußert, als nächstes Land Polen zu besuchen. Würde die kommunistische Regierung unter Edward Gierek ihm dies verbieten, drohte ein Aufstand des Volkes. Ließ man ihn einreisen, so könnte man vielleicht sogar politisches Kapital daraus schlagen, der Welt zeigen, dass es auch im Kommunismus Religionsfreiheit gab. „Das Risiko ist zu groß", warnte der „große Bruder" in Moskau, Parteichef Leonid Breschnew. Gierek widersprach. „Dann macht eben, was ihr wollt, aber gebt Acht, dass ihr es nicht eines Tages bereut", brüllte der Russe in den Hörer.

Als am 2. Juni 1979 seine Maschine auf dem Warschauer Flughafen landete, läuteten im ganzen Land die Kirchenglocken. Hunderttausende säumten seinen Weg in die Hauptstadt. Seine erste Heilige Messe fand auf dem größten Platz Warschaus statt, der damals „Siegesplatz" hieß – und von diesem Tag an seinen Namen zurecht trug.

Dieser Tag war der Anfang vom Ende des Kommunismus. Es gab keinen Polen, der von diesen kraftvollen Worten nicht tief berührt war, dem nicht die Tränen in den Augen standen und der nicht ahnte, dass der vom Papst angerufene Heilige Geist den „Wind der Veränderung" über das

Land wehen lassen würde. An diesem Tag, so schworen viele, wurde die Gewerkschaftsbewegung Solidarność gegründet.

Die neuntägige Reise in die Heimat wurde nicht nur zum zweiten Triumphzug von Karol Wojtyła, sie veränderte die Welt. Es war Frühling, im ganzen Land blühten die Blumen und überall flogen ihm die Herzen zu. Millionen gingen auf die Straße, ignorierten die Zensurmaßnahmen und Einschüchterungsversuche als letzte Zuckungen eines Regimes, das seit diesen Tagen im Sterben lag. „Der Schleier der Lügen und faulen Kompromisse war zerrissen, das polnische Volk hatte seine Würde zurückgewonnen", schrieb später ein polnischer Publizist.

Ein Jahr später, am 2. Juli 1980, machte die polnische Regierung ihren folgenschwersten Fehler, als sie eine drastische Erhöhung der Fleisch- und sonstigen Lebensmittelpreise ankündigte. Die Arbeiter gingen gegen diese unpopuläre Maßnahme auf die Barrikaden. Eine Streikwelle erfasste das Land, begann bei den Eisenbahnern von Lublin und endete auf der Lenin-Werft in Danzig. Dort machte sich ein Elektriker namens Lech Wałesa bald zum Sprecher der Belegschaft, die sich hinter den Werkstoren verschanzt hatte, und forderte die Zulassung freier Gewerkschaften. Neben Spruchbändern brachten die Arbeiter auch Fotos des Papstes und der Schwarzen Madonna von Tschenstochau an den Barrikaden an. Offen erklärte sich Johannes Paul II. mit den Streikenden solidarisch – und forderte die polnischen Bischöfe auf, das Volk in seinem schwierigen Kampf zu unterstützen. Schließlich gab die Regierung nach und unterzeichnete ein Abkommen, das fast alle Forderungen der Arbeiter erfüllte. Ihr Anführer Wałesa unterschrieb ebenfalls – mit einem übergroßen Souvenir-Kugelschreiber aus Rom, der das Bild des Papstes trug. Dann nannte er die neue, unabhängige Gewerkschaft Solidarność („Solidarität"). Innerhalb weniger Wochen hatte sie über acht Millionen Mitglieder. Im Januar 1981 empfing Johannes Paul II. Wałesa und seine Mitstreiter zu einer Privataudienz im Vatikan. So entstand eine „Achse Rom-Danzig" (oder Wojtyła-Wałesa), in der Papstsekretär Dziwisz die Rolle eines Sonderkuriers übernahm.

Doch trotz aller Versuche, eine Eskalation zu vermeiden, verschärfte sich die Lage zusehends, als der frühere Verteidigungsminister General Wojciech Jaruzelski die Macht übernahm. Bei seinem Antrittsbesuch in Moskau forderte die sowjetische Führung ihn auf, im Land das Kriegsrecht zu verhängen und Solidarność „verschwinden zu lassen"; sollte dies nicht geschehen, drohten die Sowjets mit einer militärischen Intervention. Der Papst erkannte, wie gefährlich die Lage war. In einem Schreiben bat er den schwer krebskranken Kardinal Wyszynksi um eine Fortsetzung des

Dialogs statt einer Konfrontation. Während die kommunistische Presse bereits behauptete, Solidarność bereite einen Staatsstreich vor, überzeugte der Kardinal vom Sterbebett aus Wałesa, den angekündigten Generalstreik vorerst abzublasen. Am 10. April 1981 verbot das polnische Parlament für zwei Monate alle Streiks.

Eine mütterliche Hand …

Am 13. Mai 1981 um 17.19 Uhr feuerte der Türke Ali Agca auf der Mittwochs-Generalaudienz drei Schüsse auf den Papst ab. Sofort wurde der Mann in der weißen Soutane, auf der jetzt ein großer, blutroter Fleck zu sehen war, in die römische Gemelli-Klinik gebracht.

Nach einer Bluttransfusion wurde mit der Operation begonnen. Sie dauerte fünf Stunden und zwanzig Minuten. Zwar mussten 25 Zentimeter seines Darms entfernt werden, doch die Ärzte konnten aufatmen. Das Geschoss hatte die Halsschlagader um ganz wenige Millimeter verfehlt, zudem war kein lebenswichtiges Organ getroffen worden. Der Papst konnte gerettet werden. Für alle Beteiligten war es ein Wunder!

Doch wer hatte den Türken, einen Profi-Killer, engagiert? Er war Mitglied der islamofaschistischen Grauen Wölfe – doch war es tatsächlich ein islamistischer Anschlag? Immer lauter wurden Stimmen, die auf die vielen Indizien verwiesen, die für einen Anschlag im Auftrag des sowjetischen Geheimdienstes KGB sprachen.

Den Papst ließen diese Spekulationen gleichgültig. „Das interessiert mich nicht, denn es ist der Teufel gewesen, der das getan hat“, erklärte er später, „und der Teufel kann auf tausend verschiedene Arten Verschwörungen anzetteln, und ich habe für keine dieser Methoden das geringste Interesse.“ Viel mehr als die Hintermänner des Täters interessierten ihn aber die Umstände seiner Rettung. Kurz nach Weihnachten 1983 besuchte der Papst seinen Attentäter Ali Agca im Gefängnis; ein Bild, das um die Welt ging. Noch immer machte der Türke einen verwirrten Eindruck. Er konnte nicht begreifen, weshalb der Anschlag, den er so gründlich vorbereitet hatte, misslungen war. Statt den Papst um Verzeihung zu bitten, stellte er bohrende Fragen. Er wollte wissen, was im Dritten Geheimnis von Fatima steht.

Auch der Papst war überzeugt, dass seine Rettung ein Wunder war. „Eine Hand hat den Schuss abgefeuert, und eine andere Hand hat das Geschoss gelenkt“, stellte er fest. Diese Hand, er bezeichnete sie als mano materna, als „mütterliche Hand“, war die Hand Mariens. Für ihn war es kein Zufall, dass der Anschlag am 64. Jahrestag der ersten Erscheinung von Fatima 1917 stattfand. Im Krankenbett ließ er sich alle Akten zu den

Erscheinungen, darunter auch die drei Geheimnisse von Fatima, bringen. Die Gottesmutter hatte tatsächlich den Aufstieg des Kommunismus beschrieben, die Kinder hatten eine Vision von einem Attentat auf den Papst. Die Erscheinung bat aber auch darum, dass der Papst ihr Russland weihe – dann würde sich das Land bekehren und auf der Welt eine Zeit des Friedens beginnen. Am 1. Jahrestag des Attentates reiste er nach Fatima, um Maria für seine Rettung zu danken und das letzte Überlebende der drei Seherkinder, die damals 75-jährige Karmeliterin Lucia, zu treffen und sie über die Geheimnisse und den Wunsch Mariens zu befragen.

Am 8. Dezember 1983 schickte Papst Wojtyła Briefe an alle Bischöfe der Welt, einschließlich jene der orthodoxen Kirchen, in denen er sie dazu einlud, mit ihm gemeinsam am Festtag Mariä Verkündigung, dem 25. März 1984, eine Weihe der Welt an das Unbefleckte Herz Mariens zu vollziehen. Zu diesem Zweck ließ er die Gnadenstatue eigens von Fatima nach Rom einfliegen, wo sie die Nacht in seiner Privatkapelle verbrachte. Am nächsten Morgen wurde sie vor dem Petersdom aufgestellt, wo Johannes Paul II. zum Abschluss eines zweistündigen Pontifikalamtes die Weiheformel sprach. Zeitgleich vollzogen Hunderte Bischöfe in aller Welt mit ihren Gemeinden denselben Ritus. „Vor Atomkrieg, vor unberechenbarer Selbstzerstörung, vor jeder Art des Krieges, bewahre uns!", betete er anschließend. „Ist Russland jetzt geweiht?", ließ er über seinen Apostolischen Nuntius bei Sr. Lucia nachfragen. Sie bejahte. „Jetzt warten wir auf das Wunder", meinte der Nuntius. „Gott wird sein Wort halten", versprach sie.

Nicht einmal ein Jahr nach der Weltweihe, am 11. März 1985, wurde Michail Gorbatschow neuer Generalsekretär der Kommunistischen Partei der Sowjetunion. Er kündigte an, dass fortan ein neuer Wind in Russland herrsche: Von Glasnost, einer neuen Offenheit, und Perestroika, „Umgestaltung" war jetzt die Rede. Es setzte eine in der Geschichte einzigartige Rechristianisierung des orthodoxen Landes ein. Hätte die Weltweihe nicht stattgefunden, so erklärte Sr. Lucia später, wäre 1985 ein globaler Atomkrieg ausgebrochen.

Der Fall der Mauer

Auch in Polen hatte sich die Lage radikal entspannt. Hatte Jaruzelski noch 1981 das Kriegsrecht verhängt und mehrere Tausend Solidarność-Führer, darunter auch Wałesa, verhaften lassen, gab es ein Jahr später wieder Hoffnung. Schon 1983 konnte Johannes Paul II. wieder in seine Heimat reisen und in Tschenstochau vor einer Million Menschen eine Heilige Messe feiern. Dabei forderte er nicht nur bewusst doppeldeutig

„Solidarität" unter den Menschen, er empfahl auch die Zukunft des Landes der Gottesmutter an. Während der Vatikan in den folgenden Jahren, teilweise mithilfe amerikanischer Spenden, Solidarność mit Kopiergeräten und Radiosendern versorgte, setzte sich der passive Widerstand fort. Bei seiner dritten Polenreise 1987 war die Vision des Papstes noch optimistischer. Statt gegen einen Feind zu kämpfen, solle Solidarność sich fortan für die Menschenrechte und eine Regierung in Wahrheit, Freiheit, Gerechtigkeit und Liebe einsetzen.

In einer Reihe von Streiks setzten sie zunächst ihre offizielle Zulassung, dann, im April 1989, ihre Beteiligung an der Regierung durch. Am 24. August 1989 wählte das polnische Parlament den ersten nichtkommunistischen Regierungschef jenseits des Eisernen Vorhangs. Es war ein Freund des Papstes, der katholische Intellektuelle Tadeusz Mazowiecki. Seine Wahl hatte Signalwirkung. In den nächsten Monaten fielen die Diktaturen des Ostblocks eine nach der anderen wie Dominosteine: erst Ungarn, dann die DDR, schließlich die Tschechoslowakei, Bulgarien und Rumänien. Seit dem 9. November 1989 gehörte auch die Mauer, die bis dahin nicht nur die beiden deutschen Staaten, sondern Europa gespaltet hatte, der Vergangenheit an.

Drei Wochen später, am 1. Dezember 1989, besuchte Gorbatschow den Papst. „Ich bin fest davon überzeugt, dass unsere Begegnung von der göttlichen Vorsehung vorbereitet wurde", begrüßte ihn der Pontifex. 1990 nahm der Vatikan erstmals diplomatische Beziehungen mit der Sowjetunion auf. Im März 1992 gab der letzte Präsident der Sowjetunion zu: „Heute kann man sagen, dass all das, was in den letzten Jahren in Osteuropa geschah, nicht möglich gewesen wäre ohne diesen Papst, ohne die wichtige Rolle – die politische Rolle –, die er auf dem internationalen Parkett spielen konnte."

Einst hatte Stalin spöttisch gefragt, über wie viele Divisionen der Papst verfügen würde. Jetzt räumte sein Amtsnachfolger ein, dass der Papst den Kommunismus besiegt hatte. Es scheint tatsächlich, als sei er zum Instrument der Vorsehung geworden, habe Gott durch ihn in der Geschichte gewirkt. So ergibt alles in seinem Leben einen Sinn, lief alles auf diese eine, die Welt verändernde Aufgabe hinaus: Seine Geburt quasi auf halber Strecke zwischen Auschwitz, Tschenstochau und Kalvaria, in Polen, das wie kein anderes Land Europas zur Beute der gottlosen Diktaturen des 20. Jahrhunderts wurde, erst Nazi-Deutschlands, dann der Sowjetunion, und dabei trotzdem Christus und seiner Mutter die Treue hielt. Seine Erfahrungen mit der Tyrannei, die ihn aufrüttelten, seine Berufung nach den Schrecken des Krieges, deren unmittelbarer Zeuge er wurde, seine Begegnung mit der Botschaft der Göttlichen Barmherzigkeit, die Schwester Faustyna in „seinem“ Krakau empfing.

Ohne ihn, seine Reisen in die Heimat, hätte es nie eine Solidarność gegeben, hätten die Russen keine Veränderung zugelassen, wäre Gorbatschow nicht gewählt worden, der Glasnost und Perestroika verkündete, wären die Ereignisse von 1989 undenkbar gewesen.

Nur Johannes Paul II. selbst lehnte die Verantwortung für diese Entwicklung strikt ab. Für ihn war das alles ganz unübersehbar das Werk der Gottesmutter. So pilgerte er noch einmal am 13. Mai 1991 nach Fatima, um der Madonna zu danken, „dass du Völker in die Freiheit geführt hast“. Dieses Mal nahm auch der russische Botschafter an der Zeremonie teil, als der Papst seine Weltweihe, „die söhnliche Anvertrauung der menschlichen Rasse an dich“, wiederholte. Noch ehe das Jahr zuende ging, war die Sowjetunion Geschichte.

Zwei gottlose Systeme, der Nationalsozialismus und der Kommunismus, hatten im 20. Jahrhundert als gigantische Manifestationen des Bösen die Menschheit bedroht, schrieb Johannes Paul II. in seinem 2005 erschienenen Buch „Erinnerung und Identität“, das gewissermaßen sein geistiges Vermächtnis ist. Er wurde Zeuge, wie beide durch die Macht des Guten überwunden wurden. Und er war überzeugt:

> „Nur Gott ist dieses Gute. Diese dem Bösen durch das göttliche Gute gesetzte Grenze ist durch das Werk Christi in die Geschichte der Menschheit, insbesondere in die Europas, eingetreten und ein Teil von ihr geworden. Es ist also nicht möglich, Christus von der Geschichte des Menschen zu trennen ... Nur in ihm können nämlich alle Nationen und die gesamte Menschheit ‚die Schwelle der Hoffnung überschreiten‘!“

Johannes Paul II. und die Deutschen

Er, der selbst Zwangsarbeit unter der Nazi-Diktatur erleiden musste, der Zeuge der Ermordung so vieler jüdischer und polnischer Freunde und Lehrer wurde, hatte als Bischof in Krakau die deutsch-polnische Versöhnung eingeleitet.

Ihm, seinem Widerstand gegen die kommunistische Diktator und seiner Offenheit für die Botschaft von Fatima verdankt die Welt das Ende des Kalten Krieges und die Bewahrung vor einem Atomkrieg, der Osten die Befreiung vom Kommunismus, Europa den Fall der Mauer und Deutschland, exakt 40 Jahre nach der Gründung der beiden deutschen Teilstaaten, seine Wiedervereinigung.

Sieben Jahre nach dem Fall der Mauer, am 23. Juni 1996, durchschritt Johannes Paul II. gemeinsam mit dem „Kanzler der Einheit“, Dr. Helmut

Kohl, das Brandenburger Tor und besiegelte symbolisch das Ende der Spaltung der Stadt Berlin, der deutschen Nation und des europäischen Kontinentes. Die Rede, die er dort hielt, ist nach wie vor sein Vermächtnis an uns Deutsche:

> „Nirgendwo sonst haben sich während der gewaltsamen Teilung Ihres Landes die Sehnsüchte nach Einheit so sehr mit einem Bauwerk verbunden wie hier. Das Brandenburger Tor wurde von zwei deutschen Diktaturen besetzt. Den nationalsozialistischen Gewaltherrschern diente es als imposante Kulisse für Paraden und Fackelzüge, und von den kommunistischen Tyrannen wurde dieses Tor mitten in dieser Stadt zugemauert. Weil sie Angst vor der Freiheit hatten, pervertierten die Ideologen ein Tor zur Mauer. Gerade an dieser Stelle Berlins, die zugleich zur Nahtstelle Europas wurde, zur unnatürlichen Schnittstelle zwischen Ost und West, gerade an dieser Stelle offenbarte sich für alle Welt sichtbar die grausame Fratze des Kommunismus, dem die menschlichen Sehnsüchte nach Freiheit und Frieden suspekt sind. Vor allem aber fürchtet er die Freiheit des Geistes. Auch sie wollten die braunen und roten Diktatoren zumauern“,

erklärte er und präsentierte sein Manifest der Freiheit:

> „Der Mensch ist zur Freiheit berufen. – Ihnen allen, die Sie mich jetzt hören, verkündige ich: Die Fülle und die Vollkommenheit dieser Freiheit hat einen Namen: Jesus Christus. Er ist der, der über sich bezeugt hat: Ich bin die Tür. In ihm ist den Menschen der Zugang geöffnet zur Fülle der Freiheit und des Lebens.
>
> Er ist der, der den Menschen wirklich frei macht, indem er die Finsternis aus dem menschlichen Herzen vertreibt und die Wahrheit aufdeckt. Er vollendet seinen Weg als unser Bruder und seine Solidarität mit uns in der Hingabe seines Lebens für uns. So befreit er uns von Sünde und Tod. Er läßt uns in unserem Nächsten sein eigenes Angesicht, das Gesicht des wahren Bruders, erkennen. Er zeigt uns das Antlitz des Vaters und wird für alle das Band der Liebe.
>
> Christus ist unser Erlöser, ist unsere Freiheit.“

Nach der Überwindung der beiden gottlosen Diktaturen des 20. Jahrhunderts war Johannes Paul II. bereit, den Auftrag zu erfüllen, den ihm der prophetische „Primas des Jahrhunderts“, Kardinal Wyszinski, bei seiner Wahl erteilt hatte. Er war bereit, die Kirche ins dritte Jahrtausend zu führen. Das Heilige Jahr 2000 wurde zum Höhepunkt, zum Zenit seines Pontifikats. Aber das ist eine andere Geschichte.

Christus, die Liebe, die alles umfängt, in der Verkündigung Johannes Pauls II.

Msgr. Dr. Winfried König

Kardinal Kurt Koch hat in einem lesenswerten Artikel in der Juni-Ausgabe des *Vatican-Magazins* mit dem Titel „Stunden der Wahrheit" die These vertreten, dass Zeiten der Krise wie jetzt die Corona-Epidemie es an den Tag bringen, wie es um die Prioritäten in unserem menschlichen Leben und im Leben des Glaubens steht. Hinter der aktuellen Sprachlosigkeit in kirchlichen Kreisen steht, so vermutet Koch, „einmal mehr die Annahme, die sich in der neuzeitlichen Theologie immer mehr durchgesetzt hat und die besagt, Gott vermöge allein in den Geist des Menschen hinein zu handeln, mit allem Leiblichen und Materiellen stehe er weder in Beziehung, noch könnte er sich damit befassen." – „Man tendiert vielmehr dahin, das Leiden als von der Natur selbst bewirkt und in ihr wirksam zu sehen, mit der Gott jedoch nicht in Beziehung gebracht werden kann."[1]

Geist und Materie in der griechischen Philosophie

Es geht hier um eine Frage, die schon die Menschen im antiken Griechenland beschäftigte: die Frage des Verhältnisses einer geistigen zur körperlichen Welt, vereinfacht gesagt: der Beziehung von Geist und Materie. Die Griechen entdeckten, dass sich hinter den sinnlichen Dingen eine „Natur", ein konstanter Faktor verbirgt, der die fortwährende Identität des Dinges begründete. „Das Gleiche an sich, das Schöne an sich, jedes wahrhaft Wirkliche, kurz das Seiende, lässt es auch nur die geringste Veränderung zu?", fragt Sokrates. „Bleibt nicht vielmehr alles, was wirklich *ist*, als an und für sich durchaus einfach, immer in dem nämlichen und gleichen Zustand, ohne je irgendeinen Wechsel zuzulassen?"[2] Platon, der diese Lehrgespräche aufgezeichnet hat, betont, dass dieses Allgemeine für

1 *Vatican-Magazin,* Jg. 14, Heft 6-7 (Juni-Juli 2020), S. 9. Kardinal Koch fährt an dieser Stelle fort: „Diese Mentalität, die das Handeln Gottes allein im Geistigen zulässt, ihm aber das Materielle und Leibliche nicht zugesteht, hat Papst Benedikt XVI. treffend als ‚subtilen neuen Gnostizismus' beurteilt, der Gott und seiner Macht die Materie prinzipiell entzieht und der heute ausgerechnet trotz und bei aller Lobpreisung des Materiellen und Leiblichen propagiert wird. Während Gottes Wirken auf die Innerlichkeit der menschlichen Subjektivität reduziert wird, hat er in der Welt der Materie nichts zu suchen, da die objektive Welt ganz anderen Gesetzen gehorche" (S. 9/10).

2 *Phaidon,* 78 D.

das Seiende maßgebend ist, nicht das Werden und der Wandel der Dinge. Er nimmt eine statisch gedachte Ideenwelt an, die den sichtbaren Dingen in ihrem Wandel zugrunde liegt. „Alles relative und vergängliche Sein weist auf eine absolute, aus sich bestehende, nicht wieder von anderem abhängige Wirklichkeit zurück."[3] Platons Philosophie ist weit weniger auf die Erklärung des Werdens als auf eine Betrachtung des Seins angelegt.[4]

Ein anderer Philosoph mit Namen Aristoteles vertrat die Auffassung: „Wenn wir das Seiende als Seiendes untersuchen wollen, können wir von Werden und Wandel unserer sichtbaren Welt nicht absehen!" Die körperliche Welt unterliegt der Veränderung; sie ist eine Welt im Werden. Das, woraus etwas wird, muss nach der Vorstellung des Aristoteles etwas sein, was nur der Möglichkeit nach ist. Dieses das Werden Ermöglichende und ihm damit Zugrundeliegende nennt er Materie.

Alles, was entsteht oder sich ändert, muss Materie in sich haben. Zu der Materie kommt eine bestimmte Form hinzu und verbindet sich mit ihr; so entsteht ein Ding. Die Materie ist dasjenige, woraus etwas wird. Sie bietet dem Werdenden die Möglichkeit, zu sein oder nicht zu sein. „Das Materielle aber bezeichnet *per definitionem* den empfänglichen Grund aller Dinge um uns her, – nicht, sofern sie etwas *sind*, sondern sofern sie *empfänglich* (leidensfähig und bestimmbar) sind für ein verwandelndes Wirken."[5]

Die materiellen Körper sind zusammengesetzt. Das Prinzip der Einheit, das für den Geist gilt, hat allerdings auch eine Relevanz für die materiellen Dinge: „Es ist eine metaphysische Grundwahrheit, [...] dass sich eine wesenhafte oder seinshafte Einheit von Seiendem gleich welcher Art nicht herstellen lässt durch eine äußere Anfügung von für sich bestehenden Elementen. Sie ist nur möglich, wenn das Verschiedene, das zur Einheit kommen soll, einmal als durchwirkende Wirksamkeit und zum anderen als erwirkbare Empfänglichkeit (bis zum tiefsten Grund) begriffen wird."[6]

Das Denken erkennt in der sinnlich wahrgenommenen Welt eine beständige Ordnung. Alle *physis*, alles Gewordene, hat letztlich einen geistigen Ursprung (der es überragt), und es läuft, sofern es in einem Einklang

---

3 Walter Hoeres, *Der Aufstand gegen die Ewigkeit.* Kirche zwischen Tradition und Selbstzerstörung. Stein am Rhein ²1987. S. 13.

4 Vgl. Eduard Zeller, *Die Philosophie der Griechen,* II,1. Leipzig ³1875. S. 581f.

5 Gustav Siewerth, *Reife und Begabung in metaphysischer Sicht und Deutung. Eine philosophische Grundlegung.* Wissenschaftlicher Beitrag zur Generalversammlung der Görres-Gesellschaft vom 5.-9. Okt. 1957 in Paderborn. Köln 1958, S. 18.

6 *Ebd.*

mit der Ordnung des *kosmos*[7] geschieht, auf ein Ziel zu, auf ein Gutes, das vollkommen ist.[8] Aristoteles fasste dies in dem provokanten Satz zusammen: „Gut ist, wonach alles strebt."[9]

Der geistige Ursprung, die „Geistseele", stellt das Prinzip der Bewegung dar und führt die Verbindung von Form und Materie aus. Das, was wir umgangssprachlich „seelische" Bewegungen nennen, wie Emotionen, Wahrnehmungen und Verstandestätigkeit, bedeuten aber nicht Bewegungen der Seele selbst, die als Prinzip unveränderlich ist, sondern Bewegungen des beseelten Menschen. Die Seele selbst ist unbewegt, sie entsteht nicht und vergeht nicht. Daher kommt ihr an und für sich (unabhängig vom Körper) keine Materie zu; sie erzeugt die Form, welche die Materie formt. Die Einteilung in Form und Materie erstreckt sich somit in der Philosophie des Aristoteles zwar auf den Menschen, nicht aber auf die Seele als solche. Wie bei Platon unterscheiden sich allerdings auch bei Aristoteles die beiden Menschen Sokrates und Kallias nur durch ihr unterschiedliches Knochenmaterial[10]. Die Geistseele des Menschen gibt die Form, wirkt aber nicht auf die Materie selbst.

Für die nachfolgenden Philosophen des Neuplatonismus und der Stoa vergrößert sich der Graben zwischen dem Geistigen und der materiellen Welt wieder. Das Geistige kommt aus einer übernatürlichen Welt. Die unsterblichen Seelen sind hinsichtlich ihrer körperfreien Existenz ein Teil der geistigen Welt. Die geistige Welt ist allerdings von derjenigen der physischen, sinnlich wahrnehmbaren Materie völlig verschieden.

Doch wie können wir das Verhältnis der Geistseele zur Leibhaftigkeit des Menschen verstehen? Der Geist vermag doch auch die Einmaligkeit des Du in der konkreten Leiblichkeit zu erfassen. Ist der Affekt, den ich für eine andere Person empfinde, nur durch eine Einschränkung

---

7 Dazu gehört auch bei den höheren Lebewesen der Vorrang der Gemeinschaft gegenüber dem Einzelnen. So ist der Mensch ein „geselliges" und gemeinschaftliches Lebewesen. Für ihn ist es evident, „dass die Gemeinschaft von Natur aus besteht und dass sie jedem Individuum vorausgeht" (*Politeia*, I, 2, 1253a25). Durch Erziehung kann der Mensch, der versucht ist, in der Lust eigene Wege zu gehen, in den Einklang mit der Ordnung kommen.

8 Die moderne Molekularbiologie scheint dies zu bestätigen: In jeder Zelle besteht eine quantenmechanisch „unscharfe", d.h. nicht lokalisierbare „Zentralinstanz", die die Entwicklung in eine bestimmte Gestalt leitet. Zudem verlaufen eine Vielzahl von biologischen Prozessen in zielgerichteter (teleologischer) Weise. Vgl. Walter Heitler, *Über die Komplementarität lebloser und lebendiger Materie.* Akademie der Wissenschaften und der Literatur, Mainz. Abhandlungen der mathematisch-naturwissenschaftlichen Klasse. Jg. 1976, Nr. 1, S. 10f.

9 *Nikomachische Ethik,* I 1094a2f.

10 *Metaphysik,* 28, 1034a 5-8.

des Geistes zu erklären, der sich in unsere Materie senkt? Oder sind die Affekte gar „verfehlte Urteile des Denkens“, wie es manche Vertreter der Stoa behaupteten[11]?

Die Neuheit des Christentums

Es war Augustinus, der in Abhebung gegen den Neuplatoniker Plotin ein neues, auf der christlichen Offenbarung gründendes Postulat formulierte: „Gott schafft mit zwei Prinzipien, mit Geist und Materie.“[12] Gott ist als absoluter, in sich ruhender Geist nicht nur der „erste Beweger“ des Kosmos, d.h. es besteht nicht nur ein „indirektes Kausalverhältnis zwischen Gott und Geist“[13]. Gott offenbart sich vielmehr als der Schöpfer von Geist *und* Materie. Wie schafft Gott, fragt sich Augustinus. Gott hat die Idee, das „Inbild des Künstlers“, aber er schafft auch den Vermittler, der das „Inbild“ überträgt in Raum und Zeit[14]. Geist und Materie sind die beiden Schöpfungsprinzipien, aus denen alles wird. Gott schafft trinitarisch: „In diesem Anfang, o Gott, hast du Himmel und Erde geschaffen, in deinem Wort, in deinem Sohn, in deiner Kraft und Weisheit.“[15] Im Unterschied zur griechischen Vorstellung schafft der dreifaltige Gott „nicht nur analog zu sich als reinem Geist mit Geistprinzipien, sondern lässt alles Welthafte auch durch ein zweites Prinzip, die Materie, bestimmt sein“.[16] Durch dieses zweite Prinzip offenbart sich Gott als die Liebe, die alles umfängt. Das wird völlig klar in der Menschwerdung Gottes. „Das Wort ist Fleisch geworden […] und wir haben seine Herrlichkeit geschaut, die Herrlichkeit des einzigen Sohnes vom Vater, voll Gnade und Wahrheit“ (*Joh* 1,14). Nur aufgrund der Inkarnation ist es möglich, die Weltzugewandtheit Gottes zu erfassen, die mit dem Geistwirken einhergeht[17]. Die Güte Gottes offenbart sich nicht nur im wirkmächtigen Wort, das erschafft und aufrichtet. Der gute Gott „berührt“ die Materie, indem er bei der Taufe im Jordan die Wasser heiligt, indem er Aussätzige durch Berührung heilt, indem er sich den Jüngern zur Speise gibt, indem er sein Blut für das Leben der Welt vergießt, indem er der Kirche die Sakramente schenkt.

---

[11] Friedrich Zucker, *Das Menschenbild im antiken Griechentum*. Berlin 1950, S. 21.

[12] Vgl. Alma von Stockhausen, *Christus, die Liebe, die alles umfängt*. Weilheim-Bierbronnen 2019, S. 26.

[13] Johannes Hessen, *Patristische und scholastische Philosophie*. Breslau 1922, S. 99.

[14] Vgl. *Bekenntnisse*, 11. Buch, 5,7.

[15] *Ebd.*, 11,9,11.

[16] Alma von Stockhausen, *Philosophische Anmerkungen zur jungfräulichen Gottesmutterschaft Mariens*. Schriftenreihe der Gustav-Siewerth-Akademie, Bd. 2. Weilheim [6]2012, S. 12.

[17] Vgl. Leo Scheffczyk, *Katholische Glaubenswelt. Wahrheit und Gestalt*. Paderborn [3]2006. S. 136-140.

Das Problem des Todes

Ein Problem, das die antike Philosophie nicht zu erklären vermochte, ist der Tod. Der Tod kann durch drei Ursachen eintreten, die am Körper stattfinden: durch Alter, Krankheit oder Verwundung. In allen drei Fällen ist es eine Einwirkung von außen, entweder auf den gesamten biologischen Organismus, wie bei den Verwundungen, oder auf molekularer Ebene, wie bei den Krankheiten. Das Virus beispielsweise besteht aus Nukleinsäure, einem Baustein des Lebens; es dringt in eine Zelle ein und programmiert sie um, um sich ihrer zu bemächtigen. Auch beim Alterungsprozess scheinen äußere Faktoren die maßgebliche Rolle zu spielen: durch Stoffwechselprozesse entstehende freie Sauerstoff-Radikale in den Zellen, welche die für die Zelle lebenswichtigen Moleküle, wie DNA, RNA, Proteine und Lipide, mehr und mehr schädigen. So wird der im Prinzip funktionstüchtige Organismus von außen beeinträchtigt und gegebenenfalls zerstört. Soweit können uns die Medizin und die Mikrobiologie Auskunft geben. Aber sie sagt nur etwas über das „Wie?“, nicht über das „Warum?“ und das „Woher?“. Warum kann ein Organismus, der als ein „Gutes“ erschaffen ist, zunichte gehen? Die Bibel – die uns über das Gute der Schöpfung berichtet – muss auch für die Gründe des Scheiterns eine Auskunft haben. So heißt es bei Paulus: „Denn der Lohn der Sünde ist der Tod“ (*Röm* 6,23). Das scheint ein Widerspruch zum bisher Gesagten zu sein, da ja die Sünde etwas ist, was im Körper waltet. Wir sagten aber eben, das der Tod sozusagen von außen auf den Körper wirkt. Die Aussage des Paulus trifft wohl eher die erbsündliche Disposition des Körpers für den Tod, nicht die Existenz des Todes selbst[18]. Woher der Tod kommt (die Zweckursache), dazu gibt die jüdische Weisheitstradition Aufschluss, konkret das *Buch der Weisheit*, das um Christi Geburt wahrscheinlich in Alexandria in Ägypten geschrieben wurde. In diesem Buch stehen zwei Sätze, die Licht auf die Frage des Todes werfen: zum einen, „Gott hat den Tod nicht gemacht“ (*Weish* 1,13), zum anderen, „durch den Neid des Teufels kam der Tod in die Welt“ (*Weish* 2,24). Der Teufel, ein geistiges Wesen, das „wie ein Blitz aus dem Himmel“ (*Lk* 10,18) gefallen ist, „befriedigt“ seinen Neid, indem er sich immer wieder der geistig-leiblichen Wirklichkeit der Schöpfung bemächtigt und Leben zerstört. Der Tod kam mit der Schlange ins Paradies.

---

[18] *Röm* 6,23 beschreibt – philosophisch gesprochen – die Formursache des Todes; das, was seine Existenz bestimmt.

Gottes Liebe vor der Freiheit des Menschen

„Gott erschuf den Menschen als sein Bild" (*Gen* 1,27), heißt es im Schöpfungsbericht. Der Mensch besitzt also sich selbst und kann sich in Freiheit, abbildlich zum dreifaltigen Gott, in der Hingabe an den Anderen verschenken. Er verfügt über eine entsprechende Mitteilungsform des Geistes, seine Leibnatur, mit der er sich zurücknehmen und sich dem Anderen verfügbar machen kann. Mit einem winzigen „Aufblicken" meines Leibes kann ich dem Anderen zeigen, dass ich ihn liebe. Der Mensch ist in gewisser Weise berufen, an der innergöttlichen Liebe teilzuhaben. Aber der Mensch hat auch die Freiheit, das Gegenteil zu tun; er kann Besitz ergreifen, sich einer Sache oder einer Person bemächtigen, er kann die Liebe pervertieren in die Unterwerfung des Anderen. Adam und Eva tauschten die Gemeinschaft mit Gott mit der Inbesitznahme seiner Früchte. Alle Formen der Begegnung, auch die eheliche Gemeinschaft, sind von dieser Sucht nach Eigenbesitz betroffen, die losgelöst von der Person des Anderen ihre Selbstbefriedigung sucht. Letztlich führt dieser Selbstbezug zum Tod. Und was macht Gott? Gott wird Mensch und führt unsere Natur in die göttliche Liebesgemeinschaft zurück. Der Sohn Gottes, der Mensch wird, gibt sein Leben hin und überwindet den Tod. Er opfert die menschliche Natur in der Totalhingabe am Kreuz auf. In der Abschiedsstunde im Abendmahlssaal sagt Jesus: „Es gibt keine größere Liebe, als wenn einer sein Leben für seine Freunde hingibt" (*Joh* 15,13). Christus nimmt unsere Natur nicht nur an, sondern er nimmt die Schuld unserer Natur auf sich und hebt sie am Kreuz unter bitterstem Sühneleiden auf. In Christus sind wir eine neue Schöpfung, sagt Paulus (vgl. *2 Kor* 5,17). Wenn wir in der Taufe zu Christus gehören, haben wir einen Leib von seinem Leib, sind wir Kinder Gottes, sind wir verwandt durch diese Totalhingabe unserer Natur am Kreuz.

Die Inkarnation Christi nach Luther

Martin Luther hat uns ein Zeugnis seines Inkarnationsverständnisses noch aus seiner „katholischen Zeit" hinterlassen: in seiner Predigt vom Weihnachtstag 1514, einer lateinisch gehaltenen Ansprache, die er vor den Mitbrüdern des Augustinerkonvents in Wittenberg hielt. Der Konvent, der das Herzstück der neuen kursächsischen Universität *Leuconia* zu Wittenberg war, befand sich wie diese noch im Aufbau. Die Ausführungen Luthers verraten allerdings, gelinde gesagt, gewisse Mängel in seiner philosophisch-theologischen Ausbildung.

„Wie das Wort Fleisch geworden ist – führte Luther aus –, so muss sicher auch das Fleisch Wort werden. Denn darum ist das Wort Fleisch geworden, damit das Fleisch Wort werde. Darum wird Gott Mensch, dass der Mensch Gott werde. Darum wird die Tugend schwach, damit die Schwachheit tugendhaft werde. Er hat unsere Form und Figur, Bild und Gleichnis angezogen, damit er uns kleide mit seinem Bilde, seiner Form und Ähnlichkeit: Darum wird die Weisheit töricht, damit die Torheit weise werde, und das gilt vor allem anderen, was in Gott und uns ist, in denen er überall das Unsere annimmt, um uns das Seine zu geben."[19]. „Wenn wir das Wort annehmen, so trägt uns Gott, aber noch nicht in Wirklichkeit (*reipsa*). Denn keinem Glaubenden wird das gegeben, was er glaubt, sondern nur das Wort, d.h. der Glaube an die künftigen Güter. Dieses Wort aber wird das unteilbare oder inkarnierte Wort sein."[20] Man fragt sich, wie eine Vereinigung stattfinden kann, wenn das Wort unteilbar, also nicht partizipierbar ist.

Das Verhältnis zwischen dem Wort und uns – so Luther –, entspricht dem zwischen Materie und Form. „Die Materie ist ohne Form nichts."[21] Und die Materie sind wir. Durch das Wort werden wir aber gerade nicht so formiert, wie Materie sonst formiert wird. Weil es unteilbar ist, teilt das Wort (die Form) sich uns nicht mit. Durch die Formierung, die wir (die Materie) durch das Wort (die Form) erfahren, wird uns also *reipsa* nichts mitgeteilt. „Wir werden nicht auf die Weise Wort, dass wir in das Wort *substantialiter* verwandelt werden, sondern wir nehmen es an (*assumimus*) und vereinigen es mit uns durch den Glauben."[22] Es wird uns im Glauben keine Gnade mitgeteilt; die Gnade ist außer uns und wesenhaft unteilbar[23].

Im Grunde hat Luther eine spiritualistische Auffassung der Inkarnation. Gott nimmt für Luther keine materielle Gestalt an; er wird nicht Fleisch. Er teilt sich nur im Wort mit, das der Mensch in einem Glaubensakt annehmen muss. Durch das Wort selbst wird der Menschen nicht verwandelt.

Die erlösende Liebe Christi nach Johannes Paul II.

Die Liebe Gottes, die alles umfängt und sich in höchster Weise in der Menschwerdung Christi offenbart, prägte das Denken und die Verkündigung von Johannes Paul II. Ein Leitgedanke des Zweiten Vatikanischen Konzils zieht sich wie ein roter Faden durch die ver-

[19] Martin Luther, *Werke.* Weimarer Ausgabe [=WA] I,28,25-32. Hier in der deutschen Übersetzung von Theobald Beer (vgl. Theobald Beer, *Der fröhliche Wechsel und Streit.* Grundzüge der Theologie Martin Luthers. Einsiedeln 1980. S. 17)

[20] WA I,29,6-13; vgl. Theobald Beer, *a.a.O.* S.18.

[21] WA I,29,27 „materia sine forma nihil esset."

[22] WA I,28,39-41; vgl Theobald Beer, *a.a.O.* S. 18.

[23] Vgl. Theobald Beer, *ebd.*

schiedenen Lehrschreiben dieses großen Papstes. Es ist ein Satz aus der Pastoralkonstitution *Gaudium et spes*, den er in den Enzykliken *Redemptor hominis*, *Dives in misericordia* und *Veritatis splendor* wörtlich zitiert und auf den er in vielen anderen Äußerungen Bezug nimmt. Dieser lautet: Nur im Geheimnis des fleischgewordenen Wortes klärt sich das Geheimnis des Menschen wahrhaft auf. „Denn *Adām*, der erste Mensch, war das Vorausbild des zukünftigen, nämlich Christi des Herrn. Christus, der neue *Adām*, macht eben in der Offenbarung des Geheimnisses des Vaters und seiner Liebe dem Menschen den Menschen selbst voll kund und erschließt ihm seine höchste Berufung."[24]

„Der Mensch kann nicht ohne Liebe leben. Er bleibt für sich selbst ein unbegreifliches Wesen; sein Leben ist ohne Sinn, wenn ihm nicht die Liebe geoffenbart wird, wenn er nicht der Liebe begegnet, wenn er sie nicht erfährt und sich zu eigen macht, wenn er nicht lebendigen Anteil an ihr erhält."[25]

Gott offenbart sich als Gott der Liebe. Er bleibt seiner Liebe zum Menschen und zur Welt treu, wie sie sich schon am Tag der Schöpfung offenbart hat. „Seine Liebe ist eine Liebe, die vor nichts zurückweicht, was die Gerechtigkeit in ihm selbst fordert. Und darum hat Gott den Sohn, ‚der die Sünde nicht kannte, für uns zur Sünde gemacht' (*2 Kor* 5,21)."[26] Die Liebe Gottes ist „größer als die Sünde, als die Schwachheit und die Vergänglichkeit des Geschaffenen, stärker als der Tod; es ist eine Liebe, die stets bereit ist, aufzurichten und zu verzeihen, stets bereit, dem verlorenen Sohn entgegenzugehen, und immer auf der Suche ist nach dem ‚Offenbarwerden der Söhne Gottes' (*Röm* 8,19), die zur künftigen Herrlichkeit berufen sind."[27]

Wenn der Mensch „sich selbst bis in die Tiefe verstehen will, muss [er] sich mit seiner Unruhe, Unsicherheit und auch mit seiner Schwäche und Sündigkeit, mit seinem Leben und Tode Christus nahen. Er muss sozusagen mit seinem ganzen Selbst in ihn eintreten, muss sich die ganze Wirklichkeit der Menschwerdung und der Erlösung ‚aneignen' und assimilieren, um sich selbst zu finden. Wenn sich in ihm dieser tiefgreifende Prozess vollzieht, wird er nicht nur zur Anbetung Gottes veranlasst, sondern gerät auch in tiefes Staunen über sich selbst. Welchen Wert muss der Mensch in den Augen des Schöpfers haben, wenn ‚er verdient hat, einen

---

24 Pastoralkonstitution *Gaudium et spes*, Nr. 22; zitiert in Enz. *Redemptor hominis*, Nr. 8, Enz. *Dives in misericordia*, Nr. 1 und Enz. *Veritatis splendor*, Nr. 2.

25 Enz. *Redemptor hominis* (4. März 1979), Nr. 10.

26 *Ebd.*, Nr. 9.

27 *Ebd.*

solchen und so großen Erlöser zu haben‘ (*Exsultet*), wenn ‚Gott seinen Sohn hingegeben hat‘, damit er, der Mensch, ‚nicht verlorengeht, sondern das ewige Leben hat‘ (vgl. *Joh* 3,16).“[28]

Christus weist den Menschen den Weg zum Leben. Christus, der Erlöser, macht den Menschen dem Menschen selbst kund. Deshalb widmete Papst Johannes Paul II. seine erste Enzyklika Christus, dem Erlöser des Menschen.

Um weiteren Aufschluss über das Geheimnis des Menschen zu erhalten, betrachtet er des Weiteren den Menschen, so wie er gedacht war, den Menschen der ersten Schöpfung, *adām*. Dazu beginnt der Papst im Rahmen der Generalaudienzen mittwochs eine Reihe von Katechesen über den „ersten Menschen“. Sie wurden später unter dem Titel „Theologie des Leibes“ publiziert. Vor diesem Panorama des „ersten Menschen“ wird die Mission Christi erst vollkommen klar.

Der Mensch als Einheit in der Komplementarität

„Gott erschuf den Menschen als sein Bild, als Bild Gottes erschuf er ihn. Männlich und weiblich erschuf er sie“ heißt es im ersten Schöpfungsbericht (*Gen* 1,27). Gott schafft Menschen als Gegenüber, aber noch in einem Wechsel von Singular und Plural: „Lasst uns Menschen machen“, „Gott erschuf *den* Menschen“.[29] In diesem priesterlichen Text tritt die Identität des Menschen noch nicht deutlich hervor. In den Mittwochskatechesen sagte Johannes Paul II. dazu: „Der geschaffene Mensch befindet sich vom ersten Augenblick seiner Existenz an vor Gott gleichsam auf der Suche nach seinem Wesen, […] nach seiner Selbstbestimmung, […] nach seiner Identität. […]“[30]

Der zweite Schöpfungsbericht, der „jahwistische“ Text, ist wahrscheinlich älter, liefert aber ein detaillierteres Bild des Menschen. *Adām* vermag den Tieren Namen zu geben (vgl. *Gen* 2,20). Zugleich nimmt er wahr, dass er sich mit seinem Körper von den anderen Körpern unterscheidet. „Der Körper, durch den der Mensch an der sichtbaren geschaffenen Welt teilhat, – so Johannes Paul II. – bringt ihm zugleich zu Bewusstsein, dass er ‚allein‘ ist.“ Der Schöpfungsbericht zeigt uns, dass „das ursprüngliche Alleinsein des Menschen mit dem Bewusstsein, Körper zu sein, in

---

[28] *Ebd.*, Nr. 10.

[29] „Dann sprach Gott: Lasst uns Menschen machen als unser Bild, uns ähnlich“ (*Gen* 1,26); vgl. auch *Gen* 1,27.

[30] 5. Katechese (10. Oktober 1979), Nr. 5. In: Johannes Paul II. *Die menschliche Liebe in Gottes Heilsplan. Eine Theologie des Leibes.* Hrsg. von Norbert und Renate Martin. (2. überarbeitete Auflage) Kisslegg 2008, S. 102.

Verbindung [steht], durch das sich der Mensch von allen Lebewesen unterscheidet und sich von ihnen ‚scheidet' und durch das er Person ist".[31] Der Mensch sucht nach Erfüllung in einer „Entsprechung". Er sucht ein „zweites Ich", das ebenso personalen Charakter hat, das sich im Alleinsein und im Sich-Unterscheiden äußert.

Diese Entsprechung kann er aber nur als Geschenk erhalten. Gott schafft in einem weiteren Schöpfungsakt dem *Adām* „eine Hilfe, die ihm ebenbürtig ist" (*Gen* 2,18). „Der Mensch wird nicht so sehr im Augenblick seines Alleinseins als vielmehr im Augenblick der Gemeinschaft zum Abbild Gottes. Denn er ist ‚von Anfang an' ein Abbild, in dem sich nicht nur das Alleinsein einer Person, die die Welt beherrscht, widerspiegelt, sondern auch ganz wesentlich Abbild einer unergründlichen, wesentlich göttlichen Gemeinschaft von Personen."[32] Dieses Geheimnis der Einheit und Gemeinschaft beschränkt sich nicht auf einen ursprünglichen „paradiesischen" Zustand, sondern ist ein Ziel, etwas Gutes, nach dem die Menschen immer streben sollen. Darauf beruft sich Jesus in seinem Gespräch mit den Pharisäern, wenn er *Gen* 2,24 zitiert: „Habt ihr nicht gelesen, dass der Schöpfer sie am Anfang männlich und weiblich geschaffen hat und dass er gesagt hat: Darum wird der Mann Vater und Mutter verlassen und sich an seine Frau binden und die beiden werden ein Fleisch sein? Sie sind also nicht mehr zwei sondern ein Fleisch" (*Mt* 19,4-6).

Reinheit und Freiheit des Menschen

Nötig für das Streben nach der Einheit ist aber „eine Reinheit, wie die Bergpredigt sie in der Formulierung der Seligpreisungen enthält: ‚Selig, die reinen Herzens sind, denn sie werden Gott schauen' (*Mt* 5,8). Auf diese Weise – so Johannes Paul II. – richtet Christus einen Ruf an das Herz des Menschen; er ruft es, aber er klagt es nicht an"[33]. Der Mensch kann die Gemeinschaft der Hingabe mit dem Streben nach Besitz und Verfügbarkeit verkehren. Er vermag, sich die ihm ebenbürtige Person zu unterwerfen. Dies ist dann aber keine Gemeinschaft mehr und lässt die Reinheit vermissen. Reinheit – das ist die Durchsichtigkeit für den Anderen, das Durchsichtig-Sein für das Geschenk der personalen Gemeinschaft, das die beiden, Mann und Frau, gemeinsam erfüllen[34]. Dank der Reinheit „vermag

---

[31] 6. Katechese (24. Oktober 1979), Nr. 3; vgl. *a.a.O.*, S. 106.
[32] 9. Katechese (14. November 1979), Nr. 3; vgl. *a.a.O.*, S. 120.
[33] 50. Katechese (10. Dezember 1980), Nr. 1; vgl. *a.a.O.*, S. 321.
[34] Vgl. 49. Katechese (3. Dezember 1980), Nr. 5; vgl. *a.a.O.*, S. 318.

man den eigentlichen und tiefsten Sinn des Lebens zu begreifen und zu verwirklichen: nämlich *eine Gabe zu sein, die sich in der Hingabe erfüllt*".[35]

Die Freiheit von jedem körperlichen und sexuellen Zwang „liegt ja gerade der bräutlichen Bedeutung des Leibes zugrunde. Der menschliche Körper mit seiner Geschlechtlichkeit, seiner Männlichkeit und Weiblichkeit, ist im Geheimnis der Schöpfung gesehen, nicht nur Quelle der Fruchtbarkeit und Fortpflanzung wie in der gesamten Naturordnung, sondern umfasst von ‚Anfang' an auch die Eigenschaft des ‚Bräutlichen', d.h. die Fähigkeit, der Liebe Ausdruck zu geben: jener Liebe, in welcher der Mensch als Person Geschenk wird und – durch dieses Geschenk – den eigentlichen Sinn seines Seins und seiner Existenz verwirklicht"[36].

Auf die für das Leben des Menschen wesentliche Bedingung der Freiheit wurde schon im Zweiten Vatikanischen Konzil hingewiesen. Dort heißt es: „Wir verstehen hier die Freiheit vor allem als Herrschaft über sich selbst (Selbstbesitz). In dieser Hinsicht ist sie unerlässlich, damit der Mensch sich selbst hingeben kann, damit er zum Geschenk werden kann, damit er ‚sich selbst wirklich finden' kann durch ‚die aufrichtige Hingabe seiner selbst'."[37]

Die Ehe als Weg der Erlösung

Die Entsprechung und Einheit von Mann und Frau finden ihre Erfüllung in der Ehe. Diese entspringt „nicht dem Gefühl; [sondern] vor allem einem Entschluss des freien Willens, einer personalen Liebe, durch die die Gatten nicht nur ein Fleisch, sondern auch ein Herz und eine Seele werden. […] Volle Geschlechtsgemeinschaft zwischen Mann und Frau hat darum ihren legitimen Ort allein innerhalb der ausschließlichen und endgültigen personalen Treuebindung in der Ehe. Die Endgültigkeit der ehelichen Treue, die heute vielen nicht mehr verständlich erscheinen will, ist ebenfalls ein Ausdruck der unbedingten Würde des Menschen. Man kann nicht nur auf Probe leben, man kann nicht nur auf Probe sterben. Man kann nicht nur auf Probe lieben, nur auf Probe und Zeit einen Menschen annehmen.

[Die] Ehe [ist] auf Dauer, auf Zukunft ausgerichtet. Sie schaut über sich hinaus. Die Ehe ist der einzig angemessene Ort für die Zeugung und Erziehung von Kindern. Darum ist eheliche Liebe ihrem Wesen nach auch auf Fruchtbarkeit ausgerichtet. In dieser Aufgabe, menschliches Leben

[35] Enz. *Evangelium vitae* (25. März 1995), Nr. 49.

[36] 15. Katechese (16. Januar 1980), Nr. 1; *a.a.O.*, S. 147.

[37] Pastoralkonstitution *Gaudium et spes*, Nr. 24.

weiterzugeben, sind die Ehegatten Mitwirkende mit der Liebe Gottes, des Schöpfers".[38]

„Die Ehegemeinschaft wurzelt [also] in der natürlichen Ergänzung von Mann und Frau und lebt aus dem persönlichen Willen der Gatten, ihr ganzes Leben zu teilen, das, was sie haben, und das, was sie sind. Deshalb ist eine solche Gemeinschaft die Frucht und das Zeichen eines tief menschlichen Anspruchs. Aber in Christus, dem Herrn, sagt Gott ja zu diesem menschlichen Anspruch, bestätigt, läutert und erhebt ihn und führt ihn durch das Ehesakrament zur Vollendung: Der in der sakramentalen Eheschließung geschenkte Heilige Geist eröffnet den christlichen Ehegatten eine neue Gemeinschaft, eine Liebesgemeinschaft, die lebendiges und wirkliches Bild jener einzigartigen Einheit ist, die die Kirche zum unteilbaren Mystischen Leib des Herrn Jesus Christus macht."[39]

Das ursprüngliche Glück, der beglückende „Anfang" des Menschen, den Gott als personale Einheit von Mann und Frau geschaffen hat, die bräutliche Bedeutung des Leibes, all das wird in das Geheimnis der Kirche aufgenommen. Die Kirche heiligt die ehelichen Gemeinschaften und wächst aus ihnen immer neu hervor. So ist sie in übertragener Weise auch eine Braut, die ihrem Bräutigam Jesus Christus anvertraut ist. Und darin vollzieht er den Willen des Schöpfers: „Siehe, ich komme, um deinen Willen zu tun" (vgl. *Hebr* 10,7).

„Wenn [...] die Kirche ihr eigenes Leben vollzieht, dann geschieht das, weil sie es aus Christus schöpft, der immer nur das eine will, dass wir das Leben haben und es im Überfluss haben. Die Fülle des Lebens, die in ihm ist, ist für den Menschen bestimmt. Deshalb wird die Kirche, wenn sie sich dem ganzen Reichtum des Geheimnisses der Erlösung öffnet, eine Kirche von lebendigen Menschen; lebendig, weil sie durch das Werk des ‚Geistes der Wahrheit' von innen belebt und von der Liebe heimgesucht sind, die der Heilige Geist in unsere Herzen eingießt. Das Ziel eines jeden Dienstes in der Kirche, sei er apostolischer, pastoraler, priesterlicher oder bischöflicher Natur, ist es, diese dynamische Verbindung zwischen dem Geheimnis der Erlösung und jedem Menschen aufrechtzuerhalten."[40]

Die Kirche setzt das Heilswerk Christi fort. Ihr Arbeitsfeld ist die geistig-leibliche Wirklichkeit der Schöpfung. Die Kirche erfüllt ihre Aufgabe, indem sie in selbstloser Einheit mit ihrem Bräutigam Jesus Christus lebt; indem sie in reiner Verfügbarkeit von ihm die Gabe des Heils für die Welt empfängt, damit die Menschen „das Leben haben und es in Fülle haben"

[38] Predigt bei der Hl. Messe auf dem Butzweilerhof in Köln (15. November 1980), Nr. 5f.
[39] Apostolisches Schreiben *Familiaris consortio* (22. November 1981), Nr. 19.
[40] Enz. *Redemptor hominis* (4. März 1979), Nr. 22.

(*Joh* 10,10). Und sie blickt zugleich auf das Ende der Zeit, auf „einen neuen Himmel und eine neue Erde“ (*Offb* 21,1), wenn der Menschensohn kommt, um die Schöpfung von Grund auf zu erneuern.

Ein persönliches Nachwort

Seit fast 20 Jahren lebe und arbeite ich in Rom. Ich kann beobachten, dass geistliche Felder allmählich grün werden. Junge katholische Paare in Rom und Umgebung versuchen bewusst, ihren Glauben zu leben und von daher in eine verantwortungsvolle Partnerschaft hineinzuwachsen. Sie bilden kleine Netzwerke über die örtlichen Pfarreien hinaus, entwickeln eine Kultur des Betens und gehen regelmäßig zur Beichte. Und sie geben in ihrer Umgebung Zeugnis. Sie sind nicht vor Sünde, Versagen, Krankheit und Tod gefeit, aber sie wissen, dass es Einen gibt, der vollkommen ist und aus der Fülle allen Geschöpfen seine Liebe schenken will. Für immer. So kann die krebskranke Chiara Petrillo bezeugen: Wir sind Kinder Gottes, geschaffen für die Ewigkeit. „Gott schafft das Leben für die Ewigkeit, wie kann ich ihm da Nein sagen?“[41]

[41] Simone Troisi/Cristiana Paccini, *Siamo nati e non moriremo mai più. Storia di Chiara Corbella Petrillo*. Assisi 2013, S. 62.

Johannes Paul II. und die Kultur des Lebens

Mechthild Löhr M.A.

Wer das Wirken und die prophetische Kraft des hl. Papstes Johannes Paul II. (JP II) und seinen außerordentlich einflussreichen Einsatz insbesondere für die Würde und den Schutz jedes menschlichen Lebens auch nur erahnen will, kommt nicht umhin, immer wieder den Blick auf die besonderen Lebenssituationen und die historischen Erfahrungen dieses großen Kirchenlehrers der Moderne zu richten.

„Das Jahrhundert ohne Gott" – so überschreibt Alfred Müller-Armack 1948 sein Werk über den umfassenden Säkularisierungsprozess der westlichen Moderne, in die JP II hineingeboren wird. Er zeigt darin auf, wie seit dem 19. Jahrhundert das Leben, die Kultur, die Institutionen umfassend „verweltlicht" wurden. „Kein Jahrhundert hat die Transzendenz so umfassend aus dem Diesseits geworfen und alle Spielarten der Kultur auf Immanenz umgestellt." „(…) nicht Gott ist Mensch geworden, sondern der Mensch Gott und steht nun wie ein Feldherr in der Welt und blickt in die Horizontale (…) Fortschritt heißt Fortschreiten im Diesseits auf allen Seinsebenen. Das freigelassene Begehren richtet sich auf alles."

In diesem Jahrhundert der modernen ideologischen und faktischen Gottesferne, in der viele Länder und Kulturen der Welt nach zwei brutalen Weltkriegen und Diktaturen tief erschüttert sind, erlebt die katholische Kirche unter ihrem großen Wegweiser Karol Wojtyła, Johannes Paul II., eine bedeutende Erneuerung, wie sie auch im Zweiten Vatikanum gefordert wurde. Das Leben, Denken, Handeln und Sterben dieses Papstes war tief von einem beeindruckenden, glaubensstarken christlichen Zeugnis durchdrungen. Karol Wojtyła hat im Lauf seines langen Lebens und Wirkens einen überzeugenden, lebensbejahenden christlichen Humanismus und Personalismus neu formuliert, authentisch vorgelebt und damit die Kirche bis heute geprägt.

Glaubenszeuge in einer kirchenfeindlichen Zeit

Seine eigene Vita kann als Orientierungsrahmen für die dramatischen Entwicklungen in Kirche, Glauben, Politik und Gesellschaft dienen. Sein Lebenszeugnis zeigt auf beeindruckende Weise, wie sich menschliche Tragödien und ideologische Irrungen des 20. Jahrhunderts konkret im persönlichen Lebensvollzug eines Menschen widerspiegeln können. Schon vor der Geburt bis zu seinem qualvollen Sterben nach schwerster Erkrankung hat er das große Thema der Kultur des Lebens und ihrer Gefährdung sowie die Entwicklung einer Kultur des Todes persönlich miterlebt.

Wie hat sich die Relativierung des Rechtes auf Leben und die Umwertung dieses höchsten Menschenrechtes in seinem Jahrhundert, dem zwanzigsten, und bis heute vollzogen? Wie hat er sich persönlich für die Kultur des Lebens als Professor, als Bischof, als Papst unermüdlich eingesetzt? Welches Vermächtnis hat er uns und der Welt dazu hinterlassen? Wie hat er im 20. Jahrhundert, sei es als Philosoph oder als Papst, den christlichen Humanismus prägnant formuliert, den er (wie sein Nachfolger Benedikt XVI.) auf *fides* und *ratio* gleichermaßen gründete? Wie hat er sich konkret bemüht, die Kultur des Lebens in der Gegenwart zu bewahren, zu verteidigen und zu gestalten? Wie Paul VI., Papst Benedikt XVI. und Papst Franziskus versteht er sich als Verkünder einer „Zivilisation der Liebe" und eines erneuerten christlichen Humanismus' in der Moderne. Die von ihm formulierte christliche Anthropologie ist nicht eine veraltete, überkommene Vision vom Leben, die ihre Strahlkraft längst verloren hat, sondern hat nach seiner Überzeugung den hochaktuellen, unwiderruflichen Auftrag, die Geschichte der gesamten Menschheitsfamilie, aller Kontinente, Nationen und Einzelpersonen, konstruktiv zu inspirieren und zu gestalten. Denn sie entspricht den fundamentalen Wahrheiten des menschlichen Wesens, sie ist beständige „conditio humana", in ihr formuliert sich der transzendente Sinn jeder Existenz, und die Menschheit sucht ihre letzte Fundierung gleichermaßen in der Wahrheit und in der Liebe. Die Menschenrechte und das Recht auf Leben nehmen in seiner Lehre einen ganz besonderen Platz ein. Theorie und Praxis, Glaube und Erfahrung dürfen auch hier, im Lebensvollzug, nicht getrennt werden. Menschenrechte und menschliche Ordnungsgrundsätze gelten universal, betreffen die Menschheit als Ganze und immer. Das geschenkte Licht des Glaubens an Christus als den Erlöser der Menschen (so 1980 in der Enzyklika „Redemptor hominis") erleuchtet den Sinn und Wert jedes Menschen über die Zeit hinaus. Diesem Christus den Weg in der Geschichte zu bereiten, ist sein Vermächtnis für die Gegenwart und er will damit neue Hoffnung in die Zukunft vermitteln.

Johannes Paul II. und die Kultur des Lebens

Als JP II am 22. Oktober 1978 überraschend zum Papst gewählt wurde, war ich Abiturientin und entschlossen, Politik, Philosophie und Staatsrecht zu studieren. Und ich darf hier persönlich offen bekennen: Ohne sein charismatisches Wirken und meine immer tiefer gewachsene Beziehung zu ihm als dem herausragenden Kirchenlehrer der Moderne, wäre mein Leben ganz sicher in vielfacher Hinsicht anders verlaufen …

In allen großen Themen- und Konfliktfeldern des 20. Jahrhunderts ist Johannes Paul II. ein einzigartig präsenter und prägender Papst gewesen, der durch sein breites Denken und Handeln Weltgeschichte aktiv mitgeschrieben hat. In jeder Hinsicht ist er mit seinem beeindruckenden Wirken als Priester, Philosoph und Papst zum leuchtenden Wegweiser für die Kirche und für viele Millionen Christen ganz persönlich geworden. Im Rahmen seines langen Pontifikates hat sich allein die Zahl der Priester weltweit von rund 200.000 auf über 400.000 verdoppelt. Fast drei Millionen Menschen aus aller Welt sind bei seinem Begräbnis spontan nach Rom geströmt, so wie er selbst es auch oft tat … „Santo subito“, hallte es nicht nur über den Petersplatz, sondern weltweit in der Kirche. Fast hundert Staatspräsidenten und Regierungschefs aus aller Welt und allen Religionen gaben ihm das letzte Geleit. Er hat die christliche Anthropologie des 20. Jahrhunderts maßgeblich neu formuliert – und dennoch die Tradition des christlichen Menschenbildes in großer Treue zu den Wurzeln christlich-abendländischer Philosophie stets ganz ausdrücklich inkludiert.

Seine persönliche Lebensgeschichte und die Bedeutung der Familie

Warum Johannes Paul II. die „Kultur des Lebens“ (Brief an die Familien, 2.2.1994) und die „Kultur der Liebe“ (gemäß Paul VI. „Zivilisation der Liebe“) immer wieder für einen entscheidenden Beitrag der Kirche für die Welt von heute hält, zeigt sich bei der Skizzierung seines Lebenslaufes. Ich möchte dieser biografischen Spur folgen, denn sie macht sehr deutlich, warum der Aufbau und die Entwicklung einer „Kultur des Lebens“ sicher zu den Hauptanliegen seines Pontifikates, ja vielleicht zu einem entscheidenden Element der missionarischen Kirche und Neuevangelisierung geworden ist. Die sehr häufig von ihm geforderte „Stärkung der Familien“ soll eine organische Basis dafür bilden, dass eine erneuerte „Zivilisation der Liebe“ entstehen kann. In einem „geschichtlichen Augenblick, in dem die Familie Ziel von zahlreichen Angriffen ist, die sie zu zerstören oder jedenfalls zu entstellen trachten, ist sich die Kirche bewusst, dass das Wohl der Gesellschaft und ihr eigenes mit dem der Familie eng verbunden ist, und fühlt umso stärker und drängender ihre Sendung, allen den Plan Gottes für Ehe und Familie zu verkünden, um deren volle Lebenskraft und menschlich-christliche Entfaltung zu sichern und so zur Erneuerung der Gesellschaft und des Volkes Gottes beizutragen“ (Enzyklika „Familiaris consortio“). Wenn die Familie der erste „Weg der Kirche“ und das

„Zentrum und das Herz der Zivilisation der Liebe ist", so steht davor noch festzuhalten, was Johannes Paul II. in seiner ersten Enzyklika, „Redemptor hominis", bereits kurz nach der Papstwahl am 4.3.1979 bekannte und was wie ein Leitwort für ihn und sein Pontifikat zu begreifen ist: „Der Mensch ist der Weg der Kirche."

Denn: „Das göttliche Geheimnis der Fleischwerdung steht also in enger Beziehung zur menschlichen Familie." „Gott von Gott und Licht vom Licht, der wesensgleich einzige Sohn, ist durch die Familie in die Geschichte der Menschheit eingetreten"(Brief an die Familien). Häufig die Texte von „Gaudium et spes" zitierend, betont er: „Durch die Menschwerdung hat sich der Sohn Gottes gewissermaßen mit jedem Menschen vereinigt" (Nr. 1). Der darin begründete christliche Personalismus kennzeichnet grundlegend das jedem Menschen zugewandte Denken und Handeln des Theologen und Philosophen, des Papstes und Verteidigers der Menschenwürde.

Die familiären Wurzeln von Johannes Paul II.

Karol Wojtyła wird in eine politisch, gesellschaftlich wie wirtschaftlich und kulturell extrem unruhige, von grundlegenden Umwälzungen zerrissene Zeit hineingeboren. Polen hat gerade seine nationale Freiheit zurückerhalten, doch die politische Gesamtlage ist mehr als labil. Auch von den neuen drohenden Angriffen des 20. Jahrhunderts auf den Menschen und ihr Recht auf Leben, sogar schon vor der Geburt, ist er selbst bereits im Mutterschoß betroffen: Seine Eltern Karol und Emilia hatten den Wunsch nach einem ersehnten dritten Kind schon fast aufgegeben; sein Bruder war 1906 geboren, seine Schwester Olga 1916 kurz nach der Geburt gestorben, als die Mutter 1919 mit 35 Jahren noch einmal schwanger wird. Der Gynäkologe rät dringend zu einer Abtreibung, weil die Mutter die Geburt unter Umständen nicht überleben werde. Sie entscheidet gläubig anders und am 18.5.1920 wird Karol Wojtyla geboren. Im Nachbarland Russland hat gerade die kommunistische Partei ihre Herrschaft begonnen und im Westen werden nicht nur in Deutschland die Monarchien beerdigt und neue Republiken gegründet. Der Einfluss der Kirche geht massiv zurück oder wird eingeschränkt, atheistische oder laizistische Positionen gewinnen in Staaten und Gesellschaften an Prägekraft. Aber nicht nur in Europa verändern sich politische und kulturelle Strömungen grundlegend. Klassen- und Rassenkampftheorien werden zu wachsenden Bedrohungen. Es werden verschiedene nationalistische eugenische Gesellschaften gegründet, auf der anderen Seite stehen radikale sozialistische und kommunistische Parteien. Russland legalisiert 1919 als erstes Land die Abtreibung.

In den USA gründet die rassistische Feministin Margret Sanger 1921 die American Birth Control League, die Abtreibungen forciert. 1927 findet in Genf die erste Weltbevölkerungskonferenz statt, die auf Dezimierung der Weltbevölkerung abzielt. Politische, kulturelle und intellektuelle Auseinandersetzungen und Spannungen nehmen weltweit zu. Viel zu schnell werden die Grauen des Ersten Weltkrieges vergessen. Auch in Europa wachsen weiter materielle Nöte und Konflikte.

Karol wächst im ländlichen Raum in der Nähe Krakaus zwar behütet auf, doch Karols Mutter stirbt nach langem schmerzlichen Leiden drei Wochen vor seiner Erstkommunion, auf die sie ihn noch sehr gründlich vorbereitet hat (so die Wojtyła-Forscherin Milana Kuidziuk, Die Tagespost 14.5.2020). Sein älterer Bruder Edmund, inzwischen Arzt geworden, stirbt, als Karol 12 Jahre alt ist, nachdem er sich bei Patienten mit Scharlach infiziert hat. Sein Vater und er stehen nun allein; im Vertrauen auf Gott tragen sie dieses schwere Schicksal zusammen. Als er 19 Jahre alt und Student der Philosophie und Literatur ist, überfallen am 1.9.1939 die Deutschen Polen, besetzen das Land, pressen es aus und führen Zwangsarbeit, Deportationen und die grausame Judenvernichtung ein. Gerade in Krakau und Wadowice, seinem Geburtsort, hat der junge und sehr beliebte, gewinnende Karol Wojtyła auch etliche jüdische Freunde und erlebt so später die inhumane Verfolgung der Todesschwadronen aus ganz persönlicher Nähe. Ein weiterer existenzieller Einschnitt ist der frühe Tod seines geliebten Vaters im Jahr 1941, als Karol erst 21 Jahre alt ist. Aus tiefem Gottvertrauen heraus und mit einer besonders innigen Bindung an die Gottesmutter bewältigt er, der in der kirchlichen Jugend bereits sehr aktiv ist, all diese schweren Schicksalsschläge und strahlt dennoch in seine Umgebung, sogar in der schwierigen Kriegs- und Besatzungszeit, mitreißende Lebensfreude, Humor und Hoffnung aus. Er ist sehr beliebt und geschätzt, gebildet, sportlich und kulturell vielseitig aktiv. 1942 tritt er dann, was besonderen Mut verlangte und Menschen in Lebensgefahr bringen konnte, in das geheime Priesterseminar in Krakau ein. Tief geprägt von der großen Frömmigkeit und hingebungsvollen Liebe seiner Familie, literarisch gebildet, gleichzeitig aber durch Zwangsarbeit in einer Natronfabrik und in einem Steinbruch bis auf Äußerste gefordert, beginnt er hier das Studium der Theologie und Philosophie. Er erfährt die brutale Härte des Krieges und erste Verfolgung und stellt sich mit viel Gottvertrauen den täglichen Herausforderungen dieser extrem schweren Zeit. Durch das Studium wie auch durch intensives Gebetsleben und tatkräftige praktische Arbeit bereitet er sich mit seinen Freunden auf die Herausforderungen der Zeit nach dem Krieg vor: „Er studiert Bücher, aber erlebt und erleidet die Fragen, die hinter dem Gedruckten stehen“, wird Papst em. Benedikt XVI. zu seinem 100. Geburtstag am 18.5.2020 schreiben.

Christlicher Personalismus als Antwort auf die Herausforderungen der Zeit

Grundfragen philosophischer und christlicher Anthropologie („Was ist der Mensch, dass du seiner gedenkst?“) und das Verhältnis von Theologie und Philosophie, von Thomismus und Phänomenologie, von Tradition und Moderne, von Person und Gemeinschaft, von Menschenwürde und Menschenrechten, von Zeit und Ewigkeit, von Wahrheit und Irrtum stehen im Fokus der weiteren wissenschaftlichen Studien Wojtyłas. Schon bald nach der Priesterweihe (1946) wird er für zwei Jahre nach Rom zum Vertiefungsstudium gesandt und promoviert später in Theologie wie Philosophie.

In New York werden endlich 1948 nach den grauenhaften Erfahrungen des Zweiten Weltkrieges und des brutalen Totalitarismus, die der junge Priester und Wissenschaftler so unmittelbar selbst miterlebt hat, endlich die internationale Menschenrechtsdeklaration beschlossen und die Vereinten Nationen gegründet. Jetzt werden die Menschenrechte, die Würde und der Schutz des menschlichen Lebens zur internationalen Verpflichtung für alle Staaten. Karol Wojtyła habilitiert sich in dieser Zeit über den deutschen Philosophen Max Scheler (1953), gleichzeitig ist er als Studentenseelsorger und danach als Professor für Moraltheologie tätig. Später wird er Professor für katholische Sozialethik in Lublin; diese Lehrtätigkeit übt er sogar noch bis zu seiner Papstwahl 1978 aus. Die dort gehaltenen Vorlesungen der 50er-Jahre sind unter dem Titel „Betrachtungen über das Wesen des Menschen“ 2019 von Dr. Hanns-Gregor Nissing dankenswerterweise erstmals in deutscher Sprache herausgegeben worden. Viele seiner Forschungen und Reflexionen, aber auch praktischen Beobachtungen und Erfahrungen münden später u.a. in sein philosophisches Hauptwerk „Person und Tat“. Hierbei und in weiteren philosophischen Schriften geht es ihm vor allem „… um eine Grundlegung der Ethik in einer philosophischen Anthropologie, die mit der breit verstandenen menschlichen Erfahrung in Einklang stünde oder besser: die aus der vollen Menschenerfahrung entwickelt und ausgewiesen werden könnte.“, beschreibt Andrzej Półtawski, Philosophieprofessor und Herausgeber der philosophischen Schriften „Primat des Geistes von Karol Wojtyła“.

Als er, jahrelang als beliebter Studentenseelsorger tätig, bereits 1958 mit 38 Jahren überraschend Weihbischof von Krakau wird, sind es neben seinen stets fortgeführten wissenschaftlichen Arbeiten seine seelsorgerlichen

Aufgaben, insbesondere die Jugend- und Familienpastoral, die ihm am Herzen liegen. Er kennt die katastrophalen Auswirkungen zweier radikaler Ideologien, die erklärtermaßen nationalistisch, in Europa oder international gegen den Glauben, gegen die Kirche und christliche Weltanschauung angetreten sind und die sich die Abschaffung und Zerstörung der Religion zum Ziel gesetzt haben, aus persönlicher Erfahrung und Nähe. Sowohl der besiegte Nationalsozialismus als auch der drohende Kommunismus machen, auf verschiedene Weise, die Würde der Menschen und ihr Recht auf Leben davon abhängig, ob bei ihnen die Zugehörigkeit zu einer bestimmten Rasse oder Klasse, ob Gesundheit oder Produktivität gegeben sind. Beide Ideologien fragen nach der gesellschaftlichen Nützlichkeit eines Menschen für das Volk, für den Staat, die Partei oder den Fortschritt.

Die konkreten politischen Konsequenzen dieser gewissenlosen Forderungen zeigen sich bald mit schockierender Deutlichkeit: sei es durch angewandte Eugenik, durch die Realität brutaler Euthanasie oder die erbarmungslose Selektion und Tötung von Menschen „falscher" Rasse oder Klasse. Viele Millionen von Toten bleiben bis heute die anklagenden, stummen Zeugen dieser Zeit, die durch die Judenvernichtung und den Zweiten Weltkrieg zur größten Menschenvernichtung aller Jahrhunderte führte. Später wird auch die von JP II beauftragte Erstellung eines umfangreichen katholischen Martyrologiums des 20. Jahrhunderts detailliert Zeugnis geben, wie viele bekennende Christen diesen Gräueltaten zum Opfer gefallen sind.[1]

Fraglos sind seither die Kirche, Päpste wie Bischöfe sowie das gesamte Lehramt argumentativ ganz neu zum öffentlichen Bekenntnis, zur Verkündigung und Verteidigung des Glaubens herausgefordert. Angesicht der neuen rechten und linken Ideologien und Diktaturen verlangen die Menschen von der Kirche überzeugende und klare Antworten und suchen bei ihr persönliche Orientierung an einem alternativen christlichen Menschenbild, das die Kraft hat, den Wert wirklich jeder Person, von der Zeugung an, in agnostischen und atheistischen Gesellschaften zu begründen und mutig zu verteidigen.

Wojtyła ist frisch geweihter Priester im fast völlig von Bomben ruinierten Krakau, da übernehmen in Polen und im gesamten europäischen Osten ab 1946 kommunistische Kaderparteien, von kirchenfeindlichem Marxismus-Leninismus getrieben, die Regierungen und verlangen damit von glaubensfesten Christen und ihren Hirten Anpassung, Unterwerfung oder (stillen)

1 Helmut Moll (Hrsg.): *Zeugen für Christus. Das deutsche Martyrologium des 20. Jahrhunderts.*

Widerstand durch mutige und persönliche Einsatzbereitschaft. Auch in Grundfragen der Familie, der Ehe und des Schutzes des Lebens werden alle Werte neu definiert: Der Staat soll die familiären Bindungen ersetzen. Ehe und Kinder müssen produktiven Maßstäben weichen. Abtreibung wird in allen Ostblockstaaten erlaubt. Die Verhaftung, Folterung oder Todesstrafe für Parteikritiker und „Konterrevolutionäre" wird ebenso alltäglich wie die tägliche Indoktrination mit antichristlicher und antikirchlicher staatlicher Propaganda und die Ausschaltung oppositioneller Kräfte. Überzeugtes Festhalten am christlichen Glauben und kirchlichen Aktivitäten gelten bereits als gefährlich und parteischädigend. Die Partei und die neue kirchenfeindliche Herrschaftsstruktur drängen die kirchliche Praxis aus dem öffentlichen Raum. Glaube und beruflicher Erfolg schließen sich aus. Viele Menschen beugen sich unter dem Druck staatlicher Diktatur auch in Polen der staatlichen Doktrin und müssen von den Priestern mühsam und missionarisch neu für ein persönliches Leben im Glauben nach christlicher Ethik wiedergewonnen werden. Dem kommunistisch begründeten Primat der Partei, des Staates und der materiellen Produktivität über den Wert und die Rechte jedes Menschen wird seitens der Kirche deutlich widersprochen, aber es verlangt Mut und hohen Einsatz.

Der junge Priester und Wissenschaftler Karol Wojtyła zeigt diesen mit besonderer Überzeugungskraft: Davon zeugt, dass er schon bald als jüngster polnischer Bischof und anerkannter philosophischer Vordenker und christlicher Anthropologe Gelegenheit erhält, seines Wirkungskreis deutlich zu erweitern.

Der Weg Bischof Wojtyłas nach Rom

Sein umfassendes wissenschaftliches Publikationsspektrum, sein hohes Ansehen als dynamischer Seelsorger, seine besondere persönliche und spirituelle Ausstrahlung und sein Charisma führen dazu, dass er den polnischen Episkopat beim II. Vatikanum in Rom mitvertreten und beraten kann. Als Zeuge und Repräsentant der unter dem kommunistischen Diktat stehenden Kirche des Ostens bringt er beim Zweiten Vatikanischen Konzil seine ganz besonderen Erfahrungen und Standpunkte ein. So kann er, wie auch Joseph Ratzinger, der gleichzeitig die deutschen Bischöfe in Rom begleitet, bereits Stellungnahmen äußern, die sich teilweise schon konkret, so spätere Biografen, in Passagen im Schlussdokument „Gaudium et spes" 1965 wiederfinden lassen.

Papst Paul VI. ist, ebenso wie der polnische Primas, von seiner ungewöhnlichen wissenschaftlichen wie theologischen Kompetenz beeindruckt und ernennt ihn 1964 zum jüngsten Erzbischof Polens in seiner geliebten Heimatstadt Krakau. 1968, in dem für Papst Paul VI. und die Kirche schicksalsschweren Jahr der Veröffentlichung der Enzyklika „Humanae vitae", die von vielen Kardinälen und Bischöfen abgelehnt wird, ist er im regen Austausch mit den vorbereitenden Kommissionen in Rom und leitend in Polen tätig und wirkt sehr intensiv daran mit. Wie sein späterer Biograf George Weigel[2] spannend beschreibt, hat der Erzbischof mit einer polnischen bischöflichen Arbeitsgruppe einen Alternativentwurf zu „Humanae vitae" formuliert. Dies kontrastiert zu den Überlegungen der Deutschen Bischofskonferenz unter Leitung von Kardinal Döpfner, die dagegen unter anderem den Gebrauch der Verhütungspille gestatten will. Daneben stehen der Entwurf und die Vorschläge der Kongregation für die Glaubenslehre. Zwei Jahre lang tagt in Rom immer wieder eine internationale Bischofskommission, zu der auch Karol Wojtyła gehört. Bei der abschließenden Kommissionssitzung in Rom kann er nicht teilnehmen, da ihm die polnische Regierung das Reisevisum nicht erteilt. Zur Überraschung aller und gegen das klare Mehrheitsvotum der Kardinäle für die deutsche Fassung entscheidet sich Paul VI. für eine Position gemäß den Entwürfen der Glaubenskongregation und folgend den polnischen Empfehlungen. Während die Deutsche Bischofskonferenz und das Zentralkomitee der deutschen Katholiken (ZdK) die Grundzüge von „Humanae vitae" daher sofort entschieden und öffentlich ablehnen, erfährt die Enzyklika die volle Unterstützung der polnischen und anderer Bischofskonferenzen. Die bleibende Wertschätzung des Papstes für den jungen Erzbischof Wojtyła ist so groß, dass er ihn 1970 bittet, die Fastenexerzitien für ihn und das päpstliche Haus zu halten. Das Buch „Zeichen des Widerspruchs. Besinnung auf Christus" (Herder, 1979) ist bewegender Ausdruck der historischen Erfahrungen des polnischen Kardinals im Kontext moderner Auseinandersetzung der Weltanschauungen und fokussiert sich auf eine christuszentrierte Theologie und persönliche Nachfolge Jesu.

Menschenrechte und die Erziehung zur Liebe

Als Karol Wojtyła 1978 zum 264. Nachfolger Petri gewählt wird, ist sofort spürbar, dass er weltweit vor allem bei jungen Menschen spontane Begeisterung auslöst und die Herzen mit seiner großen Natürlichkeit, Offenheit, Fröhlichkeit und Glaubensfreude direkt erreichen kann. Von Anfang an steht seine Person für einen weltweiten, modernen Aufbruch in der Kirche.

[2] George Weigel: *Zeuge der Hoffnung: Johannes Paul. Eine Biographie*, 2011.

Seine besondere Aufmerksamkeit gilt der Erneuerung des Glaubens und der Stärkung der Familie sowie der Vermittlung einer neuen Achtung vor jeder Person als einzigartiger Einheit von Körper, Geist und Seele. Nicht nur durch seine erste Enzyklika, „Redemptor hominis" (1979), wird er schnell zum „Papst der Menschenrechte". Sowohl seine besondere Aufmerksamkeit für die teilweise brisanten politischen Situationen der Kirche in den verschiedenen Ländern als auch seine vielen internationalen pastoralen Reisen lassen erkennen, wie sehr es ihm um das Wohl der Menschen und ihre Glaubensfreiheit geht. Dabei scheut er keine Kontroversen, bemüht sich aber stets um offenen Dialog und intensiven Austausch auch mit Gegnern und Kritikern der Kirche weltweit, wie er es schon als Bischof mit der kommunistischen Partei Polens getan hat. Kurz nach seiner Wahl reist er nach Mexiko (Februar 1979) und spricht auch im größten Pilgerort der Welt, in Guadalupe. Gemäß seinem Wappenspruch „Totus tuus" verehrt er Maria, die sich dort „Mutter aller Menschen" nennt und zur Schutzpatronin der sich nun langsam weltweit gründenden Pro-Life-Bewegung wird. Kurz vor seine Wahl zum Papst, am 25.7.1978, wird in Großbritannien das erste künstlich, durch IVF erzeugte Kind geboren, Luise Jay Brown: Eine neue Ära in der Menschheit hat begonnen, das Kind ist nicht mehr nur Geschenk und Gabe des Schöpfers, sondern Produkt eines medizinischen Reproduktionsprozesses, unabhängig von natürlicher Elternschaft. Dem neuen Papst ist diese Dynamik sehr bewusst.

Der von Gott geschenkte Wert jedes Menschen und seine bleibende Würde in Zeit und Ewigkeit stehen von Anfang seines Pontifikates an in vielen weiteren Ansprachen auf allen Kontinenten immer wieder im Mittelpunkt. Eine moderne christliche Anthropologie wird von ihm über Jahre hinweg in Rom in vielen Predigten und Ansprachen sowie wöchentlichen Mittwochsaudienzen zur sogenannten „Theologie des Leibes"[3] weiterentwickelt. Hierin formuliert er seine Antwort und die der Kirche auf die aktuellen und drängenden Herausforderungen der Zeit, die jeden Menschen nicht nur betreffen, sondern auch verändern wollen. Der von ihm erneuerte und ausgefaltete christliche Personalismus zeigt das ganze existenzielle und transzendente Potenzial des Menschen auf. Wie kann sich der Mensch durch Erkenntnis, Wollen und Gnade zu weiterer Fülle als Person, als Einzelner, in der Familie und in der Gemeinschaft entfalten und so eine persönliche und wahre Antwort auf den Anruf Gottes, auf die Schöpfung und seine Gotteskindschaft geben?

---

[3] Siehe Studiengang Heiligenkreuz http://theologiedesleibes.org/

Mit seiner personalistisch zentrierten christlichen Ethik formuliert er wie kein Papst zuvor weltweit einen neuen, selbstbewussten Anspruch der Kirche und des Glaubens gegenüber Politik, Wissenschaft, Gesellschaft und Staat: Aus seinen Erfahrungen im Nationalsozialismus und Kommunismus weiß er konkreter als viele andere Hirten, warum auch der Staat auf Schranken verwiesen werden und ethisch verpflichtet sein müsse, die Rechte jeder Person zu achten. Die Verteidigung von Menschenrechten und -würde wird zu einem inhaltlichen Ankerpunkt vieler seiner apostolischen Reisen und Reden. Es ist und bleibt Papst Johannes Paul II. ein zentrales Anliegen, dass anthropologische Grundsätze (natürliche Rechte) für Gläubige wie Ungläubige verständlich und nachvollziehbar formuliert werden müssen, weil sie nur dann die gemeinsamen universalen menschlichen Erfahrungen widerspiegeln, die allgemein Geltung beanspruchen und in jeder Kultur und jeder menschlichen Gemeinschaft erlebt, verstanden und angenommen werden können. Die in seinen Katechesen und Veröffentlichungen entwickelte neue „Theologie des Leibes" wird in den folgenden Jahrzehnten das Wirken und die Lehre der Kirche weltweit beeinflussen und neu inspirieren. JP II greift damit immer wieder die Anliegen der Enzyklika „Humanae vitae" auf und gewinnt, wie von Paul VI. angestrebt, viele Gläubige, gerade auch junge Menschen, für einen neuen christlichen Zugang zur Bedeutung verantwortlicher und frei gewählter, bewusster Elternschaft. Die Einheit von Mann und Frau, ihre Gleichwertigkeit in der Verschiedenheit, das Sakrament der Ehe einerseits und das „Ja" zu jedem Kind andererseits fließen so in eine neue Bedeutung von Elternschaft und eine Herausstellung der Bedeutung der Familie als Liebes- und Lebensentscheidung zusammen. Von Politik, Gesellschaft und Kultur, von Medien und Bildung fordert er eine neue Kultur der Aufmerksamkeit und des Respekts vor Familie und Ehe und ebenso vor allen Ungeborenen, Schwachen, Alten und Kranken in jedem Stadium ihres Lebens.

Förderer und Freund des Lebens und der Familien

Kaum im Amt, beruft JP II 1980 eine erste Bischofssynode nach Rom ein, die sich mit der Rolle und den Aufgaben der Familie in der Welt von heute befassen wird. Schon 20 Jahre zuvor hatte er als Professor nach einer Vorlesungsreihe zum Thema Ehe, Familie und menschliche Sexualität unter dem Titel „Liebe und Verantwortung" Grundelemente seiner späteren päpstlichen Programmatik veröffentlicht. Wenige Monate später, 1981, wird er am 13. Mai Opfer eines heimtückischen Mordversuchs, der die außergewöhnliche politische Bedeutung seines Pontifikates nachdrücklich unterstreicht. Trotz seiner seither bestehenden erheblichen gesundheitlichen Belastungen bricht er bald wieder zu seinen apostolischen Reisen auf, auch zu seinem ersten Deutschlandbesuch als Papst. Dort formuliert er, in tiefer Kenntnis der kontroversen Positionen in der Kirche in Deutschland am 15.11.1981 in Köln einen seither oft zitierten Satz: „Man kann nicht nur auf Probe leben, man kann nicht nur auf Probe sterben, man kann nicht nur auf Probe lieben, nur auf Probe einen Menschen annehmen." Das Apostolische Schreiben „Familiaris consortio" veröffentlicht er am 22.11.1981 mit seinem zentralen Credo: „Ehe und Familie zählen zu den kostbarsten Gütern der Menschheit." Ebenfalls 1981 gründet er eine „Päpstliche Akademie für das Leben", die in Tagungen, Publikationen und internationaler Forschung und Lehre häufig zu wesentlichen aktuellen Themen der Bioethik und Fortpflanzungsmedizin Stellung nimmt.

Nur ein Jahr später, 1982, beginnen die in der Öffentlichkeit aufmerksam wahrgenommenen inhaltlichen Auseinandersetzungen zwischen der Deutschen Bischofskonferenz und dem Vatikan um die Beratungslösung des § 218 StGB und die darin etablierte Zusammenarbeit katholischer Einrichtungen mit dem Staat und der Durchführung von Abtreibungen. Am 22.10.1983 erscheint seine „Internationale Charta der Familienrechte" mit zwölf Artikeln, die, so der Papst, kein Verhaltenskodex sein wollen, sondern eine „ (…) Ordnung und grundlegende Rechte vorlegen, die mit jener naturgegebenen und universellen Gemeinschaft verbunden sind, wie sie die Familie darstellt" (Einführung). Als ebenso wegweisend stellt sich wenige Jahre später die unter Kardinal Ratzinger im Auftrag des Papstes am 10.3.1987 veröffentlichte Instruktion „Donum vitae" heraus, die die Achtung vor dem beginnenden menschlichen Leben und die Würde der Fortpflanzung zu ihrem besonderen Thema macht. Darin finden sich unter anderem differenzierte und markante Sätze der kritischen Ablehnung von In-vitro-Fertilisation (IVF), der künstlichen Befruchtung und auch schon der Samenspende und Leihmutterschaft. Hinter dem hierin begründeten klaren „Nein" der Kirche zur künstlichen Befruchtung erklärt die Instruktion ein positiv betontes und unaufhebbares „Ja" zur Würde jedes Kindes und zur Schutzpflicht des Staates und der Bedeutung und Einzigartigkeit der Würde der Elternschaft.

Sie nennt drei Hauptgründe gegen den Einsatz von IVF, die von großer Bedeutung sind: Erstens verletze sie das Recht des Kindes, selbst die Frucht einer liebenden Vereinigung zu sein. Das Kind werde zum Produkt eines Produktionsprozesses. Zweitens verletze sie die Rechte des jeweiligen Paares, dass der eine nur durch den jeweils anderen Mutter oder Vater werde. Drittens klagt die Instruktion hellsichtig die Zerstörung zahlloser menschlicher Embryonen (über 80 % in der Regel) als Folge der IVF an. Hier, wie in allen weiteren Stellungnahmen, die der Vatikan unter Johannes Paul II. veröffentlicht, entfaltet sich eine ganzheitliche Sicht auf den Menschen und die Geschlechtlichkeit, auf das Person- und das Mann- und Frausein: „Die Sprache des Leibes ist nicht nur ein Ausdruck sexueller Prägung, sondern Ausdrucksmittel der ganzen Person. Die Vereinigung ist nie nur ein körperlicher, sondern ein untrennbarer leiblicher und geistiger Akt“ (Vat. Instruktion „Donum vitae“).

Der Fall der Berliner Mauer und die Kultur des Lebens in Ost und West

1989 verändert der Fall der Berliner Mauer die politische Landschaft Europas und der Welt. Die Erfolge von Solidarność in Polen, die sich selbst ganz wesentlich auch als „Papstbewegung“ versteht, ist gestützt auf die geistige und geistliche Ausstrahlung des Pontifikates Johannes Pauls II. Hier zeigt sich, wie sehr der polnische Papst von Beginn seines Pontifikates an aufgrund seiner ungewöhnlichen politischen Erfahrungen mit ideologischen Systemen auch das politische Weltgeschehen wesentlich mitbeeinflussen konnte. Wie Paul VI., der am 4.10.1965 als erster Papst vor der UNO gesprochen und Gott als „Vater aller Menschen“ dargelegt hat, konnte auch Johannes Paul II. bereits am 2.10.1979 vor der UN-Vollversammlung eine erste Rede halten, die große Aufmerksamkeit und weltweit Anerkennung fand und in der er die große Aufgabe, Chance und dringende Notwendigkeit betonte, dass alle Staaten die Würde und das Lebensrecht jedes Menschen achten müssen.

So sehr der Papst auch stets große Vitalität, Stärke, Freude und Hoffnung auf seine Gesprächspartner ausstrahlen konnte: Sein persönliches Leben bleibt mit Krankheit und Leiden tief belastet. 1992 werden bei Johannes Paul II. ein Darmtumor sowie erste Parkinson-Symptome diagnostiziert. 1994 erleidet der Papst einen Oberschenkelhalsbruch mit bleibender Gehbehinderung. Er nimmt jedoch seinen Dienst unbeirrt weiter an, um die frohe Botschaft des Evangeliums und der Kultur der Liebe, nahezu ständig von Schmerzen begleitet, weiter in die Welt zu tragen. Gerade die Kultur des Lebens für die Schwächsten und die Bedeutung der Familie in der Welt glaubwürdig zu verteidigen, wird im letzten Lebensjahrzehnt des großen Papstes und neuen Kirchenlehrers zu einem erkennbaren „Motor“ seines Pontifikates.

1991 schreibt er in seiner wichtigen Sozialenzyklika „Centesimus annus“: „Es ist die Familie, in deren Schoß der Mensch die entscheidenden Anfangsgründe über die Wahrheit und das Gute empfängt, wo er lernt, was lieben und geliebt zu werden heißt und was es konkret besagt, Person zu sein.“

JP II sieht in der Gefährdung der Familien das wohl brisanteste Problem der Zukunftsfähigkeit vieler Gesellschaften. „Es entsteht ein Mangel an Freiheit, der vor der Verpflichtung, sich fest mit einem anderen Menschen zu verbinden und Kinder zu zeugen, zurückschreckt oder dazu verleitet, Partner und Kinder als eines der vielen ‚Dinge‘ anzusehen, die man, je nach eigenem Geschmack, haben oder nicht haben kann und die mit anderen Möglichkeiten in Konkurrenz treten.“

Der Fortschritt in den sogenannten Lebenswissenschaften geht ungebremst und teilweise völlig unkontrolliert weiter und fordert gerade die Kirche und die Gläubigen zur Prüfung und zur bewussten Stellungnahme heraus. Sowohl am Lebensanfang wie am -ende kommt es zu immer neuen Tabubrüchen. Dagegen wenden sich mit immer wieder kritisch die katholische Kirche und Papst JP II. „Der Höhepunkt der Willkür und des Unrechts wird dann erreicht, wenn sich einige Ärzte oder Gesetzgeber die Macht anmaßen, darüber zu entscheiden, wer leben und wer sterben darf. (…) So wird das Leben der Schwächsten in die Hände des Stärksten gelegt; in der Gesellschaft geht der Sinn für Gerechtigkeit verloren, und das gegenseitige Vertrauen, Grundlage jeder echten Beziehung zwischen den Menschen, wird an der Wurzel untergraben“ (Enzyklika „Evangelium vitae“).

Doch die Bedeutung der Reproduktionsmedizin wächst: Es gelingen wichtige Durchbrüche bei der künstlichen Befruchtung, immer mehr menschliche Embryonen werden in Labors erzeugt, Ei- und Samenspende in vielen Ländern zugelassen. Damit wird das Recht des Kindes auf seine Eltern von Vertragsvereinbarungen von Müttern und Vätern vor der IVF Procedure abhängig. Kinder auf Bestellung und „überzählige“, „verwaiste“ Embryonen, Selektion nach gesundheitlicher Qualität und zu Forschungszwecken werden alltäglich und zum weltweiten Geschäftsmodell. Auch der Schutz am Lebensende gerät zunehmend ins Wanken: In Europa sind die Niederlande das erste Land, das in den 1990er-Jahren die Euthanasie schrittweise legalisiert, weitere Staaten folgen. Die internationalen wie nationalen Auseinandersetzungen um den Wert des Lebens und das Recht auf Leben nehmen massiv zu und die christliche Position, jeden Menschen in allen Lebensphasen als Geschöpf und Kind Gottes zu achten, wird auf allen Ebenen von Politik und Gesellschaft mehr und mehr abgelehnt und angegriffen. Der Papst und die katholische Kirche geraten weltpolitisch zunehmend in eine „Sonderposition“, da sie jedes Leben weiterhin kompromisslos verteidigen und seine Relativierung grundsätzlich als inhumane Entwertung einzigartiger menschlicher Personenwürde ablehnen.

Der Theologe Lothar Ross formuliert eine zentrale Kritik des Papstes, der nach dem Zerfall der UdSSR und des Zusammenbruchs des Sozialismus weltweit den dominierenden Konsummaterialismus auf dem Vormarsch sieht, da dieser ebenso einen atheistischen Materialismus zur geistigen Grundlage hat wie der Kommunismus. Seine Sorgen um die durch die Wirtschaft und den Ökonomismus gefährdete Würde des Menschen in der Gegenwart legt er 1991 in seiner Enzyklika „Centesimus annus" ausführlich dar.

„Der Mensch, der den Sinn seines Lebens aus den Augen verliert und sich nur noch als Produzent und Konsument egoistischer Bedürfnisse versteht, verspielt seine sozialen Beziehungen und konsumiert am Ende sich selbst (…). Die letzte und tiefste Ursache dieser Entfremdung ist weder der Staat noch die Wirtschaft, sondern jene ‚Umkehrung von Mitteln und Zielen', die der Mensch selber vornimmt."[4]

Am 2.2.1994, im UN-Jahr der Familie, richtet Johannes Paul II. einen weltweiten „Brief an die Familien". Am 25.3.1995 kommt schließlich ein Hauptwerk dieses Pontifikates, die bedeutende Enzyklika „Evangelium vitae", heraus, die sich an alle Menschen guten Willens richtet und den Wert und die Unantastbarkeit menschlichen Lebens zu ihrem hauptsächlichen Anliegen macht. Es geht darum, den Wert der menschlichen Person gegenüber neuen bioethischen Bedrohungen des menschlichen Lebens zu verteidigen. Sie erscheint am Hochfest der Verkündigung des Herrn und ist das bisher größte Manifest der katholischen Kirche zur Kultur des Lebens. Sie stellt die christliche Botschaft über das Leben unter den Satz Jesu: „Ich bin gekommen, damit sie das Leben haben." Sie verweist auf den Brudermord von Kain an Abel und erneuert das fünfte Gebot: Du sollst nicht töten. Dieses Gebot wird in den Fokus aller christlichen Lebensschutzbemühungen gestellt. Sie betont: „Was ihr dem geringsten meiner Brüder getan habt, das habt ihr mir getan." Sie fordert Christen aller Länder auf, für eine neue Kultur des menschlichen Lebens einzutreten. Sie klagt nicht nur an, sondern tröstet auch und verheißt stets Hoffnung, zuletzt mit der christlichen Botschaft: „Der Tod wird nicht mehr sein."

„Breite Schichten der öffentlichen Meinung rechtfertigen menschliche Verbrechen gegen das Leben im Namen der individuellen Freiheit. (…) Seit dem ersten Jahrhundert hat die Kirche es für moralisch verwerf-

[4] Es geht um die Würde des Menschen. Zum sozialethischen Vermächtnis von Johannes Paul II., in: Lothar Roos, *KSZ* Reihe Kirche und Gesellschaft, Nr. 321.

lich erklärt, eine Abtreibung herbeizuführen. Dies hat sich nicht geändert und ist unveränderlich." Ganz bewusst formuliert die katholische Kirche mit dieser Enzyklika eine fundierte Gegenposition zur vierten UN-Frauenkonferenz, die vom 4.-15.9.1995 in Peking stattfindet. Bei der weltweiten Vorbereitungskonferenz von Frauen im Vatikan waren rund 150 Frauen aus aller Welt geladen, darunter die Autorin dieses Artikels. Hier wurde deutlich, dass sich die katholische Kirche durchaus als eine der größten Frauenhilfsorganisation verstehen kann: Sie fordert, schützt und bildet Frauen weltweit, unabhängig von Kultur, Religion und Finanzen. Auf dieser UN-Frauenkonferenz und in den Vorbereitungspapieren wurde auch erstmalig die „Gender"-Theorie offiziell und ausdrücklich in die UN-Papiere integriert. Das Recht auf Abtreibung, radikaler Feminismus, reproduktive „Selbstbestimmung", Muttersein als negative Zuweisung, Schwangerschaft als Entwicklungshindernis und weltweite Bevölkerungsreduktion als UN-Millenniumsziel – all das steht nun auf der Durchsetzungsagenda vor allem entwickelter und sozialistischer Länder, die eine neue, weltweite UN-Frauen- und Familienpolitik etablieren wollten. Der Vatikan und andere Länder und Welt-Regionen sowie Religionen formulierten, teilweise unter vatikanischer Führung, ihre kritischen Positionen dazu.

Vor der UN-Konferenz veröffentlichte Papst JP II erstmalig einen „Brief an die Frauen", in dem er diesen auf 12 Seiten persönlich dankt, ihnen Mut zuspricht, auf Hindernisse verweist und zur Achtung vor dem „Genius der Frau" und ihrem gleichwertigen Auftrag aufruft, wie er es ähnlich bereits in seiner Schrift „Mulieris dignitatem" 1988 getan hatte. In diesem wichtigen Jahr, bei seinem zweiten Besuch der UNO am 5.10.1995 anlässlich der 50-Jahr-Feier der UNO formuliert er in New York aus einer kritischen Perspektive heraus seine Hoffnung für die Welt: „Wir müssen unsere Angst vor der Zukunft überwinden (…). Die Antwort auf die Angst, wie sie die menschliche Existenz am Ende des 20. Jahrhunderts verdunkelt, ist die gemeinsame Anstrengung dafür, die Zivilisation der Liebe aufzubauen. Gegründet auf den universellen Werten des Friedens, der Solidarität, der Gerechtigkeit und der Freiheit. Die Seele der Zivilisation der Liebe, das ist die Kultur der Freiheit, der Freiheit der Nationen und der einzelnen, gelebt in hingebungsvollem Geist der Solidarität und Verantwortung."

Der Papst und der Lebensschutz in Deutschland

Bereits seit 1968 gab es durch die sogenannte „Königsteiner Erklärung“, in der die autonome Gewissensfreiheit der einzelnen Christen bei der Auswahl der Verhütungsmitteln gefordert wird, einen grundlegenden Dissens zur kirchlichen Position, wie sie in „Humanae vitae“ dargelegt wurde, welche ein „Ja“ zum Kind und dessen bedingungslose Annahme als angemessen ausdrückt.

Dreimal besuchte Papst Johannes Paul II. Deutschland: 1980, 1987 und 1996. In seiner Ansprache vor dem Brandenburger Tor sagte er am 21.6.1996: „Die Idee der Freiheit kann nur da in Lebenswirklichkeit umgesetzt werden, wo Menschen gemeinsam von ihr überzeugt und durchdrungen sind – in dem Wissen um die Einmaligkeit und Würde des Menschen und um seine Verantwortung vor Gott und den Menschen.“

Spätestens seit 1995 dominierte in Deutschland die Auseinandersetzung um den Beratungsschein als einziger und verpflichtender Voraussetzung für eine straffreie Abtreibung die innerkirchliche und mediale Debatte. In diese Zeit fiel auch mein persönlicher Einstieg in den Lebensschutz, durch das Eintreten des Papstes stark motiviert, an der „Kultur des Lebens“ mitzuwirken.

Der Papst war, nicht zuletzt durch Kardinal Ratzinger, mit dem er oft wöchentlich zusammenkam, sehr genau über die besondere Lage und Regelung in Deutschland informiert. In seinem „Brief an die deutschen Bischöfe“ wies Papst Johannes Paul II. darauf hin, dass die Kirche sich keinesfalls an dem staatlichen System in dieser Form beteiligen könne: „Im Kampf um das ungeborene Leben muß sich die Kirche in unseren Tagen immer mehr von der sie umgebenden Umwelt unterscheiden“, machte er unmissverständlich klar. „Nach gründlicher Abwägung aller Argumente kann ich mich der Auffassung nicht entziehen, daß hier eine Zweideutigkeit besteht, welche die Klarheit und Entschiedenheit des Zeugnisses der Kirche und ihrer Beratungsstellen verdunkelt. Deshalb möchte ich Euch, liebe Brüder, eindringlich bitten, Wege zu finden, daß ein Schein solcher Art in den kirchlichen oder der Kirche zugeordneten Beratungsstellen nicht mehr ausgestellt wird. Ich ersuche Euch aber, dies auf jeden Fall so zu tun, daß die Kirche auf wirksame Weise in der Beratung der hilfesuchenden Frauen präsent bleibt.“ (21.9.1995) Es wurde also keineswegs, wie öffentlich kolportiert wurde, in seinem Schreiben ein „Ausstieg“ aus dieser Beratung geplant oder erbeten, ganz im Gegenteil, er forderte mehr Einsatz für das Leben.

„In der Enzyklika Evangelium vitae habe ich darauf hingewiesen, daß wir einer ungeheuren und dramatischen Auseinandersetzung zwischen

Bösem und Gutem, Tod und Leben, der ‚Kultur des Todes' und der ‚Kultur des Lebens' gegenüberstehen. Wir stehen diesem Konflikt nicht nur gegenüber, sondern befinden uns notgedrungen mittendrin: wir sind alle durch die unausweichliche Verantwortung in der bedingungslosen Entscheidung für das Leben involviert und daran beteiligt" (Brief an die deutschen Bischöfe, 21.9.1995).

Abtreibung wird weiterhin von der Kirche als Tötungshandlung uneingeschränkt abgelehnt: „Das menschliche Leben ist vom Augenblick der Empfängnis an absolut zu achten und zu schützen. Schon im ersten Augenblick seines Daseins sind dem menschlichen Wesen die Rechte der Person zuzuerkennen, darunter das unverletzliche Recht jedes unschuldigen Wesens auf das Leben" (KKK 2270). Papst Johannes Paul II. wird nicht müde, immer wieder zu betonen, dass Menschenrechte nicht vom Staat verliehen werden.

Im Zuge der breiten innerkirchlichen und öffentlichen Diskussion um die angemessene Beratungsregelung entsteht ein tiefer Graben zwischen der Deutschen Bischofskonferenz und Rom. 1999, vier Jahre nach dem Brief des Papstes an die Deutsche Bischofskonferenz, ergeht schließlich aus dem Vatikan eine schriftliche Anweisung, den für die Abtreibung notwendigen Beratungsschein nicht mehr auszustellen, in Form eines Briefes von Angelo Kardinal Sodano und Joseph Kardinal Ratzinger. In diesem Brief bezüglich des Beratungsscheins an die deutschen Bischöfe vom 20.10.1999 heißt es: Durch die Ausstellung eines Beratungsscheines mache sich die Kirche „zum Mitträger des Gesetzes in seiner Ganzheit. Diese Kooperation, die die Kirche belastet und die Klarheit und Entschiedenheit ihres Zeugnisses verdunkelt, ist mit ihrem moralischen Auftrag und mit ihrer Botschaft unvereinbar".[5] Joachim Kardinal Meisner schreibt dazu in einem Artikel in der Zeitung Die Welt („Die Einheit der Kirche ist bedroht", 28.10.1999): „Das lehrmäßige Problem liegt darin, dass die kirchlichen Beratungsstellen durch die Ausstellung des Beratungsscheines in die Ausführung eines Gesetzes einbezogen werden, das Lebensschutz und Freigabe der Abtreibung in unentwirrbarer Weise miteinander verknüpft. Mit der guten Absicht, zu retten, was zu retten ist, wird durch diese Verknüpfung die Kirche selbst in ein Geschehen verwickelt, das zur Tötung unschuldiger Menschen führt." Nicht nur dieser Artikel, sondern viele weitere Stellungnahmen verschiedener Bischöfe und Theologen waren Reaktionen auf die Gründung eines innerkirchlich umstrittenen

[5] Dokumentiert in: *Kirche und Abtreibung in Deutschland, Ursachen und Verlauf eines Konfliktes*, Manfred Spieker, 2008.

Vereins namens „Donum Vitae" im September 1999, mit dem einige katholische Politiker und Mitglieder des ZdK Schwangerenberatung innerhalb der Gesetzgebung, also mit Ausstellung des Beratungsscheins, der eine straffreie Abtreibung ermöglicht, anbieten wollten.

Auch hierbei, so lässt sich heute feststellen, ging und geht es in dominierender und exemplarischer Weise um einen bleibenden Konflikt deutscher Kirchenvertreter mit Rom: um eine betont individualethisch vertretene Position der Gewissensautonomie, der Autonomie der eigenen Entscheidung versus sozialethischer Einbindung in die Ehe und Familie betreffende Glaubenslehre. Gilt das fünfte Gebot „Du sollst nicht töten!" wirklich immer und für jeden, am Lebensanfang wie am Lebensende? Unabhängig von sonstiger Lebenssituation oder anderen subjektiven Wert- und Gewissensurteilen? Hinzu kamen die Fragen, ob private Gewalt als Mittel erlaubt sein könne, um einen Konflikt zu „lösen", ob es „Kompromisse" zwischen begründeter oder unbegründeter Abtreibung geben könne, ob die „nur" indirekte Mitwirkung an Abtreibungen katholisch legitimiert werden könne. Manfred Spieker, der diesen Konflikt in zahlreichen Publikationen dokumentiert und analysiert hat, schreibt in zu dem deutsch-römischen Konflikt: „Johannes Paul II. hat mit dieser Erörterung der cooperatio formalis ad malum in Evangelium vitae die häufig in der Moraltheologie anzutreffende individualethische Verengung der einschlägigen Diskussion verdienstvollerweise aufgebrochen und durch eine sozialethische ergänzt. In diese sozialethische Perspektive gehören auch seine Kritik an der pharmazeutischen Industrie, die ‚ungeheure Summen investiert', um Präparate zu finden, die die Tötung des Fötus' im Mutterleib ohne ärztliche Hilfe ermöglichen, und seine Verurteilung der internationalen Netzwerke der Abtreibungslobby, ‚die systematisch für die Legalisierung und Verbreitung der Abtreibung in der Welt kämpfen' und unter dem Deckmantel des Menschenrechts auf Reproduktionsfreiheit nicht wenig zur Ausbreitung der Kultur des Lebens beitragen."[6]

Papst Johannes Paul II. bleibt in allen Auseinandersetzungen seinerseits unmissverständlich und eindeutig: Das Zeugnis der Kirche für das Leben dürfe auch in Deutschland nicht verdunkelt werden! Da sowohl die überwältigende Mehrheit der deutschen Bischöfe als auch das ZdK sowie die öffentliche Meinung diese Konsequenz des Papstes mehrheitlich nicht nachvollziehen können und wollen und sie als nicht mehr zeitgemäß vermittelbar betrachten, bleibt es bis zum Ende des Pontifikates und

---

[6] Manfred Spieker, in: *Der verleugnete Rechtsstaat – Zur Kultur des Todes in Deutschland*, 2005.

darüber hinaus bei einer tiefsitzenden Dissonanz, ja einem weiter schwelenden grundlegenden Konflikt zwischen dem deutschen Episkopat und dem Vatikan in fast allen konkreten Fragen des Lebensschutzes und der Reproduktionsmedizin. In der Folge bleibt es nicht aus, dass auch die von JP II für die Kirche entwickelte „Theologie des Leibes", im Unterschied zu den meisten Bischofskonferenzen weltweit, in Deutschland leider kaum aktive, zustimmende Perzeption und/oder bischöfliche Unterstützung und Verbreitung erfahren hat. Dies bleibt in Deutschland bisher vor allem neuen geistlichen Initiativen, Medien, Bewegungen und Aufbrüchen überlassen, die allerdings gerade in der jüngeren Generation der Gläubigen und Priester zunehmend relevant werden dürften. Auch die Lebensrechtsbewegung in Deutschland wird, wie in vielen Ländern, häufig von engagierten Christen, überwiegend Katholiken und Laien, getragen. Und diese Pro-Life- und Pro-Family-Bewegung, die sich Johannes Paul II. über die Konfessionen hinweg bis heute eng verbunden fühlt, wächst und vernetzt sich dynamisch weiter, wie es sich besonders auffallend bei den großen, von JP II begründeten internationalen Weltjugendtagen deutlich beobachten lässt.

Der Weg ins dritte Jahrtausend

Zum Heiligen Jahr 2000 verfasste der Papst das prophetische apostolische Schreiben, das wie ein geistliches Vermächtnis wirkt: „Novo millennio ineunte". Das vierte Kapitel lautet „Eine Zukunft der Liebe", es ist für das dritte Jahrtausend wegweisend. Darin geht es unter anderem um Ökumene, Berufungen, Familienpastoral, Ökologie, Menschenwürde und weitere zentrale Herausforderungen unserer Zeit. Das hoffnungsvolle Schlusskapitel steht unter der Überschrift „Duc in altum!", „Fahrt hinaus!" Und diese Botschaft des heiligen Papstes wirkte weiter, bis zu seinem Lebensende und weit darüber hinaus!

Immer wieder setzte er bis zuletzt Zeichen für die Bedeutung der Menschenwürde und das Lebensrecht von der Zeugung bis zum Tod: 2003 nimmt er Mutter Teresa von Kalkutta, seine jahrzehntelange enge Mitstreiterin für die Kultur des Lebens, in die Schar der Seligen auf und legt sie der Jugend weltweit als Vorbild ans Herz. 2004 veröffentlicht er erstmalig ein „Kompendium der Soziallehre".

2005 veröffentlicht der Herder Verlag von Johannes Paul II. einen Rückblick auf sein Leben „Erinnerung und Identität". Dort resümiert er: „Es genügt, uns, die wir der Zeit noch nahe sind, allein diese Ereignisse ins Gedächtnis zu rufen, um zu verdeutlichen, dass dem von Menschen aufgestellten Gesetz bestimmte Grenzen gesetzt sind, die es nicht übertreten darf. Es sind die Grenzen, die vom natürlichen Gesetz bestimmt werden, durch das Gott selbst die fundamentalen Güter des Menschen schützt" (…).

„Genau aus dieser Perspektive heraus muss man sich (…) zu Beginn eines neuen Jahrhunderts und eines neuen Jahrtausends hinsichtlich einiger gesetzgeberischer Entscheidungen prüfen, die in den Parlamenten der heutigen demokratischen Regime getroffen worden sind (…)."

„Wenn ein Parlament den Abbruch der Schwangerschaft autorisiert und damit die Eliminierung eines Ungeborenen erlaubt, begeht es einen schweren Übergriff gegenüber einem unschuldigen menschlichen Wesen, das überdies keinerlei Möglichkeiten der Selbstverteidigung besitzt. Die Parlamente, die solche Gesetze approbieren und erlassen, müssen sich darüber im Klaren sein, dass sie ihre Kompetenzen überschreiten und in offenen Konflikt mit dem Gesetz Gottes und mit dem natürlichen Gesetz treten."

Für die weitere Zukunft prägend, für die Kirche belebend und nachhaltig wirken außerdem ganz besonders die großen Weltjugendtage, die er persönlich am Palmsonntag 1984 in Rom begründet hat und die seitdem weltweit immer größere Ausstrahlung haben. Mit über vier Millionen jungen Menschen hat er z.B. 1995 in Manila die größte Heilige Messe der Geschichte gefeiert. Dies ist ein weiterer Beleg für die außergewöhnliche Faszination und Begeisterung, die er trotz oder wohl auch wegen seiner anspruchsvollen ethischen Anforderungen bei jungen Menschen ausgelöst hat.

Der schwere gesundheitliche Leidensweg Papst Johannes Pauls II. wird immer bedrängender und er wird gerade auch hierin, im gewissermaßen „öffentlichen" Leiden, ein Nachfolger des Herrn, ein sich aufopfernder Zeuge der Kultur des Lebens und der Würde des Menschen bis zuletzt. Am 11.2.1984 hatte er in einem Apostolischen Schreiben – „Salvifici doloris" – über den Sinn und Wert menschlichen Leidens geschrieben. Es ist das einzige universalkirchliche Dokument dazu. Vieles darin belegt er später mit dem Zeugnis seines eigenen Leidens. Als seine Parkinson-Krankheit ihn aufgrund eines Luftröhrenschnitts im wahrsten Sinne des Wortes sprachlos macht, kann er am Ostersonntag 2005 die Menschen nur noch stumm, mit letzter Kraft, segnen.

Papst Johannes Paul II.: Botschafter der Wahrheit, des Lebens, der Hoffnung

Als Johannes Paul II. seinen Lebensweg am 5. April 2005 beendet, kommen über zwei Millionen Menschen aus aller Welt in Rom zusammen, um ihm die letzte Ehre und vor allem ihre große Liebe und Dankbarkeit zu erweisen. Mit seinem ganzen Leben und in seinem Sterben hat er gezeigt, warum das menschliche Leben in jedem Moment seiner Existenz heilig und unantastbar ist. Er war Hirte, Lehrer, Fels, Apostel der Liebe und Barmherzigkeit Gottes. Während die Kirche sich bis Mitte des 20. Jahrhunderts vor allem der sozialen Frage und der Lage der Arbeiterschaft gewidmet hatte, hat er das Recht auf Leben und die Unantastbarkeit der Menschenwürde in den Vordergrund gestellt und verteidigt und sie als die großen sozialen Fragen und Herausforderungen der Gegenwart benannt. Er hat die menschenverachtenden und mörderischen Ideologien des 20. Jahrhunderts – Kommunismus, Nationalsozialismus, radikalen atheistischen Liberalismus, Individualismus, Transhumanismus, Utilitarismus – persönlich erlebt und durchlitten und hat als christliche Antwort und mit großer Ausstrahlung in allen Kulturen und Ländern seinerseits als der missionarische Nachfolger Petri die „Kultur des Lebens“ entfaltet, eine tiefe, tragende Antwort auf die Nöte und Krisen unserer Zeit.

Johannes Paul II. betonte seit seiner Priesterweihe seine besondere Aufmerksamkeit für die menschliche Liebesfähigkeit, die Liebe zum dreifaltigen Gott und zum Menschen, den Gott uns als Nächsten anvertraut hat. Er fordert die umfassende menschliche Sicht auf die Person, zeigt ihre Berufung zur Ganzheitlichkeit in Wahrheit und Liebe auf und ist unermüdlich bestrebt, eine vernunftgemäße Begründung des Glaubens und einen christlichen Humanismus in den Herzen und im Denken der Menschen überzeugend zu verankern. Er entwickelte Grundzüge einer neuen Kultur des Lebens und einer Theologie des Leibes, die den Sinn und den Wert jedes Lebens erschließt, von der Zeugung bis zum natürlichen Ende. Seine Theologie des Leibes ist in der Heiligen Schrift, sowohl im Alten wie im Neuen Testament, bereits enthalten: von der Schöpfung des Menschen an bis zu seiner Erlösung und Hoffnung auf ewiges Leben in der Gegenwart Christi, als wahrem Gott und wahrem Menschen (Konzil von Nicäa 325 n.Chr.).

Die Wahrheit und das Wissen, dass Gott die Liebe ist, haben Johannes Paul II. tief geprägt als Schriftsteller, als Philosoph, Priester, Papst. In dieser Gottesliebe liegt der Sinn und die Erfüllung jeder menschlichen Existenz. Wer den Wert und die Würde des Menschenlebens leugnet und diese Wahrheit ablehnt, wird schnell Opfer einer der vielen Ideologien dieser

Zeit und erhebt sie zum Maßstab eigenen Handelns: sei es Biologismus, Sozialismus, Marxismus, Kollektivismus, Liberalismus, Individualismus, Utilitarismus, Relativismus oder Nihilismus. Solche Extreme und ihre Folgen hat Johannes Paul II. selbst in seiner Zeit und seinem Leben, außerdem in Auseinandersetzungen vielfältig erlebt. Er setzte aus tiefem Glauben seine große Hoffnung, geprägt durch *fides et ratio*, auf eine neue „Zivilisation der Liebe". Dies ist kein abstraktes, philosophisches Konstrukt, sondern zielt auf ein Gelingen des Lebens in der Zeit und auf ein ewiges Leben bei Gott.

Der neue Heilige begleitete und leitete die Kirche in stürmischer Zeit in ihr drittes Jahrtausend und wurde dabei selbst zum weltweiten Leuchtturm der Orientierung, wenn auch leider gerade in Deutschland nicht seinem Wirken angemessen wahr- und aufgenommen, sondern bis heute innerkirchlich wie medial meist kritisch oder sogar ablehnend kommentiert wird. Bischof Hanke resümiert anlässlich seiner Heiligsprechung am 27.4.2014: „Deutschland hat sich schon zu Lebzeiten mit Johannes Paul II. schwergetan, mit seinen Verlautbarungen und mit seinem theologischen Ansatz. Die deutsche Theologie hat ihn weithin noch gar nicht rezipiert …"[7]

Unbestreitbar und international anerkannt hat Johannes Paul II. in den fast drei Jahrzehnten seines langen Pontifikates die Kirche zur führenden Hüterin für den Schutz des menschlichen Lebens und die Achtung der Menschenrechte in allen Lebensphasen und unter allen Bedingungen gemacht. Johannes Paul II. ist vor allem auch als der geistliche Schutzpatron des in der Zeit seines Pontifikates weltweit entstandenen Pro-Life- und Pro-Family-Movements zu betrachten. Vielen Millionen von Gläubigen hat die Begegnung mit ihm ihrem Leben eine ganz neue Ausrichtung gegeben. Auch für mein persönliches Leben ist er zum stets richtungsweisenden geistlichen Lehrer und Begleiter geworden.

Johannes Paul II. ist für die Kirche ein moderner Kirchenlehrer geworden und für die Welt der Papst der Menschenrechte. Er hat die weltweite Verteidigung der Kultur des Lebens und des einzigartigen Wertes jeder Person und der Familie als entscheidendes Fundament eingefordert. „Habt keine Angst! Öffnet, ja reißt die Tore weit auf für Christus! Öffnet die Grenzen der Staaten, die wirtschaftlichen und politischen Systeme, die weiten Bereiche der Kultur, der Zivilisation und des Fortschritts seiner rettenden Macht! Habt keine Angst! Christus weiß, ‚was im Innern des Menschen ist'. Er allein weiß es! Heute weiß der Mensch oft nicht, was

[7] In: *Deutsche Tagespost*, 18.10.2014.

er in seincm Innern, in der Tiefe seiner Seele, seines Herzens trägt. Er ist deshalb oft im Ungewissen über den Sinn seines Lebens auf dieser Erde. Er ist vom Zweifel befallen, der dann in Verzweiflung umschlägt. Erlaubt also – ich bitte euch und flehe euch in Demut und Vertrauen an –, erlaubt Christus, zum Menschen zu sprechen! Nur er hat Worte des Lebens!“ So begann er sein beeindruckendes Pontifikat, das die Welt bleibend verändert hat. In seiner großen Enzyklika „Humanae vitae“ ruft er mit bleibender Klarheit den Gläubigen zum Aufbruch:

„Es bedarf dringend einer allgemeinen Mobilisierung der Gewissen und einer gemeinsamen sittlichen Anstrengung, um eine große Strategie zugunsten des Lebens in die Tat umzusetzen. Wir alle müssen zusammen eine neue Kultur des Lebens aufbauen: neu, weil sie in der Lage sein muss, die heute neu anstehenden Probleme in Bezug auf das Leben der Menschen aufzugreifen und zu lösen; neu, weil sie eben mit stärkerer und tätiger Überzeugung von Seiten aller Christen aufgebaut werden muss; neu, weil sie in der Lage sein muss, zu einer ernsthaften und mutigen kulturellen Gegenüberstellung mit allen anzuregen.“ Wie beeindruckend ermutigt der große Kirchenlehrer und Heilige Johannes Paul II. gerade uns Katholiken in Deutschland bis heute mit diesen Worten:

„Die Kirche ist das Volk des Lebens und das Volk für das Leben. Als Hirten der Kirche sind wir aufgerufen, der Welt das klare Zeugnis einer Kultur des Lebens anzubieten. Gemeinsam müssen wir in dieser Stunde mutige Zeugen des Evangeliums vom Leben sein“ (Brief an die Deutschen Bischöfe von 21.9.1995). Er wirkt als der große Zeuge und Prophet einer neuen „Kultur des Lebens“ für die Welt und die Kirche im 21. Jahrhundert.

„Die allgemeine Berufung zur Heiligkeit" nach Lumen gentium und ihre Konsequenzen für die Neuregelung des Kanonisationsverfahrens unter Papst Johannes Paul II.

Prälat Prof. Dr. Helmut Moll

1. Hinführung

Schon in die ersten Jahr des Pontifikates Johannes Pauls II. (1920-2005) fiel die Promulgation des bis heute verbindlichen kirchlichen Gesetzbuches der katholischen Kirche. Mit der Apostolischen Konstitution *Sacrae disciplinae leges* verfügte der Pontifex am 25. Januar 1983 die Veröffentlichung des umfassend revidierten Kodex. Das alte Gesetzbuch von 1917 war damit abgelöst.[1]

Bis zur Neufassung im Jahr 1983 war das Gesetzbuch der Kirche der Ort, an dem das Verfahren für die Selig- und Heiligsprechungen geregelt wurde. Im CIC von 1917 fassten die cc. 1999 bis 2141 die nötigen Bestimmungen. Doch derjenige, der nun im neuen Gesetzbuch nach den Bestimmungen sucht, wird nicht mehr fündig. Lediglich der can 1403 § 1 weist darauf hin, dass das Verfahren zur Kanonisation durch besonderes päpstliches Gesetz geregelt werde. Am gleichen Tag der Promulgation des neuen Gesetzbuches, dem 25. Januar 1983, veröffentlichte Papst Johannes Paul II. deshalb die Apostolische Konstitution *Divinus perfectionis magister (Der göttliche Lehrer der Vollkommenheit)*. Die Verfügungen waren fortan verbindlich für die Durchführung der Kanonisationsverfahren.[2]

Die Ordnung des Prozesses in der Konstitution außerhalb des kirchlichen Gesetzbuches setzt einen besonderen Akzent. Offensichtlich wurde das Kanonisationsverfahren nicht länger juristisch verstanden. Das Verfahren soll seinen kirchenrechtlichen Charakter verlieren und an theologischer

---

[1] Johannes Paul II., *Sacrae disciplinae leges*. Apostolische Konstitution zur Promulgation des neuen kirchlichen Gesetzbuches vom 25. Januar 1983, in: *Der Apostolische Stuhl 1983. Ansprachen, Predigten und Botschaften des Papstes*. Vollständige Dokumentation, Sekretariat der Deutschen Bischofskonferenz (Hrsg.), Köln 1984, 747-753.

[2] Johannes Paul II., *Divinus perfectionis magister*. Apostolische Konstitution zur Durchführung von Kanonisationsverfahren vom 25. Januar 1983, nach: http://www.vatican.va/content/john-paul-ii/de/apost_constitutions/documents/hf_jp-ii_apc_25011983_divinus-perfectionis-magister.html (aufgerufen am 2.4.2020).

und historischer Tiefe gewinnen. Die Suche nach den Gründen für diesen Perspektivwechsel und seinen Konsequenzen sind in den Einsichten des Zweiten Vatikanischen Konzils zu suchen. „Heiligkeit" nach seinem biblischen Befund bildet einen zentralen Begriff der Kirchenkonstitution *Lumen gentium*. Es lohnt sich, darauf ein Blick zu werfen.

Natürlich verdankt sich die gesamte Revision des kirchlichen Gesetzes dem Zweiten Vatikanischen Konzil. Nach der Promulgation des CIC galt es, das Gesetzbuch der Fachwelt vorzustellen und im Leben der Kirche zu verankern. Am 21. November 1983 richtete Johannes Paul II. eine Ansprache an die Teilnehmer eines dazu gehaltenen Kurses der Päpstlichen Universität Gregoriana. Darin hob der Papst vor allem den Unterschied zwischen den Gesetzestexten von 1917 und 1983 hervor: „Er [der neue Codex] ist nicht, was der Kodex von 1917 vor allem war: die Vereinheitlichung und Reinigung des bestehenden Rechts entsprechend den Absichten jenes unvergesslichen Oberhirten, des hl. Papstes Pius X. Der Codex des Jahres 1983, der in diesem Jubiläumsjahr der Erlösung promulgiert wurde und in Kraft tritt, ist ein Kodex ganz anderer Art. Gewiss fügt er sich in die kirchliche Tradition ein, aber er belebt sie mit dem Geist und den Bestimmungen des Konzils. Er ist der Kodex des Konzils, und in diesem Sinne ist er sozusagen das ‚letzte Konzilsdokument', das zweifellos Kraft und Wert, Einheit und Ausstrahlung dieses Konzils festigen wird."[3]

Der neue Codex der katholischen Kirche von 1983 verdankt sich den Einsichten des Zweiten Vatikanisches Konzils. Und genau hier ist auch der Grund dafür zu suchen, dass das Kanonisationsverfahren nicht länger als juristischer Akt geregelt wird. Die Einsichten des Konzils, besonders in das Wesen und Leben der Kirche, bestimmen den neuen CIC und damit auch die Entscheidung, das Kanonisationsverfahren und seine Neubestimmung in der Apostolischen Konstitution aus dem Corpus zu lösen. Am Tag der Promulgation hob Papst Johannes Paul II. hervor: „Daraus folgt, dass jenes grundlegende Neue, das, ohne jemals von der gesetzgeberischen Tradition der Kirche abzuweichen, im Zweiten Vatikanischen Konzil zu finden ist – besonders, was seine Ekklesiologie betrifft – auch das Neue am neuen Kodex ausmacht."[4]

---

[3] Johannes Paul II., „Ein Recht, vom Konzil gewünscht". Ansprache an die Teilnehmer des Kurses der Päpstlichen Universität Gregoriana über das neue kirchliche Gesetzbuch am 21. November 1983, in: *Der Apostolische Stuhl 1983. Ansprachen, Predigten und Botschaften des Papstes*. Vollständige Dokumentation, Hrsg. Sekretariat der Deutschen Bischofskonferenz, Köln 1984, 1218.

[4] Johannes Paul II., *Sacrae disciplinae leges*. Apostolische Konstitution zur Promulgation des neuen kirchlichen Gesetzbuches vom 25. Januar 1983, in: *Der Apostolische Stuhl*

Die Gründe für den Perspektivwechsel hinsichtlich der Kanonisationsverfahren liegen also in den ekklesiologischen Einsichten des Zweiten Vatikanisches Konzils, wie sie vor allem in den Konstitutionen *Lumen gentium* und *Gaudium et spes* darlegt sind. Damit ergeben sich für meine Ausführungen folgende Schritte.

Im ersten Kapitel wird die juristische Ausrichtung des Kanonisationsverfahrens im alten Codex von 1917 dargestellt. In einem zweiten Schritt richtet sich der Blick auf die Konstitution *Lumen gentium* des Zweiten Vatikanischen Konzils und darin besonders auf Kapitel V „Die allgemeine Berufung zur Heiligkeit". Das dritte Kapitel widmet sich der Apostolischen Konstitution *Divinus perfectionis magister,* in der das Kanonisationsverfahren im Licht des Zweiten Vatikanum neu geregelt ist. Die für uns lebhaft in Erinnerung stehenden Konsequenzen wie z.B. die Vielzahl der Kanonisationen unter Johannes Paul II. und ihre Kritik daran, ihr Zusammenhang mit den apostolischen Reisen und die Selig- und Heiligsprechungen von Laien aus allen Berufsgruppen und Ständen werden ebenfalls thematisiert. Ein Ausblick fasst die Ergebnisse zusammen und schließt mit einer Zusammenfassung.

2. Das Regelwerk im Codex Iuris Canonici von 1917

Bezüglich des Seligsprechungsverfahrens stehen zwei Wege offen: Auf dem ordentlichen weist der Aktor nach, dass bisher keine öffentliche Verehrung eines Dieners Gottes vorlag bzw. eine unberechtigte wieder zurückgedrängt wurde, um damit die Bitte zu verbinden, den Diener Gottes in Zukunft als Seligen verehren zu können.[5] In einem ersten Schritt kommt es dem Diözesanbischof zu, durch den Prozess *de non cultu* festzustellen, dass bei dem Diener Gottes noch keine öffentliche Verehrung vorlag. Erst nach dieser Versicherung ist der Weg frei zur Eröffnung des Apostolischen Prozesses. Die Erörterung über den heroischen Tugendgrad darf erst 50 Jahre nach dem Tod des Dieners Gottes stattfinden. Bei Märtyrern werden das Martyrium und seine Begründung sowie die Zeichen und Wunder geprüft. Für die Seligsprechung werden zwei Wunder verlangt, die nach dem Tod des Dieners Gottes auf dessen Fürsprache hin geschehen und als solche anerkannt sind.

1983. Ansprachen, Predigten und Botschaften des Papstes. Vollständige Dokumentation, Hrsg. Sekretariat der Deutschen Bischofskonferenz, Köln 1984, 751.

5 Weiterführend Helmut Moll, Art. „Seligsprechungsverfahren", in: *Lexikon für Kirchen- und Staatskirchenrecht.* Bd. 3, Paderborn 2004, 545-547, ders., Art. „Seligsprechungsverfahren – Katholisch", in: *Lexikon für Kirchen- und Religionsrecht.* Bd. 4, Paderborn 2020.

Das Gegenteil schlägt der außerordentliche (*aequipollens beatificatio*) Weg ein, indem er nachweist, dass der Diener Gottes *a tempore immemorabili* sich einer öffentlichen Verehrung rechtmäßiger Art erfreut und daher auch künftig das Recht habe, so verehrt werden zu dürfen. Eine Voruntersuchung prüft im betreffenden Bistum den dauernden allgemeinen Ruf, die Überzeugung eines vorbildlichen Lebenswandels bzw. des Martyriums und von etwaigen Wundern, darüber hinaus vor allem die ununterbrochene Fortdauer und Art der Verehrung. Daraufhin entscheiden die Kardinäle der Ritenkongregation über die Einleitung eines Seligsprechungsprozesses, der das *Placet* des Papstes benötigt. Dann führt ein kirchlicher Richter den Apostolischen Prozess *super casu excepto.* Erfüllt der Prozess alle vorliegenden Bedingungen, gilt der Kandidat nach Bestätigung des päpstlichen Dekretes über die unvordenkliche Verehrung als *aequipollenter Beatus.* „Die Seligsprechung geht der Heiligsprechung voraus und hat nicht den Charakter einer unwiderruflichen Entscheidung; die Heiligsprechung dagegen ist eine letzte und unwiderrufliche Entscheidung, die ihrer Natur nach im kirchlichen wie im göttlichen Bereich verbindlich ist.“[6]

3. Perspektivwechsel auf dem Zweiten Vatikanischen Konzil – Lumen gentium, Kapitel V. „Die allgemeine Berufung zur Heiligkeit“

Papst Johannes Paul II. berief im Jahr 1985 eine Bischofssynode ein, die es sich zur Aufgabe machte, die große Versammlung der Kirche von 1962 bis 1965 neu zu überdenken, zu untersuchen und zu fördern. Der zeitliche Abstand ermöglichte nach der durchaus stürmischen und kontroversen Rezeption der Konzilsergebnisse in den ersten Jahren einen ausgewogeneren Blick auf die vom Heiligen Geist erwirkten Ergebnisse. Die Konzilsväter richteten ihren Blick auf das Wesen und den Auftrag der Kirche. Die Bischofssynode von 1985, die 20 Jahre später das Erbe betrachtete, formulierte daher in einer Art Bilanz: „In besonderer Weise wurde auf dieser Synode das Wesen der Kirche als Mysterium und als

[6] Klaus Mörsdorf (neu bearb. und hrsg.), *Lehrbuch des Kirchenrechts auf Grund des Codex Iuris Canonici.* Bd. 3 = Wissenschaftliche Handbibliothek, Paderborn, 10., unveränderte Auflage 1959, 252; vgl. Joseph Brosch, *Der Heiligsprechungsprozeß per viam cultus,* Rom 1938; Helmut Moll, „Ist die päpstliche Heiligsprechung ein Ausdruck des unfehlbaren Lehramtes? Geschichtliche und theologische Erörterungen“, in: *Forum Katholische Theologie* 32, 2016, 56-74.

‚Communio' oder ‚koinonia' betrachtet."[7] Auch in den letzten Jahren seines Pontifikates in seiner Enzyklika *Ecclesia de eucharistia* im Jahr 2003 erinnert Johannes Paul II. an die Außerordentliche Bischofssynode von 1983 und die damals festgehaltene Zentralität der sogenannten „Communio-Ekklesiologie". Papst Johannes Paul II. hielt in der Enzyklika fest: „Die außerordentliche Versammlung der Bischofssynode 1985 fand in der ‚Communio-Ekklesiologie' die zentrale und grundlegende Idee des Zweiten Vatikanischen Konzils."[8]

Im Verständnis der Kirche als „Communio" birgt sich das zentrale Erbe des Konzils und zeigt sich gleichzeitig der Schlüssel für die Neufassung des Kanonisationsverfahrens. Was ist mit „Communio-Ekklesiologie" gemeint?

Im Jahr 2000 hatte der damalige Präfekt der Kongregation für die Glaubenslehre, Joseph Kardinal Ratzinger (* 1927) in Mailand einen Vortrag gehalten, der später in erweiterter Form in deutscher Sprache in der Festschrift des Schülerkreises zu seinem 75. Geburtstag erschien. Der Vortrag trägt den Titel: „Die Ekklesiologie der Konstitution *Lumen gentium*".[9] Auch Kardinal Ratzinger bezieht sich in seinem Vortrag auf die Bischofssynode von 1983 und der damals erkannten zentralen Bedeutung des Communio-Gedankens. Der damalige Kardinal hielt fest: „Man kann wohl sagen, dass etwa seit der Sondersynode des Jahres 1985, die eine Art von Bilanz von 20 Jahren Nachkonzilszeit versuchen sollte, ein neuer Versuch dominiert, das Ganze der konziliaren Ekklesiologie in einem Grundbegriff zusammenzufassen: in dem Wort von der *Communio-*

7 Johannes Paul II., „Synode ‚ein Zeugnis des Heiligen Geistes'". Ansprache bei der Schlussversammlung der Außerordentlichen Bischofssynode am 7. Dezember 1985, in: Deutsche Bischofskonferenz (Hrsg.), *Der Apostolische Stuhl 1985. Ansprachen, Predigten und Botschaften des Papstes,* Köln o. J., 1686.

8 Johannes Paul II., *Ecclesia de eucharistia,* 17. April 2003, in: Sekretariat der Deutschen Bischofskonferenz (Hrsg.), *Verlautbarungen des Apostolischen Stuhls,* Nr. 159, Bonn o. J., 32.

9 Joseph Kardinal Ratzinger, „Die Ekklesiologie der Konstitution Lumen gentium", in: ders., *Weggemeinschaft des Glaubens. Kirche als Communio.* Festgabe zum 75. Geburtstag, hrsg. vom Schülerkreis, Augsburg 2002, 107-131; Leo Scheffczyk, *Aspekte der Kirche in der Krise. Um die Entscheidung für das authentische Konzil,* Siegburg 1993, 69-83; vgl. Paolo Molinari, „La vocazione di tutti i cristiani alla santità. Un importante tema conciliare", in: *La Civiltà Cattolica* 115, 1984, Bd. 3, 542-550; Kurt Koch, *Zur Heiligkeit sind alle Getauften berufen,* Solothurn 2008; Marianne Schlosser, „Berufen zur Heiligkeit in der communio sanctorum. Anmerkungen zum 5. Kapitel von ‚Lumen gentium'", in: *Internationale Katholische Zeitschrift Communio* 40, 2013, 448-459; Stefan Würges, *Die allgemeine Berufung zur Heiligkeit im Zweiten Vatikanischen Konzil. Werdegang und Systematik* = Theologie des geistlichen Lebens. Bd. 2, Berlin 2018.

Ekklesiologie. Ich habe diese neue Zentrierung der Ekklesiologie begrüßt und ihr auch nach meinen Maßen vorzuarbeiten versucht.“[10]

In seinen Ausführungen in Mailand bestimmt der spätere Papst Benedikt XVI. das, was mit Communio-Ekklesiologie gemeint ist. Kardinal Ratzinger legt der Definition des Communio-Begriffes 1 Joh 1,3 zugrunde. In diesem biblischen Befund lassen sich alle Elemente des Communio-Verständnisses finden. Dort heißt es: „Was wir gesehen und gehört haben, das verkünden wir euch, damit auch ihr Gemeinschaft mit uns habt. Wir aber haben Gemeinschaft mit dem Vater und mit seinem Sohn Jesus Christus. Wir schreiben dies, damit unsere Freude vollkommen sei“ (1 Joh 1,3). Ausgangspunkt der Communio, der Gemeinschaft der Kirche, stellt die Begegnung mit dem fleischgewordenen Sohn Gottes, mit Jesus Christus, dar, der in der Verkündigung der Kirche zu den Menschen kommt. Der Kardinal führt aus: *„Die Gemeinschaft mit Gott wird vermittelt durch die Gemeinschaft Gottes mit den Menschen, die Christus in Person ist; die Begegnung mit Christus schafft Gemeinschaft mit ihm selber und so mit dem Vater im Heiligen Geist; sie vereint von daher die Menschen untereinander. Dies alles zielt auf die vollkommene Freude.“*[11]

Gemeinschaft wird zu einem zentralen Begriff, mit dem das Wesen der Kirche verstanden und beschrieben wird. Zwar nicht als demokratische Volk-Gottes-Vorstellung, ebenso wenig auf die Gemeinde reduziert, aber heilshaft übernatürlich. Gott eröffnet in der Menschwerdung seines Sohnes die Gemeinschaft der Menschen untereinander und mit Gott. Die Initiative liegt bei Gott, der sich als treu und barmherzig zeigt. Gott bricht zum Menschen auf. Die Gemeinschaft mit den Menschen, die Gott in der Inkarnation seines Sohnes eingeht, bedeutet eine neue Gemeinschaft der Menschen untereinander und gleichzeitig deren Teilhabe am Leben der Gemeinschaft in Gott, in der Dreifaltigkeit von Vater, Sohn und Heiligem Geist. Die Definition der Kirche in *Lumen gentium* 1 nimmt beide Dimensionen auf: „Die Kirche ist ja in Christus gleichsam das Sakrament, das heißt Zeichen und Werkzeug für die innigste Vereinigung mit Gott wie für die Einheit der ganzen Menschheit“ (LG 1).

Ein Hinweis auf den Ersten Korintherbrief bringt die enge Zusammengehörigkeit dieses Communio-Verständnisses der Kirche mit dem Sakrament der Eucharistie zutage. Bis in den alltäglichen Sprachgebrauch hinein zeigen sich sinnenfällig diese Spuren. „Ich oder wir gehen in der Feier der Heiligen Messe zur Kommunion“ – so sagt man alltäglich und

[10] *Ebd.*, 112
[11] *Ebd.*, 113

bringt das Geheimnis der Eucharistie auf den Punkt. Der hl. Paulus schreibt in 1 Kor 10,16.17: „Ist der Kelch des Segens, über den wir den Segen sprechen, nicht Teilhabe [Communio] mit dem Blut Christi? Ist das Brot, das wir brechen, nicht Teilhabe [Communio] mit dem Leib Christi? Ein Brot ist es, darum sind wir viele ein Leib." Kardinal Ratzinger hält fest: „Die Communio-Ekklesiologie ist von innen her *eucharistische Ekklesiologie*. [...] In der Eucharistie baut Christus, in Brot und Wein gegenwärtig und sich immer neu verschenkend, die Kirche als seinen Leib auf und eint uns durch seinen auferstandenen Leib dem dreieinigen Gott und untereinander."[12]

Auf Papst Johannes Paul II. kam die Aufgabe zu, die Kirche in das dritte Jahrtausend zu führen. In seinem Apostolischen Schreiben *Novo millennio ineunte* zum Abschluss des Großen Jubiläums des Jahres 2000 vom 6. Januar 2001 bestimmt der Pontifex das Verständnis der Kirche als Communio und damit die Heiligkeit als Perspektive des zukünftigen pastoralen Weges. Im Besonderen verweist er dabei auf das fünfte Kapitel der Konstitution *Lumen gentium*: Die allgemeine Berufung zur Heiligkeit. Der Papst führt aus: „Dann gilt es, das V. Kapitel der Dogmatischen Konstitution über die Kirche *Lumen gentium* in seinem ganzen programmatischen Wert neu zu entdecken. ... Die Wiederentdeckung der Kirche als ‚Geheimnis' oder als ‚das von der Einheit des Vaters und des Sohnes und des Heiligen Geistes her geeinte Volk' musste auch zur Wiederentdeckung ihrer ‚Heiligkeit' führen. Heiligkeit ist hier im grundsätzlichen Sinn verstanden als Zugehörigkeit zu dem, der eigentlich der Heilige, ja ‚der dreimal Heilige' ist (vgl. Jes 6,3)."[13]

Der Papst legt hier in einem großen Entwurf die praktischen Konsequenzen des konziliaren Kirchenbildes aus. Zentrale Bedeutung kommt dem Begriff der Heiligkeit zu. „Heiligkeit" hat die Bedeutung von „Zugehörigkeit". In der Begegnung mit Christus eröffnet Gott den Gläubigen die Teilhabe an der dreieinigen Gemeinschaft und damit an der Heiligkeit des dreifaltigen Gottes. *Lumen gentium* 39 formuliert: „Daher sind in der Kirche alle, mögen sie zur Hierarchie gehören oder von ihr geleitet werden, zur Heiligkeit berufen gemäß dem Apostelwort: ‚Das ist der Wille Gottes, eure Heiligung' (1 Thess 4,3; vgl. Eph 1,4)." Etwas später heißt es in *Lumen gentium* 40: „Jedem ist also klar, dass alle

---

[12] *Ebd.*, 113-114.

[13] Johannes Paul II., Apostolisches Schreiben *Novo millennio ineunte* zum Abschluss des Großen Jubiläums des Jahres 2000 vom 6. Januar 2001, in: Sekretariat der Deutschen Bischofskonferenz (Hrsg.), *Verlautbarungen des Apostolischen Stuhls* Nr. 150, Bonn o. J., Nr. 30, 29.

Christgläubigen jeglichen Standes oder Ranges zur Fülle des christlichen Lebens und zur vollkommenen Liebe berufen sind. … Zur Erreichung dieser Vollkommenheit sollen die Gläubigen die Kräfte, die sie nach Maß der Gnadengabe Christi empfangen haben, anwenden, um, seinen Spuren folgend und nach seinem Bild gleichgestaltet, dem Willen des Vaters in allem folgsam, sich mit ganzem Herzen der Ehre Gottes und dem Dienst des Nächsten hinzugeben. So wird die Heiligkeit des Gottesvolkes zu überreicher Furcht anwachsen, wie es die Kirchengeschichte durch das Leben so vieler Heiliger strahlend zeigt." An die Stelle des *status perfectionis* tritt die *perfectio status.*

In seinem Apostolischen Schreiben aus dem Jahre 2001 betont Papst Johannes Paul II.: „Dieses Geschenk der Heiligkeit ist sozusagen ‚objektiv'. Es ist jedem Getauften angeboten."[14] Das Geschenk der Heiligkeit ist jedem Getauften angeboten. Als Johannes Paul II. diese Formulierung wählte, hatte er in seinem Pontifikat bereits zahllose Personen selig- und heiligsprechen können. Gerade während seiner zahllosen Reisen stellt er der Kirche Selige und Heilige in den unterschiedlichsten geschichtlichen und kulturellen Umständen vor Augen. Gläubige jeden Alters und Standes, jeglicher Bildung und jeglichen Berufes hatten auf das Geschenk der Berufung zur Heiligkeit geantwortet. Der Papst führt in *Novo millennio ineunte* aus: „Das Konzil selbst hat erklärt, dass man dieses Ideal der Vollkommenheit nicht falsch verstehen darf, als sei es eine Art außerordentlichen Lebens, das nur von einigen ‚Genies' der Heiligkeit geführt werden könnte. … Ich danke dem Herrn, dass er es mir geschenkt hat, in diesen Jahren so viele Christen selig- und heiligsprechen zu dürfen. Darunter waren auch viele Laien, die unter Bedingungen, wie es das ganz gewöhnliche Leben vorgibt, heilig wurden. […] Es ist offenkundig, dass die Wege der Heiligkeit persönliche Wege sind. Sie erfordern eine wahre und eigene Pädagogik der Heiligkeit, die sich den Rhythmen der einzelnen Personen anzupassen vermag."[15]

Für Johannes Paul II. stellt „Heiligkeit" den zentralen Begriff dar, der basierend im Verständnis der Kirche als Communio, dem alltäglichen christlichen Leben seine Ausrichtung und Berufung zeigt. Gleichzeitig öffnet sich in diesem Begriff auch die eschatologische Dimension der Kirche. „Communio" oder „die Gemeinschaft" bildet auch hier die Klammer, um die Verbindung dieser Welt mit der zukünftigen in den Blick zu nehmen.

---

[14] *Ebd.*

[15] *Ebd.*, vgl. Gerhard Ludwig Müller, *Gemeinschaft und Verehrung der Heiligen*, Freiburg 1986; Walter Nigg, *Die Heiligen kommen wieder. Leitbilder christlicher Existenz*, Freiburg, 8. Auflage 1982.

Die Gemeinschaft, die die Kirche darstellt, erschöpft sich nicht in der Gemeinschaft der derzeit Lebenden. *Lumen gentium* 50 hält fest, dass die Gemeinschaft der Kirche auch die umfasst, deren irdisches Leben vollendet ist. „Dass aber die Apostel und Martyrer Christi, die mit ihrem Blut das höchste Zeugnis des Glaubens und der Liebe gegeben hatten, in Christus in besonderer Weise mit uns verbunden seien, hat die Kirche immer geglaubt, sie hat sie zugleich mit der seligen Jungfrau Maria und den heiligen Engeln mit besonderer Andacht verehrt und hat fromm ihre fürbittende Hilfe erbeten. [...] Im Leben derer, die, zwar Schicksalsgenossen unserer Menschlichkeit, dennoch vollkommener dem Bilde Christi gleichgestaltet werden (vgl. 2 Kor 3,18), zeigt Gott den Menschen in lebendiger Weise seine Gegenwart und sein Antlitz" (LG 50).

Die Berufung zur Heiligkeit gründet in der Initiative Gottes. In der Menschwerdung seines Sohnes eröffnet er dem Menschen die Teilhabe an seinem göttlichen, dreifaltigen und heiligen Leben. Die vielen selig- und heiliggesprochenen Personen im Pontifikat Johannes Pauls II. zeigen, dass diese Berufung an alle Getauften als ein Geschenk ergeht. Die Seligen und Heiligen werden zu Vorbildern und gleichsam zu „Garanten" der Wirklichkeit der Berufung. In dem Apostolischen Schreiben *Novo millennio ineunte* von 2001 macht Johannes Paul II. die Berufung zur Heiligkeit zur pastoralen Leitlinie der Kirche im neuen Jahrtausend. Der Papst schreibt: „Es ist jetzt an der Zeit, allen mit Überzeugungskraft diesen ‚hohen Maßstab' des gewöhnlichen christlichen Lebens neu vor Augen zu stellen. Das ganze Leben der kirchlichen Gemeinschaft und der christlichen Familien muss in diese Richtung führen."[16]

4. Die Neuregelung des Kanonisationsverfahrens in der Apostolischen Konstitution Divinus perfectionis magister vom 25. Januar 1983

Zeitgleich mit der Präsentation des neuen Gesetzbuches, in der die Materie des Kanonisationsverfahren nicht länger behandelt wurde, erschien am 25. Januar 1983 die Apostolische Konstitution *Divinus perfectionis magister* – im Untertitel: *Zur Durchführung von Kanonisationsverfahren.* Die einführenden Bemerkungen des Schreibens stellen die folgenden Bestimmungen in das Licht von *Lumen gentium*, also die Einsichten des Zweiten Vatikanischen Konzils über das Wesen der Kirche. Johannes Paul II. hebt als Erstes mit einem Verweis auf *Lumen gentium* 39 und *Lumen gentium* 40 die Gnadenhaftigkeit der Teilhabe des Menschen am Leben des drei-

[16] *Ebd.*

faltigen Gottes und damit der Heiligkeit hervor. Nach dem Zeugnis der Heiligen Schrift in Lk 1,35, Mk 1,24, Joh 6,69 und anderen wird Jesus Christus selber zusammen mit dem Vater und dem Heiligen Geist als der „eine Heilige" verehrt. Der eine heilige Christus selber „hat die Kirche als seine Braut geliebt und sich für sie hingegeben, um sie zu heiligen (vgl. Eph 5,25-26), er hat sie als seinen Leib mit sich verbunden und mit der Gabe des Heiligen Geistes reich beschenkt zur Ehre Gottes" (LG 39). Christus selber heiligt die Kirche in seiner Hingabe. Daher hält der Papst schon am Anfang der Konstitution fest: „Die Anhänger Christi sind - wie wir durch das Zweite Vatikanische Konzil belehrt werden - nicht kraft ihrer Werke, sondern aufgrund seines Gnadenbeschlusses berufen und in Jesus, dem Herrn, gerechtfertigt, in der Taufe des Glaubens wahrhaft Kinder Gottes und der göttlichen Natur teilhaftig und darum wirklich heilig geworden" (*Lumen gentium*, Nr. 40).[17]

Im Folgenden greift Johannes Paul II. in der Einleitung auf Kapitel VII. von *Lumen gentium* zurück, in dem die eschatologischen Implikationen der konziliaren Communio-Ekklesiologie dargelegt werden. Die Konzilsväter hatten den endzeitlichen Charakter der Kirche als signifikantes Wesensmerkmal begriffen und ausführlich nicht als „Rede von den letzten Dingen" an einem gesonderten Ort, sondern in der Kirchenkonstitution behandelt. Ausführlich entfaltet *Lumen gentium* die Einheit, bzw. Gemeinschaft der Gläubigen mit denen, die gestorben sind. Die Einheit, Gemeinschaft, Communio begründet sich in der Teilhabe am Leben des dreifaltigen Gottes. „Die Einheit der Erdenpilger mit den Brüdern, die im Frieden Christi entschlafen sind, hört keineswegs auf, wird vielmehr nach dem beständigen Glauben der Kirche gestärkt durch die Mitteilung geistlicher Güter" (LG 49).

Lumen gentium 50 hebt hervor, die Kirche habe seit ihren Anfängen geglaubt, dass die Apostel und Märtyrer in Christus in besonderer Weise mit den Lebenden verbunden sind. Das zeigt die Verehrung, die den Aposteln und Märtyrern mit Maria und den Engeln schon immer galt. Von jeher hatte die Kirche um ihre Fürbitte gebeten. Später wurden in diese Verehrung auch die eingeschlossen, welche die Jungfräulichkeit und Armut entschiedener gelebt haben oder aber ihr Leben von der außergewöhnlichen Nachahmung der christlichen Tugenden und göttlichen Charismen bestimmen ließen. Johannes Paul selber hält auf dem Hintergrund von *Lumen gentium 50* in der Apostolischen Konstitution zur Regelung der Kanonisationsverfahren fest: „Seit unvordenklichen Zeiten stellt er [der

[17] Johannes Paul II., *Divinus perfectionis magister*, vgl. Anm. 2.

Apostolische Stuhl] kraft des ihm anvertrauten schwerwiegenden Dienstes, das Volk Gottes zu lehren, zu heiligen und zu leiten, den Gläubigen zur Nachahmung, Verehrung und Anrufung Männer und Frauen vor Augen, die sich durch Nächstenliebe und andere evangelische Tugenden auszeichnen und die er nach Durchführung der erforderlichen Erhebungen in einem feierlichen Kanonisationsakt zu Heiligen erklärt."[18]

Im Weiteren der Apostolischen Konstitution wird dargelegt, wie sich das Kanonisationsverfahren in Zukunft gestaltet. Es war Papst Johannes Paul II. ein Anliegen, der Kollegialität der Bischöfe, die sich ebenfalls während des Zweiten Vatikanums auf dem Hintergrund der Communio-Ekklesiologie erneuert hatte, breiten Raum zu geben. Dem Diözesanbischof kommt daher allein das Recht zu, ein Kanonisationsverfahren einzuleiten. Ein von ihm bestellter Postulator trägt die Informationen über das Leben des Kandidaten zusammen, veranlasst theologische Gutachten über verfasste und veröffentlichte Literatur, befragt nach Möglichkeit Zeugen und Zeuginnen und trägt Zeugnisse über ein mögliches Wunder zusammen. Geprüft werden die göttlichen Tugenden Glaube, Hoffnung und Liebe, die Kardinaltugenden Klugheit, Gerechtigkeit, Tapferkeit und Maß sowie die vom Evangelium kommenden Tugenden Armut, Keuschheit und Gehorsam. Nach Abschluss aller Erhebungen werden die Dokumente der Kongregation für Selig- und Heiligsprechungen zur apostolischen Prüfung übersandt[19].

Im Weiteren der Apostolischen Konstitution wird der Verlauf behandelt, auf den hier nicht in allen Einzelheiten eingegangen zu werden braucht. Die Verankerung des Verfahrens in den Befugnissen des Diözesanbischofs verdankt sich ebenfalls dem Einfluss des Zweiten Vatikanums. Die Diözesanbischöfe stellen sich als die wesentlichen Akteure in den Kanonisationsverfahren dar.

In *Novo millennio ineunte* betont Johannes Paul II., dass jeder Mensch nach den ihm eigenen gegebenen Möglichkeiten und auf seinem spezifi-

---

18 *Ebd.*

19 Weiterführend Marcus Sieger, *Die Heiligsprechung. Geschichte und heutige Rechtslage* = Forschungen zur Kirchenrecht. Bd. 23, Würzburg 1995; Ulrike Marckhoff, *Das Selig- und Heiligsprechungsverfahren nach katholischem Kirchenrecht,* Münster 2002; Helmut Moll, Art. „Heiligsprechungsverfahren", in: *Lexikon für Kirchen- und Staatskirchenrecht.* Bd. 2, Paderborn u.a. 2002, 229-231; Romualdo Rodrigo, *Manuale delle Cause di Beatificazione e Canonizzazione,* Rom, 3. ed. riveduta e completata 2004; Agathe Bienfait, „Zeichen und Wunder. Über die Funktion der Selig- und Heiligsprechungen in der katholischen Kirche", in: *Zeitschrift für Soziologie und Sozialpsychologie* 58, 2006, 1-22; Bernd Dennemarck, Art. „Heiligsprechungsverfahren – Katholisch", in: *Lexikon für Kirchen- und Religionsrecht.* Bd. 2, Paderborn 2019, 526-529.

schen Weg dem Ruf zur Heiligkeit nachkommt. Johannes Paul II. hatte das eine „Pädagogik der Heiligkeit"[20] genannt. Insofern prüft ein Selig- und Heiligsprechungsverfahren keinen von Zeit- und Lebensumständen unabhängigen Sachverhalt.

Das Ergebnis bzw. Urteil des Verfahrens liegt in der Vollmacht des Papstes. Das Verfahren führt aber dann über die Kompetenz der Bischöfe hinaus in die besonderen Gegebenheiten des päpstlichen Amtes. Die Diözesanbischöfe unterbreiten mit Hilfe der römischen Kongregation einen Vorschlag. Ihn anzunehmen, aufzuschieben oder abzulehnen, liegt aber allein in der Verantwortung des Papstes. Der verstorbene Regensburger Kirchenrechtler Winfried Schulz (1938-1995) fasst diesen Vorgang wie folgt zusammen. „Zielt es [das Selig- bzw. Heiligsprechungsverfahren] doch von seinem Ergebnis her nicht auf ein Urteil im Sinne eines Rechtssprechungsaktes als Anwendung einer objektiven Rechtsnorm auf einen konkreten Fall, wie es allgemein dem Prozessrecht eigen ist, sondern es ist als Schlussfolgerung nur auf ein für den Papst bestimmtes Urteil gerichtet, das dieser frei fällen, d.h. bestätigen oder ablehnen kann. Mit anderen Worten: Es liegt ausschließlich in der unanfechtbaren persönlichen Entscheidung des Papstes, dem aus einem Selig- bzw. Heiligsprechungsprozess resultierenden Urteilsvorschlag zu folgen oder nicht."[21]

5. Die Selig- und Heiligsprechungen während des Pontifikates Papst Johannes Pauls II.

Seit ihrem Beginn hütet und bewahrt die Kirche das kostbare Gedächtnis der Heiligen und Seligen. Papst Johannes Paul II. selber sprach in den 26 Jahren seines Pontifikates 482 Personen heilig und 1345 Personen selig. Ohne Zweifel gehört die Vielzahl der Selig- und Heiligsprechungen zu den besonderen Merkmalen seines Pontifikates. Zur Ehre der Altäre erhob er nicht nur das italienische Ehepaar Maria und Luigi Beltrame Quattrocchi[22], sondern auch auffallend viele Frauen.[23] Oft hatte der Heilige Vater auf seinen Reisen neue Selige „im Gepäck". Die Heiligsprechungen erfolgten in der Regel in Rom, die Seligsprechungen aber wurden in der Regel in der

[20] Johannes Paul II., Apostolisches Schreiben *Novo millennio ineunte* zum Abschluss des Großen Jubiläums des Jahres 2000 vom 6. Januar 2001, Nr. 31, 30 (vgl. Anm. 11).

[21] Winfried Schulz, *Das neue Selig- und Heiligsprechungsverfahren,* Paderborn 1988, 24-25.

[22] Weiterührend Helmut Moll, *Selige und heilige Ehepaare,* Augsburg, 3., durchgesehene Auflage 2020, 35-36.

[23] Valentina Ciciliot, *Donne sugli altari. Le canonizzazioni femminili di Giovanni Paolo II,* Rom 2018.

Heimat der neuen Zeugen/innen vorgenommen. Johannes Paul II. behielt die Praxis bei, selber den Kanonisationen vorzustehen.[24] Unvergessen sind für Deutschland die Seligsprechungen während seines zweiten und dritten Besuchs in den Jahren 1987 und 1996. Am 1. Mai 1987 erfolgte im damaligen Stadion in Köln-Müngersdorf, dem heutigen Rheinenergiestadion, die Seligsprechung der Karmelitin Teresia Benedicta a Cruce, Dr. Edith Stein (1891-1942); dann im Jahr 1998 in Rom die Heiligsprechung, nachdem mir die Aufgabe des Vizepostulators anvertraut worden war, und ein Jahr später die Erklärung zur Patronin Europas. Am gleichen 1. Mai 1987 betete Papst Johannes Paul II. am Grab des damals noch vor seiner Seligsprechung stehenden „Löwen von Münster", dem Bischof Clemens August Kardinal Graf von Galen (1878-1946). Zwei Tage später erhob Papst Johannes Paul II. am 3. Mai 1987 den Jesuitenpater Rupert Mayer (1876-1945) im Münchener Olympiastadion zur Ehre der Altäre. Bei seinem dritten Deutschlandbesuch im Jahr 1996 wurden der Berliner Dompropst Bernhard Lichtenberg (1875-1943) und der Münsteraner Neupriester Karl Leisner (1915-1945), der im KZ Dachau zum Priester geweiht wurde, im Berliner Olympiastadion zu Seligen der Kirche erklärt.

Eines darf an dieser Stelle nicht unerwähnt bleiben. Die von Papst Johannes Paul II. in den Jahren 1987 und 1996 bei seinen Deutschlandbesuchen gefeierten Kanonisationen standen nicht einfach an oder „waren gerade fertig". Die hl. Schwester Teresia Benedicta a Cruce (Dr. Edith Stein), der sel. Kardinal von Galen, der sel. Rupert Mayer, der sel. Bernhard Lichtenberg und der sel. Karl Leisner stehen alle im Zusammenhang mit dem dunkelsten Kapitel der deutschen Geschichte im 20. Jahrhundert. Die NS-Ideologie leugnete die Gottebenbildlichkeit des Menschen und versagte ihm seine von Gott geschenkte Würde. Europa und die Welt versanken in Chaos, Hass, Terror und Tod. Die vier neuen Seligen und Kardinal von Galen inzwischen als fünfter waren Lichter im Dunkel dieser Zeit. Ihr Schein war in den Schrecken der Zeit kaum zu sehen gewesen. Sie konnten keinen Umsturz herbeiführen, den Zweiten Weltkrieg mit den unermesslich vielen Toten nicht verhindern. Aber gerade

[24] Hierbei handelt es sich überraschenderweise um eine relativ junge Verfahrensweise, die zum ersten Mal am 19.10.1975 von Papst Paul VI. bei der Seligsprechung von Maximilian Kolbe praktiziert wurde. Papst Benedikt XVI. bestimmte im Jahr 2005, dass die Seligsprechungen zukünftig von einem von ihm Delegierten vorgenommen werden können. Siehe: Stefan Wirth, *Die neuen Heiligen der katholischen Kirche. Von Papst Johannes Paul II. und Benedikt XVI. in den Jahren 2003-2006 kanonisierte Selige und Heilige.* Bd. 7, Kisslegg-Immenried 2011, 10-19; vgl. Helmut Moll, Art. „Seligsprechungsverfahren", in: *Lexikon für Kirchen- und Religionsrecht.* Bd. 4, Paderborn 2020.

in ihrem Tod zeigte sich der Sieg der Wahrheit und Liebe über den Hass. Die Verfolgung des Christlichen hatte ihren Geist nicht beugen können. Sie hatten standgehalten. Ihr Zeugnis, das in den Jahren nach dem NS-Regime erst ungehindert zum Vorschein kam und betrachtet werden konnte, beinhaltet zweifellos auch eine Dimension der Heilung und Salbung für die deutsche Geschichte.

Johannes Paul II. brachte es im Jahr 1989 vor einem Konsistorium im Vatikan einmal selber zum Ausdruck: „Immer wenn ich mich mit der Verehrung der Heiligen und Seligen der Kirche auf Erden zu beschäftigen habe, bedeutet das für mich eine ganz besondere Freude und tiefen Trost. [...] Sie lehren uns nämlich durch das ständige Beispiel ihrer Heiligkeit unter den verschiedensten Lebensverhältnissen immer neu, wie trotz der wandelbaren Umstände des irdischen Lebens die Lehren und Lebensnormen, die wir im Evangelium Christi und in der wahren Überlieferung der Kirche vorfinden, zum Heil führen."[25]

Verschiedene Autoren in digitaler Form oder herkömmlicher gedruckter Ausgabe haben es sich im deutschsprachigen Raum zur Aufgabe gemacht, die große Zahl der neuen Kanonisierten zu erfassen und sie der Öffentlichkeit vorzustellen. Als Erstes ist natürlich das *Martyrologium Romanum* zu nennen, das offizielle Gesamtverzeichnis der Heiligen und Seligen der katholischen Kirche. Das Zweite Vatikanische Konzil hatte seine Überarbeitung initiiert. Die Arbeit nahm viel Zeit in Anspruch und konnte im Jahr 2001 abgeschlossen werden. Bereits im Jahr 2004 erschien eine überarbeitete Neuausgabe.[26] Die Einführung zur zweiten Auflage 2004 erwähnt eigens die vielen Erweiterungen durch Johannes Paul II., die eingefügt wurden. „Außerdem wurden viele Diener Gottes, die durch Papst Johannes Paul II. zur Würde von Seligen und Heiligen erhoben wurden, in diese Ausgabe aufgenommen."[27] Das *Martyrologium Romanum* umfasst in der vorliegenden Form etwa 15.000 Heilige und Selige, wo-

---

[25] Johannes Paul II., „Heilige und Selige – Beispiele der Nachfolge". Ansprache während des Konsistoriums am 13. März 1989, in: Deutsche Bischofskonferenz (Hrsg.), *Der Apostolische Stuhl* 1989. Ansprachen, Predigten und Botschaften des Papstes, Köln o.J., 823; vgl. Vincenzo Criscuolo et alii (Hrsg.), *Le Cause die Santi. Sussidio per lo Studium,* Città del Vaticano, 4. ed. ampliata 2018; Remo Baronti, *Nuova epoca di beati e santi. Tutti i beati e santi proclamanti da S.S. Giovanni Paolo II dall'inizio del suo pontificato,* Mailand 2002; Angelo Amato, *I santi, testimoni della fede,* Città del Vaticano 2012.

[26] *Martyrologium Romanum,* Editio altera, Città del Vaticano 2004; vgl. Robert Godding, „Le nouveau Martyrologe Romain", in: *Analecta Bollandiana* 119, 2001, 344; Mario Lessi-Ariosto, „Martirologio Romano: Comprendere i ‚Praenotanda'", in: *Rivista Liturgica* 116, 2002, 96-125.

[27] *Ebd.*, 5.

bei die Kanonisation von 1.828 Personen, also mehr als ein Zehntel, in das Pontifikat Johannes Pauls II. fallen. Schon getätigte Vorarbeiten zur Übertragung in die deutsche Sprache flossen in eine vorläufige Arbeitsübersetzung ein, die das Deutsche Liturgische Institut Trier im Jahr 2018 auf ihrer Internetseite zugänglich machte.[28] Das *Martyrologium Romanum* nennt seit jeher den Namen und den Tag der Verehrung, stellt aber die Seligen und Heiligen in der Regel in nur wenigen Zeilen vor. Zudem müssen die Lebensdaten bzw. das entsprechende Jahrhundert dem Register entnommen werden. Der Vatikan selber stellt die neuen Heiligen und Seligen aus dem Pontifikat Johannes Pauls II. detailreicher auf seiner Internetseite vor. Die digitalen Möglichkeit machen es einfach, ein zur Veranschaulichung beitragendes Porträtbild einzufügen.[29]

Der Salzburger Prälat Prof. Dr. Ferdinand Holböck (1913-2002) und nach seinem Tod der Theologe Stefan Wirth (* 1969) haben es sich zur Aufgabe gemacht, die Heiligen und Seligen aus der Zeit Papst Johannes Pauls II. der deutschsprachigen Leserschaft vorzustellen. [30] Die Reihe wurde auch nach dem Tod Johannes Pauls II. fortgesetzt und umfasst inzwischen acht Bände. Die neuen Seligen und Heiligen werden in Kurzbiografien dargestellt und mit einem Porträt illustriert. Die Lebensbeschreibungen orientieren sich an den Predigten, die bei ihrer Aufnahme in das Album der Kirche gehalten wurden.

Der Südtiroler Redemptoristenpater Prof. Dr. Dr. Andreas Resch (* 1934) legte ebenfalls eine Sammlung der neuen Seligen und Heiligen aus dem 26-jährigen Pontifikat des polnischen Papstes vor. Fünf Bände umfassen die Seligen, ein Band die Heiligen aus dieser Zeit.[31]

Nicht erst mit dem Beginn des Pontifikates Johannes Pauls II., sondern schon zu Beginn des 20. Jahrhunderts stieg die Zahl der Selig- und Heiligsprechungen deutlich an.[32] „Von Beginn dieses Jahrhunderts bis 1985 gab es bereits 77 Heiligsprechungen, also mehr als doppelt so viele zwischen 1588 und 1900.“[33] So interessant der Hinweis auf die-

---

[28] https://dli.institute/wp/wp-content/uploads/2017/06/Martyrologium-Romanum-deutsch_Vorlaeufige-Arbeitsuebersetzung_2016_Liturgiekommission-DBK-web.pdf.

[29] Siehe: http://www.vatican.va/news_services/liturgy/saints/index_saints_ge.html.

[30] Ferdinand Holböck/Stefan Wirth, *Neue Heilige der katholischen Kirche*, 8 Bände, Kissleg-Immenried 1991-2012.

[31] Andreas Resch, *Die Seligen und Heiligen Johannes Pauls II.*, 5 Bde., Innsbruck 2000-2012.

[32] Klaus Nientiedt, „Neue Heilige – immer zahlreicher und umstrittener. Zur Selig- und Heiligsprechungspraxis unter Johannes Paul II.“, in: *Herder Korrespondenz* 45, 1991 572-577.

[33] *Ebd.*, 574.

se Entwicklung auch ist – unter Papst Johannes Paul II. hat sich die Entwicklung nochmals verstärkt.

Natürlich führte die hohe Zahl der Kanonisationen während des Pontifikates zu kontroversen Diskussionen, die nicht selten hitzig ausgetragen wurden. Das gilt besonders für den deutschsprachigen Raum, dessen publizistisches Leben sich dem polnischen Papst gegenüber meist reserviert zeigte. Alte wiederkehrende Stereotypen waren in diesem Zusammenhang zu hören. Die lange Prozessdauer wurde kritisiert und als antiquiert empfunden. Immer wieder nahmen Berichterstatter Anstoß an den angeblich hohen Prozesskosten, die von vornherein Selig- und Heiligsprechungen nur für die zulassen würden, die über starke finanzielle Rückendeckung verfügten.

Auch in kirchlichen Kreisen war die Rede von einer „Inflation der Selig- und Heiligsprechungen". Der Vorwurf lautete, die Prüfung der Akten wäre nicht gründlich genug. Man verlieh damit der Sorge Ausdruck, dass die Vielzahl der abgeschlossenen Verfahren zu einem Wertverlust bzw. zu einer Abwertung des Gutes der Selig- und Heiligsprechung beitrüge. Es sei ohne Sinn, den ohnehin vollen Kalender der Kirche zu überfrachten und „außerdem gebe es doch sicher viele Millionen Christen, die ihr Leben vorbildlich vollbracht hätten und dennoch noch nicht zur Ehre der Altäre gelangt seien – weshalb also dieser zweifelhafte Aufwand?"[34]

6. Zusammenfassung

An dieser Stelle kann nochmals fruchtbar gemacht werden, die Kanonisationsverfahren im Licht der Communio-Ekklesiologie zu sehen. Bisher war dieser Zusammenhang von mir mehr in einer historischen Perspektive aufgezeigt worden. Nun kann die theologische Tiefe der Selig- und Heiligsprechungen im Leben der Kirche sichtbar gemacht werden.

Die Selig- und Heiligsprechungen verengen sich in einer Sicht, die sich nur auf das individuelle Heil des Einzelnen ausrichtet. Die Seligen und Heiligen sind, wie Johannes Paul in *Novo millennio ineunte* sagte, eben keine „Genies der Heiligkeit"[35]. Sie sind auch keine „‚Glückstreffer' einer abstrakten Heilsanstalt Kirche, deren heroisch geübter Tugendgrad sie als Vorbilder aus dem sündigen Alltag der ‚normalen' Gläubigen abhebt und denen man deshalb die schuldige Heldenverehrung entgegenzubringen hat."[36] Heiligenverehrung verkürzt sich dann zu einer Art Heldenverehrung. Übrig bliebe nur eine Art Ansporn zur Nachahmung.

[34] Winfried Schulz, *Das neue Selig- und Heiligsprechungsverfahren* (vgl. Anm. 18) 14.

[35] Vgl. Anm. 11.

[36] Georg Gänswein, „Das ist es, was Gott will: Eure Heiligung. Anmerkungen zum Selig- und Heiligsprechungsverfahren", in: Winfried Aymans, Stephan Haering, Heribert

Dieser wiederum erweist sich schnell als drückende Last, die kaum zu tragen ist. Die Seligen und Heiligen sind dann entrückt, auf einer anderen Ebene, einem anderen Niveau. Ihre Stimme und Strahlkraft erlöschen.

Im Licht der Communio-Ekklesiologie zeigen sich die Selig- und Heiligsprechungen als ein Ausfluss des Wesens der Kirche. Die Heiligkeit der Kirche ist nicht ihr Verdienst, sondern gnadenhafte Gabe Gottes. LG 39 formuliert: „Es ist Gegenstand des Glaubens, dass die Kirche, deren Geheimnis die Heilige Synode vorlegt, unzerstörbar heilig ist. Denn Christus, der Sohn Gottes, der mit Vater und dem Geist als ‚allein Heiliger' gepriesen wird, hat die Kirche als seine Braut geliebt und sich für sie hingegeben, um sie zu heiligen (vgl. Eph 5,25-26), er hat sie als seinen Leib mit sich verbunden und mit der Gabe des Heiligen Geistes reich beschenkt zur Ehre Gottes." Die Seligen und Heiligen sind die Verwirklichung der konkreten Heilszusage Gottes an seine Kirche. Nicht sie selbst stehen im Vordergrund und leuchten in ihren heroischen Taten. Die Seligen und Heiligen werden durchsichtig auf das Wirken und die Gegenwart Gottes hin.

Die Heilszusage Gottes ereignete sich geschichtlich in der Inkarnation seines göttlichen Sohnes. Sie richtete sich an den Menschen in der ihm aufgetragenen Geschichte und Weltlichkeit. Wenn sich daher die Kirche zu den Seligen und Heiligen bekennt, bekennt sie sich zu sich selbst, zu dem Ruf und der Erwählung, der an sie erging – bei aller Anerkennung der Sündhaftigkeit der Glieder der Kirche. Wenn sich daher Gottes Heilsweg dem konkreten Menschen öffnet, stellt er sich in Seligen und Heiligen in konkreten Menschen in ihrer geschichtlichen Situation dar. Daher hält es Papst Franziskus (* 1936) in seinem Apostolischen Schreiben *Gaudete et exsultate* über den Ruf zur Heiligkeit in der Welt von heute vom 19. März 2018 für unerlässlich zu zeigen, dass die Heiligkeit den Menschen nichts an „Kraft, Leben und Freude"[37] nimmt.

Schmitz (Hrsg.), *Iudicare Inter Fidelis. Festschrift für Karl-Theodor Geinger zum 65. Geburtstag,* Sankt Ottilien 2002, 104.

[37] Papst Franziskus, Apostolisches Schreiben *Gaudete et exsultate* Nr. 32, zitiert nach: *Verlautbarungen des Apostolischen Stuhls* Nr. 213, Bonn 2018, 20.

„Duc in altum!"
Karol Wojtyłas Anthropologie für das 21. Jahrhundert

Dr. Hanns-Gregor Nissing

Es war das große Motiv des Pontifikates Papst Johannes Pauls II., „die Kirche ins dritte Jahrtausend zu führen".[1] Doch hieße es, Person und Lebenswerk Karol Wojtyłas nur unvollständig wahrzunehmen, würde man die Aufmerksamkeit lediglich auf seine historischen Taten und wirkmächtigen Gesten richten und sie nicht auch und gerade von ihren Ursprüngen her verstehen, die in seinem Denken – in seiner Philosophie und Theologie – liegen. In diesem Denken und seinen Schriften ist wohl das eigentliche Vermächtnis zu suchen, das Papst Johannes Paul II. uns hinterlassen hat. Und keine Geringere als die Kirche selbst legt ihren Gläubigen dieses Denken ans Herz, wenn sie in ihrer Liturgie im Tagesgebet zu seinem Gedenktag betet: „Gib, daß wir *durch seine Lehre geführt*, unsere Herzen vertrauensvoll öffnen für die heilbringende Gnade Christi, des einzigen Erlösers der Menschheit."[2]

Ich möchte daher im Folgenden zeigen, worin der besondere Charakter und die bleibende Aktualität des Denkens Johannes Pauls II. bestehen, inwieweit es gerade heute richtungsweisend und Hilfe sein kann für unsere Zeit – wobei ich dieses Denken in einer vierfachen Weise charakterisieren möchte: Das Denken Karol Wojtyłas ist 1.) ein Denken, das faszinierend ist, weil es unmittelbar anspricht; 2.) es ist ein Denken, das Fundamente bietet; 3.) es ist ein konzeptionelles Denken, das Orientierung gibt; und 4.) es ist ein Denken, das Hoffnung vermittelt (eine Tugend, die wir – wie mir scheint – gerade in der Gegenwart besonders nötig haben).

Dazu werde ich im Folgenden das Denken Wojtyłas von seinen gedanklichen Ursprüngen bzw. seinem Brennpunkt her darstellen und zeigen, welche Entfaltungsmöglichkeiten darin stecken.

Personalistische Anthropologie. – Gemeinhin wird das Denken Johannes Pauls II. unter der Überschrift „Personalismus" oder „personalistische

---

[1] Er hat dieses Selbstverständnis immer wieder ausgesprochen. Vgl. v.a. Johannes Paul II., *Ich bin froh – seid ihr es auch. Das Testament*, München 2005; ferner die Enzyklika *Redemptor hominis* (1979) Nr. 1f oder die Apostolischen Schreiben *Tertio millennio adveniente* (1994), Nr. 22-28; *Novo millennio ineunte* (2001) Nr. 1ff.

[2] Vgl. http://www.vatican.va/roman_curia/congregations/ccdds//documents/rc_con_ccdds_doc_20110402_colletta_ge.html.

Anthropologie“ zusammengefasst.[3] So heißt es auch im Untertitel dieses Beitrags: „Anthropologie für das 21. Jahrhundert“. Denn in der Tat: „Alle Päpste haben von Gott geredet, keiner hat so viel vom Menschen gesprochen wie er“[4], so hat der Hamburger ZEIT-Redakteur Jan Ross in seiner lesenswerten Biografie *Der Papst. Johannes Paul II. – Drama und Geheimnis* treffend bemerkt. Doch lässt sich fragen: Hätte Johannes Paul II. nicht lieber mehr von Gott sprechen sollen? Liegt hier nicht der Verdacht eines falschen Anthropozentrismus nahe, einer zu optimistischen Aufnahme der sogenannten „anthropologischen Wende“, die die katholische Theologie des 20. Jahrhunderts gekennzeichnet hat und bis in die Texte des II. Vatikanischen Konzils wirkmächtig geworden ist?

Philosophischer Ausgangspunkt und theologischer Kontrapunkt. – Johannes Paul II. hat sich diese Frage selbst gestellt und darauf hingewiesen, dass für sein eigenes Denken Anthropologie und Christologie notwendig zusammengehören, denn:

> „Allein Christus offenbart mit seinem Menschsein das Geheimnis des Menschen bis zum Grunde. […] Den ‚Schlüssel‘ zu einem Verstehen seiner selbst findet der Mensch in der Betrachtung des göttlichen Prototyps, des inkarnierten WORTES, des ewigen Sohnes des Vaters. Erste und entscheidende Quelle für das Verständnis des innersten Wesens des Menschen ist also die Heiligste Dreifaltigkeit. All das besagt die biblische Formulierung vom ‚Abbild Gottes‘, die sich bereits am Anfang des Buches Genesis findet (vgl. *Gen* 1,26-27).“[5]

Wer daher vom Menschen spricht, muss zugleich von Christus sprechen, denn „Christus macht dem Menschen den Menschen voll kund“, wie es in einem Wort aus der Pastoralkonstitution *Gaudium et spes* heißt, das

---

[3] Vgl. hierzu etwa die einführenden Darstellungen von R. Buttiglione, *Karol Wojtyła, The Thought of the Man Who Became John Paul II* Grand Rapids, Michigan – Cambridge U.K. 1997 (zuerst: Mailand 1983); G. H. Williams, *The Mind of John Paul II*, New York 1981; K. Schmitz, *At the Center of the Human Drama*, Washington 1993. – Besondere Hervorhebung verdient ferner J. Kupczak, *Destined for Liberty, The Human Person in the Philosophy of Karol Wojtyła/John Paul II*, Washington D.C. 2000. – Als ersten Versuch einer Rezeption für den deutschen Sprachraum vgl. H.-G. Nissing/S. Zekorn (Hrsg.), *Staunend vor dem Menschen. Das Denken Papst Johannes Pauls II.*, Kevelaer 2011.

[4] J. Ross, *Der Papst. Johannes Paul II. – Drama und Geheimnis*, Berlin 2000, 28.

[5] Johannes Paul II., *Erinnerung und Identität. Gespräche an der Schwelle zwischen den Jahrtausenden*, Augsburg 2005, 141; vgl. 144: „Es heißt, das Konzil habe zu dem geführt, was Karl Rahner die ‚anthropologische Wende‘ nannte. Der Gedanke hat seine Berechtigung, es darf darüber aber auf keinen Fall vergessen werden, daß diese Wende einen zutiefst christologischen Charakter besitzt. Die Anthropologie des Vatikanum II ist in der Christologie und somit letztlich in der Theologie verwurzelt.“

Johannes Paul II. immer wieder mit Nachdruck zitiert.[6] Hat das Denken Wojtyłas somit einen *philosophischen Ansatzpunkt*, so ist es nicht ohne seinen *theologischen Kontrapunkt* zu verstehen. Erst von hier aus erhalten seine berühmt gewordenen Worte zur Amtseinführung am 22.10.1978 ihren vollen Klang:

> „Habt keine Angst! Öffnet, ja reißt die Tore weit auf für Christus! [...] Habt keine Angst! *Christus weiß, ‚was im Innern des Menschen ist'*. Er allein weiß es! Heute weiß der Mensch oft nicht, was er in seinem Innern, in der Tiefe seiner Seele, seines Herzens trägt. Er ist deshalb oft im Ungewissen über den Sinn seines Lebens auf dieser Erde. Er ist vom Zweifel befallen, der dann in Verzweiflung umschlägt. Erlaubt also [...] Christus, zum Menschen zu sprechen! Nur er hat Worte des Lebens!“[7]

1. Ein Denken, das unmittelbar anspricht

In einer Art „denkerischem Selbstporträt“ hat Johannes Paul II. in dem 1994 erschienen Interviewband mit Vittorio Messori *Die Schwelle der Hoffnung überschreiten* darauf hingewiesen, dass sein Denken vor allem aus der *Seelsorge* erwachsen sei:

> *„Der Mensch als Person beschäftigte mich schon seit längerem.* Vielleicht war dies einer der Gründe dafür, daß ich nie eine besondere Vorliebe für die Naturwissenschaften hatte. Der Mensch hat mir immer mehr bedeutet: Als ich an der Philosophischen Fakultät studierte, interessierte er mich als Erzeuger von Sprache und als Gegenstand der Literatur; als ich in der Folgezeit meine priesterliche Berufung entdeckte, rückte er für mich als Thema der Seelsorge in den Mittelpunkt.
>
> Es war Nachkriegszeit und der Meinungsstreit mit dem Marxismus in vollem Gange. In diesen Jahren waren die Jugendlichen zu meinem wichtigsten Anliegen geworden. Sie stellten mir *Fragen* nicht so sehr über die Existenz Gottes als vielmehr ganz *präzise darüber, wie sie leben sollten,* d.h. über die Art und Weise, wie sie Probleme in Liebe und Ehe sowie in der Welt der Arbeit angehen und lösen sollten. Diese jungen Leute aus der Zeit nach der deutschen Besetzung haben in meiner Erinnerung einen tiefen Eindruck hinterlassen. Mit ihren Zweifeln und ihren Fragen haben sie in gewissem Sinne auch mir den Weg gewie-

---

[6] *Ebd.*: „Die zitierten Sätze aus der Konstitution *Gaudium et spes* stellen, genau betrachtet, den eigentlichen Kern der Wende dar, die die Kirche in der Darlegung ihrer Anthropologie vollzogen hat. Auf der Basis dieser Lehre konnte ich in der Enzyklika *Redemptor hominis* sagen, daß ‚der Mensch der Weg der Kirche ist'“ (Nr. 14).

[7] Johannes Paul II., *Ansprache am Beginn seines Pontifikates* (22.10.1978). – Alle Veröffentlichungen als Papst sind online zugänglich unter http://www.vatican.va/content/john-paul-ii/de.html.

> sen. Aus unseren Kontakten, aus der Teilnahme an ihrem Leben entstand eine Studie, deren Inhalt ich im Titel *Liebe und Verantwortung* zusammenfaßte.
> Die Abhandlung über *Person und Tat* entstand in der Folgezeit, doch basierte auch sie auf derselben Erfahrung. Ich mußte unweigerlich zu diesem Thema gelangen, nachdem ich eingedrungen war in den Bereich der Fragestellungen über das menschliche Dasein, und zwar nicht nur unserer Zeit, sondern der Menschen aller Zeiten. Die Frage nach dem Guten und Bösen verläßt den Menschen nie, wie der junge Mann im Evangelium bezeugt, der Jesus fragt: ‚Was muß ich tun, um das ewige Leben zu gewinnen?' (*Mk* 10,17) Meine auf den Menschen, auf die menschliche Person ausgerichteten Studien orientierten sich somit vor allem an der Seelsorge."[8]

Seelsorge – philosophisch. – Es kommt darauf an, den Begriff der „Seel-Sorge" hier nicht nur in seinem pastoralen, sondern in seinem ursprünglichen philosophischen Sinn zu verstehen: Die „Sorge um die Seele" (*epimeleia tês psychês*) war das zentrale Anliegen, mit dem Sokrates (469-399 v. Chr.), die Urgestalt der abendländischen Philosophie, auf den Straßen und Plätzen Athens unterwegs war, um seine Mitbürger in ihren Sitten und Gewohnheiten zu prüfen und zur „Erkenntnis ihrer selbst" zu führen – und damit dem vom Gott von Delphi erhaltenen Auftrag zu entsprechen.[9] In seiner Enzyklika *Fides et ratio* (14.9.1998) hat Papst Johannes Paul II. die Verbindung zu eben diesem ursprünglichen Ideal abendländischen Philosophierens – dem Bemühen des Menschen um die Selbsterkenntnis (*Gnoti seauton*) – ausdrücklich hergestellt.[10]

> „Am Architrav des Tempels von Delphi war die ermahnende Aufforderung: *Erkenne dich selbst!* eingemeißelt – als Zeugnis für eine Grundwahrheit, die als Mindestregel von jedem Menschen angenommen werden muß, der sich innerhalb der ganzen Schöpfung gerade dadurch als ‚Mensch' auszeichnen will, daß er sich selbst erkennt. […] *Wer bin ich? Woher komme ich und wohin gehe ich? Warum gibt es das Böse? Was wird nach diesem Leben sein?* […] Es sind [dies] Fragen, die ihren gemeinsamen Ursprung in der Suche nach Sinn haben, die dem

[8] Johannes Paul II., *Die Schwelle der Hoffnung überschreiten*, Hamburg 1994, 222 und 224f. (Hervorhebungen im Original).

[9] Vgl. Platon, *Apologie des Sokrates* 29d und 30b; Xenophon, *Memorabilia* I 2,4.

[10] Zur ursprünglichen Bedeutung der delphischen Weisung vgl. W. Schadewaldt, *Der Gott von Delphi und die Humanitätsidee. Aufsätze und Vorträge*, Frankfurt/M. 1990, 7-31.

Menschen seit jeher auf der Seele brennt: von der Antwort auf diese Fragen hängt in der Tat die Richtung ab, die das Dasein prägen soll."[11] *„Erkenne dich selbst!"* – Damit aber wird sichtbar, dass es Johannes Paul II. nicht in erster Linie um eine *Lehre* vom Menschen oder von der menschlichen Person geht. Es geht ihm nicht abstrakt um die Beantwortung der Frage: „Was ist der Mensch"? oder „Wer ist der Mensch"?, sondern es geht ihm um die Frage: „Wer bin ich?" – eine Frage, die jeder Mensch nur von sich aus, von innen heraus beantworten kann. Jeder von uns sagt „ich" – und jeder meint mit diesem „ich" etwas anderes (oder besser: jemand anderen), und die Stelle, an der jeder von uns „ich" sagt, ist unersetzlich. Hier liegt der Brennpunkt des Denkens Karol Wojtyłas![12]

„Der Mensch in seiner Einmaligkeit – weil er ‚Person' ist – hat seine eigene Lebensgeschichte und vor allem eine eigene Geschichte seiner Seele", schreibt Johannes Paul II. in seiner programmatischen Antrittsenzyklika *„Redemptor hominis"* – „und dieser Mensch ist der Weg der Kirche"[13]. – Das Denken Karol Wojtyłas ist so eine Einladung zum Menschsein – und eine Einübung ins Menschsein. Unter dem Vorzeichen des Ideals der *Selbsterkenntnis* lädt es ein, den Standpunkt der ersten Person – die Perspektive des „Ich" – einzunehmen und will aus dieser Innenperspektive – gewissermaßen „existenziell" – nachvollzogen werden.

Als solches ist das Denken Wojtyłas *philosophisches Denken* im ursprünglichsten Sinne des Wortes, denn „jeder Mensch ist Philosoph"[14] – und Karol Wojtyła hat sich stets zuerst als Philosophen verstanden. So hat er davon gesprochen, dass sein Denken „aus dem Staunen vor dem menschlichen Wesen geboren [sei], und dieses Erstaunen ist, wie man weiß, der erste Erkenntnisimpuls", der Anfang und tragende Untergrund der Philosophie.[15]

---

[11] Johannes Paul II., *Enzyklika „Fides et ratio"* (14.9.1998), Nr. 1 (Hervorhebungen im Original).

[12] Vgl. hierzu insbesondere C. Böhr, „‚Ich kann nur von innen verstanden werden.' Karol Wojtyła und die Grundzüge seines Denkens über den Menschen", in: C. Böhr/ C. Schmitz (Hrsg.), *Europa und die Anthropologie seiner Politik. Der Mensch als Weg der Geschichte – Zur Philosophie Karol Wojtyłas*, Berlin 2016, S. 75-103.

[13] Johannes Paul II., *Enzyklika „Redemptor hominis"* (4.3.1979), Nr. 14.

[14] Johannes Paul II., *Enzyklika „Fides et ratio"* (14.9.1998), Nr. 64; zuvor Nr. 33: „Der Mensch sucht von Natur aus nach der Wahrheit." – Zum philosophischen Charakter des Denkens Wojtyłas vgl. C. Böhr, „Wojtyłas philosophische Anthropologie: Ein ethisches Programm", in: Ders./S. Raabe (Hrsg.), *Eine neue Ordnung der Freiheit. Die Sozialethik Johannes Paul II. – eine Vision für das vereinte Europa*, Osnabrück 2007, 271-277; ders., „Der Philosoph auf der Cathedra Petri", in: *Die Tagespost* vom 13.5.2020.

[15] Vgl. Aristoteles, *Metaphysik* I 2 (982b12); vgl. zuvor bereits Platon, *Theaitetos* 155 d.

Mit diesem Ansatz ist zugleich eine besondere *Ursprünglichkeit* und *Unmittelbarkeit* seines Denkens verbunden:

> „Es geht darum, die menschliche Wirklichkeit in ihrem wesentlichsten Punkt zu berühren – in dem Punkt, auf den die *Erfahrung des Menschen* hinweist."[16]

Johannes Paul II. hat selbst einmal bemerkt, dass ihm „viele der in [...] [seinen] Studien gereiften Überlegungen [....] hilfreich [...] [gewesen seien] bei den Begegnungen mit einzelnen Personen und auch bei den Begegnungen mit den vielen Menschen anläßlich meiner apostolischen Reisen".[17] Sehr treffend illustriert dies ein eigenartiges Phänomen, von dem Teilnehmer an Großveranstaltungen mit Papst Johannes Paul II., wie den Weltjugendtagen, wiederholt berichtet haben: Inmitten der großen Menge von Menschen hatten sie den Eindruck, durch den Blick des Papstes *als Einzelne* unmittelbar getroffen zu werden, durch sein Wort und seine Ansprache *unmittelbar* und *persönlich* gemeint zu sein.[18] Schon seine Studenten aus der Zeit als Professor in Krakau berichteten: „Er interessierte sich für uns als *Personen.*"[19]

Personale Subjektivität. – Dementsprechend geht es Wojtyła in seinem Personalismus um „ein vollständiges Verstehen der Subjektivität des Menschen", darum, nicht nur *mich selbst*, sondern auch *den anderen* als Subjekt wahrzunehmen. Die Begriffe „personale Subjektivität", „Innerlichkeit", „Ich" werden daher zu Schlüsselbegriffen seines Denkens. Und der Gedanke der *Würde* der menschlichen Person erfährt hier seine Grundlegung – kann doch nur das Bewusstsein für die Subjektivität des Menschen im o.g. Sinne der Garant dafür sein, ihn nicht zum Objekt und Material der Unterwerfung unter die eigenen Zwecke und Interessen zu machen.[20] Das vehemente Eintreten des Papstes für die Unverletzlichkeit

---

[16] Karol Wojtyła, *Person und Tat.* Endgültige Textfassung in Zusammenarbeit mit dem Autor von Anna-Teresa Tymieniecka, Freiburg/Br. u.a. 1981, 31.

[17] Johannes Paul II., *Geschenk und Geheimnis. Zum 50. Jahr meiner Priesterweihe,* Graz u.a. 1997, 98.

[18] Vgl. G.M. Hanke, „Geleitwort", in: K. Wojtyła, *Betrachtungen über das Wesen des Menschen,* eingeleitet und übersetzt von H.-G. Nissing, München 2017, VIIf.

[19] G. Weigel, *Johannes Paul II. Eine Biographie*, Paderborn u.a. 2002, 142. – Hervorhebung von mir.

[20] Zum im Hintergrund stehenden Paradigma der neuzeitlichen Wissenschaft vgl. instruktiv R. Spaemann, „Kommentar", in: Kongregation für die Glaubenslehre, *Instruktion „Über die Achtung vor dem beginnenden menschlichen Leben und die Würde der Fortpflanzung. Antworten auf einige aktuelle Fragen"*, Freiburg/Br. 1987, v.a. 70ff. – Zum Begriff der „Subjektivität" bei Wojtyła vgl. v.a. „Subjektivität und das ‚Unreduzierbare' im Menschen", in: Ders., *Wer ist der Mensch? Skizzen zur Anthropologie*, eingeleitet und übersetzt von H.-G. Nissing, München 2011, 4: Der Begriff „Subjektivität" be-

des menschlichen Lebens an seinem Anfang und an seinem Ende, wie er es v.a. in der *Enzyklika „Evangelium vitae"* (25.3.1995) formuliert hat, hat hier seine tiefste Grundlage.[21]

Subjektivität und Subjektivismus. – Wojtyła unterscheidet dabei – dies sei eigens hervorgehoben – deutlich zwischen „Subjektivität" und „Subjektivismus". Letzterer reduziere den Menschen auf das „reine Bewußtsein" und auf ein *a priori* vorausgesetztes Subjekt und klammere seine konkrete Wirklichkeit und Existenz ein.[22] Als Ahnherr einer solchen einseitigen „Philosophie des Bewusstseins", die das subjektive Bewusstsein verabsolutiert, gilt ihm René Descartes (1590-1650). Dieser bezeichnet mit seinem Denken einen „Bruch"[23] in der abendländischen Geistestradition, durch den „die Art, Philosophie zu betreiben, auf den Kopf gestellt wurde". Die Konsequenzen dieses Bruchs sieht Johannes Paul II. sogar bis in den modernen Rationalismus, Atheismus und Relativismus, in das von ihm sogenannte „Drama der europäischen Aufklärung", ja: bis in die „Ideologien des Bösen" im 20. Jahrhundert hinein wirksam.[24]

---

zieht sich auf „das, was genuin oder grundlegend menschlich ist, was die ihm eigene Ursprünglichkeit des Menschen in der Welt begründet".

21 Vgl. J. Ross, *Der Papst* (Anm. 4), 174f.: „‚Evangelium vitae' mag das größte Dokument dieses Pontifikats sein. [...] Nie hat er so selbstverständlich als Stellvertreter geredet – als Stellvertreter Christi und als Stellvertreter des Menschen, was in der Religion des fleischgewordenen Gottes am Ende dasselbe ist. Dreimal, beim prinzipiellen Tötungsverbot wie bei den Sonderfällen Abtreibung und Euthanasie, geht Johannes Paul II. [...] bis hart an die Schwelle des unfehlbaren Ex-cathedra-Urteils."

22 Vgl. hierzu ferner das Kapitel „Subjektivität und Subjektivismus", in: *Person und Tat* (Anm. 16), 69-72.

23 Ders., *Erinnerung und Identität* (Anm. 5), 22: „Das ‚*Cogito, ergo sum* – Ich denke, also bin ich' führte dazu, daß die Art, Philosophie zu betreiben, auf den Kopf gestellt wurde [...]. Vorher war alles aus der Sicht des *esse* interpretiert worden [...]. Gott als das in sich vollkommen sich selbst genügende Sein *(Ens subsistens)* wurde als unabdingbare Grundlage angesehen für jegliches *ens non subsistens, ens participatum,* d.h. für alle geschaffenen Wesen, also auch für den Menschen. Das ‚*Cogito, ergo sum*' bedeutete den Bruch mit dieser gedanklichen Ausrichtung. Nun wurde das *ens cogitans* zum Grundprinzip."

24 Vgl. Ders., *Die Schwelle der Hoffnung überschreiten* (Anm. 8), 79: „Der Autor der ‚*Meditations philosophiques*' hat uns mit seinem ontologischen Argument abgebracht von der Philosophie der Existenz und auch von den traditionellen ‚Wegen' des hl. Thomas von Aquin. Diese Wege führen zu Gott, dem ‚autonomen Sein selbst' (dem *Ipsum esse subsistens).* Descartes hingegen führt durch die Verabsolutierung des subjektiven Bewußtseins vielmehr hin zum *reinen Bewußtsein des Absoluten,* das das reine Denken ist. Ein solches Absolutes ist kein *autonomes Sein,* sondern gewissermaßen *autonomes Denken:* Nur das hat Sinn, was dem menschlichen Denken entspricht. Hierbei ist nicht so sehr die objektive Wahrhaftigkeit dieses Denkens von Bedeutung als vielmehr die Tatsache an sich, daß etwas dem menschlichen Bewußtsein aufscheint. Wir

Die Erfahrung des Menschen. – Zum methodischen Grundbegriff wird ihm hingegen der bereits erwähnte Begriff der „Erfahrung des Menschen" (*doświadczenie człowieka*), der ihn in die Lage versetzt, die Antinomien von Subjektivismus-Idealismus und Objektivismus-Realismus, die Spaltung von Subjekt und Objekt, die für das neuzeitliche Denken kennzeichnend ist, zu überwinden. Für das Verständnis der personalen Subjektivität, des konkreten „Ich", kommt ihm daher die Schlüsselbedeutung zu. Denn

> „Es ist eine Erfahrung des Menschen in einem doppelten Sinne, insofern
> [1] derjenige, der die Erfahrung macht, ein Mensch ist, und
> [2] derjenige, der vom Subjekt dieser Erfahrung erfahren wird, ebenfalls ein Mensch ist.
> Der Mensch ist zugleich ihr Subjekt und ihr Objekt. Zum Wesen der Erfahrung gehört ihre Objektivität, sie ist stets Erfahrung von ‚etwas' oder ‚jemandem' (eben in der Erfahrung des Menschen). [...] [Es] ist offensichtlich, daß ich in den gesamten Prozeß des Verstehens des Menschen sowohl die Anderen, als auch das eigene ‚Ich' einbeziehen muß. Ich kann in diesem Prozeß entweder von den ‚Anderen' ausgehen oder vom ‚Ich'. Eine besondere Berücksichtigung dieses ‚Ich' ist vor allem wichtig für ein vollständiges Verstehen der Subjektivität des Menschen, denn in keinem anderen Objekt der Erfahrung des Menschen sind mir die konstitutiven Elemente dieser Subjektivität in einer solch unmittelbaren und augenfälligen Weise gegeben wie im eigenen ‚Ich'."[25]

Wojtyła übernimmt den auf den ersten Blick vieldeutigen Begriff der *„Erfahrung"*, der eine Ganzheit der Erkenntnis der menschlichen Person gewährleisten soll, von Max Scheler (1874-1924). Schelers programmatisches Wort: „Jede Art von Erkenntnis wurzelt in Erfahrung"[26], das Wojtłya über seine erste Untersuchung des Schelerschen Denkens stellt, klingt dabei in seiner Grundsätzlichkeit wie ein Echo auf jene berühmten ersten Sätze, mit denen die Schriften des Aristoteles beginnen und dessen Philosophie ihr wesentliches Fundament verleihen.[27]

---

befinden uns hier an der Schwelle zum *modernen Immanentismus und Subjektivismus*" (Hervorhebungen im Original).

[25] K. Wojtyła, „Die Person: Subjekt und Gemeinschaft", in: Ders., *Wer ist der Mensch?* (Anm. 20), 110f.

[26] M. Scheler, *Der Formalismus in der Ethik und die materiale Wertethik*, Bern ^{4}1954, 179. – Mit diesem programmatischen Zitat beginnt Wojtyła seine Darstellung von Aufbau und Hauptprinzipien von Schelers ethischem System: vgl. „Über die Möglichkeit, eine christliche Ethik in Anlehnung an Max Scheler zu schaffen", in: Ders., *Primat des Geistes. Philosophische Schriften*, ed. J. Stroymowski, Stuttgart-Degerloch 1980, 40.

[27] Vgl. Aristoteles, *Metaphysik* I 1 (980a21): „Alle Menschen streben nach Wissen"; *Nikomachische Ethik* I 1 (1094a1): „Jede Kunst und jede Lehre, wie auch jede Handlung

Zwischen Thomismus und Phänomenologie. – Seinen „persönliche[n] philosophische[n] Standort“ hat Wojtyła daher „zwischen dem aristotelischen Thomismus und der Phänomenologie“[28] verortet und damit seinen Interpreten in der Folge Anlass dazu gegeben, ausgiebig zu diskutieren, ob er nun eher Thomist oder Phänomenologe sei. Gegenüber solcherlei Versuchen einer allzu eindeutigen Schulzuordnung wird man allerdings gerade die besonderen *kreativen Qualitäten* des Denkens Wojtyłas wahrzunehmen haben. So hat er seine Schriften selbst sehr treffend als *„schöpferische* Untersuchungen [...] vor dem Horizont des Personalismus“[29] charakterisiert und auch der Rezeption unterschiedlicher Denktraditionen eher eine subsidiäre Bedeutung mit Blick auf sein eigenes Nachdenken zugeschrieben:

> „Meine Auffassung von der Person, die ‚einzig‘ in ihrer Identität ist, und vom Menschen als Mittelpunkt des Weltalls ist eher aus der Erfahrung und aus dem Gespräch mit anderen erwachsen als aus der Lektüre. Die Bücher, das Studium, die Überlegung und die Diskussion [...] helfen mir, das zu formulieren, was die Erfahrung mich lehrt.“[30]

2. Ein Denken, das Fundamente bietet

Der Kerngedanke von „Person und Tat“. – Durch seinen Ansatz beim eigenen „Ich“ als dem „unmittelbarste[n] Objekt der erfahrungsbezogenen Erkenntnis“, als demjenigen „Objekt, das uns vergleichsweise am besten bekannt ist“[31], besitzt das Denken Karol Wojtyłas nicht nur eine besondere Unmittelbarkeit. Es bietet zugleich auch jenes entscheidende denkerische

---

und jede Wahl scheinen ein gewisses Gut zu erstreben“; *Analytica posteriora* I 1 (71a1f.): „Jede Belehrung und jedes Lernen, sofern es denkend vollzogen wird, geschieht aus vorher schon vorhandener Erkenntnis“; *Politik* I 1 (1252a1-7): „Da jeder Staat uns als Gemeinschaft entgegentritt und jede Gemeinschaft als eine menschliche Einrichtung, die ein bestimmtes Gut verfolgt [...].“

[28] Johannes Paul II., *Geschenk und Geheimnis* (Anm. 17), 98.

[29] *Ebd.* – Hervorhebung von mir.

[30] Johannes Paul II., *„Fürchtet euch nicht!" André Frossard im Gespräch mit Johannes Paul II.*, München u.a. 1982, S. 17f.

[31] K. Wojtyła, *Betrachtungen über das Wesen des Menschen* (Anm. 18), 5 und 43: „Denn jeder von uns besitzt ein bestimmtes erfahrungsbezogenes Wissen vom Menschen durch sein eigenes ‚Ich‘ ebenso wie durch die vergleichende Beobachtung anderer Menschen. Diese Erfahrung wird um so reicher, je länger und intensiver der Mensch lebt und nachdenkt. [...] Jeder Akt ist gewissermaßen getränkt von diesem ‚Ich‘. Infolgedessen ist er meiner und gehört mir und niemand anderem an. Dieses ‚Ich‘ ist nicht nur ein Beobachter, eine Art Kontrolleur meiner Erlebnisse von außen, sondern ihre wirkliche Quelle von innen her. Wir erleben dieses ‚Ich‘ in jedem unserer Erlebnisse: Und man kann tatsächlich sagen, daß wir in der unerbittlichen Tatsache dieses ‚Ich‘ die

Fundament, von dem aus alle weiteren Dimensionen des Menschseins in den Blick kommen können. Wojtyła hat sein anthropologisches Konzept v.a. in seinem Hauptwerk *Person und Tat* (1969) niedergelegt, einem Buch von fast 400 Seiten, dessen Schwerverständlichkeit mehrfach bemerkt und anekdotenhaft belegt ist.[32] Gleichwohl lassen sich seine Überlegungen von einem einzigen Kerngedanken aus entfalten, der wie das berühmte Senfkorn im Evangelium (vgl. *Mt* 13,31f) den Ausführungen zugrundeliegt. Wojtyła selbst hat ihn in dem Aufsatz „Die personale Struktur der Selbstbestimmung", einem Beitrag zum großen Kongress, der anlässlich des 700-jährigen Todestages des hl. Thomas von Aquin im Jahr 1974 in Rom und Neapel veranstaltet wurde, entsprechend exponiert.[33] Bereits der Titel von *Person und Tat* deutet auf diesen Kerngedanken hin. Es geht um die Erfahrung, die mit der Aussage „Ich handle" (*ja działam*) verbunden ist:

> „Die Erfahrung der menschlichen Tat konzentriert sich auf das *Erleben* des Faktums *‚Ich handle'*. Dieses Faktum ist jedes Mal völlig ursprünglich, einzigartig und einmalig. [...] *Dieses Moment bezeichnen wir als Selbstbestimmung.*
>
> [1] Diese erste Kennzeichnung der Selbstbestimmung in der Erfahrung der menschlichen Tat beinhaltet die Wahrnehmung der Urheberschaft des menschlichen ‚Ich': ‚Ich handle' – das heißt: ‚Ich bin die wirkende Ursache' meiner Handlung, meiner Aktualisierung als Subjekt – anders als in allen Fällen, bei denen in mir nur etwas ‚geschieht', weil dann die Urheberschaft des personalen ‚Ich' nicht erlebt wird.
>
> [2] Die Wahrnehmung der Urheberschaft des Subjekts, das im Verhältnis zu seiner eigenen Handlung handelt, ist eng verbunden mit der *Wahrnehmung seiner Verantwortung für die Handlung*, die vor allem den axiologischen und ethischen Inhalt der Tat betrifft."[34]

Substantialität unserer Seele als solche erleben, d.h. unsere Seele als eine Substanz, als ein beständiges Subjekt unserer Existenz, unseres Seins und Tätigsein."

[32] Vgl. J. Ross, *Der Papst* (Anm. 4), 48: „Im Krakauer Klerus kursierte der Witz, daß Priester, die etwas auf dem Kerbholz hätten, im Fegefeuer *Person und Tat* lesen müßten, das Hauptwerk ihres Erzbischofs."

[33] Vgl. K. Wojtyła, „Die personale Struktur der Selbstbestimmung", in: *Wer ist der Mensch?* (Anm. 20), 13-23. – Er bezeichnet ihn dort als „das eigentliche Zentrum meiner Studie *Person und Tat*" (14) und als „eine kreative Weiterentwicklung des Denkens des hl. Thomas im Zusammenhang der vielfältigen Richtungen des gegenwärtigen Denkens" (13), die den „ganze[n] Reichtum sichtbar" machen will, „der in diesen Quellen enthalten ist", und „zugleich neue Wege" eröffnet, „aus ihnen zu schöpfen", so daß „die Möglichkeit ihrer Übereinstimmung mit dem modernen Denken sichtbar werden" kann (23).

[34] *Ebd.*, 15f.

„Ich handle." – Mit diesem Grundgedanken, der das menschliche Ich als ein prinzipiell aktives, dynamisches Wesen wahrnimmt (als einen Tätigen, und nicht als passiv Erleidenden, als „Opfer"), steht Wojtyła in der aristotelisch-thomanischen Tradition, die im Ausgang von den Lebensäußerungen des Menschen die Seele als „ersten Akt des physisch organisierten Leibes, der der Möglichkeit nach Leben besitzt"[35], vorstellt und den Menschen selbst als einen Handelnden um eines Zieles willen, d.h. teleologisch ausgerichteten, begreift:[36] Der Mensch ist nach Thomas von Aquin (1224/5-1274) in die grundlegende Spannung zwischen erstem und zweitem Akt[37], zwischen wesenhafter Wirklichkeit und tathafter Verwirklichung gestellt. Die in seinen Tätigkeiten angestrebte *perfectio* besitzt daher den Charakter der „Selbstverwirklichung"[38] im eigentlichsten Sinne des Wortes und die ursprünglich bestehende Verbindung von *actus primus* und *actus secundus* bildet den Horizont, in dem sich Anthropologie *und* Ethik gleichermaßen als Lehre vom Streben nach dem Guten entfalten lassen und die Tugendlehre als „Lehre vom Menschen"[39] eingeschrieben werden kann.

Darüber hinaus hebt die Aussage „Ich handle" im o.g. Faktum mit dem „Ich" im Unterschied zum Lateinischen, wo das Subjekt ganz in die Tätigkeit „versenkt" ist, den Träger der Handlung eigens hervor. In *Person und Tat* geht daher der Analyse der Erfahrung „Ich handle" eine ausführliche Erörterung des menschlichen *Bewusstseins* voraus. Das Bewusstsein erscheint dabei gewissermaßen als der in allen Tätigkeiten des Menschen „mitlaufende Schatten", der mit seinen verschiedenen, von Wojtyła ausführlich erörterten Funktionen (durchleuchtendes Widerspiegeln, Verinnerlichen, Gestaltung des Erlebens) das Erkennen und Handeln des

---

35 Aristoteles, *De anima* II 1 (414b5f.)

36 Vgl. Thomas, *S.th.* I 44, 4 c.: „Omne agens agit propter finem."

37 Vgl. Thomas, *Super De anima* II 1; ferner *Super Ethicam* I 1. – Zum Ganzen vgl. H.-G. Nissing, „Der Mensch auf dem Heimweg zu Gott. Christlicher Eudaimonismus bei Thomas von Aquin", in: Ders./J. Müller (Hrsg.), *Grundpositionen philosophischer Ethik. Von Aristoteles bis Jürgen Habermas*, Darmstadt ²2019, 56ff.

38 Vgl. in solchem Sinne auch K. Wojtyła, „Theorie und *praxis* – ein allgemeinmenschliches und ein christliches Thema", in: *Wer ist der Mensch?* (Anm. 20), 69: „Wir streben also danach, eine möglichst umfassende ‚Sicht' des Menschen ‚an sich' zu erlangen, um ihm eine möglichst umfassende Selbstverwirklichung zu ermöglichen, wie es in jeder seiner Taten geschieht." – Vgl. Ders., „Die Person: Subjekt und Gemeinschaft", in: *ebd.*, 130: „Der Mensch vollzieht sich, er verwirklicht die Selbstteleologie seines personalen ‚Ich' durch die transzendente Dimension seines *operari.*"

39 J. Pieper „Tugendlehre als Aussage über den Menschen" (1962), in: Ders., *Werke, Bd. 8,1: Miszellen (zu den Bänden 1 bis 5), Register und Gesamtbibliographie*, Hamburg 2005, 242-247. – In solchem Sinn heißt es ja bereits im Vers aus Pindars zweiter pythischer Ode: „Werde, der du bist!" (in: *Siegeslieder*, ed. D. Bremer, Düsseldorf 2003, 125).

Menschen zu *meinem* persönlichen Erkennen und *meinem* persönlichen Handeln macht und sie als solche wahrnehmen lässt. Auf dieser Grundlage, d.h. als „bewußsstes Handeln", in dem ich mich selbst wahrnehme, kann die Tat des Menschen bzw. das Faktum „Ich handle" zur Grundlage aller weiteren Analysen werden.[40]

Selbstbestimmung und Willen. – Die in der Aussage „Ich handle" selbst zum Ausdruck gebrachte Erfahrung (1) der Urheberschaft (*sprawczość*) und (2) der Verantwortlichkeit (*odpowiedzialność*) führen dabei zur Erschließung der Selbstbestimmung (*samostanowienie*) und des Willens (*wola*) als eigentlichem Mittelpunkt seiner Analysen: Die Selbstbestimmung besagt dabei genau „jenes Moment [...], das das Handeln einer Person eindeutig von allem unterscheidet, was in ihr lediglich geschieht"[41], und: „Der Wille ist das Vermögen der Person zur Selbstbestimmung".[42]

Entscheidend ist dabei, dass Wojtyła neben der *transitiven* Ausrichtung des Willensaktes auf ein Objekt (ein Gut/einen Wert) auch dessen besondere *intransitive* Dimension, d.h. die damit einhergehenden (Rück-) Wirkung auf das Subjekt selbst, wahrnimmt und eigens herausstellt: Durch meine willentliche Ausrichtung auf ein gutes oder schlechtes Objekt, vollziehe ich nicht nur eine *gute* oder *schlechte Tat*, sondern ich *werde* dadurch zugleich innerlich *gut* oder *schlecht* – als Mensch. Mit dem Willensakt bestimme ich mich nicht nur auf ein Ziel hin, sondern ich bestimme auch mich selbst. Durch den Willen und die Selbstbestimmung steht der Mensch somit in einem Verhältnis zu sich selbst. In solchem Sinne kann Wojtyła mitunter sogar vom Menschen als „Schöpfer seiner selbst" sprechen.[43] So werden der Selbst-Besitz (*samo-posiadanie*) und die Selbst-Beherrschung (*samo-panowanie*) als Implikate der Selbstbestimmung sichtbar: Ich besitze mich und werde zugleich von mir besessen, ich beherrsche mich und werde zugleich von mir beherrscht – womit schließlich eine Disposition zur *Hingabe* geschaffen ist: Nur wer sich selbst besitzt, kann sich hingeben – und das Dasein des Menschen erscheint in den grundlegenden Kategorien von Gabe (*dar*) und Aufgabe (*zadanie*).

40 Vgl. K. Wojtyła, *Person und Tat* (Anm. 16), Kapitel 1.

41 Ders., „Die personale Struktur der Selbstbestimmung", in: Ders., *Wer ist der Mensch?* (Anm. 20), 16.

42 *Ebd.*

43 Vgl. K. Wojtyła, *Person und Tat* (Anm. 16), 84f.: „Der Mensch ist nicht nur Täter seines Handelns, sondern auch sein *Schöpfer.* [...] Zum Wesen der Schöpferkraft gehört [...], daß sie Werke schafft. Das Handeln ist in gewisser Weise auch ein Werk des Menschen. [...] Es handelt sich dabei um eine Schöpferkraft, für die *der Mensch selbst das bevorzugte und erste Material* ist. Der Mensch gestaltet durch sein Handeln vor allem sich selbst" (Hervorhebungen im Original).

3. Ein konzeptionelles Denken, das Orientierung bietet: Dimensionen des Menschseins

Auf dieser Grundlage konkretisiert sich die „Erfahrung des Menschen“ in verschiedene Bereiche oder Dimensionen des Menschseins und es ist für das Person-Denkens Wojtyłas kennzeichnend, dass es von einem *konzeptionellen, umfassenden* und *summarischen Anspruch* bestimmt ist. Dieser Anspruch unterscheidet es von einer Reihe anderer jüngerer Entwürfe zum Thema „Person“, welche wesentlich kursorischer und fragmentarischer angelegt sind oder aber primär historisch oder durch aktuelle Fragestellungen motiviert sind.[44] Von einem einzigen Grundgedanken her kommen dagegen bei Wojtyła die verschiedenen Dimensionen des Menschseins in den Blick und werden von hier aus erschlossen: nämlich vom Gesichtspunkt der „Erfahrung“ und der „Subjektivität“. Als solche Dimensionen lassen sich unterscheiden: a.) die Erfahrung der Sprache, b.) die Erfahrung des Gebetes, c.) die Erfahrung des Leibes bzw. der Geschlechtlichkeit, d.) die Erfahrung des Handelns und e.) die Erfahrung der Gemeinschaft. In diesen verschiedenen Dimensionen zeigt sich das Denken Wojtyłas gleichermaßen in seiner Traditionsverfasstheit wie in seiner spezifischen Modernität, in der es f.) der Erfahrung des Menschen „nicht nur unserer Zeit, sondern [...] aller Zeiten“ gilt.[45]

Ich möchte die kurze Darstellung der verschiedenen Dimensionen des Menschseins zugleich dazu nutzen, die Stationen seiner intellektuellen Biografie zu benennen, auf weitere Quellen und Einflüsse auf sein Denken hinzuweisen, vor allem aber die Werke anzuführen, in denen die Betrachtung der jeweiligen Dimension des Menschseins ihren Ausdruck fand.

---

[44] Vgl. etwa R. Spaemann, *Personen. Versuche über den Unterschied zwischen „etwas“ und „jemand“*, Stuttgart 1996; T. Kobusch, *Die Entdeckung der Person*, Freiburg/Br. 1993; B. Wald, *Substantialität und Personalität. Philosophie der Person in Antike und Mittelalter*, Paderborn 2005.

[45] S.o. (Anm. 8). – Vgl. K. Wojtyła, *Person und Tat* (Anm. 16), 31: „Das Essentielle dieser Konzeption ist, daß wir anstreben, die menschliche Person für sich selbst zu verstehen, um auf die Herausforderung zu antworten, wie sie die Erfahrung des Menschen in ihrem ganzen Reichtum und auch die existentielle Problematik des Menschen in der modernen Welt darstellt.“ – Vgl. diesbezüglich auch die Bemerkungen in einem Brief an Henri de Lubac vom Februar 1968, zitiert in: H. de Lubac, *Meine Schriften im Rückblick*, Freiburg/Br. 1996, 538.

a. Die Erfahrung der Sprache

Rückblickend hat Johannes Paul II. von „zwei Etappen in meinem intellektuellen Werdegang“ gesprochen, die jeweils eine „Wende in meinem Leben“ bedeuteten:

> „[1] Die erste bestand in dem Übergang von der literarischen Denkweise zur Metaphysik;
> [2] die zweite führte mich von der Metaphysik zur Phänomenologie.“[46]

Gleichwohl blieb die *Poesie* der eigentliche Untergrund seines Denken: Karol Wojtyła ist von Natur aus Dichter und Autor. Dies zeigt sich nicht zuletzt in seiner Neigung zu verdichteter Formulierung und poetischer Sprache bis in seine Verkündigungstexte als Papst hinein – Formulierungen, die im Übrigen von einer Stilsicherheit getragen sind, wie sie spätere lehramtliche Dokumente nicht mehr haben sollten.[47] Und noch wenige Jahre vor seinem Tod kehrte Johannes Paul II. mit der Veröffentlichung des Gedichtszyklus *Römisches Triptychon* ausdrücklich zu seinen poetischen Ursprüngen zurück.[48]

Dichtungen. – Wojtyła war der Überzeugung, dass es zum Erfassen der Wirklichkeit des Menschen verschiedener Sprachen bedürfe, u.a. auch der Sprache der Dichtung.[49] Seine Gedichte notieren daher Einsichten in menschliche Beziehungen, Gewissenskonflikte oder auch mystische Erfahrungen. Zum Teil überarbeitet, manchmal aber auch nur hastig am Rand eines Manuskripts festgehalten, schwanken sie in ihrem mitunter telegrammartigen und elliptischen Stil „zwischen äußerster Konkretion und Abstraktion“ und zeigen seine „erstaunliche Fähigkeit, ins ‚Innere‘ der Erfahrung und des Gewissens anderer vorzudringen“[50]. Als Produkt eines

---

[46] Johannes Paul II., *Auf, laßt uns gehen! Erinnerungen und Gedanken*, Augsburg 2004, 102.

[47] Man denke an Kennzeichnungen wie Auschwitz als „Golgotha unserer Zeit“ (Rede in Auschwitz am 7.6.1979), die Rede von den „Areopagen der modernen Welt“ (*Enzyklika „Redemptoris missio“*, Nr. 37) oder von Glaube und Vernunft als den „zwei Flügeln des Geistes“ (*Enzyklika „Fides et ratio“*, Nr. 1).

[48] Vgl. Johannes Paul II., *Römisches Triptychon. Meditationen,* Freiburg/Br. u.a. 2003.

[49] G. Weigel, *Zeuge der Hoffnung. Johannes Paul II. Eine Biographie*, Paderborn u.a. 2002, 117.

[50] *Ebd.*, 123. – So hat so hat man etwa vom „Lied vom verborgenen Gott“ (1944) oder vom „Lied vom Glanz des Wassers“ (1950) gesagt, sie enthielten in dichterischer Gestalt den „Ausgangspunkt für die gesamte theologische Anthropologie Karol Wojtyłas“ (vgl. J. Kupczak, *Destined for Liberty* [Anm. 3], 142f.) – Das literarische Werk, größtenteils unter Pseudonymen in den Zeitschriften *Tygodnik Powszechny* und *Znak* veröffentlicht, ist im Wesentlichen in den ersten 12 Jahren als Priester gewachsen. – Vgl. dazu einführend J. Splett, „Theater des Wortes. Zum dichterischen Schaffen Karol Wojtyłas“, in: *Staunend vor dem Menschen* (Anm. 3), 118-156. – Als deutsche Übersetzungen lie-

bestimmten Gedankens oder einer Erfahrung waren diese Gedichte für ihn ein besonderes Ausdrucksmedium seines Nachdenkens, ja: eine Form des Gebets.

Dramen. – Inspiriert durch das sogenannte „rhapsodische Theater“ Mieczysław Kotarczyks (1908-1978), das insbesondere zu Zeiten der deutschen Besatzung, aber auch in der Nachkriegszeit eine wesentliche Rolle im kulturellen Leben Krakaus spielte und an dem Wojtyła als Schauspieler und Dramaturg teilnahm, entstanden überdies verschiedene Theaterstücke, wie das dem Krakauer Maler und Armenmönch Albert Chmielowski (1845-1916) gewidmete Drama *Der Bruder unseres Gottes* oder – als bekanntestes – *Der Laden des Goldschmieds. Meditationen über das Sakrament der Ehe, die sich vorübergehend zum Drama wandeln.*[51]

Poetologische Schriften. – Theoretisch hat Wojtyła seine Einsichten in einigen poetologischen Aufsätzen festgehalten,[52] die in ihrer Elementarität und Grundsätzlichkeit an die Überlegungen der aristotelischen *Poetik* und *Rhetotik* erinnern, wo das (lebendige) gesprochene Wort erstes Prinzip, Quelle und Ursprung von Aktion, Bewegung, Handlung und Musik ist.[53] Von Aristoteles stammt ja auch die älteste Definition des Menschen im Abendland, nach der dieser als „Wesen des Wortes“ (*zoon logon echon*) bestimmt ist.[54] Eine summarische Formulierung hat Johannes Paul II. seiner „Erfahrung des Wortes“ im ersten Band seiner Autobiografie *Geschenk und Geheimnis* gegeben:

> „Das Wort lebt, bevor es auf der Bühne gesprochen wird, in der Geschichte des Menschen als fundamentale Dimension seiner geistlichen Erfahrung. Es verweist letzten Endes auf *das unergründliche Geheimnis Gottes selbst.* Als ich durch die literarischen und linguistischen Studien das Wort neu entdeckte, mußte ich unweigerlich dem Geheimnis des Wortes näher kommen – jenes Wortes, auf das wir uns jeden Tag im *Angelusgebet* beziehen: ‚Und das Wort ist Fleisch geworden

---

gen vor: *Die Jugendgedichte des Papstes. Renaissance-Psalter* [1939], Graz, Wien, Köln 2000; *Der Gedanke ist eine seltsame Weite. Betrachtungen – Gedichte* [Lyrik 1950-1979], Freiburg/Br., Basel, Wien 1979;

[51] Deutsche Übersetzungen der dramatischen Werke finden sich in: *Jeremia. Ein nationales Drama in drei Teilen* [1940], trans. T. Mechtenberg, Paderborn 1996; *Der Laden des Goldschmieds* [1960], Freiburg/Br., Basel, Wien 1979; *Der Bruder unseres Gottes – Strahlung des Vaters. Zwei Dramen* [1949/1964], Freiburg, Basel, Wien 1981.

[52] Sie finden sich zusammen mit den Dramen und Gedichten in englischen Sprache in: K. Wojtyła, *The Collected Plays and Writings on Theatre*, ed. B. Taborski, Berkeley, Los Angeles, London 1987.

[53] Vgl. H.-G. Nissing, *Sprache als Akt bei Thomas von Aquin*, Leiden, New York 2006, 618-635.

[54] Vgl. Aristoteles, *Politik* I 2 (1253a1 ff.).

und hat unter uns gewohnt‘ (*Joh* 1,14). Später erkannte ich, daß das Studium der polnischen Philologie in mir den Boden für einen anderen Interessen- und Studienbereich bereitete und meinen Geist für die Philosophie und die Theologie empfänglich gemacht hatte.“[55]

b. Die Erfahrung des Gebetes

Eine Scharnierfunktion beim Übergang von der poetischen zur philosophischen oder metaphysischen Denkweise Wojtyłas nehmen zweifelsohne die Werke des hl. Johannes vom Kreuz (1542-1591) ein, die an der Schwelle von Dichtung und Theologie angesiedelt sind und deren Bedeutung in der Wojtyła-Rezeption häufig vergessen oder nicht ausreichend gewürdigt wird.[56] Bereits vor dem Eintritt ins Priesterseminar hatte Wojtyła die Schriften des spanischen Mystikers und die mit ihnen verbundene Spiritualität des Karmel durch den Schneider Jan Tyranowski in Krakau kennengelernt. Sie sollten der Gegenstand seiner römischen Dissertation *Der Glaube bei Johannes vom Kreuz* (1948) werden. Rückblickend charakterisierte Johannes Paul II. den Eindruck der Schriften Juans auf sein eigenes Denken als „Offenbarung eines Universums“[57]. Noch in späteren Dokumenten und Ansprachen als Papst kommt die bleibende Wertschätzung für den Karmeliten zum Ausdruck, den er als „sicheren Führer auf den Wegen des Glaubens“ für sich und als „einen Freund und Meister“ bezeichnet, „der mir das Licht, das in der Dunkelheit leuchtet, gezeigt hat, um immer auf Gott zuzugehen“.[58]

Erfahrung und Innerlichkeit. – Was Wojtyła an den Schriften Juans interessiert, ist ihr *erfahrungshafter, „empirischen“ Charakter.* Sie sind das Zeugnis einer „bewußten Erfahrung des Menschen von innen her“[59], Ausdruck der

---

55 Johannes Paul II., *Geschenk und Geheimnis* (Anm. 17), 16.

56 Vgl. z.B. J.M. Burgos, *Karol Wojtyła verstehen. Eine Einführung in seine Philosophie*, Berlin 2020, der Juan lediglich einmal kurz erwähnt (vgl. 15).

57 Vgl. Johannes Paul II., *Geschenk und Geheimnis* (Anm. 4), 34; v.a. *„Fürchtet euch nicht!“* (Anm. 4), 19: „Später als Theologiestudent lernte ich privat für mich Spanisch, um den Gedanken des mystischen Lehrers in meiner Doktorarbeit zu erläutern. […]. Aber das ist nicht das Entscheidende. Es zählt das, was ich dem eben erwähnten bewunderns-werten Unbekannten verdanke: die Offenbarung eines Universums. Der Schock war mit dem zu vergleichen, den ich im tiefsten Dickicht meines metaphysischen Dschungels erlebte.“

58 Vgl. die Predigt beim Wortgottesdienst zu Ehren des hl. Johannes vom Kreuz in Segovia am 4.11.1982, in: *DAS* (1982), 88-95, oder das Apostolische Schreiben „Maestro en la fe – Zum 400. Jahrestag des Heimgangs des hl. Johannes vom Kreuz“ (14.12. 1990), in: *DAS* (1991), 1243–1255.

59 K. Wojtyła, „O humanizmie św. Jana od Krzyża“, in: Ders., *Świętego Jana od Krzyża nauka o wierze*, Lublin 2000, 234.

„Innerlichkeit des Menschen“[60]. „Inhalt des Werkes ist der Weg der Seele hin zur Vereinigung mit Gott“, und Johannes selbst ist „in ganzer Person Lehrer und Meister der Seele in ihrem Sich-Ausstrecken nach Gott“. In seinen Schriften werden daher die bloß biologische wie die psychologische Sphäre des Menschen, wie sie in den empirischen Wissenschaften Thema sind, überschritten hin auf einen „eigenen Bereich“ des Humanen hin:[61] auf das „konkrete übernatürliche Leben in seiner einzig phänomenologischen Form“[62]. Demgemäß bestimmt Wojtyła die *Erfahrung* als

> „die subjektive Bezugsdimension im Menschen, die es ihm ermöglicht, in eine so intime Gemeinschaft mit der Gottheit zu treten – was zweifellos neben der biologischen und psychischen Sphäre zum Menschlichen zählt“ (236).

Das Gebet als Begegnung mit Gott wird so (in anti-materialistischer Wendung) zum Ort der Entdeckung der Innerlichkeit und Personalität des Menschen. Als Wahrnehmung des „inneren Menschen“ und als besondere Vertiefung menschlicher Selbsterkenntnis durch deren theologisch-anthropologische Begründung in der Gotteserkenntnis lässt sich die Mystik Juans dabei durchaus als in der Tradition des sokratischen *Gnothi seauton* stehend begreifen.[63]

Eine Theologie des Subjekts. – Dementsprechend wird das Zeugnis der inneren Erfahrung Juans für Wojtyła zur Basis für den Entwurf einer Theologie des Subjekts, die er erstmals programmatisch in dem Aufsatz „Der Humanismus des hl. Johannes vom Kreuz“ ausgeführt hat.[64] Inhalt einer solchen Theologie ist demnach die „innere Dynamik [des Menschen] auf Gott hin“[65], die „Ungeheuerlichkeit des geistigen Verlangens“, das sich nicht befriedigen lässt „außer vom göttlichen Gut selbst“[66]. Es geht um „die Situation des Menschen, der einen Weg beginnt“ und um das „Heraustreten aus sich selbst“[67]. Das Ziel ist eine „übernatürliche Reifung

---

60 *Ebd.*, 233.

61 *Ebd.*, 237.

62 *Ebd.*, 243.

63 Im Unterschied zur deutschen Mystik des Mittelalters mit ihrer spekulativ-theologischen Begründung der Gott-Mensch-Vereinigung liegt die Eigenart der *spanischen Mystik* an der Schwelle zur Neuzeit dabei stärker in einer *psychologisch* und *emotional-poetisch* begründeten Deutung des mystischen Weges.

64 K. Wojtyła, „O humanizmie św. Jana od Krzyża [Der Humanismus des hl. Johannes vom Kreuz]“ (Anm. 59), 234.

65 *Ebd.*, 238.

66 *Ebd.*, 240.

67 *Ebd.*, 237.

der menschlichen Innerlichkeit“ und eine „Erneuerung“ des inneren Menschen:[68]

> „In dem Maße, in dem [der Mensch] sich selbst [...] erkennt und sich seiner Innerlichkeit bewußt wird, zeigt sich ihm die Sphäre der Gnade mit spürbarer Kraft. Gott zeigt sich ihm nicht nur über ihm und außerhalb von ihm, sondern auch in ihm als derjenige, der seine Innerlichkeit kontinuierlich formt und sie gleichzeitig kontinuierlich übersteigt.“[69]

Kurz: Das „Ich“ lebt ursprünglich aus dem Gebet und dem Glauben an Gott!

c. Die Erfahrung des Leibes und der Geschlechtlichkeit

In gewissem Sinne kontrapunktisch dazu steht auf den ersten Blick die Beschäftigung mit den Themen der menschlichen Leiblichkeit, Sexualmoral, Ehe und Familie, die, wie gesehen, der pastoralen Arbeit Wojtyłas erwachsen sind. Doch entspricht dies völlig seiner ganzheitlichen Sicht des Menschen als Einheit aus Leib und Seele. Und auch in diesem Zusammenhang sind die Erfahrungen von Subjektivität, Innerlichkeit und Personalität für Wojtyła die entscheidenden Bezugsgrößen, um seinen Überlegungen eine Grundlage zu geben. Denn meine Selbstwahrnehmung als Person ist die Voraussetzung dafür, auch dem anderen als Person begegnen zu können und mich ihm gegenüber entsprechend zu verhalten, sie ist die Voraussetzung dafür, mich in Liebe auf ihn hin übersteigen zu können und meiner Verantwortung ihm gegenüber gerecht zu werden. *Liebe und Verantwortung* lautet daher der Titel von Wojtyłas erster großer Monographie, in der seine Überlegungen einen summarischen Ausdruck finden.

Ein personalistischer Horizont. – Aus der *Perspektive des Einzelnen* werden dabei zunächst die Unterscheidung zwischen *„gebrauchen“* und *„genießen“*[70] und der menschliche Affekt, Instinkt und Trieb und ihre Deutung thematisiert (Kapitel I), ehe in der *interpersonalen* Perspektive

- die *Liebe* in ihren verschiedenen Gestalten (aufbauend auf der thomanischen Unterscheidung zwischen *amor concupiscentiae*, *amor complacentiae* und *amor benevolentiae*[71]; Kapitel II),
- Keuschheit, Scham, Enthaltsamkeit als *Haltungen* (Kapitel III) sowie
- die Ehe, Jungfräulichkeit, Vaterschaft und Mutterschaft als *Lebensformen*

in den Blick kommen (Kapitel IV). Ergänzend wird das Verhältnis von

[68] *Ebd.*, 239.
[69] *Ebd.*, 241f.
[70] Zur Herkunft vgl. Augustinus, *De magistro* I 4.
[71] Vgl. Thomas von Aquin, *Summa theologiae* I-II 26, 4 c.; II-II 23, 1 c.

Sexualwissenschaft und Ethik behandelt (Kapitel V) – ohne Scheu im Umgang mit Einzelfragen, dabei stets geleitet von der umfassenden Grundeinsicht, dass der Mensch nur in der Liebe die volle *Verwirklichung seiner selbst* findet. Das Zentrum der Überlegungen bildet die sogenannte *„personalistische Norm“ (norma personalistyczna)*, die als Umsetzung des biblischen Liebesgebotes besagt:

> „Wenn in deinem Verhalten eine Person Objekt deines Handelns ist, vergiß niemals, daß du sie nicht bloß als Mittel, als Werkzeug behandeln darfst, sondern sei dir bewußt, daß sie ihr eigenes Ziel hat oder wenigstens haben sollte.“[72]

Das Anliegen, die Gebote und Einzelbestimmungen der Sexualmoral in einem personalistischen Horizont zu verorten und aus diesem heraus verständlich zu machen, markierte im damaligen Zeitkontext die eigentümliche Neuheit und Andersartigkeit der Überlegungen Wojtyłas.[73]

Philosophie und Theologie des Leibes. – Die grundlegenden Begriffe und Bestimmungen, die in *Liebe und Verantwortung* in philosophischer Sprache im Hinblick auf die Leiblichkeit und Geschlechtlichkeit des Menschen entwickelt wurden, bilden auch die nicht zu vernachlässigende Grundlage für die Mittwochskatechesen, die Papst Johannes Paul II. zwischen 1979 und 1984 gehalten hat und in denen er anhand biblischer Betrachtungen die von ihm selbst sogenannte *„Theologie des Leibes“*[74] entfaltet hat. Die Theologie des Leibes, in deren Mittelpunkt die menschlichen Personen, Mann und Frau, als *concreatores*, als „Miterschaffer eines neuen Menschen“[75], stehen, ist als „eine der kühnsten Neustrukturierungen der

---

[72] K. Wojtyła, *Liebe und Verantwortung. Eine ethische Studie*, München 1979, 25; vgl. Johannes Paul II., *Die Schwelle der Hoffnung überschreiten* (Anm. 8), 225.

[73] Gerahmt wird das Buch durch eine Reihe von Aufsätzen zur Thematik: vgl. u.a. „Instinkt, Liebe und Ehe“ [1952], in: K. Wojtyła, *Erziehung zur Liebe* (Anm. 70), 19-42; „Gedanken über die Ehe“ [1957], in: *ebd.*, 43-61; „Die Erziehung zur Liebe“ [1960], in: *ebd.,* 9-17; „Das Problem der ‚Aufklärung‘“ [1962], in: Ders., *Von der Königswürde des Menschen*, ed. J. Stroynowski, Stuttgart-Degerloch 1981, 85-92; „Familie als Communio personarum“ [1974], in: *ebd.,* 93-109. „Elternschaft und die Communio personarum“ [1975], in: *ebd.*, 93-109; – sie führen schließlich zur intensiven Auseinandersetzung um die Enzyklika *Humanae vitae* Papst Pauls VI. (25.7.1968): vgl. hierzu v.a. „Die Wahrheit der Enzyklika Humanae vitae [1969]“, in: *Von der Königswürde des Menschen* (Anm. 73), 203-215; „Die anthropologische Vision der Enzyklika *Humanae vitae* [1978]“, in: *ebd.*, 177-202.

[74] Vgl. Johannes Paul II., *Die menschliche Liebe im göttlichen Heilsplan. Eine Theologie des Leibes. Mittwochskatechesen 1979-1984*, ed. N./R. Martin, Kisslegg ²2008.

[75] Vgl. bereits K. Wojtyła, *Liebe und Verantwortung* (Anm. 72), 49: „Durch die Fortpflanzung, durch ihren Beitrag zum Beginn des Lebens eines neuen Wesens, nehmen der Mann und die Frau auf ihre Weise am Schöpfungswerk teil. Sie dürfen sich so-

Theologie in Jahrhunderten", ja: als „theologische Zeitbombe"[76] bezeichnet worden. Zumindest ist sie jener Bereich, in dem das Denken Johannes Pauls II. in der Gegenwart die stärkste Resonanz und Rezeption erfährt.

d. Die Erfahrung des Handelns und der Moral

Die Grundfrage der Ethik Wojtyłas. – Eine unmittelbare Verbindung von Anthropologie und Ethik ergibt sich bereits aus dem o.g. Grunddatum des Denkens Wojtyłas: „Ich handle." Dabei war es die ethische Fragestellung, die ihm in entscheidender Weise den Weg zum Personalismus gewiesen hatte. So hat Wojtyła als Grundfrage seines ethischen Bemühens im Hinblick auf *Person und Tat* die Frage nach der Verbindung des Schelerschen Begriffs der *Erfahrung* mit dem thomanischen Konzept des *actus* gekennzeichnet:

> „Die erste Frage, die sich mir als Studenten des hl. Thomas (einem sicher nicht sehr beschlagenen Studenten) stellte, war: Welche Beziehung besteht zwischen der Tat, die von der traditionellen Ethik als *actus humanus* interpretiert wurde, und der Tat als Erfahrung. Diese und andere ähnliche Formulierungen führten mich allmählich zu einer synthetischeren Formulierung der Frage in der Form der [...] Studie von ‚Person und Tat'."[77]

Anders gefragt: Inwiefern zeigt sich in meiner Erfahrung, die ich als ethisch Handelnder mache, *die Tat* als der zentrale und entscheidende Faktor, und welche Dimensionen umfasst er? – Von dieser Grundfrage aus unternimmt Wojtyła den „Aufbau einer Moralphilosophie", den er von 1954 als Dozent und Professor für Moraltheologie und Ethik an der Philosophischen Fakultät der Katholischen Universität Lublin in einer Reihe von Aufsätzen[78] sowie in den *Lubliner Vorlesungen*, entfaltet hat[79].

Der Einfluss Max Schelers. – Vorangegangen war die Habilitation *Über die Möglichkeit, eine christliche Ethik in Anlehnung an Max Scheler zu schaf-*

---

mit für die bewußten Miterschaffer eines neuen Menschen halten. Dieser neue Mensch ist eine Person. Die Eltern sind am Entstehen einer Person beteiligt."

[76] G. Weigel, *Zeuge der Hoffnung* (Anm. 50), 350.

[77] K. Wojtyła, *Person und Tat* (Anm. 16), 365.

[78] Vgl. v.a. die in dem Band *Primat des Geistes* (Anm. 26) versammelten Beiträge, vgl. ferner „On the Directive or Subservient Role of Reason in Ethics. In the Philosophy of Thomas Aquinas, David Hume, and Immanuel Kant" [1958], in: *Person and Community. Selected essays*, New York, Berlin u.a. ^{2}1994, 57-72; „Human Nature as the Basis of Ethical Formation" [1959], in: *ebd.*, 95-99. – Aus späterer Zeit vgl. „Die menschliche Person und das Naturrecht" [1970], in: *Von der Königswürde des Menschen* (Anm. 73), 59-64; „Das Problem der Erfahrung in der Ethik" [1969], in: S. Kaminski u.a. (Hrsg.): *W 700-lecie śmierci św. Tomasza z Akwinu. Próba uwspółcześnienia jego filozifii*, Lublin 1976, 265-288.

[79] Ders., *Lubliner Vorlesungen*, ed. J. Stroynowski, Stuttgart-Degerloch 1981, 257.

fen (1959). Max Scheler hatte mit seinem Hauptwerk *Der Formalismus in der Ethik und die materiale Wertethik* (1913) versucht, die Ethik Immanuel Kants (1724-1804), ihren Formalismus und Subjektivismus zu überwinden und schien mit seiner „materialen Wertethik" die Möglichkeit zu bieten, die objektiven und allgemein bindenden Inhalte der „klassischen" katholischen, anhand von Aristoteles und Thomas entwickelten Moraltheologie in einer zeitgenössischen Gestalt zu vermitteln. Überdies hatte Scheler, eine impulsive und faszinierende Gestalt im intellektuellen Leben des Katholizismus der 1920er- und 1930er-Jahre, über den Wert der Religion und das Heilige, die Rehabilitierung der Tugenden, Liebe und Hass, Reue und Scham, Ehe und Jungfräulichkeit geschrieben und dadurch nicht nur bei Wojtyła Aufmerksamkeit und Resonanz gefunden. Im Vorwort seiner Arbeit nennt er so insbesondere zwei Elemente, die Schelers Ethik für katholische Denker interessant machten: (1) seine Betonung der Liebe zur *Person* und (2) die Wichtigkeit des Ideals der *Nachahmung eines ethischen Vorbilds* für das sittliche Leben.[80] Wenngleich das Ergebnis seiner Untersuchung im Ganzen negativ ist und er der „materialen Wertethik" eine prinzipielle Eignung zur Interpretation der christlichen Ethik abspricht[81], bleibt die Beschäftigung mit Scheler und der Phänomenologie für Wojtyłas Denken von prägender Bedeutung. Neben dem Schlüsselbegriff der *Erfahrung* und der zentralen Stellung des *Personalen*[82] ist es insbesondere die Rede von den *Werten*, die von hier aus ihren Weg bis hinein in päpstliche Dokumente findet.

Unterschiede zur thomanischen Ethik. – Und auch wenn gerade die moralphilosophischen und -theologischen Auseinandersetzungen der 1990er Jahre und die in ihrem Zusammenhang entstandenen päpstlichen Dokumente, v.a. die *Enzyklika „Veritatis splendor"* (6.8.1993), die

---

80 Vgl. K. Wojtyła, „Über die Möglichkeit, eine christliche Ethik in Anlehnung an Max Scheler zu schaffen" (Anm. 26), 38.

81 „Schelers Beschränkung auf *die phänomenologische Perspektive* – gegenüber dem thomanischen Seinsdenken – und sein *Emotionalismus* – gegenüber einem rationalen Kognitivismus bleiben ungenügend; vor allem die übernatürliche Dimension fehlt bei dem Philosophen. Die Person und ihre Akte werden nicht metaphysisch erschlossen; aktualistisch löst jene sich in diese auf, kommt also nicht als substanzieller ‚Urheber des ethisch Guten oder Bösen ihrer Taten' in den Blick [...]. Die zentrale Rolle des *Gewissens* und seiner Normativität entzieht sich dem emotionalistischen Zugang. Auch die *Liebe* als Kern der Person wird rein emotional gesehen. *Gefolgschaft* als Fühlen derselben ethischen Werte schöpft nicht aus, was mit Nachfolge Christi gemeint ist" (J. Splett, „Anthropologie aus christlicher Erfahrung. Mensch- und Menschlichsein bei Karol Wojtyła", in: *Staunend vor dem Menschen* [Anm. 3], 37f.).

82 Vgl. den Untertitel der Arbeit Schelers: *Neuer Versuch der Grundlegung eines ethischen Personalismus.*

elementare und grundlegende Funktion zeigen, die dem Denken des Thomas von Aquin in der Ethik Johannes Pauls II. bleibend zukommt (in der Lehre vom Naturgesetz bzw. Naturrecht[83], in der Bestimmung der Sünde[84], aber auch in der Handlungs- und Willenstheorie[85]), so wird man mindestens *zwei Gesichtspunkte* zu berücksichtigen haben, die sich nicht zuletzt der Auseinadersetzung mit Max Scheler, und vielleicht mehr noch der Rezeption Immanuel Kants (1724-1804) verdanken.

(1) Dies ist zum einen die merkliche Distanz zum eudaimonistischen Grundkonzept der aristotelisch-thomanischen Ethik. Diesem zufolge bildete formal die Idee eines *letzten Zieles* (*telos, finis*) und inhaltlich die Frage nach dem *Glück* (*eudaimonia, beatitudo*) den grundlegenden Maßstab und das Prinzip menschlichen Handelns. Weil das Gute, dem Auftakt der *Nikomachischen Ethik* zufolge, dasjenige ist, nach dem alles strebt (*bonum est quod omnia appentunt*), war alles menschliche Tätigsein von diesem *appetitus* als einem natürlichen Verlangen (*desiderium naturale*) her zu verstehen.[86] Gegen eine solche Ethik, die mit der Erörterung des letzten Zieles beginnt, sprach für Wojtyła indessen die unmittelbare Erfahrung des *sittlichen Sollens* (unter dem Einfluss der Werte): Nicht die Frage nach Glück sei Prinzip und Maßstab des ethischen Sollens, sondern umgekehrt bedinge die Erfüllung des sittlichen Sollens die Glückserfahrung.

(2) Und es ist eben die Unbedingtheit der sittlichen Erfahrung und deren *Sollensanspruchs,* die zum anderen auf die zentrale Bedeutung des *Gewissens* in seiner Ethik hinweisen.[87]

> „Der Akt des Gewissens ist die Schlüsselstelle der gesamten Erfahrung der Moral. Die Wirklichkeit des Guten und des Bösen als moralischer Werte und ebenso die dynamische Wirklichkeit der Person, die wir Tat nennen, wird im Akt des Gewissens offenbart und sichtbar gemacht. Diese Wirklichkeiten machen sich jeweils wechselseitig kund und sichtbar. Die Wirklichkeit des Guten und des Bösen als moralischer Werte offenbaren sich im Gewissen durch die Verpflichtung.“[88]

---

83 Vgl. *ebd.*, Nr. 42-53; *Enzyklika „Evangelium vitae“* (25.3.1995), Nr. 62; 65.

84 Vgl. Johannes Paul II., *Enzyklika „Veritatis splendor“* (6.8.1993), Nr. 69-70.

85 Vgl. *ebd.*, Nr. 71-83 – freilich nicht ohne eigene Akzente.

86 Vgl. Aristoteles, *Nikomachische Ethik* I 1 (1094a1).

87 Zur Ethik Immanuel Kants vgl. einleitend J. Splett, „Gesetz der Freiheit. Die Pflichtethik Immanuel Kants“, in: *Grundpositionen philosophischer Ethik* (Anm. 37), 83-104.

88 K. Wojtyła, „Der intentionale Akt und die menschliche Tat – oder: Tat und Erfahrung“, in: Ders., *Wer ist der Mensch?* (Anm. 20), 33.

e. Die Erfahrung der Gemeinschaft

Die Brücke zur Sozialphilosophie schlägt Karol Wojtyła im IV. und letzten Teil von *Person und Tat*: „Der Mensch handelt gemeinsam mit anderen.“ In der elementaren Erfahrung des Menschseins als eines Seins und Handelns „gemeinsam mit anderen“ unterscheidet er unter personalistischem Vorzeichen zwei *Grunddimensionen von Gemeinschaft*: (1) die *interpersonale* Gemeinschaft des *„Ich“-„Du“* und (2) die *soziale* Gemeinschaft des *„Wir“*.

Communio personarum. – Entscheidender Schlüsselbegriff für die Beschreibung der Gemeinschaft von Personen (*communio personarum*) ist der Begriff der *Teilhabe*, den Wojtyła der klassischen metaphysischen Tradition (vgl. insbesondere Platon) entnimmt, jedoch weiter fasst. Zusammen mit dem Begriff des *Gemeinwohls* (*bonum commune*) bildet er die Grundlage für die Analyse von *authentischen* und *nicht-authentischen Haltungen* zur Gemeinschaft: *Solidarität* und *Widerspruch*, *Konformismus* und *Ausweichen*. Wojtyła versteht seinen Entwurf der personalistischen Vision einer sozialen Ordnung dabei letztlich wiederum als Übersetzung des *Liebesgebots des Evangeliums*, nach dem der Andere als *„Nächster“* erscheint. Sein Konzept von Teilhabe, das gleichermaßen gegen Individualismus wie Kollektivismus gerichtet ist, besitzt seinen Gegensatz im Zustand der *Entfremdung*. Wojtyła entnimmt diesen Begriff der Auseinandersetzung mit dem Marxismus und Materialismus und verleiht ihm eine grundsätzlichere, personalistische Deutung.[89]

Entfaltungen in der päpstlichen Sozialethik. – Die derart entworfene Sozialphilosophie bildet den Hintergrund für das vehemente Eintreten Papst Johannes Pauls II. für die Menschenrechte in ihren verschiedenen Dimensionen als Recht auf Leben, Recht auf Religionsfreiheit, Recht auf Arbeit, Recht der Familien, Rechte der Bürger und der Nationen. Von ihren personalistischen Wurzeln aus finden seine Überlegungen ihre Entfaltung und Ausgestaltung in den päpstlichen Lehrschreiben zur Sozialethik, wie der *Enzyklika „Laborem exercens“* (14.9.1981), die

---

[89] Vgl. daneben v.a. den Aufsatz „Die Person: Subjekt und Gemeinschaft“, in: Ders., *Wer ist der Mensch?* (Anm. 20), 109-159. Der Text enthält jene „Fortsetzungen und Erweiterungen“ zur gemeinschaftlichen Dimension der personalistischen Konzeption, die Wojtyłas eigener Ansicht zufolge in *Person und Tat* gefehlt haben. Von daher kann der Text als *definitive Formulierung* seines personalistischen Entwurfs und gewissermaßen als *„letztes Wort“* des Philosophen Karol Wojtyła gelesen werden. Ein Indiz dafür mag nicht zuletzt das besondere Interesse sein, mit dem er noch vor seiner Wahl zum Papst eine Übersetzung gerade dieses Beitrags ins Deutsche verfolgte. Der Aufsatz war daher seinerzeit auch der erste Text des polnischen Pontifex, der hierzulande erschienen ist.

den Vorrang der Arbeit vor dem Kapital feststellt,[90] indem sie von der „Subjektivität der Arbeit“[91] spricht und diese als Gut charakterisiert, insofern der Mensch durch sie „auch *sich selbst als Mensch verwirklicht*, ja gewissermaßen ‚mehr Mensch‘ wird“[92]. Die der Entwicklung der Völker und einer angemessenen Entwicklungshilfe gewidmete *Enzyklika „Sollicitudo rei socialis“* (30.12.1987) hebt deren Adressaten als eigenständige Subjekte (und nicht nur als Objekte) der Entwicklungspolitik hervor, indem sie ganz selbstverständlich vom „Subjektcharakter der Gesellschaft“[93] und der Nationen[94] spricht. Und die *Enzyklika „Centesimus annus“* (1.5.1991) reflektiert die Ereignisse der Zeit nach dem vermeintlichen Untergang des Kommunismus im Jahr 1989 und die damit zusammenhängenden politischen, sozialen und ökonomischen Folgen im Horizont des umfassenden Verständnisses der Person.[95]

f. Die Erfahrung des Menschen „unserer Zeit [...] und aller Zeiten“

Im Rahmen der letztgenannten, wohl bedeutendsten der drei Sozialenzykliken beantwortet Johannes Paul II. so auch die Frage, ob „nach dem Scheitern des Kommunismus der Kapitalismus das siegreiche Gesellschaftssystem sei“[96]. Dabei weist er mehrfach auf die untergründige Verbindung hin, die zwischen dem Kommunismus einerseits und dem

[90] Im Ganzen sind es drei Prinzipien, die Johannes Paul II. in *„Laborem exercens“* einschärft: (1) das des Primats der Arbeit vor dem Kapital, (2) das des Menschen gegenüber den Dingen, und (3) das der arbeitenden Person vor ihrer Arbeit (vgl. Nr. 12).

[91] Vgl. Johannes Paul II., *Enzyklika „Laborem exercens“* (14.9.1981), Nr. 6: *„Als Person ist der Mensch daher Subjekt der Arbeit.* Als Person arbeitet er und vollzieht die verschiedenen Handlungen, die zum Arbeitsprozeß gehören; unabhängig von ihrem objektiven Inhalt müssen diese alle der Verwirklichung seines Menschseins dienen, der Erfüllung seiner Berufung zum Personsein, die ihm eben aufgrund seines Menschseins eigen ist.“ Vgl. Nr. 9. Von hier aus ergibt sich der o.g. Vorrang der Arbeit vor dem Kapital, das Eintreten für die Rechte der arbeitenden Menschen etc.

[92] *Ebd.*, Nr. 9. (Hervorhebungen im Original).

[93] Johannes Paul II., *Enzyklika „Sollicitudo rei socialis“* (30.12.1987), Nr. 15.

[94] *Ebd.*

[95] Johannes Paul II., *Enzyklika „Centesimus annus“* (1.5.1991), Nr. 11: „[W]as [...] die ganze Soziallehre der Kirche zuinnerst bestimmt, [ist] *die richtige Auffassung von der menschlichen Person und ihrem einzigartigen Wert* [...], insofern ‚der Mensch ... auf Erden das einzige von Gott um seiner selbst willen gewollte Geschöpf ist‘. [...] In ihn hat er sein Bild und Gleichnis eingemeißelt (vgl. *Gen* 1,26) und ihm damit eine unvergleichliche Würde verliehen [...]. Jenseits aller Rechte, die der Mensch durch sein Tun und Handeln erwirbt, besitzt er Rechte, die nicht im Entgelt für seine Leistung bestehen, sondern seiner wesenhaften Würde als Person entspringen.“

[96] *Ebd.*, Nr. 42.

Konsumismus/Liberalismus andererseits auf der Ebene des Materialismus besteht.[97] Diese Antwort ist deswegen so interessant, weil sie eine besondere Eigentümlichkeit des Denkens Wojtyłas sichtbar macht. Sie ist gewissermaßen das Ergebnis intellektueller *„Tiefenbohrungen“*, die bedingt waren durch die besondere Situation in Polen, wo angesichts eines totalitären und repressiven Systems eine Auseinandersetzung mit dem Marxismus oder historischen Materialismus nicht in einer unmittelbaren, sondern nur in einer indirekten Weise erfolgen konnten. Entsprechend sucht man in den wissenschaftlichen Schriften Wojtyłas vor seinem Pontifikat vergeblich nach ausdrücklichen Referenzen auf den Marxismus oder Kommunismus als einer politischen Ideologie. Gleichwohl ist die ideologische Herausforderung des Systems stets gegenwärtig.

Tiefenbohrungen. – Die Notwendigkeit einer solchen indirekten Auseinandersetzung führte Wojtyła daher zu einer größeren *Allgemeinheit* und *Grundsätzlichkeit* in der Betrachtung und Argumentation, sodass er in dieser *prinzipielleren Perspektive* Phänomene ganz unterschiedlicher Provenienz in einer inneren Zusammengehörigkeit wahrnehmen konnte.[98] Als die beiden großen philosophischen Gegenpositionen im von ihm sogenannte „Streit um den Menschen“ markiert er dabei einerseits (1) den (philosophischen) Materialismus und andererseits (2) den Utilitarismus.

(1) *Materialismus.* – Materialismus und Spiritualismus erscheinen dabei schon in seinem frühsten anthropologischen Entwurf, den *Betrachtungen über das Wesen des Menschen*, als *philosophische* Gegenpositionen, die einander ausschließen, da sie von den Prinzipien ausgehen, dass entweder alles Wirkliche materiell ist oder aber dass es eine von der Materie unabhängige Struktur gibt, die Geist oder Seele genannt wird. Diese beiden Positionen begleiten, so Wojtyła, die Geschichte der Philosophie – und darauf kommt es an – seit ihren Anfängen. Es handelt sich um „eine Auseinandersetzung, die seit Jahrtausenden im Gange ist“[99], um „ein[en] jahrhundertealte[n] Streit“[100] mit immer neuen geschichtlichen Spielarten.

(2) *Utilitarismus.* – In dieser umfassenderen Perspektive nun kann der moderne Materialismus als eine Spielart erscheinen, der überdies eine besondere Verwandtschaft zur praktischen Theorie des Utilitarismus besitzt: In seiner ersten und grundlegendsten Analyse des Utilitarismus im

---

[97] Vgl. am deutlichsten *ebd.*, Nr. 19.

[98] Vgl. Johannes Paul II., *Erinnerung und Identität* (Anm. 5), 68, zu den Lehren, die aus dem Kommunismus zu ziehen sind: „Ich denke, daß wir vor allem lernen müssen, *an die Wurzeln zu gehen.*“

[99] K. Wojtyła, *Betrachtungen über das Wesen des Menschen* (Anm. 18), 7.

[100] *Ebd.*, 20.

dritten Teil der *Lubliner Vorlesungen* („*Norm und Glück*") zeigt Wojtyła so als die letzte Bedingung der utilitaristischen Theorie, die nach einer physischen Bestimmung des Glücks als einem Maximum angenehmer Erlebnisse („Maximierung von Lust und Vermeidung von Unlust", „Das größte Glück der größten Zahl") fragt, ein Verständnis des Menschen, das – im Gefolge des Empirismus David Humes – der Vernunft keine normative, sondern lediglich eine dienende Rolle im menschlichen Handeln, insbesondere im Hinblick auf das Trieb- und Gefühlsleben zuschreibt. Ein solches Denken aber, das das Gefühl und die Triebe der Vernunft vor- und überordnet, führt letztlich zu einer Desintegration nicht nur des geistigen Willens, sondern des Menschen insgesamt.[101]

Zugleich bedingt der Utilitarismus umgekehrt eine Haltung, die in der Moderne verschiedene Formen haben kann[102] und die nicht zuletzt die Ursache für einen *praktischen Materialismus* ist,

> „der nicht so sehr wegen seiner aus der materialistischen Theorie abgeleiteten Voraussetzungen für fähig gehalten wird, die Bedürfnisse des Menschen zu erfüllen, sondern aufgrund einer bestimmten Art zu werten, also aufgrund einer gewissen auf die unmittelbare und größere Anziehungskraft des Materiellen gegründeten Rangordnung der Werte".[103]

Dieser Materialismus (oder Ökonomismus) enthält

> „direkt oder indirekt die Überzeugung vom Primat und Vorrang des Materiellen [....], während er das Geistige und Personhafte (das Wirken des Menschen, die moralischen Werte und ähnliches) direkt oder indirekt der materiellen Wirklichkeit unterordnet".[104]

Historisch wurde dieser praktische Materialismus in der freien Ökonomie zum Saatbeet für den dialektischen Materialismus von Karl Marx (1818-1883) und Friedrich Engels (1820-1895). Doch es ist die Vermutung, dass „der gleiche Irrtum […] sich unter anderen zeitlichen und örtlichen

---

[101] Ders., „Norm und Glück", in: Ders., *Lubliner Vorlesungen* (Anm. 79), 408.

[102] Vgl. ders., „Bemerkungen uber die Konstitution *Gaudium et spes*" [1970], in: Ders., *Von der Königswürde des Menschen* (Anm. 73), 144f. „Er ist keineswegs nur eine Abstraktion, sondern auch Ausdruck realer Haltungen, über die der Mensch verfügt, der einzelne und die Gesellschaft. Der Utilitarismus leugnet den tiefsten und letztlich objektiven Wert einer jeden Sache, um an Stelle des ‚bonum in se' nur noch den Nutzen und Gebrauch als Wertmaßstab übrig zu lassen. Nicht: Was für ein Gut ist die gegebene Sache in sich selbst? – sondern: Welchen Nutzen bringt sie, welcher Verwendung kann sie dienen? Der Utilitarismus als Symptom einer Haltung deutet auch darauf hin, welche Anstrengung den Menschen bei seinem Streben nach dem ‚bonum in se' in allen Bereichen begleitet."

[103] Johannes Paul II., *Enzyklika „Laborem exercens"* (14.9.1981), Nr. 13.

[104] *Ebd.*

Umständen wiederholen [kann], wenn man bei der Reflexion von den gleichen theoretischen und praktischen Voraussetzungen ausgeht“,[105] der Johannes Paul II. zu einer vergleichsweise nüchternen Sicht der Weltlage nach dem vermeintlichen Untergang des Kommunismus und zu einer skeptischen Sicht des Kapitalismus führt.

Jedenfalls scheinen seine Warnungen vor dem Materialismus und dem Utilitarismus als den beiden wesentlichen Antipoden eines wahren Verständnisses der Person – des „Menschen unserer Zeit und aller Zeiten“ – dem sein Denken gilt, nichts von ihrer Aktualität verloren zu haben.[106]

4. Ein Denken, das Hoffnung gibt

Die große Biografie über Johannes Paul II., die der amerikanische Journalist George Weigel im Jahr 1999 vorgelegt hat, trägt den bezeichnenden Titel „Zeuge der Hoffnung“. Sie geht zurück auf eine Selbstcharakterisierung des Papstes im Rahmen der Rede, die er 1995 vor den Vereinten Nationen gehalten hat. Er sagte dort vor der Weltgemeinschaft:

> „I come before you as a witness: a witness to human dignity, a witness to hope, a witness to the conviction that the destiny of all nations lies in the hands of a merciful Providence.“[107]

„Witness of hope“ – Beide Begriffe dieser Selbstbezeichnung erscheinen mir signifikant.

(1) Im Jahr 2016 wurde der Film „Silence“ des US-amerikanischen Regisseurs Martin Scorsese veröffentlicht. Er feierte seine Premiere im Vatikan im Beisein von etwa 300 Mitgliedern des Jesuitenordens. Aus diesem Anlass wurde Scorsese im Apostolischen Palast von Papst Franziskus empfangen. Der Film, der auf den gleichnamigen Roman des japanischen Autors Endo Shusaku (1923-1966) zurückgeht und brillant inszeniert ist, handelt von der Jesuitenmission in Japan im 17. Jahrhundert und vom Schicksal zweier Priester, die unter den Drohungen der Inquisition, die

[105] *Ebd.*

[106] Zur geistlichen Deutung vgl. Johannes Paul II., *Enzyklika „Dominum et vivificantem“* (18.5.1986), Nr. 56f.: „Man kann deshalb sagen, daß der Materialismus die systematische und kohärente Weiterentwicklung jenes ‚Widerstandes‘ und Gegensatzes ist, den Paulus mit den Worten aufzeigt: ‚Das Begehren des Fleisches richtet sich gegen den Geist‘ [...]. In der paulinischen Gegenüberstellung von ‚Geist‘ und ‚Fleisch‘ ist auch der Gegensatz zwischen ‚Leben‘ und ‚Tod‘ enthalten [...]. Wenn der Mensch in seinem Wesen nur ‚Fleisch‘ ist, bleibt der Tod für ihn unüberwindliche Grenze und endgültiges Ende [...]. Man muß hinzufügen, daß am Horizont der heutigen Zivilisation – besonders in der technisch-wissenschaftlich am höchsten entwickelten – die Zeichen und Hinweise auf den Tod besonders häufig anzutreffen sind.“

[107] Johannes Paul II., *Ansprache vor der UNO* (5.10.1995).

Gläubigen zu töten, schließlich dazu gebracht werden, ihrem Glauben abzuschwören. Der apostatische Akt selbst geschieht dadurch, dass sie mit dem Fuß auf ein Bild Jesu, ein sogenanntes Fumie, treten. Die Situation, in der die Hauptperson, P. Sebastião, abschwört, ist dabei begleitet von absoluter Stille (daher u.a. der Titel „Silence"), in die hinein er die Stimme Jesu vernimmt, die seinen Akt legitimiert, ja, ihn dazu auffordert:

> „Du kannst es ruhig tun. Es ist schon gut. Setze deinen Fuß auf mich. Ich verstehe deinen Schmerz. Ich wurde in diese Welt geboren, um die Schmerzen der Menschen zu teilen. Ich trug das Kreuz für eure Schmerzen. Dein Leben ist jetzt bei mir. Tu es!"

Die filmische Darstellung ist mehrdeutig und lässt verschiedene Interpretation zu. So ist die Szene als Ausdruck einer Theologie gedeutet worden, die im Sinne eines höheren Christentums mit Christus über Christus und seine Botschaft hinauswill, als Orientierung an einem „höheren" moralischen Gesetz, das sich nicht mehr an den Worten Christi selbst zu orientieren braucht, sondern vielmehr weiß, was Jesus *will*, und aus der Intention einer „höheren Liebe" heraus, selbst einen Akt wie die Apostasie zu rechtfertigen vermag, da das Vermeiden von Leiden (hier der Gläubigen) in jedem Falle wichtiger ist als das Bekenntnis des Glaubens.[108] Auch ist die Botschaft des Films als „Theodizee der Privatreligion" verstanden worden – in der es zum Verstummen, ja zum *Verschwinden des Zeugen* kommt.[109] (Die abgefallenen Priester arbeiten in der Folge als Funktionäre für die staatliche Inquisition und haben den Auftrag, alles Christliche, was durch Reisende und Händler ins Land gebracht werden soll, aufzuspüren und zu denunzieren, und führen ein völlig an die japanische Kultur assimiliertes Dasein.)

Man mag in dieser Darstellung bildhaft die kirchliche Situation der Gegenwart wie in einem Brennglas zusammengefasst sehen. Und es wäre nicht schwer, den *Verlust des Zeugen*, das *Verschwinden der Person*, die für ihren Glauben bereit ist standzuhalten, zu illustrieren mit dem allgegenwärtigen Funktionärstum, das unter den Maßgaben von Pragmatismus, Utilitarismus und Machbarkeit das Mensch- und das Zeugesein von äußeren Funktionen abhängig macht und verfälscht. In solchem Sinne

---

[108] Vgl. R. Douthat, *To Change the Church. Pope Francis and the Future of Catholicism*, New York u.a 2018, 172-182, der darin einen radikalen Bruch mit der geistlichen und theologischen Tradition des Katholizismus sieht.

[109] Vgl. T. Möllenbeck, „‚Silence' – Das Verstummen der Zeugen. Martin Scorceses Theodizee der Privatreligion", in: Ders./L. Schulte (Hrsg.), *Zeugnis. Zum spirituellen Ursprung und zur Präsenz des Christlichen*, Münster 2018, 167-178.

hatte bereits Josef Pieper (1904-1997) als Gegenbilder zu Sokrates, dem Philosophen, den Sophisten und den Funktionär skizziert.[110]

Gegenüber dieser Verzeichnung christlicher Zeugenschaft scheint das Person-Denken Karol Wojtyłas eine andere Perspektive zu haben – und in innerer Konsequenz dazu eine andere Hoffnung zu beinhalten. Als besonderes Andenken an die zweite Deutschlandreise Johannes Pauls II. 1987 bewahre ich ein Gebetsbildchen auf, auf dem der Papst mit eigener Hand das letzte Wort Jesu an seine Jünger vor seiner Himmelfahrt notiert hat: „Ihr werdet meine Zeugen sein“ (Apg 1,8). Hierüber wäre noch viel zu sagen. Doch sollen am Ende lediglich zwei wegweisende Zitate stehen, die die Zeugenschaft der Hoffnung Johannes Pauls II. illustrieren.

(2) Zumal in den Dokumenten seiner letzten Papstjahre hat Johannes Paul II. jene Gesichtspunkte zusammengefasst, die er der Kirche, nachdem er sie ins 3. Jahrtausend geführt hat, auf ihrem weiteren Weg mitgeben wollte:

> „Das Antlitz Christi zu betrachten [...], ist das ‚Programm‘, auf das ich die Kirche am Beginn des dritten Jahrtausends hingewiesen habe und mit dem ich sie einlade, mit Enthusiasmus für die Neuevangelisierung auf das Meer der Geschichte hinauszufahren. Christus betrachten, bedeutet ihn erkennen, wo immer er sich zeigt, in den vielfältigen Formen seiner Gegenwart, vor allem aber im lebendigen Sakrament seines Leibes und seines Blutes. *Die Kirche lebt vom eucharistischen Christus.*“[111]

Aus dieser Betrachtung Christi aber erwächst von selbst der Ruf zur Mission und zur Evangelisierung im Zeichen der Hoffnung:

> „Gehen wir voll Hoffnung voran! Ein neues Jahrtausend liegt vor der Kirche wie ein weiter Ozean, auf den es hinauszufahren gilt [...]. Der Sohn Gottes, der aus Liebe zum Menschen vor zweitausend Jahren Mensch wurde, vollbringt auch heute sein Werk. Wir brauchen aufmerksame Augen, um es zu sehen, und vor allem ein großes Herz, um selber seine Werkzeuge zu werden [...]. Christus [...] fordert uns noch einmal auf, uns auf den Weg zu machen: ‚Darum geht zu allen Völkern, und macht alle Menschen zu meinen Jüngern; tauft sie auf den Namen des Vaters und des Sohnes und des Heiligen Geistes‘ (Mt 28,19). [...] Wir können auf die Kraft desselben Geistes zählen, der am Pfingsttag ausgegossen wurde und uns heute dazu anspornt, einen Neuanfang zu setzen.“[112]

---

[110] Vgl. J. Pieper, „Was heißt akademisch? Oder der Funktionär und der Sophist“ [1952], in: Ders., *Werke, Bd. 6: Kulturphilosophische Schriften*, Hamburg 1995, 72-131.

[111] Johannes Paul II., *Enzyklika „Ecclesia de eucharistia“* (17.4.2003), Nr. 6.

[112] Ders., *Apostolisches Schreiben „Novo millennio ineunte“* (6.1.2001), Nr. 58.

Johannes Paul II. Universalkirchlicher Gesetzgeber und Lehrer des Rechts

Prof. Dr. Christoph Ohly

Mit Papst Johannes Paul II. steht eine vielfach faszinierende Heiligengestalt der jüngsten Kirchengeschichte vor uns. Person, Leben und Werk dieses Giganten des Glaubens sind so facettenreich, dass jedes Detail einer weitreichenden Erörterung wert wäre. Meine Aufgabe ist es an dieser Stelle, auf Johannes Paul II. als universalkirchlichen Gesetzgeber und Lehrer des Rechts zu blicken.

Geprägt durch die innere und äußere persönliche Auseinandersetzung mit dem Nationalsozialismus, dem kommunistisch-totalitären Regime in seinem Heimatland Polen sowie mit den erschütternden Ausreizungen der freiheitlich-westlichen Welt insbesondere nach den Entwicklungen des Jahres 1989 und zugleich tief verwurzelt im katholischen Glauben stand Karol Wojtyła als Mensch, Priester und vor allem als Nachfolger des hl. Petrus für das grundlegende Recht eines jeden Menschen ein. In der Überzeugung des Glaubens, dass der Mensch als Geschöpf Gottes und als unverwechselbarer fleischgewordener Gedanke Gottes aus dem Herzen des Schöpfers stammt, proklamierte und verteidigte Johannes Paul II. unermüdlich das ausnahmslos geltende Recht des Menschen auf Leben und die ihm als *imago Dei* zukommende, nicht zur Disposition von diversen Einzelinteressen – egal welcher Herkunft! – stehende Würde. Er hat sich dabei in seiner Verkündigung als wahrer und wahrheitsliebender Lehrer dieses Rechts erwiesen, das er in seinen einzelnen Dimensionen zu erschließen wusste. So bildet – um nur ein Beispiel daraus zu nennen – gemäß seiner ersten Enzyklika *Redemptor hominis* die Religionsfreiheit „den Kern der Menschenrechte“[1]. Die konziliare Erklärung über die Religionsfreiheit will seiner Auffassung nach vor allem eine tiefe Wertschätzung für den Menschen, für seinen Verstand, seinen Willen, sein Gewissen und seine Freiheit bewahren.[2]

Aus diesem inneren Kern ließen sich nun verschiedenen Dimensionen dieses Grundrechts ableiten. Das muss jedoch an anderer Stelle von dazu

[1] Johannes Paul II., Enzyklika *Redemptor hominis* vom 4. März 1979, in: AAS 71 (1979), 257-324, dt. Übersetzung in: *VApSt* 6, hier Nr. 12.

[2] Vgl. *ebd.*, Nr. 12.

Befugten geleistet werden. Es reicht hier, nur allein auf die politische, gesellschaftliche und religiöse Wirkung dieses Einsatzes für das Recht hinzuweisen, wenn wir neben seinen großen Impulsen für den Weltfrieden beispielsweise an sein Eintreten für eine authentische Ökumene und einen an der Wahrheit orientierten interreligiösen Dialog erinnern. Immer ging es Johannes Paul II. letztlich um das Recht des Menschen als Geschöpf Gottes und folglich um sein Wohl, das im christlichen Lichtblick nichts anderes als sein in Jesus Christus geschenktes Heil bedeutet.

Ein zentrales Element in diesem päpstlichen „Lehramt des Rechts" stellt im innerkirchlichen Bereich das kanonische Recht, das heißt das kirchliche Recht dar. Johannes Paul II. hat sich in seinem Pontifikat als ein weitsichtiger und kreativer Gesetzgeber der Universalkirche und damit als kanonistischer Übersetzer der ekklesiologischen Lehre des II. Vatikanischen Konzils erwiesen.[3] Die Reform des kirchlichen Rechts im letzten Jahrhundert war ebenso Wunsch wie Verdienst des Konzils, welches nicht nur die Erneuerung des kirchlichen Rechts ebnete, sondern zugleich den maßgebenden Inhalt dieser Reform vorzeichnete.[4] Auch dieser Aufruf des Konzils wurde somit zur Lebensaufgabe von Karol Wojtyła, als er 13 Jahre nach Beendigung des Konzils zum 264. Nachfolger des Apostels Petrus gewählt wurde. In seiner Amtszeit als Papst und Bischof von Rom veröffentlichte er 14 Enzykliken sowie schier unzählige Apostolische Lehrschreiben, Apostolische Konstitutionen, Apostolische Briefe sowie Motuproprien. Zudem hielt er große Ansprachen, die in einem offenkundigen Bezug zu rechtlichen Fragen standen, davon allein 26 vor den Richtern der *Rota Romana* – eine Form der Lehrverkündigung, die in ihrer rechtlichen Relevanz nicht unterschätzt werden darf.[5] Im Folgenden soll versucht werden, einige Aspekte dieser rechtlichen Lehr- und Gesetzgebungstätigkeit des hl. Johannes Pauls II. aufzuweisen, deren Bedeutung zu erschließen die Kanonistik noch lange beschäftigen wird.

3 Vgl. dazu Christoph Ohly, „Ein weitsichtiger und prägender Gesetzgeber. Johannes Paul II. trug maßgeblich zur Reform und Stabilisierung des kirchlichen Rechts bei", in: *Die Tagespost*, Nr. 48 vom 24.4.2014, 6.

4 Vgl. Ludger Müller, „Die Grundlagen des kirchlichen Rechts nach der Lehre Papst Johannes Pauls II.", in: Ludger Müller/Libero Gerosa (Hrsg.), *Johannes Paul II. – Gesetzgeber der Kirche*, Paderborn 2017, 27-37, hier 27.

5 Vgl. Lluís Kardinal Martínez Sistach, „Hl. Johannes Paul II. – ein großer Gesetzgeber der Kirche", in: Ludger Müller/Libero Gerosa (Hrsg.), *Johannes Paul II. – Gesetzgeber der Kirche*, Paderborn 2017, 169-182, hier 169.

1. Inhaltliche Ausrichtung

1.1 Theologische Grundlegung des Rechts

In der Apostolischen Konstitution *Sacrae disciplinae leges*, die Papst Johannes Paul II. am 25. Januar 1983 zur Promulgation des neuen kirchlichen Gesetzbuches – *Codex Iuris Canonici* (CIC) – veröffentlichte, betont er, dass der Codex und somit auch das kirchliche Recht nicht das Ziel haben, den Glauben, die Gnade, die Charismen und die Liebe der Gläubigen zu ersetzen. Vielmehr sei das kirchliche Recht Ausdruck und Mittel dafür, dass der Kirche von ihrem Herrn eine Struktur gegeben ist, durch welche gerade die Liebe, die Gnade und die Charismen sich entwickeln können.[6] Die kirchliche Rechtsordnung in ihren Entfaltungen der Gesetzgebung, der Administration und der Rechtsprechung will nicht an die Stelle der Gnade, Charismen und Liebe treten, vielmehr legt sie Ordnungen zugrunde, die die christliche Liebe in Wahrheit wachsen lassen wollen. Sie stützt sich dabei auf die göttliche Offenbarung und die kirchliche Tradition.[7]

Blickt man auf den Ursprung des kirchlichen Rechts, darf man nicht nur die über 2000 Jahre alte Kirchengeschichte samt ihrer kanonischen Überlieferungen betrachten, sondern zugleich müssen auch das Recht und die Rechtsprechung im Alten und Neuen Testament Beachtung finden. Bereits die Geschichte Jahwes mit seinem Volk Israel und das Bild Mose als Gesetzgeber zeugen von der göttlichen Überlieferung und langen Tradition des kirchlichen Rechts und somit auch von seiner Berechtigung.[8] Christus selbst war es, der dieses Gesetz, welches im Alten Testament geoffenbart wurde, erfüllt und durch sein Reden und Handeln zugleich gezeigt hat, dass das Recht stets dem Heil der Menschen dienen soll.[9]

---

6 Vgl. Johannes Paul II., Apostolische Konstitution *Sacrae disciplinae leges* zur Promulgation des CIC vom 25. Januar 1983, in: *Codex Iuris Canonici. Codex des kanonischen Rechts.* Lateinisch-deutsche Ausgabe, hrsg. im Auftrag der Deutschen Bischofskonferenz von Winfried Aymans/Heinrich Flatten/Matthäus Kaiser u.a., Kevelaer ^{9}2018, Paderborn, X-XXIII, hier XVII.

7 Vgl. Libero Gerosa, „Die neue kanonistische Hermeneutik Johannes Pauls II.“, in: Ludger Müller/Libero Gerosa (Hrsg.), *Johannes Paul II. – Gesetzgeber der Kirche*, Paderborn 2017, 11-25, hier 19.

8 Vgl. Johannes Paul II., Ansprache vom 3. Februar 1983 zur Präsentation des neuen Codex Iuris Canonici, in: *AAS* 75 (1983), 455-463, hier 456; dt. Übersetzung in: *AfkKR* 152 (1983), 148-156, hier 149f.

9 Vgl. Johannes Paul II., *Sacrae disciplinae leges* (Anm. 6), XVII.

Wozu aber benötigt die Kirche das Recht? Die Antwort liegt im Wesen der Kirche selbst.[10] Sie weist gemäß konziliarer Lehre sowohl ein unsichtbares geistiges als auch ein äußeres sichtbares Element auf.[11] Aus ihrer inneren göttlichen Dimension ergeben sich in ihrem Äußeren Rechte und Pflichten, je nach Verschiedenheit der Glieder und Ämter, die von der Kirche zu regeln sind. Diese Verbindung der sichtbaren Gesellschaft und des Leibes Christi, die in der Kirche eine Einheit bilden, betonte auch Papst Johannes Paul II. immer wieder als Grundstruktur des kirchlichen Rechts. In seiner Ansprache vom 3. Februar 1983 zur Präsentation des neuen Codex stellt er dazu fest:

> „Wenn die Kirche – der Leib Christi – ein geordnetes Gefüge ist, wenn sie in sich die erwähnte Verschiedenheit der Glieder und Aufgaben miteinschließt, wenn sie sich in der Vielfalt der Teilkirchen ‚vervielfältigt', dann ist das Geflecht der Beziehungen in ihr so dicht, daß das Recht schon da ist, da sein muß."[12]

1.2 Aus Liebe zur Gerechtigkeit

Bei einer Ansprache an die Römische Rota zur Eröffnung des Gerichtsjahres vom 17. Januar 1998 weist Papst Johannes Paul II. dem Kirchenrecht die Aufgabe der Förderung „der Einheit in der Liebe" zu.[13] Die Berechtigung und Notwendigkeit eines Rechts der Kirche geht daher aus einem weiteren Aspekt hervor, namentlich dem Auftrag, dem Heil der Menschen zu dienen. In der Apostolischen Konstitution *Sacrae disciplinae leges* betont Johannes Paul II. diese Pflicht zum Recht in der Kirche, die als soziale Gestalt verschiedener Normen bedarf, um ihre Struktur zu festigen und die Weisungen Gottes umsetzen zu können. Letztgenannten Zweck des kirchlichen Rechts, die Umsetzung des Willens Gottes, den Dienst am Menschen aus Liebe, stellt Johannes Paul II. in seiner Funktion als Gesetzgeber immer wieder heraus. Das Bild der Kirche als Retterin und Fürsprecherin für die Würde jedes einzelnen Menschen muss daher durch das kirchliche Recht gesichert werden.[14]

---

[10] Vgl. dazu u.a. Christoph Ohly, „Deus caritas est. Die Liebe und das Kirchenrecht", in: Michaela C. Hastetter/Christoph Ohly/Georgios Vlachonis (Hrsg.), *Symphonie des Glaubens. Junge Münchener Theologen im Dialog mit Joseph Ratzinger / Benedikt XVI.*, St. Ottilien 2007, 103-129.

[11] Vgl. *LG* 8.

[12] Johannes Paul II., Ansprache vom 3. Februar 1983 (Anm. 8), 461; (153).

[13] Johannes Paul II., Ansprache vom 17. Januar 1998 zur Eröffnung des Gerichtsjahres der Rota Romana, Nr. 2, in: *AAS* 90 (1998), 781-785, hier 782; dt. Übersetzung in: *AfkKR* 167 (1998), 173-177, hier 175.

[14] Vgl. Müller, *Die Grundlagen des kirchlichen Rechts* (Anm. 4), 32.

Es ist die Suche nach und das Finden der einen Wahrheit, durch welche die größtmögliche Gerechtigkeit erlangt werden kann. Ein Rechtsentscheidung ist folglich gerecht, wenn sie die Wahrheit zu Grundlage hat. Es braucht sie, damit Gerechtigkeit begriffen und gelebt werden kann.[15] In der Ansprache vom 28. Januar 1994 an die Mitglieder der Römischen Rota setzt Johannes Paul II. das Augenmerk genau auf diese Verbindung zwischen der einen Wahrheit, die die Liebe ist, und dem kirchlichen Recht, das zur Erfüllung dieser Liebe beiträgt:

> „Die Liebe zur Wahrheit muß daher in die Liebe zur Gerechtigkeit übergehen und in die daraus folgende Pflicht zur Festigung der Wahrheit in den Beziehungen innerhalb der menschlichen Gesellschaft; seitens der Rechtsunterworfenen aber darf die Liebe zum Gesetz und zum gerichtlichen System nicht fehlen, die das menschliche Bemühen darstellen, konkrete Normen zur Lösung praktischer Fälle anzubieten."[16]

Das Recht ist somit Mittel, aber kein Zweck, um die Gerechtigkeit und die Liebe als Ziel zu erreichen, und so ist es zugleich auch Vorbedingung für den Frieden zwischen den Menschen auf der Welt. Nach Ludger Müller ist daher eine „antijuridische Einstellung unmöglich"[17]. Die Aufgabe des Rechts liegt für Johannes Paul II. folglich im Einsatz für die Würde der einzelnen Person und des Gemeinwohls sowie im Schutz der Beziehung des Einzelnen zu Christus und innerhalb der kirchlichen *Communio.* Das Kirchenrecht ist in diesem Sinne Diener und Garant der Vermittlung von Gottes Heil.[18]

1.3 Zum Heil aller Seelen

Der letzte Canon des *Codex Iuris Canonici* (c. 1752 CIC) normiert und ruft zugleich in Erinnerung, dass das Heil der Seelen das oberste Gesetz sein muss. Der so formulierte Grundsatz stellt für den kirchlichen Gesetzgeber ein Ziel vor Augen, an dem sich Gesetzgebung, Administration und Rechtsprechung zu orientieren haben. Das Heil der Seelen legitimiert folglich das kirchliche Recht und stellt zugleich dessen Notwendigkeit heraus. Auch im rechtlichen Handeln von Johannes Paul II. war dieser im Codex verankerte Grundsatz von großer Bedeutung. Der Mensch stand

---

[15] Vgl. *ebd.*, 32f.

[16] Johannes Paul II., Ansprache vom 28. Januar 1994 an die Mitglieder der Römischen Rota, in: *AAS* 86 (1994), 947-952, hier 948f.; dt. Übersetzung in: *AfkKR* 163 (1994), 146-150, hier 147.

[17] Müller, *Die Grundlagen des kirchlichen Rechts* (Anm. 4), 33.

[18] Vgl. *ebd.*, 33f.

beständig im Mittelpunkt jeder seiner Gesetzestätigkeiten und rechtlichen Lehräußerungen.

Dieser Bezug zum Menschen in der Gesetzgebung und in der Rechtsprechung Papst Johannes Paul II. spiegelt ein typisches Charakteristikum des Rechts wider. Ohne menschliche Erfahrung kann es keine Erfahrung des Rechts und keine rechtlichen Normen geben.[19] Das Recht orientiert sich am Menschen, setzt sich für diesen ein und ist daher zu bejahen. Der emeritierte Papst Benedikt XVI., der als Erzbischof von München und Freising von Papst Johannes Paul II. zum Mitglied der Kommission für die Revision des Codex ernannt wurde, betonte diesen Grundsatz einmal in Anlehnung an ein Zitat von Antonio Rosmini wie folgt: „Das Wesen des kanonischen Rechts ist die Person des Christen in der Kirche." Das Recht drückt er dazu im Bild eines Mosaiks aus, das „das Antlitz aller Gläubigen, Laien und Hirten, und aller Gemeinschaften, von der Universalkirche bis hin zu den Teilkirchen" im Zueinander der kirchlichen Communio darzustellen vermag.[20]

Das Recht, das nach Johannes Paul II. für den Menschen und sein Heil existiert, bedarf infolgedessen einer umfassenden Sicht auf den Menschen, um weiterentwickelt und angewandt zu werden. Die Rechtsordnung muss sich für die Würde, Personalität, Rechte und Freiheit der Menschen und für ein friedliches Miteinander einsetzen.[21] Da das Gesetz für Johannes Paul II. unabdingbar ist, um dem Heil der Menschen zu dienen, muss es für ihn immerzu eine pastorale Ausrichtung aufweisen,[22] welche die von Christus vorgelebte Gerechtigkeit verwirklicht. Diese Verbindung der pastoralen und rechtlichen Größe, die beide die Liebe Gottes verwirklichen, drückt er in einer Ansprache vom 18. Januar 1990 zur Eröffnung des Gerichtsjahre der Rota Romana aus:

> „Tatsächlich ist die rechtlich-kanonische Tätigkeit ihrer Natur nach pastoral. Sie stellt eine besondere Teilnahme an der Sendung Christi des Hirten dar und besteht in der Verwirklichung der innerkirchlichen Ordnung der Gerechtigkeit, die von Christus selbst gewollt ist. Die pastorale Tätigkeit ihrerseits übersteigt zwar weit die rein rechtlichen

[19] Vgl. Francesco D'Agostino, „Die anthropologischen und ekklesiologischen Grundlagen der legislativen Tätigkeit Johannes Pauls II.", in: Ludger Müller/Libero Gerosa (Hrsg.), *Johannes Paul II. – Gesetzgeber der Kirche,* Paderborn 2017, 39-47, hier 41f.

[20] Benedikt XVI., Ansprache an die Teilnehmer der vom Päpstlichen Rat für die Interpretation von Gesetzestexten veranstalteten Studientagung anlässlich des 25. Jahrestages der Promulgation des Codex des Kanonischen Rechts am 25. Januar 2008, in: *ORdt* 38 (2008), 10.

[21] Vgl. Sistach, *Johannes Paul II.* (Anm. 5), 170.

[22] Vgl. *ebd.*, 174.

Aspekte, bewahrt aber immer eine Dimension der Gerechtigkeit. Es wäre tatsächlich nicht möglich, die Seelen ins Himmelreich zu führen, wenn man von jenem Minium an Liebe und Klugheit absähe, das in der Aufgabe besteht, sich darum zu sorgen, daß das Gesetz und das Recht aller in der Kirche getreu beachtet werden."[23]

Die Kirche als *societas sui generis*, eine Gemeinschaft besonderer Art, ist von Christus gegründet, um das Heilswerk des dreieinen Gottes fortzuführen. Das Gesetz erfüllt in dieser somit eine unabdingbare Funktion. Ludger Müller verstärkt diese Zuordnung von Recht und Heilswerk, indem er im Einklang mit Libero Gerosa dem Recht, aber auch beispielsweise den richterlichen Personen, eine Prägung durch den Heiligen Geist zuschreibt. Diese gnadenhafte Prägung leitet sie in ihrem Handeln, dem Heil aller Menschen zu dienen. So soll beispielsweise durch das kirchliche Sanktionsrecht dem Sündigen und Schuldigen bei aller Suche nach Gerechtigkeit in Form kirchlicher Sanktionen vor allem auch eine Wiedereingliederung in die kirchliche *Communio* ermöglicht werden.[24]

Mit dieser Funktion des Rechts als Garant des Wohles des Menschen war für Johannes Paul II. die Konsequenz verbunden, dass es neben einer Philosophie des Rechts auch eine theologische Bestimmung des Rechts geben muss, welches auf die göttliche Offenbarung, auf Christus selbst blickt, um durch Christus zum innersten Wesen des Menschen zu gelangen.[25]

2. Rechtliche Erneuerung durch die Lehre des II. Vatikanischen Konzils

Papst Johannes Paul II. hat es sich als kirchlicher Gesetzgeber zur Aufgabe gemacht, die Lehre des II. Vatikanischen Konzils in die kirchliche Rechtssprache zu übersetzen. Gerade im Hinblick auf den *Codex Iuris Canonici* betont er dieses Vorhaben mit aller Deutlichkeit in der Apostolischen Konstitution *Sacrae disciplinae leges*.[26] Ohne die Reformbestrebungen des kirchlichen Gesetzes könne, so Johannes Paul II., die Lehre des Konzils nicht umgesetzt werden.[27]

---

[23] Johannes Paul II., Ansprache vom 18. Januar 1990 zur Eröffnung des Gerichtsjahres der Rota Romana, in: *AAS* 82 (1990), 872-877, hier 874; dt. Übersetzung in *AfkKR* 159 (1990), 143-147, hier 145.

[24] Vgl. Müller, *Die Grundlagen des kirchlichen Rechts* (Anm. 4), 34f.

[25] Vgl. Sistach, *Johannes Paul II.* (Anm. 5), 170.

[26] Vgl. Georg Gänswein, Geleitwort, in: Ludger Müller/Libero Gerosa (Hrsg.), *Johannes Paul II. – Gesetzgeber der Kirche*, Paderborn 2017, 7-8, hier 7.

[27] Vgl. Sistach, *Johannes Paul II.* (Anm. 5), 174.

Gerade dem Codex misst er dabei besondere Bedeutung zu. Als der Papst am 3. Februar 1983 das neue kirchliche Gesetzbuch feierlich präsentierte, sprach er von einem „idealen Dreieck" für das Leben der Kirche. An der oberen Seite dieses Dreiecks stünde die Heilige Schrift, an den beiden anderen Seiten die Dokumente des II. Vatikanischen Konzils und der neue Codex des kanonischen Rechts. Die Beziehung dieser drei Eckdaten der Kirche beschrieb er dabei wie folgt:

> „Um geordnet ... von diesen beiden Büchern der Kirche des 20. Jahrhunderts zu jenem höchsten und unveränderlichen Gipfel aufzusteigen, wird man die Seiten dieses Dreiecks entlanggehen müssen, ohne ... Auslassungen und unter Berücksichtigung der notwendigen Beziehungen: das ganze Lehramt ... der vorangegangenen ökumenischen Konzilien und auch ... jenes Erbe juridischer Weisheit, das der Kirche gehört."[28]

Zur Spitze, zum Verständnis der göttlichen Offenbarung, kann man dabei nur gelangen, indem man die Seiten hinaufgeht, ohne Auslassungen von weiteren wichtigen Konzilsentscheidungen sowie juridischen Beschlüssen. Demzufolge bildet das kirchliche Recht zusammen mit den Aussagen des kirchlichen Lehramtes eines jener Instrumente, die im Gesamt des kirchlichen Lebens der Begegnung mit Jesus Christus, dem fleischgewordenen Wort Gottes, dienen wollen. Als solches ist das Recht nicht nur unersetzbar für den geordneten Vollzug der kirchlichen Sendung, es gehört zugleich zum Wesen der Kirche, deren Grundvollzüge rechtlichen Charakter besitzen, namentlich die Verkündigung des Wortes Gottes, die Feier der Sakramente und die Formen tätiger Nächstenliebe.

In der Zeit nach der Promulgation des lateinischen Codex ging Johannes Paul II. oft dazu über, ihn als „letztes Dokument des Konzils" zu bezeichnen.[29] Aufgrund seiner Entstehungsgeschichte und seines Inhaltes trage er „den Geist des Konzils in sich"[30]. Es versteht sich von selbst, dass für den Papst der viel beschworene „Geist des Konzils" nicht in einer subjektiven Interpretation des Konzilsereignisses als solchem besteht, sondern immer an den Aussagen der Konzilsdokumente sowie an der kollegialen Arbeitsstruktur ihrer Entstehung Maß nehmen muss.

Aber gerade deshalb sah Johannes Paul II. einerseits das Konzil als Interpretament für ein sachgerechtes Verständnis der rechtlichen Normen.

---

[28] Johannes Paul II., Ansprache vom 3. Februar 1983 (Anm. 8), 463; (155).

[29] Vgl. Johannes Paul II., Ansprache vom 26. Januar 1984 an den Dekan und die Mitglieder der Sacra Romana Rota zur Eröffnung des neuen Gerichtsjahres, in: *AAS* 76 (1984), 643-649, hier 644; dt. Übersetzung, in: *AfkKR* 153 (1984), 130-136, hier 131.

[30] Johannes Paul II., *Sacrae disciplinae leges* (Anm. 6), XIII.

Diese sind, so formuliert es c. 17 CIC, „gemäß der im Text und im Kontext wohl erwogenen eigenen Wortbedeutung" zu verstehen, das heißt auch und gerade im Licht jener Texte des Konzils, die maßgebend das Verständnis der Kirche berühren. Andererseits ließ der Papst erkennen, dass der Codex „als Vervollständigung der vom II. Vatikanischen Konzil vorgestellten Lehre"[31] anzusehen sei und damit zum Verständnisschlüssel des Konzils werden könne. So erwächst der Codex heute zu einem „wirksamen Instrument, mit dessen Hilfe sich die Kirche selbst entsprechend dem Geist des II. Vatikanischen Konzils vervollkommnen kann"[32].

3. Zentrale Beispiele der Gesetzgebertätigkeit

3.1 Corpus Iuris Canonici

Papst Johannes Paul II. promulgierte während seines Pontifikats sowohl den *Codex Iuris Canonici* für die lateinische Kirche im Jahr 1983 als auch den *Codex Canonum Ecclesiarum Orientalium* (CCEO) für die Ostkirchen im Jahr 1990 und damit die beiden wichtigsten Gesetzesbücher des kirchlichen Rechts. Zusammen mit der Apostolischen Konstitution *Pastor bonus* vom 28. Juni 1988 zur Römischen Kurie hatte er innerhalb von sieben Jahren seines Pontifikates die drei wohl wichtigsten rechtlichen Dokumente der Kirche und somit den sogenannten *Corpus Iuris Canonici* promulgiert, das kirchliche Gesetz damit maßgeblich reformiert und eine Gesetzesordnung für die gesamte Universalkirche durch diese Promulgationen grundlegend erneuert.[33] Die drei genannten Dokumente, so betont Kardinal Sistach zu Recht, „konstituieren in gewisser Weise die Trilogie, welche die gesamte grundlegende Gesetzgebung der katholischen Kirche enthält. Man muß sagen, daß Johannes Paul II. der einzige Papst war, der solches erreicht hat (…)"[34].

Zweifellos muss hierzu angemerkt werden, dass gerade auch auf dem Weg zur eigentlichen Promulgation dieser Trilogie viele weitere Persönlichkeiten zu ehren sind, die maßgeblich zur Vereinheitlichung und Erneuerung des kirchlichen Rechts beigetragen haben. Erwähnt werden kann hier beispielsweise Papst Pius XI., der mit seinem Aufruf zur eige-

---

31 *Ebd.*, XIX.

32 *Ebd.*, XXI.

33 Vgl. Cyril Vasil, „CIC und CCEO. Unterschiede und Ähnlichkeiten", in: Ludger Müller/Libero Gerosa (Hrsg.), *Johannes Paul II. – Gesetzgeber der Kirche*, Paderborn 2017, 137-149, hier 139.

34 Sistach, *Johannes Paul II.* (Anm. 5), 172.

nen Kodifizierung des Ostkirchenrechts Immenses bewirkte.[35] Für Papst Johannes Paul II. war es ein großes Anliegen, dass beide Codices von jenen, „die durch ihr Amt oder ihren apostolischen Dienst in engere Berührung mit den Ostkirchen oder ihren Gläubigen kommen"[36] wahrgenommen, aufgenommen und umgesetzt werden.

3.2 Codex Iuris Canonici

Bereits am Ende des II. Vatikanischen Konzils eröffnete Papst Paul VI. den aus den Dokumenten des Konzils abzuleitenden Reformprozess des kirchlichen Gesetzbuches. An dessen Ende verkündete Johannes Paul II., dass er eine Lektüre des vorliegenden *Schema Novissimum Codicis Iuris Canonici* mit Hilfe zweier Gruppen, bestehend aus Experten und Seelsorgern, vornehmen wolle.[37] Dieser große Einsatz des Papstes in der Prüfung des *Schema Novissimum* vom 25. März 1982 durch gemeinschaftliches Erarbeiten, Diskutieren, Fragen und Argumentieren innerhalb der beiden Expertengruppen zeigt die Wichtigkeit, die er dem kirchlichen Gesetz zumaß, und verdeutlicht zudem, wie wichtig ihm in diesen Tätigkeiten eine Verwirklichung des Grundsatzes der *Communio* und damit auch der Kollegialität war. Ein Praxisbeispiel dafür war seine Reaktion gegenüber einem Änderungswunsch durch die Apostolische Pönitentiarie. Der Papst verinnerlichte deren Argumente, lehnte die Anfrage dennoch mit der Begründung ab, dass diese im Widerspruch zu dem erarbeiteten Text stünde, der kollegial durch die mitarbeitenden Hirten erstellt wurde.

Ihm war bewusst, und das betont er nochmals in der Apostolischen Konstitution *Sacrae disciplinae leges*, dass der kirchliche Gesetzgeber nicht zu allen Problemen Antwort bieten könne, die Promulgation des *Codex Iuris Canonici* jedoch einen Raum für die weitere Entfaltung und Erneuerung des kirchlichen Rechts geschaffen hätte.[38] Er selbst unterstrich immer wieder, dass der CIC als Hilfsmittel für die Umsetzung des Konzils zu gelten habe. Eine ähnliche Aussage tätigte er bei der Herausgabe des *Codex Canonum Ecclesiarum Orientalium.*[39] In seiner Ansprache vom 21.

35 Vgl. Vasil, CIC und CCEO (Anm. 33), 141.

36 *OE* 6.

37 Vgl. Sistach, *Johannes Paul II.* (Anm. 5), 172f.

38 Vgl. Juan Ignacio Arrieta, „Die Communio-Ekklesiologie in der kirchlichen Gesetzgebung Johannes Paul II.", in: Ludger Müller/Libero Gerosa (Hrsg.), *Johannes Paul II. – Gesetzgeber der Kirche*, Paderborn 2017, 49-69, hier 55-57.

39 Vgl. Johannes Paul II., Apostolische Konstitution *Sacri canones* zur Promulgation des Gesetzbuches der katholischen Ostkirchen vom 18. Oktober 1990, in: *Codex Canonum Ecclesiarum Orientalium. Gesetzbuch der katholischen Ostkirchen.* Lateinisch-deutsche Ausgabe, hrsg. von Libero Gerosa/Peter Krämer, übers. von Gerd Ludwig/

November 1983 an die Teilnehmer eines Kurses der Päpstlichen Universität Gregoriana zum neuen kirchlichen Gesetzbuch sagte er:

> „Gewiß fügt er sich in die kirchliche Tradition ein, aber er belebt sie mit dem Geist und den Bestimmungen des Konzils. Er ist der Codex des Konzils, und in diesem Sinne ist er sozusagen das ‚letzte Konzilsdokument', das zweifellos Kraft und Wert, Einheit und Ausstrahlung dieses Konzils festlegen wird."[40]

Besonders wichtig war es ihm dabei, den neuen Codex in seiner Übersetzungsfunktion für die vom Konzil betonte Lehre über die Kirche zu etablieren.[41] Auch wenn ihm bewusst war, dass es kaum möglich sein könnte, in exakter Weise „das theologische Bild der Kirche in erschöpfender Weise in die kanonistische Sprache zu übersetzen, forderte er zugleich, „daß sich das Kirchenrecht wie ein Abbild auf das Urbild des Kirchenbildes des Konzils beziehen müsse".[42] Wenn das Kirchenrecht die Beschlüsse des Konzils umsetzt, zudem die Kirche als *Communio* stärkt, das Heil des Menschen zum Ziel hat und das Heilswerk Jesu weiterführen wird, hat es, so Papst Johannes Paul II., seinen Sinn erfüllt.[43]

In welchem Ausmaß der *Codex Iuris Canonici* von den Arbeiten des Konzils geprägt ist, kann exemplarisch anhand der Lehre von der Berufung aller Gläubigen zur Heiligkeit, wie sie in LG 39-42 dargelegt ist, gezeigt werden. Nach c. 210 CIC sind alle Gläubigen verpflichtet, ein heiliges Leben zu führen sowie das Wachstum der Kirche und ihre eigene Heiligkeit zu fördern.[44] Im pio-benediktinischen Gesetzbuch von 1917 war das Charakteristikum der Heiligkeit hingegen nur in bestimmten Bezügen (z.B. Ehe) verankert.[45] Es verwundert daher nicht, dass der emeri-

---

Joachim Budin, bearb. von Sabine Demel/Libero Gerosa/Peter Krämer u.a. (= Amateca Repertoria, Bd. II), Paderborn 1990, 31-47, hier 38.

[40] Johannes Paul II., Ein Recht, vom Konzil gewünscht. Ansprache an die Teilnehmer des Kurses der Päpstlichen Universität Gregoriana über das neue kirchliche Gesetzbuch vom 21. November 1983, in: *Comm* 15 (1983), 124-126, hier 125; dt. Übersetzung in: *AfkKR* 152 (1983), 517-520, hier 518.

[41] Vgl. Kurt Kardinal Koch, „Die Gesetzgebungstätigkeit Johannes Pauls II. und die Förderung der Einheit der Christen", in: Ludger Müller/Libero Gerosa (Hrsg.), *Johannes Paul II. – Gesetzgeber der Kirche,* Paderborn 2017, 151-167, hier 153.

[42] Vgl. *ebd.*, 154.

[43] Vgl. Johannes Paul II., „Ein Recht, vom Konzil gewünscht" (Anm. 40), 126; (519).

[44] Vgl. dazu Christoph Ohly, „Berufung zur Heiligkeit. Ein Anliegen des II. Vatikanischen Konzils im Licht der kirchlichen Gesetzbücher und ihrer Wirkungsgeschichte", in: Markus Graulich/Thomas Meckel/Matthias Pulte (Hrsg.), *Ius canonicum in communione christifidelium. Festschrift zum 65. Geburtstag von Heribert Hallermann* (= Kirchen- und Staatskirchenrecht, Bd. 23), Paderborn 2016, 167-185.

[45] Vgl. Gänswein, Geleitwort (Anm. 26), 8.

tierte Präsident des Päpstlichen Rates für die Gesetzestexte, Julian Kardinal Herranz, den *Codex Iuris Canonici* als „Ort des Aufbruchs“[46] bezeichnete. Die darauffolgenden Gesetzestexte sind ebenso von hoher Bedeutung, da sie immerzu den normativen Entwicklungsprozess des kirchlichen Rechts maßgeblich mitprägten. Ähnliches muss in diesem Zusammenhang für den *Codex Canonum Ecclesiarum Orientalium* sowie für die Apostolische Konstitution *Pastor bonus* über die Römische Kurie zumindest angedeutet werden.[47]

3.3 Codex Canonum Ecclesiarum Orientalium

Bis zur Promulgation des *Codex Canonum Ecclesiarum Orientalium* fehlte den katholischen Ostkirchen ein eigenes einheitliches rechtliches Regelwerk.[48] Es war Papst Johannes XXIII., dem mit dem II. Vatikanischen Konzil nicht nur die Reform des damals geltenden Gesetzbuches vor Augen stand, sondern der zugleich die Erarbeitung eines eigenen Gesetzbuches für die katholischen Ostkirchen ausrief. Der CCEO sollte das Werk der Reformen des Konzils in das Leben der Menschen und der Kirche übertragen.[49]

Dass es zwei Codices in der katholischen Kirche geben müsse, wurde bereits im II. Vatikanischen Konzil damit begründet, dass sich die katholischen Ostkirchen und die lateinische Kirche trotz ihrer grundlegenden und wichtigen Gemeinsamkeiten in ihren Riten, aber auch in ihrem Recht unterscheiden[50]. Johannes Paul II. betonte daher die Notwendigkeit eines Gesetzbuches für die katholischen orientalischen Kirchen. In der Apostolischen Konstitution *Sacri canones* zur Promulgation des Gesetzbuches der katholischen Ostkirchen vom 18. Oktober 1990 begründete er dieses Erfordernis mit dem Bild einer intakten Lunge. Übertragen gesprochen, bedarf die Kirche ihrer beiden Lungenflügel, um atmen zu können. Dieses Atmen ist unerlässlich, um Gottes Auftrag gemeinsam zu erfüllen.[51] Im CCEO sind daher die liturgischen Riten der katholischen Ostkirchen aufgeführt, um den Status, die Stärke und die Entfaltung der

---

46 Julian Herranz, „Il Codice di Diritto canonico e il successivo sviluppo normativo“, in: *La legge canonica nella vita della Chiesa. Indagine e prospettive nel segno del recente magistero pontificio. Atti del Convegno di studio tenutosi nel XXV anniversario della promulgazione del Codice di Diritto Canonico,* Città del Vaticano 2008, 47-59, hier 50 u. 48.

47 Vgl. Gerosa, *Die neue kanonistische Hermeneutik* (Anm. 7), 12.

48 Vgl. Vasil, CIC und CCEO (Anm. 33), 138.

49 Vgl. Koch, *Gesetzgebungstätigkeit* (Anm. 41), 153.

50 Vgl. *OE* 3.

51 Vgl. Johannes Paul II., *Sacri canones* (Anm. 39), 37.

Kirchen zu sichern, die nur so ihrem Auftrag nachkommen können[52]. Auch im Dekret *Unitatis redintegratio* werden die Kirchen des Orients als Kirchen mit eigener Ordnung und Struktur, aber immer mit dem gleichen Ziel hervorgehoben, namentlich dem Heil der Seelen zu dienen[53]. Papst Johannes Paul II. wünschte sich gerade auch aufgrund der Erreichung dieses Ziels von allen Bischöfen, dass sie beide Gesetzesbücher mit Sympathie annehmen und gerade auch den CCEO als „Teil des Disziplinargefüges der Universalkirche" anerkennen.[54]

3.4 Apostolische Konstitution Pastor bonus

Ein weiteres von Johannes Paul II. promulgiertes Dokument – die Kurienkonstitution *Pastor bonus* – war für ihn ebenso von hoher Bedeutung in der Überzeugung, dass die Beschlüsse des Konzils nur mit Hilfe einer guten Wirkweise der Strukturen der Römischen Kurie sowie ihrer Kooperation mit den Ortskirchen und den Bischofskonferenzen Früchte tragen könnten. Das durch Paul VI. einberufene Projekt einer Reform der Kurie wurde von Johannes Paul II. mit Hingabe fortgeführt. In seiner Arbeitsweise zur Erarbeitung dieser Reform waren „Kollegialität, Subsidiarität und pastorale Ausrichtung"[55] grundlegende Pfeiler.

Die Kollegialität kommt so beispielsweise in den Normen der Kongregation für die Bischöfe zum Vorschein, während das Prinzip der Subsidiarität vor allem im sogenannten Reservationssystem seine Umsetzung findet. Diözesanbischöfe haben demzufolge in allen Bereichen, außer in jenen, die dem Heiligen Stuhl vorbehalten sind, und in jenen, die die *Communio* und die Einheit der Kirche berühren, eigenständige Kompetenzen. Die pastorale Orientierung hingegen wurde von Johannes Paul II. zum Ziel aller Dikasterien deklariert. In der Kompetenzzuschreibung und Vorgehensweise der einzelnen Dikasterien sollte diese Ausrichtung besonders zur Anwendung kommen.[56]

3.5 Konkordatäre Abkommen

Blickt man auf Papst Johannes Paul II. als universalkirchlichen Gesetzgeber und Lehrer des Rechts, sind neben diesen großen gesetzgeberischen Dokumenten auch die konkordatären Abkommen zu erwähnen. Die

52 Vgl. *OE* 1.

53 Vgl. *UR* 16-17.

54 Vgl. Vasil, CIC und CCEO (Anm. 33), 139.

55 Arrieta, *Communio-Ekklesiologie* (Anm. 38), 64.

56 Vgl. *ebd.*, 65. Siehe dazu auch generell Christoph Ohly, „Legitimation und Plausibilität. Zum ekklesiologischen Ort der Römischen Kurie", in: *AfkKR* 185 (2016), 25-41.

Bemühungen des Papstes um die Weiterentwicklung der Staat-Kirche-Abkommen waren immens, denn nur durch das Charisma der christlichen Botschaft könne, so Johannes Paul II., eine Wiederbelebung des europäischen Lebens und der genuin christlich geprägten europäischen Kultur funktionieren. Um das zu erreichen, müssten alle christlichen Gläubigen als Einwohner dieser Länder mitarbeiten. Dazu beitragen könne eine Aufhebung des rein vertikalen Verhältnisses zwischen Kirche und Politik.[57]

Während seines Pontifikates schloss Johannes Paul II. als Oberhaupt der katholischen Kirche mit den verschiedensten Staaten zahlreiche Abkommen unterschiedlichster inhaltlicher Art, die beachtliche formelle und substanzielle Veränderungen aufwiesen.[58] Vor allem der Wandel hinsichtlich der politisch-ideologisch-religiösen Orientierung des Vertragspartners ist dabei beachtenswert. Immer häufiger wurden Verträge auch mit laizistischen Staaten, zum Teil sogar mit islamischen Staaten geschlossen. Besonders hervorzuheben ist zweifelsohne die Grundsatzvereinbarung mit Israel in den Jahren 1993 und 1997 sowie die im Jahr 2000 geschlossene Vereinbarung mit der Palästinensischen Befreiungsorganisation (PLO).[59]

Papst Johannes Paul II. gelang es, nicht nur mit neuen Vertragspartnern Verträge zu schließen und neue inhaltliche Themen wie Bioethik oder soziale Kommunikationsmittel in die Vereinbarungen einfließen zu lassen, auch die strukturellen Veränderungen in den Entstehungsprozessen, wie etwa die Mitarbeit der Bischofskonferenzen in der Erarbeitung und Umsetzung der Konkordate, können als Verdienst Papst Johannes Paul II. angerechnet werden.[60]

Während seines Pontifikates verschob sich in den Zusammenkünften, wie bereits angedeutet, der Fragenfokus von institutionellen Fragen zu Themen, in denen der Mensch im Mittelpunkt stand. Wichtige Ziele der Konkordate waren für Johanes Paul II. die Sicherheit der kirchlichen Eigenständigkeit und der Freiheit in ihrem Handeln, daneben auch die Meinungsfreiheit, Vereinigungsfreiheit sowie Versammlungsfreiheit, die er durch ein Zuhören und Verstehen zwischen der Kirche und den einzelnen Staaten erreichen wollte und erreicht hat.[61]

57 Vgl. Gerosa, *Die neue kanonistische Hermeneutik* (Anm. 7), 23f.

58 Vgl. Giuseppe Dalla Torre, „Die Konkordatstätigkeit Johannes Pauls II.", in: Ludger Müller/Libero Gerosa (Hrsg.), *Johannes Paul II. – Gesetzgeber der Kirche,* Paderborn 2017, 71-89, hier 73.

59 Vgl. *ebd.*, 74f.

60 Vgl. *ebd.*, 76.

61 Vgl. *ebd.*, 77f. u. 89.

Als polnischer Landsmann war es ihm ebenso ein besonders großes Anliegen, zwischen der katholischen Kirche in Polen und der polnischen Regierung zu vermitteln.[62] Der Kommunismus, der zu einer Versklavung der Gesellschaft und machtbesessenen Strukturen beigetragen hatte, sollte mit der Wahl des neuen Papstes, der eine große Sensibilität für die Würde und Freiheit des Einzelnen, vor allem auch für die Religionsfreiheit, aufwies, in die Schranken gewiesen werden. Beispielhaft für diesen durchaus politischen Einsatz kann der erste Polenbesuch als Oberhaupt der katholischen Kirche im Jahre 1979 Erwähnung finden. Bei seinem dritten Besuch in Polen im Jahr 1987 würdigte er die immer besser werdende Beziehung zwischen Polen und dem Heiligen Stuhl.[63] Im selben Jahr sowie ein Jahr später erfolgte nach Gesprächen zwischen dem Heiligen Stuhl, dem polnischen Staat sowie den polnischen Bischöfen ein Abkommen zwischen den Parteien, das unter anderem die Beziehung zwischen Staat und Kirche regelte und deren Unabhängigkeiten herausstellte. Am 17. Mai 1989 wurde dieses von der polnischen Regierung bejaht, am 28. August 1993 verabschiedet. Da die neue Regierungskoalition im Herbst desselben Jahres das Inkrafttreten des Konkordates aufgrund des Vorwurfs gegenüber der Kirche, diese würde dem Staat und den Bürgern kirchliche Gesetze und die kirchliche Moral überstülpen, für fünf lange Jahre verhinderte[64], trat das Abkommen letztendlich erst am 25. Mai 1998 und somit fast 20 Jahre nach dem ersten Polenbesuch Johannes Pauls II. in Kraft.

Historikern zufolge leistete Johannes Paul II. ebenso einen großen Mitverdienst am Fall der Mauer und auch seine zahlreichen Reden zur Bedeutung Europas und zum Weltfrieden sowie der weltweiten Solidarität zeigten erkennbare Wirkung. Dass das christliche Wertesystem in Europa diesen Kontinent zutiefst geprägt hat und prägt und demzufolge die Menschenwürde, die Freiheit der einzelnen Person, die Solidarität und der Dialog Notwendigkeiten für ein gutes Zusammenleben sind, waren Kernpunkte seiner Reden.[65] Er betonte immer wieder, dass die Europäische Union kein geographisches oder ökonomisches Abstraktum ist, sondern eine menschliche und kulturelle Gemeinschaft, die ihre Werte aus christlichem Gedankengut schöpft, darstellt.

---

[62] Vgl. *ebd.*, 91.

[63] Vgl. *ebd.*, 93f.

[64] Vgl. *ebd.*, 94f.

[65] Vgl. Ombretta Fumagalli Carulli, „Die katholische Kirche und die Europäische Gemeinschaft in der Lehre Johannes Pauls II.", in: Ludger Müller/Libero Gerosa (Hrsg.), *Johannes Paul II. – Gesetzgeber der Kirche*, Paderborn 2017, 105-115, hier 107.

In seinem europäischen Wirken sticht sicherlich ebenso die deutliche Kritik an der Charta der Grundrechte der Europäischen Union (Charta von Nizza) sowie der darin fehlende Gottesbezug hervor.[66] In seiner Botschaft „Auf dem Weg zu einer europäischen Verfassung“ vom 20. Juni 2002 führte er aus Anlass des Konventes über die Zukunft Europas, bei dessen Arbeiten religiöse Gemeinschaften ausgeschlossen wurden, das europäische Gemeinwohl auf, das einzig und allein aus christlichem Erbe entspringt. Ein Jahr später rief er im Apostolischen Schreiben *Ecclesia in Europa* erneut zur Erinnerung an dieses christliche Erbe auf. Im Vertrag über die Europäische Union wurde das christliche Erbe der Europäischen Union zugeordnet und im Vertrag über die Arbeitsweise der Europäischen Union die Kirche zum Dialogpartner der Europäischen Union ernannt.[67] Das war ohne Zweifel ein großer Fortschritt, der nicht ohne die Beharrlichkeit und Hingabe von Johannes Paul II. und seinen tiefgründigen Einsatz für ein Miteinander in Europa erreicht worden wäre.

3.6 Weitere Verlautbarungen des universalkirchlichen Lehramtes

Neben der Tragweite der beiden großen kirchlichen Gesetzesbücher, der bedeutenden Apostolischen Konstitution *Pastor bonus* über die Römische Kurie und weiteren wichtigen Gesetzestexten – beispielsweise im kirchlichen Hochschulrecht – wurde durch das rechtliche Wirken des Papstes auch die Bedeutung lehramtlicher Verlautbarungen gestärkt, die nicht selten zugleich eine Relevanz für normative Entscheidungen besaßen.

So wurden durch das lehramtliche Wirken Johannes Pauls II. beispielsweise die gesetzlichen Bestimmungen zu den Strukturen der Partikularkirchen und Bischofskonferenzen ergänzt. Während im Gesetzbuch von 1983 das Wesen der Partikularkirche noch nicht hinreichend geklärt war und entsprechende rechtliche Bestimmungen zu ihrer theologischen Bedeutung und Beziehung zur Universalkirche fehlten, wurden diese Lücken maßgeblich durch den Brief der Kongregation für die Glaubenslehre *Communionis notio* von 1992, der von Johannes Paul II. ausdrücklich befürwortet wurde, gefüllt.[68] Die Beziehung von Partikular- und Universalkirche wird darin als wechselseitige Identifikation beschrie-

---

[66] Vgl. *ebd.*, 109.

[67] Vgl. *ebd.*, 110-112.

[68] Kongregation für die Glaubenslehre, Schreiben *Communionis notio* an die Bischöfe der Katholischen Kirche über einige Aspekte der Kirche als Communio vom 28. Mai 1992, in: *AAS* 85 (1993), 838-850; dt. Übersetzung in: *VApSt* 107.

ben. Die Eingliederung in beide wird durch die Taufe vollzogen, der Papst steht als Garant der Einheit der Kirche in deren Mitte.

Auch die lehramtliche Klärung hinsichtlich der Kompetenzen der Bischofskonferenz und ihrer lehramtlichen Äußerungen brachte Klarheit.[69] Demnach hat eine Bischofskonferenz nicht nur beratende Funktion, auch wenn sie keinen kollegialen Beschluss vornehmen kann, wie etwa ein Ökumenisches Konzil. Der Bischof kann nur in persönlicher Form sein Amt ausführen. Zudem wird das Verhältnis des Diözesanbischofs zur Universalkirche und zum Papst als dessen Oberhaupt als unvermittelt und direkt, also ohne weitere Zwischeninstanzen, beschrieben.[70]

4. Papst Johannes Paul II. – Hirt und Gesetzgeber

Vieles Weitere wäre in dem vorgegebenen thematischen Rahmen zu erörtern. Führt man an dieser Stelle die vorausgehenden Überlegungen, die einen kleinen Einblick in die gesetzgeberischen Aktivitäten von Johannes Paul II. aufweisen wollten, zusammen, kann daraus ein kleines Fazit für das Gesamtbild dieses Heiligen gezogen werden. Papst Johannes Paul II. war ein den Menschen zugewandter Papst, ein Hirt nach dem Herzen des Herrn, der sich gerade deshalb auch als Gesetzgeber hervortat, weil er es verstand, sich in seiner Funktion als universalkirchlicher Gesetzgeber und Lehrer des Rechts für das Wohl – und das heißt glaubensgemäß für das Heil – der Menschen einzusetzen. Einige wenige Streiflichter haben das zu unterstreichen versucht. Dieser Blick auf Johannes Paul II. soll daher mit einem Wort beschlossen werden, mit Hilfe dessen er selbst die Legitimität und die Notwendigkeit des kirchlichen Rechts beschrieb, das letztlich immer dem Heil der Seelen dienen soll:

> „Der legitime Platz, der dem Recht in der Kirche zukommt, wird in dem Maße bestätigt und gerechtfertigt, in dem es sich anpaßt und die neue geistliche und pastorale Atmosphäre berücksichtigt: im Dienst an der Gerechtigkeit wird sich das Recht immer stärker und immer besser an dem Gesetz und Gebot der Liebe inspirieren müssen, indem es aus ihm Leben und Kraft schöpft. Das Recht lebt, wenn es von der Liebe beseelt und nach der Gerechtigkeit geordnet ist."[71]

---

69 Johannes Paul II., Motuproprio *Apostolos suos* über die theologische und rechtliche Natur der Bischofskonferenzen vom 21. Mai 1998, in: *AAS* 90 (1998), 641-658.

70 Vgl. Arrieta, *Communio-Ekklesiologie* (Anm. 38), 67f.

71 Johannes Paul II., Ansprache vom 3. Februar 1983 (Anm. 8), 462; (154).

Ursächlich für die geistig-moralische Krise ist die Philosophie[1]

Prof. Dr. Dr. Daniel von Wachter

Es war Johannes Paul II., der 1979 den Anstoß zur Gründung der Internationalen Akademie für Philosophie (IAP) gab. Sein Motiv war die folgende Überzeugung:

> Ursächlich für die geistig-moralische Krise unserer Zeit, auch für die Krise in der Theologie, ist die Philosophie. […] Die Kirche und die Gesellschaft im Allgemeinen benötigen eine Pflegestätte der Philosophie nach dem Modell der Akademie des Platon in Athen.[2]

Dies gab er Balduin Schwarz mit auf den Weg, der dann die Gründung und die Ausrichtung der IAP lenkte. 1980 wurde die IAP in Irving bei Dallas, Texas, gegründet, 1986 verlegte sie ihren Sitz ins Fürstentum Liechtenstein. Dazu schrieb Schwarz:

> Sie [die IAP] besitzt volle akademische Autonomie, ist also in der Gestaltung von Forschung und Lehre und als privatwirtschaftlich getragene Institution von staatlichen Behörden unabhängig. Im neutralen Liechtenstein ist sie dem politischen Druck der Großstaaten entzogen und so frei für ihre Aufgaben in Europa und in der Neuen Welt.

Die Wurzel der geistig-moralischen Krise ist laut Schwarz die „Preisgabe der Grundüberzeugung, daß es über den Menschen […] überhaupt Wahrheit gibt, und daß wir den Ruf haben, sie zu suchen". Daher wurde als Motto der IAP gewählt: „Diligere veritatem omnem et omnibus" (Liebe die ganze Wahrheit über alle Dinge). Die Krise verbreitete sich nach Schwarz durch den „langen Marsch durch die Institutionen". Ihr wird der Weg bereitet, „wo eine Gesellschaft sich der geistigen Resignation" und „dem Irrationalismus der Ideologie" überlässt. Schwarz spricht damit an, dass die Wurzel der Krise nicht nur eine falsche Lehre, sondern auch eine Irrationalität ist. Dementsprechend wurde der IAP nicht einfach eine bestimmte Lehre zugrunde gelegt, sondern das Ideal der Liebe zur Wahrheit. Zwar wurde einigen Lehren, die zum Christentum gehören oder passen, an der IAP stets ein Forum gegeben, aber grundlegender war das Bekenntnis

---

1 Verfasser: Prof. Dr. Dr. Daniel von Wachter, www.von-wachter.de, Email: epost@von-wachter.de.

2 So wurde es mir als Direktor der IAP, der ich 2013–2020 war, von Herrn Dr. Hubertus Deßloch überliefert.

zur Vernunft und dazu, dass es eine Wahrheit gibt und dass sie zu suchen uns aufgegeben ist.

Der Laie kann sich schwer vorstellen, wie man die Grundüberzeugung preisgeben kann, dass es Wahrheit gibt und dass wir den Ruf haben, sie zu suchen. In diesem Vortrag möchte ich auf eine Reihe von Bewegungen hinweisen, die Menschen von der Suche nach der Wahrheit abhalten. Ferner werde ich die Art von Philosophie skizzieren, die wir brauchen. Ich werde also nicht einfach behaupten, dass alles wertvoll ist, was „Philosophie" genannt wird, sondern darlegen, dass wir eine bestimmte Art von Philosophie brauchen. Damit möchte ich den oben genannten Gedanken Johannes Pauls II. bekräftigen und auch die folgenden Worte des englischen christlichen Schriftstellers C. S. Lewis:

> Good philosophy must exist, if for no other reason, because bad philosophy needs to be answered. The cool intellect must work not only against cool intellect on the other side, but against the muddy heathen mysticisms which deny intellect altogether.

Das materialistisch-nihilistische Weltbild

Dass es eine geistig-moralische Krise unserer Zeit gibt, setze ich mit Johannes Paul II. voraus. Zu dieser Krise gehören der Neomarxismus und der Marxismus-Leninismus, sei es als Ursache, als Wirkung oder als Symptom. Zur Ursache dieser Krise gehört das materialistisch-nihilistische Weltbild (MNW). Darunter verstehe ich die Vorstellung, dass es keinen Gott, keine Seele, keine Willensfreiheit, kein Gut und Böse und keine Schönheit gibt.

Das MNW ist aus christlicher Sicht nicht nur falsch, sondern es kann auf zwei Weisen zu schlechten Entwicklungen beitragen. Erstens kann der Glaube an das MNW zu schlechten Handlungen führen. Der Glaube, dass es keine moralischen Tatsachen gebe, schwächt die moralischen Überzeugungen des Menschen, und je schwächer die moralischen Überzeugungen eines Menschen sind, desto weniger hält ihn davon ab, seinen Neigungen nachzugeben. Wenn solche Menschen Politiker werden, hält sie wenig davon ab, böse Gesetze zu erlassen, die andere in ihrer Freiheit einschränken oder ihnen Eigentum wegnehmen. In einer Demokratie können solche Menschen durch ihr Wahlverhalten dazu beitragen, dass solche Gesetze entstehen.

Zweitens kann das MNW als Instrument zur Machtgewinnung verwendet werden. Man kann, indem man das MNW verbreitet, seine eigene politische Macht vergrößern oder seine Gegner zersetzen. Wenn die Beherrschten nicht mehr an moralische Tatsachen glauben, dann glauben sie auch nicht mehr, dass die erlassenen Gesetze ungerecht sind und daher keine Pflichten hervorbringen. Sie werden also gefügiger.

Das MNW ist aus christlicher Sicht falsch, aber es lassen sich Argumente dafür anführen, es ist in einem gewissen Sinne „vertretbar". Es ist kohärent und besitzt die theoretische Tugend der Einfachheit. Christliche Philosophen haben sich in der Regel mit dem MNW argumentativ auseinandergesetzt, d.h. sie haben Einwände formuliert und Einwände von Materialisten zu beantworten versucht. Und das ist es, was Philosophen, die dem Materialismus widersprechen, tun sollten. Christliche Philosophen sollten also nicht die Einwände der Materialisten ignorieren oder ihnen nur Antworten entgegenhalten, die vielleicht viele beeindrucken, aber nicht rational richtig und stark sind. Auch sich auf die Bibel stützende Antworten sind nicht genug. Christliche Philosophen glauben nicht nur, dass die christliche Weltsicht wahr ist, sondern auch, dass sie sich in der Beobachtung und im Nachdenken, also in dem, was man „Vernunft" nennt, als wahr erweist. Das ist ein Grund, weshalb die Philosophie und die anderen Wissenschaften im Christentum zur Blüte gekommen sind.

Zur „Krise unserer Zeit" trägt das MNW vor allem dann bei, wenn es mit nichtrationalen Mitteln verbreitet wird. Ich möchte nun einige Bewegungen aufzählen, welche Menschen von der Suche nach der Wahrheit abgehalten und welche das MNW auf nichtrationale Weise verbreitet haben. Danach werde ich skizzieren, wie eine gute, dem entgegenwirkende Philosophie aussehen soll.

Der naturalistisch gefärbte Vernunftbegriff

Um 1780 begannen einige Journalisten und Populärphilosophen in Deutschland die Vorstellung zu verbreiten, dass das 18. Jahrhundert das „Zeitalter der Aufklärung" und dass die Zeit davor dunkel und durch Unvernunft geprägt gewesen sei. Im 18. Jahrhundert habe man begonnen, selbst zu denken, anstatt, wie vorher, seine Überzeugungen von der Autorität der Bibel und der Kirche zu übernehmen. Dadurch seien Freiheit und Wissenschaft entstanden, die „Errungenschaften der Aufklärung". An anderer Stelle[3] habe ich dargelegt, dass das eine ganz falsche Vorstellung ist.

Diese Aufklärungslegende verwendet einen naturalistisch gefärbten Vernunftbegriff. Gemäß dem normalen Vernunftbegriff misst sich Vernünftigkeit daran, wie gründlich etwas erforscht und begründet wird. Daraus ergibt sich, dass im Christentum und im 17. Jahrhundert insbesondere die Vernunft stark gepflegt wurde. Die Aufklärungslegende defi-

[3] Siehe Wachter, „Die Aufklärung existiert nicht."

niert den Vernunftbegriff um, sodass nur das, was dem Christentum widerspricht, als „vernünftig“ bezeichnet wird. Erstens wird die Annahme von Offenbarung als der Vernunft widersprechend angesehen, ohne dass auch nur halbwegs gründliche Argumente gegen die Möglichkeit von Offenbarung angeführt würden. Zweitens wird in der Aufklärungslegende die Annahme von Wundern[4] als unvernünftig definiert, indem der Determinismus als Kennzeichen der Vernunft hingestellt wird, d.h. die These (Determinismus): Jedes Ereignis wird durch vorangegangene Ereignisse festgelegt.

Aus dem Determinismus folgt, dass es keine göttlichen Eingriffe in die physische Welt und damit keine Wunder gibt. Ferner folgt aus ihm, dass es keine Willensfreiheit gibt, zumindest nicht so, wie man sie sich gewöhnlich vorstellt. Wenn die Vernunft zeigt, dass es keine Wunder und keine Willensfreiheit gibt und geben kann, dann zeigt sie damit auch, dass das Christentum falsch ist.

Dies hat besonders in der liberalen Theologie gewirkt. Seit Friedrich Schleiermacher[5] nehmen liberale Theologen an, dass die Annahme von Wundern der Vernunft widerspricht. Die Emphase, dass die Vernunft dies gebiete, tritt dabei an die Stelle der Argumente für die Wunderunmöglichkeitsthese und gegen die vorliegenden Indizien für z.B. die Auferstehung Jesu.

An anderer Stelle habe ich dargelegt, dass die Aufklärungslegende ganz falsch ist. Im 17. Jahrhundert war es keineswegs „dunkel“, sondern im Gegenteil wurde auch da schon in Europa sowohl im Protestantismus als auch im Katholizismus die Vernunft als Geschenk Gottes, als Weg zur Wahrheit und als Aufgabe wertgeschätzt. Die angeblichen „Errungenschaften der Aufklärung“ wurden größtenteils nicht von jenen erarbeitet, die verkündeten, dass die Vernunft Offenbarung und Wunder ausschlösse, sondern von Christen. Außerdem gibt es keine guten Gründe dafür, den Determinismus anzunehmen, denn was zu einer Zeit geschieht, kann nicht festlegen, was danach, also zu einer späteren Zeit, geschehen wird. Anders gesagt: Kausale Vorgänge, wie z.B. das Rollen einer Kugel, sind stets aufhaltbar. Daher ist es möglich, dass ein Mensch in einer freien Handlung oder Gott einen Vorgang aufhält und ein physisches Ereignis hervorbringt. Und warum sollte Gott nicht, indem er jemandem Gedanken eingibt, oder durch einen Propheten oder auch, indem er selbst Mensch wird, den Menschen etwas mitteilen können und wollen?

---

4 Siehe Wachter, „Die kausale Struktur der Welt“; u. Wachter, „Wunder verletzen die Naturgesetze nicht.“

5 Vgl. Wachter, „Friedrich Schleiermachers Theologie ist nicht rational.“

Mit „Vernunft" meint man eigentlich richtiges Denken. Vernünftig denken heißt richtig denken, d.h. so, dass man seine Überzeugungen richtig an den Indizien und an den Sinneseindrücken, die einem vorliegen, ausrichtet. Der Begriff der Vernunft ist daher, wie der Wahrheitsbegriff auch, an sich neutral dazu, was wahr ist. Wenn man eine Überzeugung „vernünftig" nennt, sagt man damit nicht, dass die Überzeugung wahr ist, sondern dass sie zu den vorliegenden Indizien passt. Das heißt zwar, dass die Überzeugung wahrscheinlich wahr ist, aber es kommt vor, dass die Indizien in die Irre leiten.

In der Aufklärungslegende hingegen wird der Begriff „Vernunft" als Kampfmittel, zur Stimmungsmache, also für etwas Unvernünftiges verwendet. Das erinnert daran, wie das Wort „Toleranz" oft für etwas Intolerantes verwendet wird, nämlich um andere zu unterdrücken. Es wird einfach alles dem Determinismus Widersprechende als unvernünftig hingestellt. Die Verkünder der Aufklärung begnügen sich nicht damit, die Existenz von Gott oder von Wundern zu bestreiten, sondern sie werfen den Vertretern anderer Auffassungen vor, unvernünftig zu sein. Dass diejenigen, welche die anderen als unvernünftig und abergläubisch bezeichnen, selbst keine Argumente vortragen, nützt der Verbreitung der naturalistischen Weltsicht, denn versuchten sie, Argumente vorzutragen, merkten die Zuhörer, dass die Argumente schwach sind, und die Zuhörer kämen ins Nachdenken. Es dient dem Zweck, das MNW (v.a. den Determinismus und damit die Wunderunmöglichkeitsthese) zu verbreiten, besser, den Eindruck zu erzeugen, dass es hier nichts zu diskutieren gibt und dass selbstverständlich jeder aufgeklärte Mensch nicht an Wunder glaubt.

Durch die Aufklärungslegende und durch den Missbrauch des Wortes „Vernunft" wird MNW auf irrationale Weise verbreitet und Menschen werden von der gründlichen, rationalen Wahrheitssuche abgehalten.

Kantianismus

Die Erkenntnistheorie Immanuel Kants (1724-1804) vollführt eine „kopernikanische Wende". Im Alltag nimmt man an, dass wir versuchen können zu erkennen, wie die Dinge sind. Das gelingt uns manchmal, dann haben wir eine wahre Überzeugung, und manchmal nicht. Eine wahre Überzeugung stellt sich den Gegenstand so vor, wie er wirklich ist. Wir versuchen, unsere Überzeugungen an den Dingen auszurichten. Die Möglichkeit des Irrtums, die auf der Unabhängigkeit der Dinge von uns beruht, bewegte Kant so sehr, dass er sagte, dass wir über das „Ding an sich" gar nichts wissen können und dass sich nicht die Überzeugungen nach den

Dingen richten, sondern dass sich die Dinge nach den Überzeugungen richten. Bei Kant klingt das so:

> Man versuche es daher einmal, ob wir nicht in den Aufgaben der Metaphysik damit besser fortkommen, daß wir annehmen, die Gegenstände müssen sich nach unserer Erkenntnis richten, welches so schon besser mit der verlangten Möglichkeit einer Erkenntnis derselben a priori zusammenstimmt, die über Gegenstände, ehe sie uns gegeben werden, etwas festsetzen soll (KrV B XVI).

Durch Kant verbreitete sich die Idee, dass wir nie die Dinge an sich erkennen können, dass wir nur die Erscheinungen oder die Gegenstände für uns erkennen können, dass wir die Gegenstände durch unser Denken erschaffen (wie dies im Konstruktivismus gesagt wird) oder dass wir der Welt unsere Vorstellungen überstülpen. Besonders die Existenz Gottes können wir laut Kant nicht erkennen, weil Gott transzendent und damit uns nicht zugänglich wäre.

Solche Gedanken halten Menschen davon ab, nach der Wahrheit zu suchen. Sie führen Menschen dazu, darüber zu reden, dass wir die Dinge nicht erkennen könnten, anstatt zu versuchen, so viel wie möglich so gut wie möglich zu erkennen. Wenn Gottesbeweise erwähnt werden, sagen die meisten deutschen Studenten: „Die Existenz Gottes kann man nicht beweisen!" Dabei haben sie einen Begriff von „Beweis" im Kopf, der den mathematischen Beweis als Muster nimmt und eine viel zu hohe Gewissheit behauptet. Bei Gottesbeweisen, wie bei allen Argumenten für die Existenz von etwas, geht es darum, Beobachtungen zu erlangen oder Indizien zu suchen, also etwas, was für die Existenz des Betreffenden spricht. Indizien kann man auch „Beweis" nennen, aber im Sprachgebrauch ist dieses Wort inzwischen an die Mathematik und an absolute Gewissheit geknüpft.

Hegelianismus

Es gibt viele Interpretationen und Schulen der Philosophie Georg Friedrich Wilhelm Hegels (1770-1831). Ich will hier auf einen Gedankengang hinweisen, der sich aus Hegel ableiten lässt und der Menschen von der Wahrheitssuche abhält, ohne zu beurteilen, ob dies im Gesamtwerk Hegels der richtigen Interpretation entspricht.

Hegel nimmt einen „Weltgeist" an, der den Gang der Geschichte leitet. Das ist die „Entwicklung". Diese Entwicklung läuft mit Notwendigkeit ab:

> [D]as Ganze der Geschichte der Philosophie [ist] ein in sich notwendiger, konsequenter Fortgang; er ist in sich vernünftig, durch seine Idee bestimmt. Die Zufälligkeit muss man mit dem Eintritt in die Philosophie aufgeben.

Die Aufgabe der Geschichte der Philosophie sei es, diese Entwicklung darzustellen:

> Was die Geschichte der Philosophie uns darstellt, ist die Reihe der edlen Geister, die Galerie der Heroen der denkenden Vernunft, welche kraft dieser Vernunft in das Wesen der Dinge, der Natur und des Geistes, in das Wesen Gottes eingedrungen sind und uns den höchsten Schatz, den Schatz der Vernunfterkenntnis erarbeitet haben.[6]

Man könnte meinen, die Philosophiegeschichte habe die Aufgabe, für jede Zeit zu erforschen, welche verschiedenen philosophischen Theorien vertreten wurden. Nicht für Hegel, denn er meint, die Philosophie habe nur die vom Weltgeist geleitete Entwicklung und damit nur jene „edlen Geister", die „Heroen der denkenden Vernunft" zu erforschen:

> [Wir stoßen] auf die sehr gewöhnliche Ansicht von der Geschichte der Philosophie, daß sie nämlich den Vorrat von philosophischen Meinungen herzuerzählen habe, wie sie sich in der Zeit ergeben und dargestellt haben. [...] Wenn die Geschichte der Philosophie nur eine Galerie von Meinungen – obzwar über Gott, über das Wesen der natürlichen und geistigen Dinge – aufstellte, so würde sie eine sehr überflüssige und langweilige Wissenschaft sein. [...] Die Philosophie ist objektive Wissenschaft der Wahrheit, Wissenschaft ihrer Notwendigkeit, begreifendes Erkennen, – kein Meinen und kein Ausspinnen von Meinungen.

Hegelsche Philosophiegeschichte wird also einige Autoren gründlich untersuchen und verehren, andere hingegen ignorieren. Welche Autoren sind denn „Heroen der denkenden Vernunft" und welche nicht? Das ist Ansichtssache. Mir scheint, dass die Lehre, dass die Philosophiegeschichte sich auf die „edlen Geister" zu beschränken habe, dazu beigetragen hat, dass die Philosophiegeschichtsschreibung die meisten christlichen Philosophen des 17. und des 18. Jahrhunderts ignoriert hat, so dass sie heute weitgehend vergessen sind. Ich denke da z.B. an Christian August Crusius (1715-1775), Martin Knutzen (1713-1751), Johann Georg Walch (1693-1775), August Friedrich Müller (1684-1761) und an die protestantischen Scholastiker Christoph Scheibler (1589-1653), Jakob Martini (1570-1649), Cornelius Martini (1568-1621) und Nicolaus Taurellus (1547-1606). Denn Hegel schrieb:

> [Es geht uns] die Philosophie nichts an, die wir innerhalb einer Religion finden. Auch bei den Kirchenvätern und Scholastikern, nicht nur in der indischen Religion, finden wir tiefe spekulative Gedanken über die Natur Gottes selbst. In der Geschichte der Dogmatik ist es von

---

[6] Vorlesungen über die Geschichte der Philosophie, Einleitung.

> wesentlichem Interesse, solche Gedanken kennenzulernen, aber in die Geschichte der Philosophie gehören sie nicht.

In Hegels Vorlesungen zur Geschichte der Philosophie wird Crusius, den ich für den größten deutschen wissenschaftlichen Philosophen des 18. Jahrhunderts halte, nur ein einziges Mal erwähnt:

> Die Wolffische Philosophie hat bis auf Kant geherrscht. *Baumgarten, Crusius, Mendelssohn* sind einzelne Bearbeiter der Wolffischen Philosophie; der letzte hat in populärerer, geschmackvollerer Form philosophiert.

Dass Crusius ein Bearbeiter der Wolffischen Philosophie gewesen sei, ist völlig falsch. Die protestantische Scholastik erwähnt Hegel gar nicht. Die Annahme, dass die Philosophiegeschichte mit Notwendigkeit ablaufe, führt ihn zur Annahme, dass sich eine „Einteilung dieser Geschichte als in notwendige Perioden [ergibt] – eine Einteilung, welche dieselbe als ein organisch; fortschreitendes Ganzes, als einen vernünftigen Zusammenhang zeigen muss, wodurch allein diese Geschichte selbst die Würde einer Wissenschaft erhält". So entsteht der Glaube an Epochen, dem ich entgegenhalte, dass er eine zu große Einheitlichkeit des Denkens einer Zeit annimmt. Es gibt zu jeder Zeit ganz verschiedene Philosophen und Meinungen. Die Annahme der Einheitlichkeit des Denkens einer Zeit kann man dadurch aufrechterhalten, dass man die christlichen Autoren ignoriert und stets die christentumkritischsten Autoren als die „Heroen der denkenden Vernunft" darstellt. So erzeugt man den Eindruck, dass die Vernunft und die Philosophie schwer mit dem Christentum vereinbar seien.

Hegel meint, „dass das Studium der Geschichte der Philosophie Studium der Philosophie selbst ist". Er und viele andere scheinen darüber hinaus anzunehmen, dass die Philosophie nichts als die Erforschung der Philosophiegeschichte ist. In Deutschland hat man sich an den Instituten für Philosophie lange Zeit auf die Philosophiegeschichte beschränkt.[7] Das ergibt sich, wenn man es als die Aufgabe der Philosophie ansieht, die Entwicklung des Weltgeistes zu erforschen. Dann ist es die Aufgabe des Philosophen, lauter alte Texte zu lesen – anstatt zu erforschen, ob es einen Gott gibt, ob der Mensch eine Seele hat, ob der Mensch Willensfreiheit hat, ob es objektive Pflichten gibt etc. So können Hegels Gedanken Menschen davon abhalten, die Wahrheit zu suchen.

Auch die kryptische Ausdrucksweise Hegels und anderer passt dazu, dass es nicht ihr Ziel ist, die Wahrheit zu suchen. Wer die Antworten auf

---

[7] Vgl. Wachter, „Die Überwindung der Beschränkung auf die Philosophiegeschichte in der deutschen Philosophie".

philosophische Fragen gründlich suchen und begründen möchte, wird sich klar und präzise ausdrücken.

Der Positivismus

Der Positivismus ist die Lehre, dass alle Erkenntnis aus den Sinnesdaten kommt. Erkenntnis, die nicht aus Sinnesdaten abzuleiten ist, wird für unmöglich erklärt, daher werden die Metaphysik und die Theologie abgelehnt. Die Positivisten waren meist auch Phänomenalisten, d.h. sie nahmen an, dass wir kein Wissen von den Dingen an sich, von den von uns unabhängig existierenden Dingen, sondern nur von den Sinnesdaten, also von Reizungen unserer Sinne haben. Demnach weiß ich nicht, dass dort ein Baum vor mir steht, sondern nur, dass da eine grüne und eine braune Stelle in meinem Sichtfeld ist. Wie schon bei Kant liegt hier eine überzogene Gewissheitsbehauptung oder -forderung vor. Statt zu fragen, inwieweit mein Sinneseindruck vom Baum meine Überzeugung rechtfertigt, dass dort ein Baum sei, wird gefragt: Was ist gegeben, der Baum oder nur die Sinneseindrücke?

Im logischen Positivismus, z.B. von Alfred Ayer (1910-1989), wurde das Verifikationsprinzip vertreten, das heißt, es wurde nicht nur behauptet, dass nur Überzeugungen gerechtfertigt oder Wissen sind, die auf Sinnesdaten beruhen, sondern es wurde behauptet, dass nur solche Aussagen sinnvoll sind, die sich aus einer Beobachtung ableiten lassen. Aussagen über Gott oder über Moral sind demnach sinnlos. Im logischen Positivismus hat man dann den „Linguistic turn" vollzogen, d.h. man hat gesagt, dass die Philosophie nicht Gott, Seele und dergleichen untersucht, sondern die Sprache.

Der Laie wundert sich hier wieder – meiner Meinung nach zu Recht –, was Philosophen für seltsame und sinnlose Dinge schreiben. Hier will ich nur darauf hinweisen, dass der Positivismus eine weitere Bewegung ist, die Menschen davon abhält, die Wahrheit über Gott, die Seele, Moral usw. zu suchen. Denn es wird gesagt, dass sich über diese Dinge nichts erkennen lasse, und im logischen Positivismus wurde sogar gesagt, dass Aussagen über solche Dinge sinnlos seien. Wie bei Kant redet man also viel darüber, dass Erkenntnis nicht möglich sei, anstatt zu versuchen, etwas zu erkennen. Und im Linguistic turn werden Menschen davon abgebracht, die Wahrheit über Gott, die Seele usw. zu suchen, indem man sagt, das sei nicht möglich, sondern man könne oder solle nur die Sprache untersuchen.

Postmodernismus

Manchmal wird gesagt, wir seien heute in der Postmoderne und da suche man nicht mehr nach Wahrheit. Als ob jemand Umfragen gemacht und dies herausgefunden hätte. In Wirklichkeit ist die Idee der „Postmoderne“ dadurch entstanden, dass einige Autoren, ohne Untersuchungen gemacht zu haben, sagten, wir seien in der Postmoderne und Wahrheit sei ein überholter Begriff. Es handelt sich dabei um Jean-François Lyotard (1924-1998), Michel Foucault (1926-1984), Jacques Derrida (1930-2004) und Richard Rorty (1931-2007). Alle vier waren Sozialisten. Stephen Hicks hat dargelegt, warum gerade Sozialisten den Postmodernismus erfunden haben.[8] Diese und ihnen nachfolgende Autoren sagen, Wahrheit sei ein überholter Begriff oder ein Herrschaftsinstrument. Das ist eine weitere Strategie, um Menschen davon abzuhalten, die Wahrheit zu suchen.

Was für eine Philosophie brauchen wir?

Mit der Aufzählung dieser philosophischen oder pseudophilosophischen Bewegungen wollte ich Ihnen vor Augen führen, dass es viele Versuche gibt, die Menschen davon abzuhalten, die Wahrheit zu suchen, und dass daher das Ziel, Wahrheit zu suchen, keineswegs eine Selbstverständlichkeit ist. Ich wollte Ihnen damit auch vor Augen führen, dass die Philosophie wichtiger ist als der Laie denken könnte. Es ist, wie C. S. Lewis es sagte: Wenn es gar keine Philosophie und keine Gelehrsamkeit gäbe, dann könnte die Welt auch ohne Philosophie gut funktionieren. Aber wenn es schlechte Philosophie gibt, dann ist es von größter Wichtigkeit, dass gute Philosophie betrieben wird, um den Schaden, den die schlechte Philosophie anrichtet, zu begrenzen. In diesem Vortrag habe ich dargelegt, wie etliche philosophische Bewegungen und Schulen Menschen davon abhalten, Wahrheit zu suchen. Nun möchte ich skizzieren, welche Art von Philosophie wir brauchen.

Dem Laien, der einen gesunden Menschenverstand hat, ist es selbstverständlich, dass es wichtig ist, Wahrheit zu suchen und zu erkennen. Erstens ist es an sich wertvoll, wahre Überzeugungen zu haben, und zweitens ist es erstrebenswert, sein Handeln und Denken an der Wahrheit auszurichten. Was wir tun sollen, hängt oft davon ab, was wahr ist, daher brauchen wir Wissen zur Orientierung. Es gibt Religionen, die vor allem Lebensweisheiten vermitteln oder durch Meditationsübungen zur Ruhe führen. Das ist auch wertvoll, aber es ist erstrebenswert, Hoffnung und Freude auf wahre Überzeugungen zu gründen, so dass man einen Grund

---

8 Hicks, *Explaining Postmodernism: Skepticism and Socialism from Rousseau to Foucault.*

zur Freude und zur Hoffnung hat, wenn es denn einen solchen Grund gibt. Vor allem ist es wünschenswert zu wissen, ob es einen Gott gibt und ob die christliche Lehre wahr ist, damit man weiß, ob man Christ werden und entsprechend leben sollte.

Wir brauchen eine Philosophie, die Menschen nicht davon abhält, nach der Wahrheit zu suchen, sondern sie dazu ermuntert und ausrüstet. Wir brauchen Leute, die gründlich und mit Hilfe von Argumenten die Antworten auf philosophische Fragen suchen, d.h. Fragen wie: Gibt es einen Gott? Hat der Mensch eine Seele? Gibt es objektive Pflichten? Hat der Mensch einen freien Willen? Ich möchte vier Merkmale der Philosophie nennen, die wir brauchen. Wohlgemerkt, ich sage nicht, dass wir eine Philosophie brauchen, die christliche Positionen vertritt, sondern hier geht es mir grundlegender nur darum, dass wir eine Philosophie brauchen, die, im Gegensatz zu den genannten Schulen, nach der Wahrheit sucht und Menschen zur Wahrheitsliebe anhält. Ich halte es zwar auch für wichtig, dass es christliche Philosophen gibt, aber sie können mit Nichtchristen zusammenarbeiten. Entscheidend ist, dass ein Konsens darüber besteht, dass es das Ziel ist, Wahrheit zu finden und Thesen mit Argumenten zu begründen.

1. Die Philosophie, die wir brauchen, ist empirisch

Erstens meine ich, dass auch in der Philosophie Erkenntnis auf Erfahrung im weitesten Sinne beruht. Der Philosoph soll sich bemühen, den Gegenstand wahrzunehmen, wenn auch mit einem geistigen Auge. Auch um philosophische Fragen zu beantworten, kann und soll man „hinschauen". So kann man Eindrücke erlangen. Nach ihnen soll man seine Überzeugungen richten, sie sind die Quelle von Erkenntnis und Rechtfertigung. Anders gesagt, soll auch der Philosoph Indizien suchen und abwägen. Daher soll die Philosophie, wie die anderen Wissenschaften auch, probabilistisch sein. Wie wir gesehen haben, fordern manche Philosophen absolute Gewissheit. Doch um unsere Erkenntnismöglichkeiten voll auszuschöpfen, müssen wir so viele relevante Eindrücke und Indizien sammeln, wie es möglich ist und diese in Rechnung stellen. Philosophische Argumente sind daher nicht deduktiv, sie sind nicht wie mathematische Beweise, sondern eher wie die Argumente, die Sherlock Holmes gibt. Ein Beispiel dafür habe ich vorhin erwähnt. Die Frage nach der Existenz Gottes lautet nicht, ob es deduktive Beweise für die Existenz Gottes gibt, sondern welche Indizien es gibt und welche Wahrscheinlichkeit die Existenz Gottes hat, wenn man alle Indizien in Rechnung stellt.

2. Die Philosophie, die wir brauchen, ist eklektisch

Die Philosophen um Christian Thomasius (1655-1728) und Johann Georg Walch (1693-1775) setzten sich von der stark an Aristoteles ausgerichteten protestantischen Philosophie des 17. Jahrhunderts ab, indem sie sagten, sie wollen sich an keine Schule binden, sondern unabhängig die Wahrheit suchen. Diese ihre Einstellung nannten sie „eklektisch". So heißt es in Walchs Philosophischem Lexicon im Artikel „Eclectische Philosophie":

> Eclectische Philosophie heißt diejenige Art zu philosophieren, da man die Lehr-Sätze und Schlüsse seiner Vorgänger vernünftig brauchet, [d.h. prüft und, wenn für gewiß oder wahrscheinlich befunden,] zu seinen eignen Gedanken machet. […] Diese Art zu philosophieren ist der Sektierischen weit vorzuziehen, weil man da wahrhaftig philosophieret, d.i. das Iudicium brauchet und durch dasselbe sich von den bereits erfundenen Wahrheiten überzeuget, neue Wahrheiten erfindet und anderer Irrtümer entdecket, da man hingegen bei dem Sektirischen Wesen in der Sklaverei stecket und sich aller Freiheit zu gedencken begiebet.

Manche binden sich so eng an eine Schule, z.B. den Aristotelianismus, dass sie alle ihre Positionen und ihre Terminologie übernehmen. Die Gefahr dabei ist, dass man einige Positionen der Schule oder des Systems annimmt, ohne gute Gründe dafür zu haben. Der Suche nach der Wahrheit dienlicher ist es, sich stets selbst eine Meinung zu bilden. Eine zweite Gefahr der Anbindung an eine Schule ist es, dass man eine idiosynkratische, nichtoptimierte Terminologie der Schule übernimmt. Besser ist es, stets die Begrifflichkeit selbstständig zu bilden und so zu optimieren, dass die Ergebnisse möglichst präzise ausgedrückt werden können. Dann sind die Ergebnisse leichter verständlich als wenn sie technische Begriffe wie etwa „Forma substantialis" verwenden. Innerhalb der christlichen Theologie besteht die dritte Gefahr, dass bei einer engen Anbindung an eine Schule oft die christliche Lehre an das System der Schule angepasst wird. So entsteht „der Gott der Philosophen", d.h. es entsteht eine die Personalität Gottes vernachlässigende Gottesvorstellung, die mehr durch das philosophische System geprägt ist als durch die Bibel und durch die Suche nach der besten Erklärung für die Indizien.

3. Die Philosophie, die wir brauchen, ist realistisch

Wenn ich einen Baum sehe oder zu sehen glaube, dann scheint mir dieser unabhängig von mir zu existieren. Diese Überzeugung wird durch den Eindruck gerechtfertigt. Es wird nicht nur die Überzeugung gerechtfertigt, dass ich so einen Eindruck habe. Diese Herangehensweise nennt man „realistisch".

4. Die Philosophie, die wir brauchen, ist argumentativ

Um Wahrheit gründlich zu suchen und um zielführend über philosophische Fragen zu diskutieren, müssen wir nach Klarheit und Präzision streben, und wir brauchen Argumente. Ein Argument zu geben, heißt, etwas vorzutragen, was den anderen auf rationale Weise überzeugen soll. Insbesondere ist es zur Begründung philosophischer Thesen nötig, auf Indizien oder Wahrnehmungen zu verweisen.

Schluss

1. Es gibt viele Wege, wie philosophische Lehren auf nichtrationale Weise verbreitet werden.
2. Es gibt viele philosophische Schulen, die Menschen von der Suche nach Wahrheit abhalten.
3. Eine wahrheitsliebende, argumentative Philosophie ist nicht nur ein an sich wertvolles Unternehmen, sondern auch nötig, um der „geistig-moralischen Krise unserer Zeit" entgegenzuwirken.

Literaturverzeichnis

Stephen R. C. Hicks, *Explaining Postmodernism: Skepticism and Socialism from Rousseau to Foucault*. Tempe (Arizona), Scholargy Publishing, 2004. http://www.stephenhicks.org/publications/explaining-postmodernism/.

Daniel von Wachter, „Die Aufklärung existiert nicht." Jahrbuch des Denikens 1 (2017): 25-42.

Ders., *Die kausale Struktur der Welt: Eine philosophische Untersuchung über Verursachung, Naturgesetze, freie Handlungen, Möglichkeit und Gottes kausale Rolle in der Welt*. Freiburg, Alber, 2009. http://epub.ub.uni-muenchen.de/1975/.

Ders., „Die Überwindung der Beschränkung auf die Philosophiegeschichte in der deutschen Philosophie", in: *Back to Metaphysics*, hrsg. von Valentin Kanawrow, 104-117. Blagoevgrad, University Press Neofit Rilski, 2016.

Ders., „Friedrich Schleiermachers Theologie ist nicht rational", in: *Schleiermacher kontrovers*, hrsg. von Sven Grosse, 159-182. Leipzig, Evangelische Verlagsanstalt, 2019.

Ders., „Wunder verletzen die Naturgesetze nicht", in: *Gottes Handeln in der Welt*, hrsg. von B. P. Göcke und R. Schneider, 361-382. Regensburg, Verlag Friedrich Pustet, 2017.

Die Gustav-Siewerth-Akademie ist eine **Wissenschaftliche Hochschule** in privater Trägerschaft.

Freundes- und Förderkreis der Gustav-Siewerth-Akademie: Als Private Hochschule erhält die Gustav-Siewerth-Akademie weder Mittel der öffentlichen Hand noch anderer Institutionen. Daher ist die Hochschule für *Spenden* von Freunden und Förderern auf das nachstehende Konto sehr dankbar. Ein Beitritt zum Freundes- und Förderkreis der Gustav-Siewerth-Akademie ist durch formlosen Antrag möglich. – Die Spenden sind steuerrechtlich absetzbar.

Anschrift: Gustav-Siewerth-Akademie
Wissenschaftliche Hochschule
Oberbierbronnen 1
D – 79809 Weilheim
Telefon: 07755 / 364 – **Telefax:** 07755 / 80109
E-Mail: sekretariat@siewerth-akademie.de
Konto: Volksbank Hochrhein
IBAN DE79 6849 2200 0002 0998 02